Vorschulische Schreibentwicklung

Sprachliche Bildung – Studien

herausgegeben vom
Mercator-Institut für Sprachförderung und
Deutsch als Zweitsprache der Universität zu Köln

Michael Becker-Mrotzek & Hans-Joachim Roth

Band 8

Sprachliche Kompetenzen sind eine wesentliche Voraussetzung dafür, dass Kinder und Jugendliche ihr Potenzial ausschöpfen können – in der Schule, im Studium, in der Berufsausbildung und in der Gesellschaft. Dennoch verfügt ein zu großer Teil der Schülerinnen und Schüler nicht über ausreichende bildungssprachliche Qualifikationen, um die Schule erfolgreich abzuschließen und ein selbstbestimmtes Leben zu führen. Die Schriftenreihe „Sprachliche Bildung" des Mercator-Instituts für Sprachförderung und Deutsch als Zweitsprache bündelt Modelle, Konzepte und Forschungsergebnisse aus Sprachdidaktik, Bildungswissenschaften, Linguistik und Psychologie und liefert neue Impulse für die Diskussion und Forschung im Feld sprachliche Bildung. In der Unterreihe „Sprachliche Bildung – Studien" erscheinen Monographien, in erster Linie exzellente und innovative Dissertations- und Habilitationsschriften. Im Zentrum stehen Studien zu Prozessen, Methoden und Formaten der sprachlichen Bildung und Förderung in einer durch Vielfalt geprägten Gesellschaft.

Herausgeber der Reihe ist das Mercator-Institut für Sprachförderung und Deutsch als Zweitsprache. Das Institut ist ein durch die Stiftung Mercator initiiertes und gefördertes Institut der Universität zu Köln. Mit seiner Forschung und seinen wissenschaftlichen Serviceleistungen zu sprachlicher Bildung in einer mehrsprachigen Gesellschaft trägt das Mercator-Institut zu mehr Chancengleichheit im Bildungssystem bei.

Rita Balakrishnan

Vorschulische Schreibentwicklung

Schriftproduktion und Schriftsprachverständnis von Kindern im Kindergarten

Waxmann 2020
Münster • New York

Bibliografische Informationen der Deutschen Nationalbibliothek
Die Deutsche Nationalbibliothek verzeichnet diese Publikation in der Deutschen Nationalbibliografie; detaillierte bibliografische Daten sind im Internet über http://dnb.dnb.de abrufbar.

Sprachliche Bildung – Studien, Bd. 8

ISSN 2569-5045
Print-ISBN 978-3-8309-4251-1
E-Book-ISBN 978-3-8309-9251-6

www.waxmann.com
info@waxmann.com

Umschlaggestaltung: Inna Ponomareva, Jena
Satz: Roger Stoddart, Münster
Druck: CPI Books GmbH, Leck

Gedruckt auf alterungsbeständigem Papier, säurefrei gemäß ISO 9706

Printed in Germany

Für Kiran

Danksagung

Von ganzem Herzen möchte ich mich bei all denen bedanken, die mich beim Erstellen dieser Dissertationsschrift unterstützt haben.

Allen voran gilt mein Dank den Kindern, die mir bereitwillig Einblick in ihre Schreibprozesse gewährt haben und dabei mit großer Geduld und Ausdauer meinen Schreibaufforderungen und detaillierten Nachfragen nachgekommen sind.

Meinen besonderen Dank möchte ich meiner Betreuerin Prof. Dr. Elfriede Billmann-Mahecha aussprechen für ihre fachliche Beratung und für die Offenheit und das Vertrauen, das sie mir für das Realisieren dieser Arbeit entgegengebracht hat. Prof. Dr. Joachim Grabowski danke ich aufrichtig für seine konstruktive Kritik.

Ganz herzlich danke ich meinen Kolleginnen und Kollegen sowie meinen Freunden für ihre vielfältigen hilfreichen Anregungen, die maßgeblich zum Gelingen dieser Arbeit beigetragen haben – insbesondere Alison, Heike, Moti, Nicole, Sandra, Sara und Vijdan.

Nicht zuletzt möchte ich mich bei meiner Familie – meinen Eltern und ganz besonders meinem Mann und meinem Sohn – für ihren unerschöpflichen Rückhalt und die emotionale Unterstützung während der Umsetzung des Dissertationsvorhabens bedanken.

Zusammenfassung

Der Schriftspracherwerb beginnt weit vor dem formalen Unterricht in der Schule, denn Kinder setzen sich aktiv mit den sie umgebenden Schriftzeichen auseinander. Dabei erkunden sie die äußeren Merkmale, wie Form oder Anordnung, und erlangen erste Einsichten über Buchstaben, Schriftzüge und das Schreiben, die sie aktiv für die eigene Schriftproduktion heranziehen.

Die vielfältigen internationalen Ergebnisse des Forschungsfeldes der *early literacy* beruhen zumeist auf Querschnitts- und Produktanalysen. Schreibprozessanalysen, insbesondere im explorativen Sinne als Zugang zum Verständnis der frühen Schreibentwicklung, wurden weitgehend vernachlässigt. Ferner gibt es bislang kaum systematische Untersuchungen mit deutschsprachigen Kindern, obwohl die geringe schulische Ausrichtung des deutschen Kindergartens und der relativ späte Schuleintritt zur Folge haben, dass der Erwerbsprozess vergleichsweise lange weitgehend ungesteuert verläuft.

Die vorliegende Längsschnittstudie untersucht daher die vorschulische, noch nicht angeleitete Schreibentwicklung von Kindern, die mit der deutschen Schriftsprache aufwachsen, und geht der Fragestellung nach, wie sich die Schriftproduktion und das Schriftsprachverständnis über den Zeitraum von einem Jahr entwickeln.

In einem qualitativ eingebetteten Mixed-Methods-Design wurden 41 drei- bis sechsjährige Kinder im Kindergarten bei der Umsetzung unterschiedlicher Schreibaufgaben beobachtet und 16 von ihnen als Fallbeispiele zu ihrem Verständnis von Schreiben und Schrift befragt. Zu drei Messzeitpunkten wurden die Kinder aufgefordert, ihren eigenen Namen zu schreiben sowie *Schmetterling* und *Bär* sowohl zu malen als auch zu schreiben. Die Daten der Gesamtstichprobe wurden in Hinblick auf schrifttypische Aspekte, wie z.B. die Unterscheidung zum Malen oder die Umsetzung von Linearität und Schreibrichtung, quantitativ-deskriptiv ausgewertet. In Zusammenspiel von Produkt- und Prozessanalyse aller vorliegenden Schreibprodukte wurde ein Kategoriensystem zur Klassifikation des Schriftbildes entwickelt. Die Schreibprozesse und Interviews der Fallbeispiele wurden in qualitativ-explorativen Analysen in Anlehnung an die Grounded-Theory-Methodologie fallbezogen kodiert und in Bezug auf den Entwicklungsverlauf intra- und interindividuell vergleichend systematisiert.

Die vorliegenden Daten bestätigen die internationalen Ergebnisse: Vorschulkinder eignen sich schon vor dem Schriftsprachunterricht unangeleitet wesentliche Merkmale der Schriftsprache an. Mit drei Jahren unterscheiden sie zielsicher das Malen vom Schreiben, wählen domänenspezifische Darstellungsweisen und können den Unterschied auch verbal bereits recht gut ausdrücken. Mit steigendem Alter nähern sie sich zunehmend den Charakteristika ihres Zielschriftsystems an, verwenden Buchstaben und orientieren sich an Schriftbild oder gar Wortlaut des Zielwortes. Aus den Detailanalysen wird darüber hinaus deutlich, dass sich das vorschulische Schreibenlernen bezüglich zweier Aspekte ausdifferenzieren lässt: Es zeigen sich einerseits interindividuelle Unterschiede in der Annäherung an Schrift, die sich auf die Dimensionen der *Einsicht in die äußeren Merkmale von Schrift* und der *Einsicht in die Verbindung von Phonem und Graphem* beziehen. Diese beiden Dimensionen können im Erwerbsprozess voneinander unterschieden werden und bedingen sich nicht zwangsläufig. Einige Kinder beschäftigen sich intensiv mit den äußeren Merkmalen der Schrift, ohne eine Einsicht in die Verbindung von Phonem und Graphem zu erlangen. Andere Kinder entdecken und erkunden den Zusammenhang vom Geschriebenen zum Gesprochenen noch bevor ihre Verschriftungen Buchstabenformen aufweisen. Andererseits zeigen sich intraindividuell unterschiedliche Ansätze in der Umsetzung von Schreibaufforderungen, die sich als *Reproduktion von Bekanntem* (wie dem eigenen Namen) und *Konstruktion von Unbekanntem* beschreiben lassen. Diese beiden Umsetzungsstrategien finden zeitgleich Anwendung. Insgesamt zeigt sich eine parallele Verwendung unterschiedlich fortgeschrittener Darstellungsweisen des Schriftbildes.

Diese unterschiedlichen Herangehensweisen und Umsetzungsstrategien entwickeln sich zwar kontinuierlich, aber nicht gleichförmig und sprechen deutlich gegen eine Phaseneinteilung der vorschulischen Schreibentwicklung.

Inhalt

I
Theoretischer Hintergrund

1. Einleitung

1.1 Verortung und Zielsetzung der Studie

Schrift und Schreiben sind essentielle und allgegenwärtige Themen unserer Gesellschaft. Wer Schriftzüge nicht entziffern kann, wird sich nur schwer oder sehr eingeschränkt zurechtfinden in unserer von Schrift geprägten und symbolverfassten Umwelt. Symbole – und Schriftzeichen als prominenteste unter ihnen – zu verstehen, begleitet und leitet unseren Alltag: Vom Hinweis- oder Straßenschild über Angebote und Preise im Einzelhandel, Übersichten und Destinationen im Nahverkehr hin zu Beipackzetteln, Verträgen, Rechnungen oder amtlichen Mitteilungen, die in aller Regel schriftlich erfolgen, bildet der kundige Umgang mit Schriftzeichen und Symbolen eine wesentliche Grundlage für die aktive Teilhabe am gesellschaftlichen Leben (Billmann-Mahecha, 2014a; Müller & Richter, 2014). Aber nicht nur die Rezeption, sondern auch die Produktion von Schriftzeichen – die in dieser Arbeit im Vordergrund stehen soll – spielt eine wesentliche Rolle. In etlichen Berufen werden hohe Schreibkompetenzen vorausgesetzt (Schneider, 2017), es gehört zum täglichen Geschäft, Schriftstücke nicht nur zu lesen, sondern ebenso selbst zu verfassen. Auch ist eine Ausbildung ohne Schreibfertigkeiten nicht denkbar. Erfolg ist in unserer Gesellschaft eng daran gekoppelt, schreiben zu können, denn Bildung (von der Schulbildung über die berufliche oder akademische Ausbildung hin zur Weiterbildung) ist an Schriftsprachlichkeit ausgerichtet. Die Vermittlung von Wissen findet großenteils über das Medium der Schriftlichkeit statt, vor allem aber die Überprüfung und der Nachweis von Gelerntem: Schriftliche Prüfungen in Form von Klausuren oder Haus- und Qualifikationsarbeiten begleiten unsere gesamte Bildungslaufbahn und die dabei erzielten Ergebnisse entscheiden wesentlich mit über unseren Werdegang. Schreiben zu lernen gehört zu den wichtigsten Erwerbsaufgaben eines Menschen und wird daher als eine Basiskompetenz bezeichnet (Becker-Mrotzek, 2014). Als Weichenstellung für nahezu alle inhaltlichen schulischen Bereiche (Schulnoten), für den Übergang in weiterführende Schulen sowie für die folgende berufliche Karriere stellt das Beherrschen der Schriftsprache eine Schlüsselqualifikation dar und dem Erwerb von Lese- und Schreibfertigkeiten kann nicht genug Aufmerksamkeit zukommen (Schneider, 2017).

Wenngleich die meisten Kinder den Schriftspracherwerb erfolgreich meistern, gibt es immer noch zu viele, die mit massiven Schwierigkeiten im Erwerb der Schriftsprache konfrontiert sind: Etwa 7% der Schülerinnen und Schüler entwickeln im Laufe der Grundschule eine isolierte Rechtschreibstörung und weitere 8% eine kombinierte Lese-Rechtschreibstörung (Moll & Landerl, 2011). Aus der Ergänzungsstudie der internationalen Vergleichsstudie IGLU geht hervor, dass etwa ein Viertel der Schülerinnen und Schüler am Ende der vierten Klasse über sehr geringe Rechtschreibkompetenzen verfügen und dabei der Unterschied zwischen den schlechtesten und den besten Rechtschreibern gravierend ist. Die Schülerinnen und Schüler des unteren Quartils der Stichprobe (gemessen an der Anzahl der Einzelfehler pro Wort) weisen eine sehr viel höhere Anzahl an Schreibvarianten eines Wortes auf als die Schülerinnen und Schüler des oberen Viertels – zeigen also eine sehr große Unsicherheit mit der Orthographie und ihren Regeln. Eine Dortmunder Längsschnittstudie belegt, dass der Rückstand der rechtschreibschwachen Kinder bereits zu Beginn der zweiten Klasse zu beobachten ist (Kowalski & Voss, 2013). Frühe schulische Unterschiede in der Rechtschreibkompetenz bleiben – unabhängig von der Schulform – über die Schulzeit stabil und sind sogar im jungen Erwachsenenalter noch erkennbar (Schneider, 2008). Aufgrund des hohen Ansehens von Rechtschreibung sowohl in der Schule, als auch in der Gesellschaft, haben Menschen, die die Orthographie nicht beherrschen, nicht nur mit den daraus resultierenden konkreten Schwierigkeiten zu kämpfen, sondern werden darüber hinaus als allgemein ungebildet angesehen (Kowalski & Voss, 2013; Schründer-Lenzen, 2013; Wildemann, 2015). Wenngleich die Schreibentwicklung nicht mit dem Erwerb der Rechtschreibung gleichzusetzen ist, ermöglichen die Anfänge dieses Erwerbsprozesses, nämlich das kundige Übersetzen von Lauten in Buchstaben und Produzieren von Wörtern, es erst, die Welt der Schrift zu erobern und sich auch weitere, literarische Dimensionen der Schreibentwicklung anzueignen.

Es ist deshalb anzunehmen, dass dem Anfang des Erwerbs von (Lese- und) Schreibfähigkeit als Grundstein der Ausbildung schriftsprachlicher Kompetenzen eine große Bedeutung zukommt. Dieser Anfang ist geprägt durch das Erlernen des Verschriftens, also das Zuordnen und Einüben der Laute gesprochener Sprache in Schriftzeichen. Weil Kinder in den ersten Lernjahren besonders große Motivation und Wissbegierde zeigen, gilt es als besonders wichtig, ihre Ideen ernst zu nehmen, zu verstehen, aufzugreifen und bei ihren Konzepten des Schreibens anzusetzen, um sie dort abzuholen, wo sie stehen und so ihre Lernfreude zu erhalten, kurzum: besonders sensibel mit dem Einstieg in die Schriftsprache umzugehen, um ein solides Fundament zu bauen und den Weg für eine erfolgreiche Lerngeschichte zu ebnen. Dafür ist es notwendig, fundiertes Wissen über die Anfänge des Schriftspracherwerbs zu haben, um Kinder bei ihren ersten Lernschritten bereits im Elementarbereich pädagogisch begleiten und darauf aufbauend beim Schuleinstieg gezielt und differenziert fördern zu können.

Denn der Anfang der Schriftsprachentwicklung liegt nicht in der Grundschule, darüber besteht heute Konsens (Schneider, 2017). Wie aber finden Kinder ihren Weg in die Schriftlichkeit? Welche Einsichten und welches Verständnis der Schriftsprache entwickeln sie bereits vor Schuleintritt? Es ist bekannt, dass die Voraussetzungen und Vorerfahrungen der Kinder, insbesondere die im weiteren Sinne sprachlichen Ausgangsbedingungen, zu Schulanfang sehr weit auseinander gehen (Schründer-Lenzen, 2013). Obendrein gibt es keinerlei Einheitlichkeit in der Vermittlung von Schreiben (und Lesen) im Erstunterricht (Kirschhock, 2004;

Schründer-Lenzen, 2013; Wildemann, 2015). In der vorschulischen Bildung wurde der Umgang mit Schrift und Schreiben, geschweige denn eine systematische Heranführung in Deutschland traditionell eher ausgeklammert – ganz anders als beispielsweise in Frankreich oder Spanien (Blumenstock, 2004). Um den Einstieg in die Schriftsprache zu erleichtern und damit den Erfolg des schulischen Schriftspracherwerbs zu begünstigen, wäre es sinnvoll, die Erfahrungen mit dem Medium Schrift auch vor dem Schuleintritt bereits systematisch zu begleiten und anzuregen. Denn frühe Einblicke in die Symbolhaftigkeit von Schriftsprache führen zu besseren späteren Rechtschreibfähigkeiten (Lenel, 2005).

Wie genau gestaltet sich die frühe, vorschulische Phase der Schreibentwicklung? Die eigene Produktion von graphischen Erzeugnissen beginnt in der frühen Kindheit mit dem Kritzeln, das für gewöhnlich dem Malen zugeordnet wird (Barkow, 2013b). Der Schrifterwerbsprozess mündet schließlich in der Schulzeit in das formalisierte und systematische Erlernen unserer deutschen Schriftsprache mit dem Ziel der Rechtschreibung sowie dem kundigen literarischen Gestalten unterschiedlicher Textsorten. Doch was wissen wir über die Spanne dazwischen, über die vorschulischen Anfänge des Schriftspracherwerbs, in deren Vordergrund das der Orthographie und der Literarität vorausgehende Erfassen und Aneignen der Form und Funktion von Schriftzeichen steht, auf deren Basis die weiteren Schritte formalen Lernens überhaupt erst stattfinden können? Dieser Frage soll in der vorliegenden Arbeit aus entwicklungspsychologischer Perspektive nachgegangen werden.

Eine kleine Anekdote aus der Forschungspraxis soll an dieser Stelle die Motivation und Neugierde illustrieren, kindliche Konzepte von Schreiben und Schrift zu erfassen und zu analysieren. Die Forscherin sitzt in einer typischen Malsituation im Kindergarten mit mehreren Kindern am Maltisch im Gruppenraum, beobachtet die Kinder beim Malen und unterhält sich mit ihnen darüber. Die Kinder schreiben – teilweise aufgefordert – ihren Namen auf das vollendete Bild. Ein Mädchen gibt der Forscherin nach Beendigung ihres Kritzel-Schriftzuges ihr Blatt und sagt: „Das ist dein Name." Die Forscherin freut sich, ist jedoch erstaunt darüber, dass sich das Kind an ihren Namen erinnert. Zur Sicherheit fragt sie: „Wie heiße ich denn?" Daraufhin entgegnet das Mädchen, dass sie das nicht wisse. Sie *schrieb* den Namen der Forscherin, ohne ihn zu kennen. Es war für sie ganz selbstverständlich möglich, etwas zu Papier zu bringen, ohne zu wissen, was das Wort ist, das sie schreibt, und wie der Wortlaut ihres Resultates ist. Das Konzept, *einen Namen zu schreiben*, reichte vollkommen aus.

In Deutschland sind das (angeleitete) Schreibenlernen und auch die gezielte oder zielgerichtete Auseinandersetzung mit Schrift erst für die Grundschule vorgesehen. Kinder kommen aber viel früher schon mit Schriftzeichen, Schriftzügen und dem Akt des Schreibens in Kontakt, zeigen Interesse daran und gehen aktiv damit um. Internationale Studien belegen, dass Kinder sich bereits in frühen

Jahren selbsttätig mit Schrift und Schreiben auseinandersetzen, dass sie sowohl eigene Ideen als auch eigenen Output entwickeln (Tolchinsky, 2003).

Die vorliegende Studie setzt sich mit der Frage auseinander, wie sich die vorschulische Schreibentwicklung von Kindern in Deutschland gestaltet. Denn obwohl es sich hier im Besonderen anbietet, den ungesteuerten Beginn des Schriftspracherwerbs und kindliche Konzepte von Schrift und Schreiben zu untersuchen – da es vor Schulbeginn kein systematisches, angeleitetes Erlernen von Buchstaben oder gar Schriftsprache gibt und der Schuleintritt vergleichsweise spät stattfindet – wurden empirische Studien zu *early literacy* in Deutschland bislang nur sehr selten durchgeführt (siehe 2.3). Im Längsschnitt werden drei- bis sechsjährige Kinder untersucht, die eine Kindertagesstätte besuchen. Wie konstruieren sie Schriftzüge und wie sehen ihre Schreibprodukte aus? Welche Ideen und Vorstellungen von Schreiben und Schrift haben sie? Um die Sprachenrealität Deutschlands zu beachten, werden sowohl monolingual als auch bilingual aufwachsende Kinder in die Untersuchung mit einbezogen. Dabei wird im Sinne explorativ qualitativer Forschung der Frage nachgegangen, inwiefern sich Bilingualität in den kindlichen Konzepten und Produkten widerspiegelt. Ein statistisch abgesicherter Vergleich der vorschulischen Schriftsprachentwicklung von mono- und bilingual aufwachsenden Kindern soll und kann hier nicht geleistet werden.

1.2 Aufbau der Arbeit

Die Arbeit gliedert sich in zwei übergeordnete Abschnitte: Teil I Theoretischer Hintergrund (Kapitel 1 und 2) und Teil II Empirische Untersuchung (Kapitel 3 bis 6).

Nach einer vorausgehenden Klärung zugrundeliegender Konzepte und Begriffe (Kapitel 1.3) werden im Hauptkapitel des theoretischen Teils (Kapitel 2) Bereiche der Entwicklung einer frühen graphisch-symbolischen Kommunikation dargestellt. Den Anfang bildet die Entwicklung von Symbolkompetenz (Kapitel 2.1) als Grundlage für eine solche Kommunikation. Darauffolgend wird die kindliche Malentwicklung beschrieben (Kapitel 2.2). Den Schwerpunkt des Hauptkapitels stellen die Ausführungen zur frühen Schreibentwicklung dar (Kapitel 2.3), in dem Theorien und Erkenntnisse zur *early literacy* präsentiert werden. Nach einem Überblick über das Forschungsfeld (Kapitel 2.3.1) werden zunächst einige der gängigsten Modelle des Schriftspracherwerbs vorgestellt (Kapitel 2.3.2), die eine frühe, vorschulische Phase miteinbeziehen und anschließend daran solche Phasenbeschreibungen dargelegt, die sich explizit auf die vorschulische Entwicklung beziehen (Kapitel 2.3.3). In einem umfangreichen Kapitel (2.3.4) werden daraufhin vielfältige Befunde berichtet, die einen Einblick in kindliche Annahmen über Schrift und Schreiben, in ein frühes domänenspezifisches Wissen sowie in die Thematisierung und Darstellung des Schriftbildes geben. Abschließend werden Vorläuferfähigkeiten des Schriftspracherwerbs diskutiert (Kapitel 2.3.5). In Kapitel

2.4 werden die wesentlichen Aspekte der vorigen theoretischen Ausführungen zusammengefasst und Forschungsdesiderata formuliert.

Im empirischen Teil wird zunächst die vorliegende Studie beschrieben (Kapitel 3), indem die Fragestellung (Kapitel 3.1), die methodologische Verortung (Kapitel 3.2), Forschungsdesign, Systematik und Forschungsablauf (Kapitel 3.3) und die Methodik (Kapitel 3.4) erläutert werden. Die Beschreibung des Samples bildet hier den Abschluss (Kapitel 3.5). Die Darstellung der Ergebnisse (Kapitel 4) geschieht entlang der inhaltlichen Gesichtspunkte Unterscheidung von Malen und Schreiben (Kapitel 4.1), Nutzung konventioneller Merkmale des Zielschriftsystems (Kapitel 4.2), Schriftbild (Kapitel 4.3), Entwicklung von Schriftproduktion und Schriftsprachverständnis (Kapitel 4.4), Verbalisierung domänenspezifischer Konzepte (Kapitel 4.5), einem Exkurs zu Aspekten der Mehrsprachigkeit (Kapitel 4.6) und der Darstellung ausgewählter Entwicklungsportraits (Kapitel 4.7). An derselben Einteilung orientiert sich auch der Aufbau der Diskussion (Kapitel 5). Im Fazit (Kapitel 6) schließen eine Gesamtschau der Ergebnisse (Kapitel 6.1) sowie methodologische Implikationen (Kapitel 6.2) und Implikationen für die Praxis mit Ausblick (Kapitel 6.3) die Arbeit ab.

1.3 Zugrundeliegende Konzepte und Begriffsklärungen

Den eigentlichen theoretischen Ausführungen (Kapitel 2) vorangestellt, werden in diesem Unterkapitel einige Begriffe erklärt, die für das Verständnis und die intendierte Lesart der vorliegenden Arbeit von Bedeutung sind.

Im Zentrum dieser Arbeit stehen die Kinder, ihre Fähigkeiten und Fertigkeiten, ihre Einsichten und Entwicklungsschritte. Im Sinne der *Neuen Kindheitsforschung*, also der Forschung mit Kindern als Informanten und Interaktionspartnern (Heinzel, 2000; Mey, 2013; Vogl, 2015) (siehe Kapitel 3.1) sind sie ebenso maßgeblich für das Design der Forschung und die Schwerpunktsetzung in den theoretischen Ausführungen als auch für die Begriffswahl und Formulierung. In diesem Sinne werden die Schreibprodukte der Kinder konsequent immer dann auch als solche bezeichnet, wenn sie das Resultat einer Schreibaufforderung sind oder von den Kindern selbst als *Schrift* oder *Geschriebenes* deklariert werden, obwohl sie möglicherweise (noch) nicht den Konventionen bzw. (noch) nicht allen konventionellen Merkmalen unserer Schriftsprache entsprechen. Barkow (2013c) und Kollegen verwenden hierfür den Begriff *Notat*, um aus linguistischer Perspektive dem Aspekt Rechnung zu tragen, dass die untersuchten vorschulischen Schreibprodukte vor der (kundigen) Nutzung konventioneller Buchstaben noch nicht einem Schreibprozess im linguistischen Verständnis entspringen. Aus entwicklungspsychologischer Perspektive soll in der vorliegenden Arbeit dagegen betont werden, dass diese frühen Schreibversuche einen Teil der (vorschulischen) Schreibentwicklung darstellen und auch von den Kindern selbst als solche wahrgenommen werden. Dasselbe gilt für die Tätigkeitsbezeichnungen *schreiben* wie auch *malen*, *zeichnen* und *lesen*. Auch hier ist der Maßstab der Bezeichnung nicht das im erwachsenen (oder konventionellen) Sinne voll oder weit entwickelte und von außen erkennbare Ergebnis. Dabei werden die Begriffe *malen* und *zeichnen* hier synonym verwendet, denn das was im theoretischen oder konventionellen Verständnis als Zeichnen bezeichnet wird, betiteln die Kinder selbst ebenso wie ihre Bezugspersonen insbesondere in der vorschulischen Praxis meistens als *malen*.

Erfahrungs- oder Wahrnehmungslernen

Gerade für das Lernen in der frühen Kindheit, in der Entwicklungsphase vom Säuglings- bis zum Schulalter, ist das Lernen im sozialen Kontext, das Lernen in Interaktion, von und mit Bezugspersonen, von besonders großer Bedeutung. Dabei spielt die Bindung zu den Bezugspersonen für den Lernprozess eine große Rolle, die insbesondere in den familiären Beziehungen zum Tragen kommt, aber zunehmend auch im Betreuungskontext Kindertagesstätte für die Erzieherinnen und Erzieher diskutiert wird (Keller, Trösch & Grob, 2013). Eine sichere Bindung (Ainsworth, Blehar, Waters & Wall, 1979; Bowlby, 1969) schafft die günstigsten Voraussetzungen für die weitere kindliche Entwicklung (NICHD Early Child Care Research Network, 2006). Sie verhilft zu explorierendem Lernverhalten des Kindes und ist die Basis für gelungene, verlässliche Beziehungen. Gerade in den Vorschuljahren sind Lernprozesse geprägt von angeleitetem, unterstützendem Lernen in Interaktionen mit den Bezugspersonen, die im besten Fall möglichst vielfältige Erfahrungsmöglichkeiten anbieten (Keller et al., 2013). Im Sinne der *Zone der nächsten Entwicklung* (Vygotsky, 1978) ist es dabei am förderlichsten, wenn diese Lernanregungen durch die Interaktionspartner in Familie und Bildungsinstitutionen dort ansetzen und unterstützen, wo das Kind seinen nächsten Entwicklungsschritt machen kann.

Das dieser Arbeit zugrunde gelegte Verständnis des Lernprozesses ist ein aktives Wahrnehmungslernen in der Konzeption nach Gibson (1988), das gekennzeichnet ist durch das Zusammenspiel von Perzeption und Handlung in Konfrontation mit einem wahrgenommenen Aufforderungscharakter der Objekte der Umgebung: Wahrnehmung, Auseinandersetzung, Manipulation neuer Eindrücke in Interaktion mit der personellen wie materiellen Umwelt führt zur Integration neuer Informationen. Lernen ist als ein fortwährender Erkundungs- und Ausdifferenzierungsprozess zu verstehen, das Erforschen als Strategie, sich Wissen anzueignen und die Welt zu verstehen.

> The young organism grows up in the environment (both physical and social) in which his species evolved, one that imposes demands on his actions for his individual survival. To accommodate to his world, he must detect the information for this actions – that is, perceive the affordances it holds. (...) evolution has provided him with action systems and sensory systems that equip him to discover what the world is all about. (...) The observations made possible via both exploratory and perfor-

> matory actions provide the material for his knowledge of the world – a knowledge that does not cease expanding, whose end (if there is an end) is understanding. (Gibson, 1988, S. 37)

Konkret auf den Schrifterwerbsprozess für die Wahrnehmung von Wörtern bezogen, nennt Gibson (1971) die Perzeption der verschiedenen Merkmale, welche Wörter voneinander unterscheidbar machen: graphische, phonologische, semantische und syntaktische Merkmale, die sich als Informationsquelle mit dem Alter bzw. der Übung sowie der Aufgabe in ihrer Priorität verschieben.

Es wird hier also ein Lernbegriff für den frühen Schriftspracherwerb zugrunde gelegt, der auf der Wahrnehmung von und aktiven Auseinandersetzung mit schriftbezogenem Input der direkten Umwelt beruht. Der frühe Schreiblernprozess wird verstanden als aktiver – und im Idealfall erwachsen begleiteter – Erkundungsprozess. Denn insbesondere die ersten Schritte im Schrifterwerb, die vor der Schule noch unsystematisch und nicht gelenkt vonstattengehen, sind geprägt von der Wahrnehmung von Form, Funktion und Umgang mit Schrift.

Zielkompetenz Schriftsprache oder: Was muss gelernt werden?
Schrift zu entziffern und sich zu eigen zu machen setzt voraus, Schriftzeichen als *Symbole* zu erkennen und zu nutzen. Bevor in den folgenden Kapiteln auf diese Entwicklung ausführlich eingegangen wird, soll an dieser Stelle zunächst geklärt werden, was unter einem Symbol und der kundigen Auseinandersetzung mit Symbolen verstanden wird.

Sehr heterogene Auseinandersetzungen mit dem *Symbolbegriff* machen eine einheitliche, übergeordnete Definition schwierig. Unterschiedliche Disziplinen (wie die Kulturanthropologie, die Semiotik, die Sprachwissenschaft, die Kultur-, Entwicklungs- oder Tiefenpsychologie) bringen in ihrer Annäherung an das Konstrukt verschiedene Aspekte in den Vordergrund (Billmann-Mahecha, 2014a). Eine sehr global gehaltene Definition aus entwicklungspsychologischer Perspektive bietet DeLoache (2004): „(…) a symbol is something that someone intends to represent something other than itself" (S. 66). So breit gefasst sie auch ist, diese Definition beinhaltet alle konstituierenden Elemente eines Symbols und soll der vorliegenden Studie als Begriffsbestimmung zugrunde gelegt werden: Ein Symbol ist *etwas*, das *jemand gezielt* dafür verwendet, um *etwas anderes* als dieses Symbol selbst zu *repräsentieren*. Symbole sind menschengemacht und werden von Personen genutzt. Ein Symbol steht für etwas anderes, verweist also auf etwas außerhalb des Symbols selbst. Ein Symbol kann irgendetwas sein, denn im wahrsten Sinne des Wortes kann alles dazu verwendet werden, etwas anderes zu repräsentieren. Meist handelt es sich um mehr oder weniger stark konventionalisierte Zeichen wie gesprochene Wörter, Buchstaben, Ziffern, Bilder, Piktogramme oder Graphen. Aber auch Gegenstände können – beispielsweise im kindlichen Symbolspiel – dazu verwendet werden, in einem entsprechenden Kontext als etwas anderes genutzt und auch von anderen als solches erkannt zu werden. Symbole sind intentional, werden also gezielt zu Kommunikationszwecken eingesetzt. Erst die gezielte Nutzung, um etwas Bestimmtes damit auszudrücken, macht ein Zeichen oder einen Gegenstand zu einem Symbol. Vom Rezipienten verlangt es zweierlei Repräsentation: die des Zeichens selbst und die des Gegenstandes oder der Begebenheit, auf die das Zeichen verweist (ebd.). *Symbolkompetenz* ist als Fähigkeit zu verstehen, mit Symbolen und Zeichen umzugehen, sie zu verstehen, sie aktiv, kompetent und kreativ zu verwenden und (um-) zu gestalten. Dies ist eine grundlegende menschliche Fertigkeit und notwendig für eine kompetente Kulturteilhabe. „Symbolkompetenz kann damit als eine Basiskompetenz aufgefasst werden, die allen Kompetenzen zugrunde liegt, die auf Symbolverstehen beruhen, wie insbesondere der Lese- und Schreibkompetenz." (Billmann-Mahecha, 2014a, S. 184) und stellt daher eine Grundvoraussetzung für den Schriftspracherwerb bzw. einen essenziellen inhaltlichen Aspekt im Aneignungsprozess dar.

Welche Dimensionen beinhaltet das Schreiben und mit welchen Besonderheiten sieht ein Schreibanfänger sich im beginnenden Schreiblernprozess konfrontiert? Um das Schreiben und die Anforderungen des Schreiblernprozesses besser fassen zu können, wird an dieser Stelle auch hierauf bezogen zunächst eine Begriffsklärung vorgenommen.

In seiner Konzeption der *Schreibkompetenz* bezeichnet Becker-Mrotzek (2014) das Schreiben als schriftsprachliches Handeln. Das Besondere an der Kommunikation mittels Texten ist, dass Produktion und Rezeption raumzeitlich voneinander getrennt ablaufen und dem Adressaten eine zentrale Bedeutung zukommt, was die Auswahl der Textsorte, Formulierungen und das Anforderungsniveau angeht. Im Prozess der Schreibhandlung unterscheidet Becker-Mrotzek zwei Ebenen, die sich zwangsläufig aufeinander beziehen, aber weder in der Kompetenz noch in der Performanz und im Entwicklungsverlauf gleichförmig sind, und die mit unterschiedlichen Anforderungen einhergehen: das *Vertexten* und das *Verschriften*. Das *Vertexten* bezieht sich auf das Schreiben als Textproduktion mit der Intention zu kommunizieren, meint also das Kreieren von Inhalt. Das *Verschriften* bezeichnet das Schreiben als Schriftproduktion, also das Generieren der Buchstabenfolgen. Hier stehen der Zusammenhang und die Umsetzung von Lautung und Schreibung im Vordergrund, es beinhaltet daher einen Einblick in die Phonem-Graphem-Korrespondenz. Das Verschriften ist durch die Orthographie geregelt. Die Entwicklung von Schreibkompetenz ist verwoben mit der Entwicklung einer allgemeineren literalen Kompetenz oder Textkompetenz, die auch die Lesekompetenz als wichtige Ressource einschließt. Das Schreibenlernen vollzieht sich in den beiden genannten Teilbereichen. Dabei spielen die Anstrengungen im Verschriften zu Beginn des Erwerbsprozesses eine übergeordnete Rolle. In der *Startphase: Erste Schreibversuche* benötigen die Prozesse der Graphomotorik und der Orthographie so viele kognitive Kapazitäten, dass dies zu Lasten der Anforderungen der Textproduktion geht. In den folgenden drei Entwicklungsabschnitten *Ausbauphase I: Orientierung am Erlebten*, *Ausbauphase II: Orientierung an der Sache und am*

Leser und *Ausbauphase III: Literale Orientierung* (Becker-Mrotzek, 2014, S. 61-64) werden neben der Ausdifferenzierung der Fertigkeiten im Verschriften insbesondere die Facetten des Vertextens vertieft. In der vorliegenden Arbeit wird auf das Verschriften fokussiert. Die hier betrachtete Anfangsphase der (vorschulischen) Schreibentwicklung setzt noch vor der Nutzung konventioneller Buchstaben an und hat zum Schuleintritt das Verschriften im oben genannten Sinne eher als Maximum eines unangeleiteten Aneignungsprozesses, wobei die Orthographie dann im Schriftsprachunterricht hinzukommt. Der Aspekt des Verschriftens, die Buchstabenformen und Phonem-Graphem-Korrespondenz zu entdecken und einzuüben, steht im Zentrum vorschulischer Schreibaktivitäten.

Nach Vygotskij (1934, zit. nach Surd-Büchele & Karsten, 2010) erfordert und bewirkt die Schreibentwicklung eine Abstraktion von der lautlichen Seite des Sprechens: Mündliches (äußeres) Sprechen ist die sinnlich erfahrbare Seite des Sprechens, das *schriftliche Sprechen* dagegen ist abstraktes Sprechen, ein „Sprechen, das nicht Wörter verwendet, sondern Vorstellungen von Wörtern" (ebd., S. 32). Die Laute der gesprochenen Sprache werden aber weiterhin gedacht oder vorgestellt und das Schreiben bleibt ein Symbolismus zweiter Ordnung (siehe Kapitel 2.1). Schriftliches Sprechen sieht Vygotskij als neuartige, eigenständige Funktion des Sprechens, da es die Abstraktion von den Lauten und die Abstraktion vom Gesprächspartner verlangt. Es ist gezielter, absichtsvoller, geplanter, durchstrukturierter, expliziter als äußeres Sprechen. „Das schriftliche Sprechen zwingt das Kind, stärker intellektuell zu handeln. Es zwingt dazu, sich den Prozess des Sprechens stärker bewusst zu machen" (ebd. S. 33). Das Schreibenlernen hat daher eine weitreichende Auswirkung auf das Denken, es nimmt starken Einfluss auf die kognitive Entwicklung des Kindes. Vygotskij beschreibt Schreiben als abschließende Phase der sprachlich-kognitiven Entwicklung, in der sich die Bewusstwerdung des Sprechens und der absichtsvolle Umgang mit Sprache herausbilden. Schreiben ist die am stärksten entfaltete und syntaktisch komplizierteste Form des Sprechens: Das Mitteilen eines Gedankens hängt sehr stark an der formalen Bedeutung von Wörtern und Absichten. Betonungen oder auch die Wahrnehmung einer Situation müssen explizit ausgedrückt werden. Im Rahmen soziokultureller Tätigkeiten eröffnet die Schreibentwicklung neue Wege der sozialen Kommunikation. Als große Errungenschaft von Vygotskijs Konzeption von Schreiben resümieren Surd-Büchele & Karsten (2010): Schreiben bringt „eine Weiterentwicklung und Umgestaltung kommunikativer und kognitiver Funktionen mit sich" (ebd. S. 46) und hat somit Veränderungen des Sprechens und Denkens zur Konsequenz.

Diese Unterschiede zwischen mündlicher und schriftlicher Sprache werden auch in der Differenzierung von konzeptioneller Mündlichkeit und konzeptioneller Schriftlichkeit beschrieben (Bredel, Fuhrhop & Noack, 2011; Schründer-Lenzen, 2013; Wildemann, 2015).

Die mündliche und die schriftliche Sprache unterscheiden sich ganz konkret voneinander bezüglich der Themenentfaltung (prozessual vs. resultativ), der Verknüpfungen (chronologisch-reihend vs. logisch-strukturierend), der Selbstkorrekturen (Planung, Planungssignale und Formulierungskorrekturen simultan zum Entstehen, Informationskorrekturen nachgetragen vs. Formulierungs- und Informationskorrekturen in Überarbeitung), der Wortwahl und Zeitformen, sowie der Ausformulierung (*verschliffene Formen* vs. vollständige Verschriftung der lexikalischen und grammatischen Strukturen). Es besteht also eine höhere Anforderung für den Schriftspracherwerb, denn es müssen sowohl die grammatikalische und lexikalische Struktur der Sprache verstanden und beherrscht, als auch konzeptionelle Eigenschaften von Texten für die Textproduktion erworben werden (Bredel et al., 2011).

Eigenschaften der deutschen Schriftsprache. Welchen schriftsprachlichen Eigenheiten oder Herausforderungen stehen Kinder gegenüber, die das Schreiben mit der deutschen Sprache lernen? Der deutschen Orthographie liegt ein phonologisches System zugrunde: Die Schriftzeichen (Buchstaben bzw. Grapheme) bilden die Laute (Phone)[1] der mündlichen Sprache ab. Die Verschriftung der Laute ist dabei aber nicht zuverlässig, weshalb man von einer *eher lautorientierten Alphabetschrift* spricht. Es sind nicht die Laute und die Buchstaben, die einander direkt entsprechen, sondern die Phoneme (bedeutungsunterscheidungstragende Laute) und die Grapheme (Buchstaben oder auch Buchstabencluster) (Kirschhock, 2004; Schneider, 2017; Schründer-Lenzen, 2013). Buchstabensprachen unterscheiden sich darin, wie viele Phoneme sie enthalten und mit wie vielen Graphemen diese ausgedrückt werden. Im Deutschen herrscht eine Asymmetrie von 30 Graphemen zu ca. 40 Phonemen vor. Die Zuordnungsregeln von Graphem und Phonem weisen also eine gewisse Unregelmäßigkeit auf, die allerdings vergleichsweise schwach ausgeprägt ist. Das Deutsche zählt zu den eher lautgetreuen Schriftsystemen, was das Lesen betrifft. Aufgrund der sehr viel unregelmäßigeren Entsprechung von Phonem und Graphem im Englischen benötigen englischsprachige Leseanfänger in etwa ein Jahr länger für das Erreichen basaler Lesekompetenzen als deutschsprachige Leseanfänger (Schneider, 2017; zum Einfluss unterschiedlicher Alphabetsprachen auf den Lese- und Schreiblernprozess vgl. auch Sprenger-Cha-

1 Phonem/Phon: Phone sind alle Laute einer Sprache, dagegen werden diejenigen Laute, die Bedeutungsunterschiede kennzeichnen als Phoneme bezeichnet. Phoneme (aber nicht alle Phone) werden mit unterschiedlichen Graphemen, also Schriftzeichen, ausgedrückt: Ob oder wie stark ein <r> gerollt wird oder nicht ändert im Deutschen nichts an der Bedeutung eines Wortes (unterschiedliche Phone: [r], [ʀ], [ʁ] = Allophone, aber nur ein Phonem: /r/), das <r> wird daher immer gleich verschriftet. Ob das <e> aber lang oder kurz gesprochen wird, macht dagegen einen Bedeutungsunterschied und wird im Deutschen daher in der Regel unterschiedlich (wenn auch leider nicht einheitlich) verschriftet, wie an dem Beispiel <Beet> und <Bett> deutlich wird (Kirschhock, 2004; Schründer-Lenzen, 2013).
Graphem: Die Buchstaben oder Buchstabencluster, die zur Verschriftung der Phoneme verwendet werden, sind die Grapheme, z.B. sch, i, ie oder ieh (ebd.).

rolles, 2004). Durch die zahlreichen Ausnahmen in der Verschriftung von Phonemen in der deutschen Orthographie, ist das Schreibenlernen allerdings ein wesentlich komplizierterer Lernprozess für deutschlernende Kinder und dauert für gewöhnlich auch länger als das Lesenlernen. Es gibt im Deutschen weitaus mehr Phoneme als Buchstaben, außerdem kann sowohl ein Laut durch unterschiedliche Buchstaben (Heterographie) als auch ein Buchstabe durch verschiedene Laute (Homographie) wiedergegeben werden, die Ausnahmen der Zuordnungsregeln übersteigen die Regelmäßigkeiten (Kirschhock, 2004; Schneider, 2017; Schründer-Lenzen, 2013). Eine weitere Schwierigkeit im Aneignungsprozess, die nicht nur die deutsche Sprache betrifft, stellt die *coarticulation* (Sprenger-Charolles, 2004, S. 50) dar: Aufgrund der zusammengezogenen Aussprache der einzelnen Phoneme eines Wortes ist es für beginnende Schriftsprachlerner schwierig, alle beteiligten Phoneme herauszuhören und zu identifizieren. Kinder müssen lernen, dass z.B. das in einem Artikulationsfluss gesprochene Wort Bart in vier einzelne Phoneme zerlegt werden kann und, dass jedes einzelne von ihnen verschriftlicht werden muss.

2. Auf dem Weg zur Schrift

Die Gemeinsamkeit von Kunst, Malen und Schreiben ist: Sie alle haben ihren Ursprung darin, Spuren zu hinterlassen, was Gibson und Yonas (1967, S. 9) als „fundamental graphic act“ bezeichnen.

> Scribbling, drawing, painting, diagramming, mapping, handwriting, and printing are said to be graphic. All these involve traces on a surface. Until very recently in history, the traces had to be made by hand. The manual act of trace-making helps the child to distinguish the variables of graphic information. Some of these variables are straightness, curvature, bentness, tilt, closedness, intersection, and symmetry but there are many more of them not yet analyzed. (Gibson & Yonas, 1967, S. 12)

Spuren auf einem Malgrund zu hinterlassen, ermöglicht wichtige kindliche Erfahrungen der Urheberschaft. Wenn aus diesen ersten Spuren Zeichen werden und anfangs über das Malen und später auch über das Schreiben erste eigene Ideen und Erfahrungen mitgeteilt und geteilt werden sollen, dann müssen konkrete Einsichten erlangt und bestimmte Konventionen erlernt werden, damit andere sie als solche erkennen und verstehen, damit darüber und miteinander kommuniziert werden kann. Diesen Gemeinsamkeiten der beiden Domänen des Zeichnens und des Schreibens soll durch die Zusammenführung in dieses übergeordnete Kapitel Rechnung getragen werden. Dafür wird im Folgenden zunächst die Entwicklung von Symbolkompetenz als Grundlage der Kommunikation mittels graphischer Zeichen gesondert beleuchtet, um im Anschluss die frühe Entwicklung des Malens und abschließend schwerpunktmäßig die des Schreibens darzustellen. Das Kapitel schließt mit einem Zwischenfazit, das überleitet zum empirischen Teil.

2.1 Eine Grundlage für graphische Kommunikation: Entwicklung von Symbolkompetenz

„One of the significant intellectual achievements made by children in the preschool and early school years is their increasing ability to use symbol systems to interpret, manipulate, and express meanings.“ (Bialystok, 1992b, S. 269)

Als eine Klammer um die kognitiven Funktionen im Zusammenhang mit dem Verständnis und dem Gebrauch unterschiedlicher Notationssysteme sieht Bialystok das symbolische Denken – *symbolic thought* (ebd.). Symbolisches Denken im weiteren Sinne kommt überall dort zum Tragen, wo eine Einheit genutzt wird, um eine andere zu repräsentieren. In dieser eher allgemeinen Form ist es bereits im kindlichen Als-ob-Spiel und der Produktion der ersten Wörter präsent. In einem etwas engeren Verständnis findet symbolisches Denken Ausdruck im Gebrauch von Notationssystemen – logischen Systemen von Notationsformen, die spezifische referentielle Eigenschaften besitzen – und schreitet durch den Umgang mit diesen voran.

> On this broader view, the emergence of symbolic thought must be examined as a continuous process that begins with an infant's first abstraction from the world, and advances throughout life as new and more complex notational systems are mastered and applied to new domains of knowledge. (ebd.)

Das Verständnis und der Gebrauch von Symbolsystemen gibt Aufschluss über die Fähigkeiten symbolischen Denkens, welches sich in dieser Auseinandersetzung graduell entwickelt und im beschriebenen engeren Sinne nicht vor dem Alter von sechs Jahren auftritt (Bialystok, 1992a).

Vygotskij (1935, zit. nach Surd-Büchele & Karsten, 2010) versteht die Geste als erstes visuelles Zeichen und das anfängliche Malen als Zeigen, als eine Zeigegeste, die vom Stift in einer graphischen Spur festgehalten wird. In dieser frühen Ausprägung wird das Malen unterstützt und erklärt durch begleitende Gesten und verbale Äußerungen. Auch im Symbolspiel sind es die Gesten, die ein beliebiges Spielobjekt zu dem umfunktionieren und definieren, was dieses gerade sein soll, und ihm damit die spezifische, für den Moment zugewiesene Bedeutung zuschreiben – hier lernt das Kind, dass Dinge zu Zeichen oder Stellvertretern für andere Dinge werden können, ohne dass sie erkennbar ähnlich sein müssen. Die begleitenden Gesten oder verbalen Erläuterungen von Zeichnungen (ebenso von Spielobjekten) können mit der Zeit weggelassen werden, das Zeichen steht nun für sich und wird damit zu einer symbolischen Repräsentation erster Ordnung. Das anfängliche Zeichnen ist noch eher als Sprechen denn als Repräsentation zu verstehen: „drawing is graphic speech that develops on the basis of verbal speech" (ebd., S. 30). Das Kind muss lernen, dass gemalte (ebenso wie geschriebene) Objekte nur Symbole für diese Objekte sind, so wird das Zeichnen zum Repräsentieren. Graphisches Sprechen und Zeichnen im Sinne von Repräsentieren bezeichnet Vygotskij als Symbolismus erster Ordnung, schriftliches Sprechen als Symbolismus zweiter Ordnung. Symbole erster Ordnung verweisen direkt auf ein Objekt oder ein Ereignis, Symbole zweiter Ordnung verweisen auf Symbole für Objekte (Schrift: geschriebene Zeichen für mündliche Symbole von Objekten). Er beschreibt eine Entwicklungsfolge vom Zeichnen von Objekten über das Zeichnen von Repräsentationen von Objekten zum Zeichnen von Wörtern. Für das Schreiben (schriftliches Sprechen) muss das Kind lernen, dass Schreiben mehr ist als nur Buchstaben zu zeichnen: Es ist das Zeichnen von Buchstaben oder Wörtern als Symbole für Laute, es bedarf einer „transition from drawing things to drawing speech" (ebd., S. 31).

Symbolkompetenz Zeichnen
Callaghan (2007) untersucht die Entwicklung eines piktoralen, auf die Malentwicklung bezogenen Symbolverständnisses und beschreibt den Übergang vom „pre-symbolic infant" zum „symbolic child" (S. 22) in drei Phasen: 1) *Precursor*, 2) *Onset of Representation* und 3) *Refinement*. Dabei sieht sie vieles, das entscheidend für die Entwicklung eines piktoralen Symbolverständnisses ist, als übertragbar auf den Gegenstand anderer Symbolsysteme. In der *Precursor*-Phase, also dem Vorläufer oder Wegbereiter, differenzieren sich beim Kind grundlegende (sozial-) kognitive Fähigkeiten aus, die ein Verständnis von der symbolischen Beziehung zwischen Bildern und ihrem Referenten erst ermöglichen. Dazu zählen a) die Wahrnehmung der visuellen Ähnlichkeit eines Bildes und seines Referenten bei gleichzeitiger Unterscheidung der beiden, b) die Einsicht, dass Bilder über das Merkmal ähnlich, aber *nicht identisch zum Referenten* eine Kategorie bilden und über die sichtbare Ähnlichkeit hinaus auf etwas anderes verweisen, c) der Analogieschluss, dass diese Eigenschaft der Ähnlichkeit-Unterschiedlichkeit für die Beziehung aller – auch unbekannter – bildhafter Symbole zu ihrem Referenten zutrifft, d) die Fähigkeit, die kommunikative Absicht von anderen zu verstehen, die Bilder produzieren und verwenden sowie e) in der Lage zu sein, jene intentionalen Handlungen zu imitieren, die andere im Umgang mit Bildern an den Tag legen. Einen ersten, wichtigen Schritt hin zur Entwicklung der Einsicht in die Symbolfunktion von Bildern zeigen Kinder bereits zwischen sechs und zwölf Monaten, wo sie Bilder zwar ebenso behandeln wie ihre erwachsenen Vorbilder dies tun, ohne deren Symbolfunktion jedoch konzeptuell begriffen zu haben. Callaghan nennt dies „acting-without-knowledge" (S. 26). In der *Onset*-Phase wird im Kontext des verbalen Austauschs über (gemalte) Bildinhalte – also mithilfe der Begleitung des neuen Symbolsystems der Bilder durch das bekannte Symbolsystem der gesprochenen Sprache – der entscheidende Schritt hin zur Einsicht gemacht, dass Bilder Repräsentationen von Objekten und Begebenheiten sind. Mit dieser Erkenntnis beginnen Kinder, Bilder als Symbole zu behandeln und ihre ersten, einfachen Repräsentationen aktiv zu gestalten. Diese erste Verbindung vom Symbol zum Referenten im Vorschulalter basiert auf der Grundlage von wahrnehmbarer Ähnlichkeit, die die Kinder (oftmals im Nachhinein) in ihren eigenen Zeichnungen erkennen. Dabei wird die Doppelung von bildhaftem und sprachlichem Zeichen nun von den Kindern für ihre eigenen Produktionen verwendet und macht den Inhalt für Außenstehende oft erst verständlich. In der *Refinement*-Phase, der Verfeinerung, entwickeln die Kinder ein tieferes symbolisches Verständnis und gelangen „from a perceptual level to a conceptual level" (S. 27). Kinder verstehen nun die Darstellungsabsicht in Zeichnungen anderer und beachten bei ihrer eigenen Produktion, wie andere ihre intendierte Darstellungsabsicht wahrnehmen und verstehen können und verändern gegebenenfalls eine noch nicht ausreichend erkennbare Zeichnung dahingehend. Auch innere Zustände wie Emotionen oder Gedanken können sie in den Darstellungen anderer lesen sowie

selbst bildnerisch darstellen, während sie beginnen, die Intentionen des Künstlers zu verstehen. Eine sprachliche Unterstützung zur Erläuterung ist nun nicht mehr erforderlich und wird zunehmend sparsamer und lediglich ergänzend eingesetzt. Erst gegen Ende des Vorschulalters erlangen die Kinder schließlich ein konzeptionelles Verständnis davon, dass andere Bilder dazu verwenden, um im Sinne der Symbolfunktion auf etwas zu verweisen, etwas damit mitzuteilen und was dieser Inhalt im konkreten Fall ist. Diese Entwicklung piktoraler Symbolkompetenz vollzieht sich nach dem anfänglich imitierenden Umgang mit Bildern (*so tun als ob*) von der Einsicht in eine Darstellungsfunktion zur Entdeckung einer Mitteilungsfunktion: 1. Ein Bild stellt etwas dar (und verweist darauf), weil es ähnlich aussieht wie sein Referent. 2. Man kann die Darstellungsabsicht anderer erkennen und auch (mit gewissen markanten Merkmalen) dafür sorgen, dass andere die eigene Darstellungsabsicht verstehen. 3. Menschen teilen mit ihren Bildern oder piktoralen Symbolen etwas mit, das über die bloße Tatsache der Ähnlichkeit zum Referenten hinausgeht, sie transportieren eine kommunikative Absicht oder Botschaft.

Mit den folgenden Beispielen von Kinderzeichnungen (siehe Abbildung 1) verdeutlicht Callaghan die produktiven Fähigkeiten der Kinder, die mit der jeweiligen Entwicklungsphase piktoraler Symbolkompetenz einhergehen. Die Vorläuferphase *Precursor* kann in der Kritzelphase der Malentwicklung verortet werden, die Phase des beginnenden Symbolverständnisses *Onset of Representation* im Übergang zur Schemaphase und die ausdifferenzierende Phase *Refinement* in der Schemaphase (siehe Kapitel 2.2).

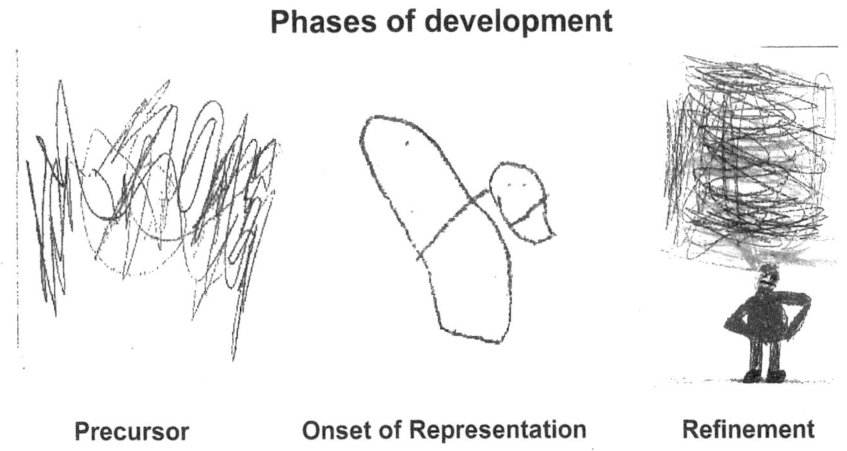

Abbildung 1:
Beispielzeichnungen von Kindern in den Entwicklungsphasen des piktoralen Symbolverständnisses (Callaghan, 2007, S. 22)

Symbolkompetenz Schreiben
Bialystok (1992a) bezieht ihre Untersuchung der Entwicklung von Symbolverständnis auf den Umgang mit Schriftzeichen. Sie unterscheidet drei Phasen in der Entwicklung mentaler Repräsentation von Buchstaben und Ziffern hin zu symbolischem Denken: 1) *conceptual* representations, 2) *formal* representations, 3) *symbolic* representations (ebd., S. 314). Sie versteht diese Phasen als feste hierarchische Abfolge, in der sich das Erlernen der beiden Notationssysteme gleicht: Lernen der mündlichen Form, lernen der schriftlichen Form, lernen der Beziehung zwischen beiden.

1) In der Phase der *konzeptuellen Repräsentationen* können Kinder die Buchstaben-/Ziffernreihen als Ganzes mit den korrekten Namen für jedes Element in der Reihe aufsagen, die einzelnen Elemente aber nicht losgelöst behandeln. Sie beginnen beispielsweise von vorne, um den korrekten Fortgang zu erinnern, wenn sie an einer Stelle nicht weiter wissen. Die mentalen Repräsentationen dieser Phase müssen nur die Ordnung der mündlichen Informationen sicherstellen und sind durch das memorierte Muster (die Abfolge) in der richtigen Reihenfolge charakterisiert. Aufgrund der äußeren Unterschiede werden die Elemente ihrer Klasse zugeordnet – die Zeichen werden also als Buchstaben oder Ziffern erkannt und verweisen in ihrer Bedeutung auf das jeweilige System als Ganzes. 2) In der Phase der *formalen Repräsentationen* sind die Kinder in der Lage, die Zuordnung der einzelnen Buchstaben bzw. Ziffern zu deren Namen vorzunehmen und die Form der einzelnen Schriftzeichen zu erkennen und zu produzieren. Die mentalen Repräsentationen in dieser Phase sind Objektrepräsentationen mit konkreten Charakteristika (Form, Bezeichnung/Name) und sind an diese äußeren Merkmale gebunden. Die Bedeutung der einzelnen Zeichen liegt in ihnen selbst als Objekt begründet, ihre referentielle Bedeutung ist aber noch nicht erfasst. Eine solche erste symbolische Funktion der Zeichen ist im Sinne von Symbolen erster Ordnung zu verstehen, die sich auf die direkte Verbindung zu ihrem Referenten beziehen. Die Bedeutung kompletter Schriftzüge kann hier noch nicht erschlossen werden und wird daher auch noch nicht an den Schriftzeichen selbst (bzw. ihrer Zusammensetzung) festgemacht. 3) In der Phase der *symbolischen Repräsentationen* haben die Kinder schließlich die Bedeutung der geschriebenen oder gesprochenen Zeichen als Symbole erfasst, die auf etwas anderes verweisen. Die mentalen Repräsentationen bestehen nun aus einer Verbindung der geschriebenen Form mit dem Wert (Laut bzw. Menge) für den sie stehen. Sie bauen auf den vorigen Repräsentationen auf und sind die Grundlage von symbolischem Denken und die Voraussetzung für das Erlernen von Lesen, Schreiben und Rechnen, also für das Manipulieren der und das Operieren mit den einzelnen Zeichen der Symbolsysteme Buchstaben und Ziffern. Zwar ist der gesamte Prozess vom Lernen der Abfolge, über das Verbinden der einzelnen Elemente mit ihrer konkreten geschriebenen Form hin zum Erfassen der Bedeutung der einzelnen Zeichen notwendig für die Entwicklung symbolischen Denkens, aber erst die dritte Phase

kennzeichnet die mentalen Repräsentationen als symbolisch und stellt gleichzeitig den schwierigsten Lernschritt dar. Als Symbolisierung zweiter Ordnung teilt das referierende Zeichen keinerlei Eigenschaften mit seinem Referenten: Das Schriftzeichen hat nichts gemein mit dem Laut, den es repräsentiert. Mit der Ausbildung symbolischer Repräsentationen können Kinder nun einsteigen in den Erwerb von Lesen, Schreiben und Rechnen. Wenn die konventionelle Bedeutung, die symbolische Funktion der einzelnen Zeichen, erfasst wurde, können sie diese manipulieren und dazu benutzen, Inhalte zu vermitteln. Dabei müssen sie lernen, dass der Wert des einzelnen Zeichens fest steht, die Kombination von Zeichen aber eine je konkrete, spezifische Bedeutung produziert: Wenn die einzelnen Zeichen manipuliert werden, wird gleichzeitig die Bedeutung des Ganzen manipuliert (Bialystok, 1992a). „This symbolic insight comes after they have learned the formal constituents of the writing system, such as letters for an alphabetic language; until it is achieved, children are unable to read" (Bialystok & Luk, 2007, S. 122).

Das Erlernen der Symbolfunktion der Schriftzeichen scheint über unterschiedliche Schriftsysteme hinweg eine universale Voraussetzung für den kompetenten und manipulativen Umgang mit der (eigenen) Schriftsprache darzustellen, dies zeigen Bialystok und Luk (2007) in einer Vergleichsstudie mit vierjährigen Kindern, die mit kantonesischem Chinesisch bzw. kanadischem Englisch aufwachsen. Die Phase einer relativ schriftkundigen Beschäftigung mit Geschriebenem, in der aber die Einsicht, dass der Wortlaut eines Schriftzuges von den Schriftzeichen bestimmt wird und damit fest ist, noch nicht hergestellt wurde (der beschriebenen Phase zwei entsprechend) findet sich unabhängig davon, ob das Zielschriftsystem auf Phonemen oder Morphemen basiert (siehe Kap. 2.3.4.1). Diejenigen kantonesischen Schriftzeichen, die stärker ikonisch sind, verhelfen den kantonesischen Kindern dazu, die Verbindung von Bedeutung und Schriftzeichen früher herzustellen.

> (...) the acquisition of the insight about the symbolic function of print is equally important for children irrespective of the writing system that they are learning to read. However, children are given support for this insight if features of the writing system are more transparently related to the meanings they encode. (Bialystok & Luk, 2007, S. 126f.)

An vier- bis fünfjährigen monolingualen sowie bilingual und biliteralen Kindern konnte Bialystok (1997) zeigen, dass bilingual und biliteral aufwachsende Kinder einen Vorteil haben in der Entwicklung eines Konzeptes vom Repräsentationsgehalt von Schrift. Getestet wurde das Verständnis eines allgemeinen Zusammenhangs von Schrift und Sprache, der besagt, dass Geschriebenes Wörter repräsentiert und für alle Sprachen gilt (am Zusammenhang von Schriftzug und Bedeutung). Außerdem wurde das Verständnis eines spezifischen Zusammenhangs bestimmter Bestandteile von Schrift und bestimmter Bestandteile von Sprache, welcher je nach Schriftsystem variiert am Zusammenhang von Zeichenanzahl und Wortlautlänge überprüft. Insbesondere im ersten Bereich erzielen bilinguale Kinder ein besseres Ergebnis (siehe Kapitel 2.3.4.1).

Aufgrund von Studien zur frühen Unterscheidung von Malen und Schreiben wird heute eher davon ausgegangen, dass sich der Entwicklungsverlauf nicht sukzessiv vom Malen zum Schreiben (oder in Vygotskijs Worten: vom Zeichnen von Dingen oder Objekten über das Zeichnen von Buchstaben zum Zeichnen von Wörtern und Buchstaben als Symbole für Laute) darstellt, sondern als eine je eigenständige Entwicklung in den beiden Domänen. Dies zeigt sich z.B. in der frühen gleichzeitigen und differenzierenden Verwendung verschiedener Notationsformen (Dockrell & Teubal, 2007) (siehe Kapitel 2.3.4.2). Ganz in der Linie von Vygotskij beschreiben allerdings auch Levin und Bus (2003) die Entwicklung. Aus einem undifferenzierten und undifferenzierbaren Kritzeln als gemeinsamer Quelle der Mal- und der Schreibentwicklung differenziert sich zuerst das Malen und daraus dann das Schreiben mit unterscheidbaren graphischen Produkten aus. Dabei bezeichnen sie das anfängliche Schreiben als im eigentlichen Sinne noch immer nicht vom Malen unterschieden, da es vielmehr als Malen des zweidimensionalen Objektes Schrift zu verstehen ist (siehe ebenfalls Kapitel 2.3.4.2). Auch Barkow (2013b) sieht das Kritzeln als gemeinsame Basis des Schreibens und des Zeichnens, argumentiert damit aber nicht für eine sequenzielle Abfolge, sondern für die Anerkennung des Kritzelns als frühe Form der Schreibentwicklung analog zur Kritzelphase als Beginn der Malentwicklung. Aus ersten Spur- und Gestenkritzeln, die weder der einen noch der anderen Domäne zugeordnet werden können, differenzieren sich bereits sehr früh zuerst schriftähnliche Produkte einerseits und Produkte, die Ähnlichkeit zu Zeichnungen aufweisen, andererseits aus und daraus folgend das literale Schreiben und das piktorale Zeichnen (siehe Kapitel 2.3.4.3).

Neben der wohl unumstrittenen Gemeinsamkeit der graphischen Tätigkeit an sich und der Ähnlichkeit der sehr frühen Anfänge bezogen auf das Kritzeln ist der Entwicklung des Zeichnens und des Schreibens auch die Grundlage eines Symbolverständnisses gemein. Anfängliches Malen und anfängliches Schreiben sind gleichermaßen vorsymbolisch (oder vielmehr vorbereitend symbolisch) im Sinne des von Callaghan (2007) beschriebenen ersten Schrittes im Umgang mit Symbolen, dem *acting without knowledge*, einem *einfach so machen wie andere (z.B. Erwachsene) es machen*, also dem bloßen Imitieren der Handlung des Mal- bzw. Schreibakts. Daraus entwickeln sich in beiden Domänen symbolische Darstellungen, wenngleich auf unterschiedlich ausgeprägtem Abstraktionsniveau, wie dargestellt werden konnte.

2.2 Die ersten graphischen Erfahrungen: Malen im Kindesalter

Zeichnen ist eine beliebte Freizeitbeschäftigung, der Kinder sowohl in der Familie als auch in Kindertageseinrichtungen häufig nachgehen. So gut wie jedes Kind malt – sofern es Zugang zu den entsprechenden Materialien hat – während seiner Kindheit zumindest ab und zu, die meisten Kinder malen häufig und gerne.[2] In Deutschland ist das Malen in aller Regel eine freie Tätigkeit, die nicht angeleitet oder systematisch gelehrt wird. Begleitet von eher unsystematischen Hilfestellungen, beispielhaften Umsetzungsvorschlägen und sporadischen thematischen Projekten, stehen das Erproben möglichst vielfältiger Materialien und eine freie Entfaltung der eigenen Ideen im Kindergartenalltag im Vordergrund (Rübeling, 2014). Dabei spielt neben dem selbstständigen Ausprobieren gerade auch das Nachahmen von Malvorbildern aus dem direkten (sozialen wie piktoralen) Umfeld eine große Rolle in der Entwicklung des Formenrepertoires und der Darstellungsweisen. Insbesondere die Peers bilden einen wichtigen Orientierungspunkt untereinander, aber auch die Familie. Es lassen sich individuelle kindliche Malstile ebenso wie *Moden* der Gestaltung bestimmter Motive in Kindergruppen beobachten (Schuster & Jezek, 1992; Schuster, 2000). Die Bedeutung des Modelllernens im direkten sozialen Umfeld und die Orientierung am kulturellen Bildangebot, die sich in der Ähnlichkeit von Darstellungsweisen unter Geschwistern, Freunden oder in Kindergartengruppen und Schulklassen ebenso wie in größeren sozialen Gefügen niederschlägt, erklären einerseits interindividuelle, interfamiliäre oder interkulturelle Gemeinsamkeiten und Unterschiede der konventionalisierten Darstellungsweisen von Motiven (Schuster & Jezek, 1992; Schuster, 2000) und verdeutlichen andererseits, dass sich ein Formeninventar zur Verständigung mit und über gemalte Inhalte auf die Konventionen einer sozialen oder kulturellen Gruppe bezieht. Damit funktioniert es als Symbolsystem gewissermaßen ähnlich – wenn auch deutlich weniger eng gefasst – wie das Zeicheninventar der Schriftsprache.

In fast allen der 16 Bundesländer ist das Malen und Zeichnen als ein Teilbereich der als besonders wichtig erachteten ästhetischen Bildung in den Bildungsplänen verankert. In diesem Rahmen ist das vorrangige Ziel in Theorie und Praxis die Förderung von Kreativität, das Kennenlernen unterschiedlicher Materialien und daran gekoppelte Ausdrucksformen sowie die Entwicklung von Selbstausdruck und die Entfaltung der Persönlichkeit. Daneben werden, deutlich weniger prominent, das Schulen der Feinmotorik und Hand-Auge-Koordination erwähnt sowie die Förderung von Ausdauer und Konzentration, was im Hinblick auf spätere schulische Fertigkeiten und Anforderungen wie schreiben lernen sicherlich nicht zu vernachlässigen ist. Außerdem findet – dies allerdings nur in zwei Bildungsplänen – die enge Verbindung von Zeichentätigkeiten der Kinder und dem Aneignen von Symbolsystemen wie Buchstaben und Zeichen Beachtung (Billmann-Mahecha, 2014b; Rübeling, 2014).

---

2 Dabei gibt es kulturell große Unterschiede was die Materialien, den Stellenwert, die (pädagogische) Zielsetzung und die Art und Weise der Vermittlung angeht (Rübeling, 2014). Auf diese unterschiedliche Handhabung in verschiedenen Kulturen und Gesellschaften wird hier nicht näher eingegangen.

Die Malentwicklung wird für gewöhnlich in Entwicklungsphasen eingeteilt.[3] In der *Kritzelphase* (frühe Kindheit) experimentieren Kleinkinder zunächst mit Materialien, Bewegungen und Formen. Eine wesentliche und motivierende Erfahrung ist das Erleben der eigenen Urheberschaft: Dauerhafte, sichtbare Spuren auf einem Untergrund zu hinterlassen, lässt die Kinder ihr eigenes Resultat erleben. Der Akt des Malens an sich, des Spuren-Hinterlassens, steht anfangs im Vordergrund (Gernhardt, 2014a; Richter, 1997; Schuster, 2000, 2001). Gibson und Yonas (1967) konnten zeigen, dass Kinder beim Kritzeln mit einem Stift, der keine Spur hinterlässt, ebenso wie mit dem Finger in der Luft sehr schnell die Lust verlieren. Beim Spurkritzeln wird der Zusammenhang der getätigten Bewegung und der entstandenen Spur entdeckt und zunehmend manipuliert und eingeübt (z.B. Intensität oder Richtung). Entstehen die beginnenden Bewegungen noch aus dem gesamten Arm heraus, so kann sich mit der Ausdifferenzierung der Bewegungen über das Ellenbogengelenk hin zur Hand die Strichführung kontinuierlich verfeinern (Gernhardt, 2014a; Richter, 1997; Schuster, 2000, 2001). Kellogg (1970) definiert auf Grundlage der Analyse etwa einer Million Kinderzeichnungen 20 *Basic Scribbles* (S. 14) wie Punkte oder Hiebe, gerade, gebogene und gewellte Linien, Spiralen und kreisförmige geschlossene Formen (siehe Abbildung 2) als Basiselemente einer jeden Zeichnung, die bereits in den ersten Kritzelzeichnungen bei zweijährigen Kindern und früher zu finden sind. So wird schon zu Beginn der Malentwicklung ein *grafisches Vokabular* (Gernhardt, 2014a, S. 19) entwickelt, das als Repertoire von Darstellungselementen – in der Ausführung präzisiert – fortwährend zum Malen und Zeichnen herangezogen wird. Die zunehmend komplexer werdende Kombination dieser Elemente führt von einfachen Formen wie Kreuz, Viereck oder Dreieck später zu jeglicher zeichnerisch-künstlerischen Ausdrucksweise ebenso wie zur Konstruktion der Schriftzeichen (Kellogg, 1970).

Gegen Ende der Kritzelphase wird den Kritzelzeichen immer häufiger auch eine Bedeutung zugewiesen. Sie verweisen damit auf etwas anderes und sind so bereits als ein gemaltes Symbol für ein reales Objekt, wie z.B. ein Mensch oder ein Haus, zu verstehen, auch wenn sie von Außenstehenden noch nicht als solches zu erkennen sind (siehe oben). Anfangs sind bedeutungstragende Darstellungen oftmals auch die mit dem Stift realisierte Bewegungsspur eines über das Papier fliegenden Insektes oder flitzenden Fahrzeuges. Sie sind also noch nicht durchgängig als abgebildetes Objekt verwirklicht, sondern visualisieren dann vielmehr einen Vorgang, der auf dem Zeichenpapier stattfindet. Kinder beginnen hier, über ihre Bilder zu kommunizieren (Gernhardt, 2014a; Richter, 1997; Schuster, 2000, 2001).

3 Die Phaseneinteilungen – früher Stufenfolgen – variieren in Anzahl, Benennung und auch inhaltlichem Fokus je nach Autor mehr oder weniger stark voneinander. In jüngerer Zeit herrscht die Einteilung in drei Phasen vor, die dennoch nicht einheitlich sind. Anstelle einer Diskussion der unterschiedlichen Entwicklungsbeschreibungen sei hier für einen Überblick beispielsweie auf die Werke von Richter (1997) und Schuster (2000) verwiesen. Für diese Arbeit werden die Phaseneinteilung und Bezeichnungen von Schuster (2000) übernommen.

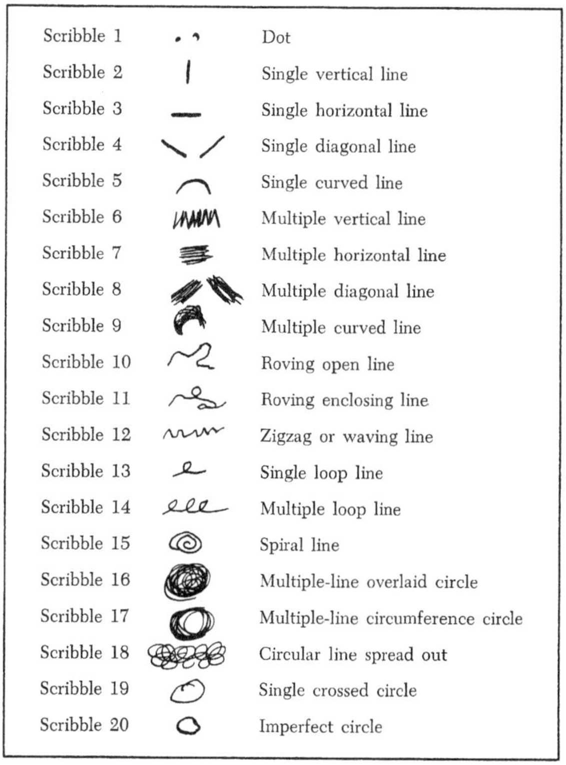

Scribble 1	Dot
Scribble 2	Single vertical line
Scribble 3	Single horizontal line
Scribble 4	Single diagonal line
Scribble 5	Single curved line
Scribble 6	Multiple vertical line
Scribble 7	Multiple horizontal line
Scribble 8	Multiple diagonal line
Scribble 9	Multiple curved line
Scribble 10	Roving open line
Scribble 11	Roving enclosing line
Scribble 12	Zigzag or waving line
Scribble 13	Single loop line
Scribble 14	Multiple loop line
Scribble 15	Spiral line
Scribble 16	Multiple-line overlaid circle
Scribble 17	Multiple-line circumference circle
Scribble 18	Circular line spread out
Scribble 19	Single crossed circle
Scribble 20	Imperfect circle

Abbildung 2:
The Basic Scribbles (Kellogg, 1970, S. 15)

In der darauffolgenden *Schemaphase* (Vorschulalter), in der dem Gemalten nun größtenteils eine Bedeutung zukommt, zeichnen Kinder gegenständliche Darstellungen zunehmend komplexer und mit steigender Ähnlichkeit zum Abgebildeten. Es werden erste Konventionen eingeübt, die dazu verhelfen, bestimmte Dinge so zu zeichnen, dass andere sie erkennen und verstehen. Das *graphische Vokabular* wird ausdifferenziert, verfeinert und miteinander kombiniert. Daraus entstehen Malschemata zur Abbildung der Motive: Eine routinemäßige, schematische und über eine längere Zeit relativ stabile Art und Weise, etwas zu zeichnen.[4] Die Ähnlichkeit zum abgebildeten Objekt macht sich vorerst an nur sehr wenigen Aspekten bemerkbar, wird aber zunehmend präziser oder detailreicher. Die schematischen Darstellungen, die nun produziert werden, sind vereinfachte, an typischen Merkmalen ausgerichtete Darstellungen. Erste simple Schemata sind die Linie als Extension und die geschlossene runde Form für jegliches Volumen. Aus der Zu-

4 Diese Malschemata können, wie oben bereits erwähnt, auch eine sehr individuelle Note besitzen und damit den Zeichenstil eines einzelnen Kindes dokumentieren, werden generell aber im direkten Umfeld übernommen bzw. gemeinsam entwickelt. Teilweise existieren mehrere (möglicherweise auch simplere und komplexe) Malschemata für einen Gegenstand parallel (Schuster, 2000).

sammensetzung der beiden entstehen einfache Malschemata beispielsweise für die Darstellung von Menschen (beginnend mit dem berühmten Kopffüßler), Blumen (Blütenkopf mit Stängel) oder der Sonne. Dass diese Malschemata Konventionen zum Ausdruck bringen und sich nicht so sehr an der realitätsgetreuen Abbildung einzelner konkreter Objekte ausrichten, kann am Beispiel der Umsetzung von Menschzeichnungen verdeutlicht werden. Ein verwendetes, relativ festes Schema zur Darstellung von Menschen wird zur Abbildung aller Menschen verwendet, allerdings entsprechend der dargestellten Person (Rolle) geringfügig abgewandelt. So werden einzelne, stereotype Attribute hinzugefügt, wie z.B. ein spitzer Hut auf dem Kopf für die Darstellung eines Zauberers oder lange Haare und ein Rock anstelle von Hosenbeinen für Mädchen und Frauen. Das Malschema für weibliche Figuren wird auch dann zur Darstellung der eigenen Mutter genutzt, wenn diese ihre Haare gar nicht lang trägt (Schuster, 2000).[5]

Wie genau die Schemata aussehen, die für die Darstellung von Objekten herangezogen werden, basiert, wie bereits angedeutet, auf den Konventionen (sub-) kultureller Gruppen. Das Einüben und Nutzen von tradierten Darstellungsweisen ist als eine Art Symbolsystem zu verstehen, als sozial und kulturell geprägte Ausdrucksweise zur bildlichen Kommunikation. Dies verdeutlicht die Ähnlichkeit der Darstellungsweise in kleineren sozialen Gefügen wie unter Freunden oder in der Familie (Schuster & Jezek, 1992) sowie in größeren kulturellen und historischen Zusammenhängen: Historische Veränderungen zeigen sich z.B. darin, dass die bei Ricci (1887) als typisch dokumentierten Hut und Pfeife in heutigen Kinderzeichnungen nicht mehr als kennzeichnendes Merkmal zur Darstellung von Männern zu finden sind. Interkulturelle Unterschiede in Menschzeichnungen sind vielfach belegt. Beispielsweise lassen sich Glanzpunkte in den Pupillen, größere Augen und insgesamt größere Figuren bei Menschzeichnungen japanischer Kinder beobachten (Meili-Dworetzki, 1982) sowie die Darstellung von Augenbrauen (Meili-Dworetzki, 1981) und eine kleinere Figurgröße bei Menschzeichnungen türkischer Kinder (Gernhardt, 2014b; Meili-Dworetzki, 1981). Die kleinere Figurgröße in Menschzeichnungen ist auch bei Kinderzeichnungen der kamerunischen Nso belegt (Gernhardt, 2014b; Rübeling et al., 2010).

In der Schemaphase gewinnt die Kommunikation mittels Zeichnung an Bedeutung, eigene Erlebnisse und Erfahrungen werden der Reflexion oder dem Austausch mit anderen zugänglich gemacht und der Symbolgehalt der Darstellungen wird erfasst. Dies kann als Anfang zur Nutzung eines Symbolsystems zur Kommunikation verstanden werden (siehe oben). Die Konventionen dieses

---

5 Aus dem Projekt „Kinderzeichnungen im Kulturvergleich. Die Entwicklung der Kinderzeichnung in verschiedenen subkulturellen Kontexten – eine interpretative Längsschnittstudie“ existieren etliche weitere (unveröffentlichte) Beispiele dieser stereotypen oder konventionalisierten Verwirklichung von Menschzeichnungen wie z.B. der mit kurzen Stoppelhaaren gezeichnete Vater, dessen Zeichner erklärt, der Papa habe eigentlich gar keine Haare oder die mit Rock bekleidete Mutter, deren Zeichnerin einräumt, dass ihre Mama in Wirklichkeit immer Hosen trage.

Symbolsystems sind jedoch nicht so starr, wie das Schriftsystem. Tolchinsky Landsmann und Karmiloff-Smith (1992) unterscheiden diesbezüglich die Offenheit (Malen) und die Geschlossenheit (Buchstaben/Ziffern) von Zeichensystemen. Das Symbolsystem des Zeichnens lässt potentiell neue Formen zu und ist offen für eine individuelle Ausgestaltung einzelner Elemente. Das Symbolsystem der Buchstaben ist dagegen festgelegt in seinem Inventar: Es können zwar beliebig viele neue Kombinationen der einzelnen Zeichen vorgenommen aber keine neuen Elemente integriert werden. Aber dennoch verweist das Nutzen von Malschemata, die im direkten Umfeld angeboten und vorgemalt werden, auf erste Regeln, die einen Austausch erleichtern. In dieser Phase der Malentwicklung geschieht vermutlich der wichtigste Lernschritt für einen Weg hinein in die Schriftlichkeit: Das Einüben einer ersten konventionalisierten Darstellungsweise, die sich im Sinne der Abbildung an der (stereotypen) Ähnlichkeit zum dargestellten Objekt orientiert und als Symbol für dieses Objekt zu verstehen ist (siehe oben).

In der abschließenden Phase der *Versuche visuell-realistischer Zeichnungen*, wird sich ab dem Schul- oder Jugendalter bemüht, einerseits detailgetreue, perspektivgerechte Abbildungen der Realität, andererseits abstrakte Kunst oder auch comic- bzw. karikaturartige Zeichnungen zu gestalten, die sich bewusst von der Realität abgrenzen. Häufig findet in dieser Zeit auch eine Abwendung von der Zeichentätigkeit statt (Schuster, 2000).

In Bezug auf eine kindliche Mitteilungsintention können drei Typen von Kinderzeichnungen unterschieden werden, die verschiedene Arten kindlicher zeichnerisch-bildlicher Kommunikation belegen. Kinder drücken unterschiedliche Dinge aus mit ihren Zeichnungen: Während bei *einfachen Darstellungen* der Mitteilungsgehalt kaum über ein Zeigen von Darstellungsfertigkeiten hinausgeht, spielt er in den anderen beiden Typen eine wesentliche Rolle. Mit den Bildern der Kategorie *Beschreibung von Weltwissen* visualisieren und erklären Kinder, wie sie sich die Welt vorstellen, wie sie bestimmte Abläufe oder Vorkommnisse in ihrer Umwelt verstehen oder wie sie ihren Alltag erleben, mittels der *Erzählbilder* erfinden und teilen sie Phantasiegeschichten. Diese Zeichnungen mit gesteigertem Mitteilungsgehalt nehmen im Laufe des Vorschulalters zu (Balakrishnan, Drexler & Billmann-Mahecha, 2012).

Während die ersten Kritzelzeichnungen eher als Präsentationen, denn als Repräsentationen und als eine Vorstufe zum eigentlichen Zeichnen verstanden werden, gelten spätere Zeichnungen als eine Spielart unserer Zeichensysteme symbolisch und als Repräsentation. Dabei repräsentieren sie ihre Bedeutung unmittelbar, auf direktem Wege, während Schriftsprache und geschriebene Ziffern abstrakt und in der Hinsicht willkürlich sind, als dass sie nicht direkt sondern mittels der Sprache auf den Referenten verweisen (Dockrell & Teubal, 2007).

Neben dem offenkundigen Einüben von Feinmotorik (Stifthaltung ebenso wie Stiftführung) und Hand-Auge-Koordination, ist sicherlich insbesondere die Erfahrung des Malens als eine Spielart der Kommunikation von großer Bedeutung für die Schriftsprachentwicklung. Diese (neue) Art der Kommunikation ist bimodal, indem sie – insbesondere in Erzählbildern – die verbale Ebene mit der zeichnerischen verbindet (Balakrishnan et al., 2012). Es werden erstmals einfache, nichtsprachliche Symbole mit direktem Bezug zum Referenten (also Repräsentationen erster Ordnung) für eine Mitteilung genutzt. In dieser frühen und spielerischen Phase des Malens lernen Kinder die Kommunikation mittels eines Mediums kennen, experimentieren damit und finden einen Einstieg in die Auseinandersetzung mit und Nutzung von Symbolen. Parallel dazu steigen sie in die noch abstraktere Welt des Schreibens ein, kombinieren Zeichnungen mit ersten Schriftzügen – wie z.B. ihrem eigenen Namen in Zickzacklinien zur Kennzeichnung eines gemalten Bildes – und unterscheiden diese beiden Domänen bereits sehr frühzeitig voneinander, wie im Folgenden erörtert wird.

Obwohl das Zeichnen mit seinen ästhetischen, kreativen und expressiven Aspekten einen eigenständigen Bereich darstellt und die Entwicklung in den beiden Domänen weder im Gleichschritt noch sukzessive aufeinander aufbauend verläuft (siehe unten), gibt es wichtige Elemente, die die Malentwicklung und die Schreibentwicklung miteinander teilen, wie deutlich geworden ist: die Graphomotorik und das Symbolverständnis.

2.3 Die Anfänge des Schreibens: Early Literacy

Kinder, die in Schriftkulturen aufwachsen, beginnen nicht erst in der Schule, schreiben zu lernen. Sie kommen in Bildungseinrichtungen und Familie schon sehr früh und vielfältig mit Schrift in Kontakt, sind interessiert an den sie umgebenden Schriftzeichen und beziehen sie in ihr Spiel mit ein (Tolchinsky, 2004). Frühe Schreibaktivitäten sind für verschiedene Sprachen mit unterschiedlichen Schriftsystemen belegt, z.B. in Spanisch, Italienisch, Französisch oder Hebräisch, um nur einige zu nennen (Tolchinsky, 2004). Neben der Evidenz bei Kindern, die mit Alphabetschriften aufwachsen, ist das Phänomen auch für die chinesische Schriftsprache nachgewiesen (Chan, Juan & Foon, 2008).

Die vorliegende Arbeit untersucht den ungestörten und ungesteuerten vorschulischen Schriftspracherwerb von Kindern, die mit der deutschen Schriftsprache aufwachsen. In Anlehnung an die sehr offen gehaltene, explorative empirische Fragestellung danach, was sich in der Schreibproduktion der Kinder beobachten lässt, wird eine ebenfalls breit angelegte Darstellung der dazu vorliegenden Erkenntnisse verfolgt. Ein tiefgründiger facettenreicher Einblick in die schriftbezogenen vorschulischen Fähigkeiten und Fertigkeiten der Kinder dient als breite Interpretationsfolie der eigenen Ergebnisse. Der Schwerpunkt liegt dabei auf den Fähigkeiten und Fertigkeiten der Kinder bezogen auf die Schreibproduktion, das Schreibprodukt und die damit zusammenhängenden kindlichen Konzepte. Daher werden in den folgenden Unterkapiteln der Entwicklungsprozess des vorschulischen Schreibenlernens an sich und die konkreten Lerninhalte und Entwicklungsschritte der Kinder in ihrer Auseinandersetzung mit der Schrift fokussiert.

Einführend wird zunächst ein Überblick über das Forschungsfeld der *early literacy* gegeben (Kapitel 2.3.1). Darauf folgt die Darstellung ausgewählter Modelle des Schreibenlernens als gesamter Erwerbsprozess (Kapitel 2.3.2), um der Frage nachzugehen, wie der Schriftspracherwerb konzipiert ist. In der anschließenden Beschreibung von Entwicklungsetappen, die sich dezidiert auf die *vorschulische* Schreibentwicklung beziehen (Kapitel 2.3.3) wird die Konzeption des Schriftspracherwerbs zugespitzt auf die Phase nicht angeleiteten Lernens. In einer besonders ausführlichen Darstellung der Phänomene und Stationen früher schriftsprachlicher Entwicklung (Kapitel 2.3.4) werden daraufhin die konkreten Einsichten und Vorstellungen der Kinder beleuchtet. Dabei werden Befunde zu kindlichen Annahmen über die Schrift und das Schreiben (Kapitel 2.3.4.1), zum domänenspezifischen Wissen (Kapitel 2.3.4.2) sowie zur Umsetzung des Schriftbildes (Kapitel 2.3.4.3) erörtert. Abschließend werden mögliche Vorläuferfähigkeiten diskutiert (Kapitel 2.3.5).

2.3.1 Skizze des Forschungsfeldes

In der wissenschaftlichen Betrachtung der vorschulischen Schreibentwicklung stehen vielfältige Bezeichnungen nebeneinander, die einerseits dieses Themenfeld als Forschungszweig in der Psychologie kennzeichnen, als *untersuchungswerte* und inhaltlich eigenständige Entwicklungsprozesse anerkennen und andererseits teils auch unterschiedliche Zugänge zum Forschungsgegenstand transportieren: *early literacy* oder *early writing*, *emerging* oder *emergent literacy*, *invented spelling*, *frühe Schrifterfahrungen*, *frühe Literalität* oder *vorschulischer Schrifterwerb* sind einige der Bezeichnungen für die schrift- oder schreibbezogenen Kompetenzen, die Kinder in einer frühen ersten Phase der Schreibentwicklung noch vor dem systematischen Unterricht in der Schule zeigen. Nickel (2013) beschreibt *emergent literacy* als das beginnende Hineinwachsen in die Schriftlichkeit. Durch diesen Begriff werden die frühen Ausprägungen von Literacy vom konventionellen Lesen und Schreiben unterschieden und ihnen wird damit eine Eigenständigkeit zugesprochen (ebd.). Auch im deutschsprachigen Raum wird die englische Bezeichnung *literacy* in Bezug auf Schriftkompetenz und im weiteren Sinne auf die Teilhabe an einer Buch-, Schrift- und Erzählkultur immer gebräuchlicher. Oftmals wird sie mit Literalität gleichgesetzt, dies übersieht allerdings eine Bedeutungsseite der Literarität, weshalb Nickel (2007) als treffendere Übersetzung ins Deutsche den Begriff der *Schriftlichkeit* vorschlägt. Während sich die Literalität im Sinne des Schriftkundig-Seins auf die Ebene der Buchstaben bezieht, ergänzt die Literarität den Begriff der Schriftlichkeit um den Aspekt des ästhetischen und kreativen Umgangs mit Schrift. Im englischen Sprachraum ist *literacy* in seiner Bedeutung etwas breiter gefasst und kann, entsprechend einem Kundig-Sein, auf andere inhaltliche Bereiche übertragen werden. So findet die Bezeichnung in der *mathematic-*, *health-* oder auch *digital literacy* Verwendung, um nur einige Beispiele zu nennen. Die *reading and writing literacy*, die sich aufbauend auf eine vorausgehende *early literacy* entwickelt, bleibt als originäre und grundlegende Facette von *literacy* aber Kern der Bedeutung (ebd.). In der deutschen Elementar- und Frühpädagogik hat sich der Anglizismus Literacy durchgesetzt. Er wird im Sinne der Schriftlichkeit auf pädagogische Aktivitäten bezogen, die Sprach- und Schriftsprachförderung im weiteren Sinne betreffen, und hat über die Bildungspläne für Kindertageseinrichtungen oder auch sogenannte *family literacy*-Projekte Einzug in die pädagogische Praxis erhalten (Nickel, 2013; Textor, o.J.; Ulich, 2014). Wenngleich diese beiden Bedeutungsseiten der Literalität *und* der Literarität für die Konzeption von *(early) literacy* und insbesondere für die pädagogische Gestaltung (frühkindlicher) Schrifterfahrungsräume eine große Rolle spielen, wird in den empirischen Studien zu *early literacy* – ebenso wie in der vorliegenden Arbeit – überwiegend die Entwicklung von Literalität in den Vordergrund gestellt und untersucht.

Obwohl die Nutzung der Termini *early literacy*, *emergent literacy* und *invented spelling* nicht immer explizit auf diese Unterscheidung abzielt, stammen sie dennoch ursprünglich aus unterschiedlichen theoretischen Zusammenhängen, die in ihrem Fokus auf den Gegenstand und ihren Erklärungsansätzen differieren. Tolchinsky (2004) unterscheidet vier Zugänge entwicklungspsychologischer Erforschung von vorschulischem Schriftspracherwerb.[6] 1) In der Forschungslinie der Pioniere Vygotskij und Luria (1926), die das Ziel verfolgten, die Vorgeschichte der Schriftsprache zu erkunden, liegt der Schwerpunkt auf der Erforschung des instrumentellen Gebrauchs von Schriftsprache, wobei diejenigen Merkmale kindlicher Schriftproduktion außer Acht gelassen werden, die keinem offensichtlichen instrumentellen Zwecke dienen. 2) Aus einer konstruktivistischen Perspektive wird in der Tradition von Ferreiro (1979) angestrebt, die frühesten und grundlegenden Lernprozesse in der Schreibentwicklung zu erklären, in denen Kinder die (domänenspezifischen) Wissensinhalte re-konstruieren und sich aneignen. Diese Entwicklungsprozesse beginnen bereits vor der Einsicht in die kommunikative Funktion von Schreiben und in die Verbindung von Laut und Buchstabe, es interessieren daher schon die allerersten Produktionen in ihrer Entwicklungslogik. Dabei wird die Interaktion von einem aktiven Lerner und den spezifischen Merkmalen der Schrift als Lerninhalt in den Vordergrund gestellt. Hier ist der Begriff *early literacy* ursprünglich zu verorten. 3) Infolge der Arbeiten von Clay (1975) entstand ein stärker ethnographisch orientierter soziokultureller Zugang, der den Begriff *emergent literacy* prägte. Betont wird, dass das kindliche Interesse an Schrift nicht auf *natürliche* Weise von allein entsteht, weshalb die Erforschung der Kontextfaktoren, also jener Umstände in Familie und Bildungsinstitutionen

6 Alle in diesem Absatz zur Darstellung der Forschungszugänge nach Tolchinsky folgenden Quellenangaben sind zitiert nach Tolchinsky (2004).

fokussiert werden, die sich förderlich oder hinderlich auf die Entwicklung auswirken. In diesem Zusammenhang wurde die Bedeutung der familiären Literacy-Praktiken für die Schriftsprachentwicklung aufgezeigt. 4) Auf Grundlage der Erkenntnisse von Read (1971) entstand der Forschungsstrang um den Begriff *invented spelling*, der im Stadium des Gebrauchs von Buchstaben für konkrete Laute ansetzt. Die Ausgangslage bildet hier das Buchstabieren im Sinne des Erfassens der Lautstruktur von Wörtern. Besonders aufschlussreich im Lernprozess hin zu den korrekten Schreibweisen sind individuell erfundene Schreibweisen, bei denen Laute, die durch Buchstabennamen nicht abgedeckt oder noch nicht beherrscht sind, ersetzt oder ausgelassen werden. Herausgearbeitet wurde hier die Bedeutung der Buchstabennamen und der Laute des eigenen Namens für das Entdecken von Phonemen, für den Mapping-Prozess von Zeichen zu Laut (Tolchinsky, 2004).[7] Read fokussiert vor allem phonologische Prozesse, mit denen sich das Kind im Rahmen seiner ausgedachten Schreibweisen die Schriftsprache aneignet, während Treiman den Ansatz um phonotaktische Merkmale erweitert, die das Kind in den unterschiedlichen Phasen der Schreibentwicklung für seine Schreibprodukte heranzieht, sobald es Buchstaben verwendet (Read & Treiman, 2013).

Treiman (2017) unterscheidet zwar ebenfalls vier Forschungszugänge zum Feld, nimmt die Einteilung aber etwas anders vor.[8] 1) Die Vertreter der *constructivist theory* legen – ausgehend von Ferreiro und Teberoski (1982) – den Fokus auf die Annahme, dass Kinder von Beginn ihrer Auseinandersetzung mit Schrift ihre eigenen Hypothesen zur Schreibproduktion aufstellen und diese im Erwerbsprozess prüfen, überarbeiten und ausbauen (siehe Kapitel 2.3.4.1). Nicht alle beobachteten kindlichen Hypothesen halten allerdings der empirischen Überprüfung stand. 2) Unter der Bezeichnung *stage and phases theories* fasst Treiman Ansätze zusammen, die in der Tradition von Ehri (2000) und Frith (1985) unterschiedliche Erwerbsphasen entlang der wachsenden kindlichen Fähigkeiten in der Buchstabe-Laut-Verbindung konzeptualisieren. Hier wird der Schwerpunkt auf das phonologische Wissen in der Aneignung der Schriftsprache gelegt, wohingegen nicht-phonologisches (z.B. graphotaktisches) Wissen um Schreibweisen erst in der Endphase der Schreibentwicklung angesiedelt wird.[9] 3) Die *dual-route theories*

---

7 Da es in der vorliegenden Studie um die Analyse der anfänglichen Lernprozesse in der vorschulischen Schreibentwicklung geht, um den Inhalt und die Umsetzung von Schreibprozessen, erste Ideen und Konzepte von Schreiben und Schrift und um den Weg zum konventionellen Wissen um Schrift als Lernprozess, erscheint am Ehesten eine Nähe zur Forschungstradition um Ferreiro gegeben. Wenn (im Rahmen der eigenen Untersuchung) auf die englischsprachige Terminologie zurückgegriffen wird, wird daher *early literacy* verwendet. Dennoch werden familiäre und institutionelle Kontextfaktoren für die Interpretation der kindlichen Äußerungen und für die Auswertung der Schreibprozesse (und -produkte) als unabdingbar angesehen und integriert.

8 Alle in diesem Absatz der Darstellung der Forschungszugänge nach Treiman folgenden Quellenangaben sind zitiert nach Treiman (2017).

9 Dem Forschungsstrang der Konstruktivisten folgend beschreibt Tolchinsky (2004) allerdings auch unterschiedliche Phasen der vorschulischen Schreibentwicklung (siehe

(z.B. Barry, 1994) bauen auf der Annahme auf, dass der Schreib(lern)prozess von zwei Strategien geprägt ist: Die *nonlexical route* beschreibt die Produktion von Schrift über die Anwendung des Regelsystems, das die Zuordnung der Phoneme einer Sprache zu den ihnen entsprechenden Graphemen festlegt. Die *lexical route* beschreibt den Abruf von Schreibweisen, die als ganze Wörter gespeichert sind. Zu Beginn der Schreibentwicklung spielt das Verschriften entlang der Laut-Zeichen-Zuordnungsregeln über die *nonlexical route* die entscheidende Rolle und wird mit zunehmenden Alter immer stärker von der Schreibproduktion über die *lexical route* abgelöst. In sehr unregelmäßigen Sprachen, wie z.B. dem Englischen, spielt die *lexical route* auch bei Schreibanfängern schon eine größere Rolle. Hier wurde erstmals die Aufmerksamkeit auf die unterschiedliche Geschwindigkeit im Aneignungsprozess unterschiedlicher Sprachen gelenkt. 4) Mit der *integration of multiple patterns* schlägt Treiman als vierten Zugang ein erweitertes Verständnis des Erwerbsprozesses und seiner Mechanismen vor. Kinder eignen sich Schriftsprache über zwei unterschiedliche Arten von Mustern an, solche, die die äußere Form betreffen und solche, die sich auf die innere Funktion von Schrift beziehen. Im Sinne eines statistischen Lernens lernen Kinder anhand der Schrift, die sie umgibt, wahrscheinliche und regelmäßige Muster zur Produktion ihrer Muttersprache. Dabei ziehen sie mehrere Quellen heran: die äußere Erscheinung ebenso wie phonologische, morphologische oder graphotaktische Informationen. Wissen um die äußere Form entwickeln Kinder bereits sehr früh, noch bevor sie die innere Funktion erfasst haben. Je stärker unterschiedliche Quellen für den Gebrauch einer bestimmten Schreibweise sprechen, desto einfacher fällt es Kindern, diese Schreibweise korrekt zu erlernen (Treiman, 2017).

Das Forschungsfeld der frühen, vorschulischen Schreibentwicklung ist durch eine breit gestreute internationale Forschungsaktivität gekennzeichnet. Die deutsche Forschungslandschaft kann dagegen als empirisch eher zurückhaltend beschrieben werden – Ausnahmen bilden hier z.B. die Studie der Arbeitsgruppe von Barkow (2012, 2013c) mit Graf (2012, 2016) ebenso wie die Arbeiten von Geyer, Hartinger und Kammermeyer (2014), Sauerborn-Ruhnau (2012), Franzkowiak (2008), Lenel (2005) und Valtin (1991a, 1991b). Die Mehrheit der deutschsprachigen Arbeiten, bei denen nicht durchgängig konkrete empirische Studien als Grundlage ersichtlich werden, kommt aus den Disziplinen der Germanistik, der Deutschdidaktik oder der Grundschulpädagogik. Die Entwicklungspsychologie ist sehr selten vertreten. Umfangreich empirisch beforscht – auch und insbesondere aus psychologischer Perspektive – ist hier hingegen das Themengebiet der Vorläuferfähigkeiten für den Schriftspracherwerb mit einer recht einseitigen Fokus-

Kapitel 2.3.3), die sich am äußeren Erscheinungsbild der jeweiligen Schreibprodukte bzw. an der durch unterschiedliche kindliche Annahmen geleiteten Schreibproduktion orientieren. Sie sind inhaltlich nicht in der beschriebenen Tradition von Frith zu verorten, da sie sich nicht an den phonologischen Prozessen im Sinne eines Zuwachses der Graphem-Phonem-Zuordnungsfertigkeiten orientieren, aber dennoch ebenfalls als Phasenmodell zu verstehen.

sierung der phonologischen Bewusstheit als Prädiktor und Vorläuferfertigkeit der Schriftsprachentwicklung (Lenel, 2005; Sauerborn-Ruhnau, 2012).

Forschergruppen beispielsweise aus Argentinien, Mexico, Spanien, Portugal, England, Frankreich, Kanada, den USA und Israel beschäftigen sich mit unterschiedlichen Phänomenen der vorschulischen Schreibentwicklung. Eine Auswahl an Unterthemen und Detailfragen sowie einige ihrer prominenten Vertreter sind:[10] die Differenzierung und Nutzung von Zahlen und Buchstaben (Bialystok, 1992a; Dockrell & Teubal, 2007; Ferreiro & Teberosky, 1982), die Unterscheidung von Malen und Schreiben (Brenneman, Massey, Machado & Gelman, 1996; Ferreiro & Teberosky, 1982; Levin & Bus, 2003), die Beeinflussung der Resultate durch die Aufgabenstellung (Dockrell & Teubal, 2007), Symbolsysteme und Bilingualität (Adi-Japha, Berberich-Artzi & Libnawi, 2010; Bialystok, 1997; Bialystok & Martin, 2004), der Einfluss des sozioökonomischen Status (Korat & Levin, 2001), Reflexion des eigenen Schreiben- und Malenlernens (Scheuer, La Cruz, Pozo, Huarte & Sola, 2006; Scheuer, La Cruz, Pozo & Huarte, 2009) oder Trainingsprogramme zur Förderung des alphabetischen Prinzips (Silva, Almeida & Alves Martins, 2010; Vasconcelos Horta & Alves Martins, 2011). Auch das Themengebiet der beeinträchtigten frühen Schriftsprachentwicklung oder Dyslexie gehört zu den – auch im deutschsprachigen Raum viel beforschten – Teilgebieten des Forschungsgegenstandes (Frith, 1985; Klicpera & Gasteiger-Klicpera, 1993; Landerl & NeuroDys-Konsortium, 2011).

2.3.2 Modelle der Schriftsprachentwicklung

Obwohl in neuerer pädagogisch-psychologischer Forschung Konsens darüber herrscht, dass der Schriftspracherwerb nicht erst mit dem Eintritt in die Schule beginnt (Schneider, 2017), legen viele Entwicklungsmodelle den Schwerpunkt auf die schulische Phase. Als Einstieg wird hier zunächst der Erwerbsprozess als Ganzes dargestellt, bevor in einem darauffolgenden Kapitel die vorschulische Phase intensiv beleuchtet wird. Aus der Vielzahl an Modellen wird eine Auswahl getroffen: Es werden jene Modelle beschrieben, die die frühen, noch nicht zwangsläufig auf dem Umgang mit Buchstaben basierenden Erwerbsschritte des Schriftspracherwerbs mindestens ansatzweise in ihre Gesamtkonzeption miteinbeziehen und aus einer konstruktivistischen Perspektive den Lerner als aktiven Gestalter seines Lernprozesses konzipieren, welcher sich auf der Basis vorhandener Schemata, Konzepte und Vorstellungen als Verarbeitung neuer Erfahrungen vollzieht. Dabei liegt der Fokus auf dem Schreiben, wobei der Leseprozess in den ausgewählten Modellen mitkonzipiert ist und der Vollständigkeit halber nicht ganz weggelassen wird.

---

10 Die Auswahl soll beispielhaft einen inhaltlichen Einblick in die vielfältigen Themen des Forschungsfeldes geben, erhebt aber keinen Anspruch auf Vollständigkeit.

War früher die Annahme weit verbreitet, dass die Entwicklung von Lese- und (Recht-) Schreibkompetenz quasi als zwei Seiten der gleichen Medaille parallel zueinander nach denselben Regeln verläuft (z.B. Ehri, 1984; Gibson & Yonas, 1967), so weiß man heute, dass sie als eigenständige Entwicklungsprozesse getrennt voneinander verstanden werden müssen, auch wenn sie eng miteinander in Beziehung stehen und sich wechselseitig beeinflussen oder stimulieren – das greift bereits das Entwicklungsmodell von Frith (1985) auf (siehe Abbildung 3). Studien belegen, dass der Prozess und die Geschwindigkeit des Schriftspracherwerbs von der Regularität der Orthographie einer Sprache abhängt, die, wie sich am Beispiel des Deutschen zeigt, für das Lesen nicht zwangsläufig dieselben Anforderungen bereithält wie für das Schreiben. Empirische Befunde verdeutlichen, dass deutsche Kinder das Lesenlernen leichter bewältigen als das Rechtschreibenlernen, was dafür spricht, dass die beiden Erwerbsprozesse eben nicht identisch verlaufen (Schneider, 2017; vgl. auch Kapitel 1.3).

In ihrem prominenten Stufenmodell unterteilt Frith (1985) den Schrifterwerb in drei Entwicklungsstufen, die jeweils durch eine ihnen eigene Strategie der Schriftverarbeitung gekennzeichnet sind: die *logographische Strategie*, die *alphabetische Strategie* und die *orthographische Strategie*. Dabei begreift sie das Lesenlernen und das Schreibenlernen als getrennte Erwerbsprozesse, die sich gegenseitig beeinflussen, indem wechselseitig einmal das Schreiben und einmal das Lesen die Vorreiterrolle für neue Erkenntnisse und damit den Motor zur Entwicklung hin zur nächsten Stufe darstellt. Daraus ergeben sich sechs Entwicklungsschritte (siehe Abbildung 3).

In einer vorgeschalteten symbolischen Phase, auf die Frith nicht dezidiert eingeht, aber unter Verweis auf Ferreiro (1978) in ihr Modell mit einbezieht, machen Kinder frühe, als symbolisch bezeichnete Lese- und Schreibversuche und gewinnen erste wichtige Einsichten in metalinguistische Konzepte wie *Wort* oder *Satz*. Nach dieser noch präliteralen Phase beginnt der eigentliche Einstieg in

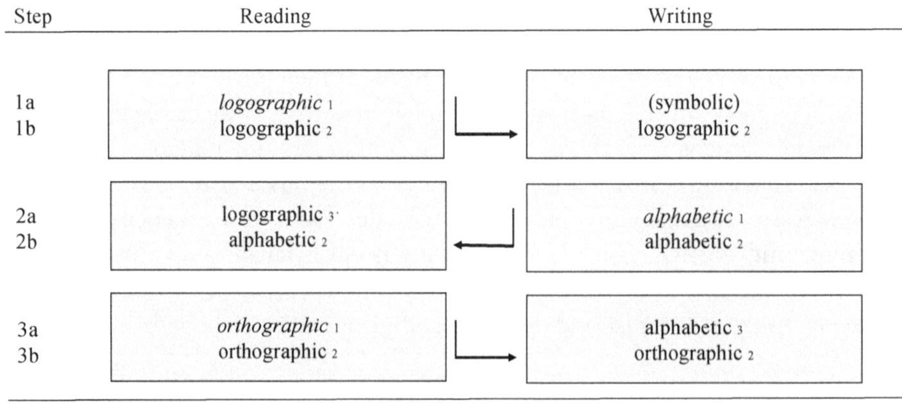

Abbildung 3:
Stufenmodell des Schriftspracherwerbs nach Frith (nachgezeichnet)

den Schriftspracherwerb. Einen ersten Zugang zu Schrift und deren Bedeutung vollziehen Kinder demnach mit der *logographischen Strategie*, indem sie (ausschließlich) visuelle Merkmale heranziehen, um Wörter zu entschlüsseln. Lesen ist gleichbeutend mit einem direkten Wiedererkennen bekannter Wörter, im Sinne eines Auswendiglernens (z.B. von Logos wie IKEA oder dm). Die Reihenfolge der einzelnen Buchstaben wird dabei noch weitestgehend ignoriert und phonologische Hinweise spielen keinerlei Rolle. Diese ganzheitliche Strategie findet zuerst in der Rezeption von Schrift Anwendung und wird mit fortschreitender Nutzung auch zur Schriftproduktion verwendet (z.B. beim Schreiben des eigenen Namens). Diese Strategie ist nach Frith erschöpft, wenn die Speicherkapazität für die visuellen Einheiten erreicht ist und die Ähnlichkeit von Schriftzügen für Verwirrung sorgt. Der Wechsel und die darauf folgende *alphabetische Strategie* ist in jedem Fall eng verbunden mit der – in der Regel systematisch vermittelten – Kenntnis von Buchstaben und deren Lauten. Es ist eine Einsicht in die Graphem-Phonem-Korrespondenz gelungen und vorerst das Produzieren von Schriftzeichen und später auch das Entschlüsseln von Schrift erfolgt nun analytisch Graphem für Graphem, im Sinne eines lautweise Verschriftens bzw. eines sequentiellen oder phonologischen Rekodierens. Mit der *orthographischen Strategie* verarbeiten die Kinder schließlich Buchstabeneinheiten, ohne die einzelnen Laute phonologisch zu übersetzen. Idealerweise stellen diese mental repräsentierten Einheiten Morpheme dar, aus deren endlicher Existenz sich nun eine unerschöpfliche Vielfalt an Wörtern zuerst entziffern und dann auch schreiben lässt. Kinder beginnen auf dieser Stufe, die orthographischen Regeln der Schriftsprache zu erkennen und anzuwenden.

Auf dem vielrezipierten Werk von Frith, das sie für englischsprachige Kinder (und im Kontext von Legasthenie) entwickelte, bauen diverse weitere, oftmals etwas veränderte oder erweiterte Modelle des Schriftspracherwerbs auf. Studien zeigen, dass die logographische oder logographemische Strategie bei deutschen Leseanfängern in der Schule kaum noch oder nur unmittelbar nach Beginn des Leseunterrichts zu beobachten ist (Klicpera & Gasteiger-Klicpera, 1993; Schneider, 2017). Diskutiert wird auch, ob die Phasen- und Stufenmodelle des Schriftspracherwerbs, die von qualitativen Entwicklungssprüngen in der jeweils beschriebenen Reihenfolge ausgehen, den Erwerbsprozess zutreffend beschreiben, oder ob es sich möglicherweise vielmehr um einen fließenden Anstieg und eine kontinuierliche Entwicklung von Lese- oder Schreibfertigkeiten handelt. Verschiedene Entwicklungsphasen laufen möglicherweise nicht immer streng nacheinander ab und beschriebene Strategien sind zuweilen auch parallel zu beobachten (Schneider, 2017).

Günther (1986) erweitert das Schrifterwerbsmodell von Frith um eine bei Frith nur angedeutete Vorphase, die präliteral-symbolische Phase, und eine (hier nicht so entscheidende) den Erwerbsprozess abschließende Phase, in der die orthographische Strategie von einer integrativ-automatisierten abgelöst wird. In der präliteral-symbolischen Phase spielt das Bild eine herausragende Rolle. Für die rezeptive Strategie ist es die Bildbetrachtung, die den Schritt der Ablösung einer zweidimensionalen Darstellung von seinem Gegenstand ermöglicht. Für die Produktion ist es neben der Verwendung mimischer Gesten und dem Symbolspiel in erster Linie das graphische Gestalten, das auf das spätere Schreiben vorbereitet, zunächst als symbolisches Zeichnen und später auch in Form des Nachahmens des Schreibaktes – wobei die Kinder sich oberflächlich an der Handlung orientieren, die kommunikative und gedächtnisstützende Funktion aber noch nicht und die Symbolfunktion nur in basalen Anfängen erkennen. Günther sieht die Aktivitäten in der präliteral-symbolischen Phase als notwendige Voraussetzung für den Einstieg in den eigentlichen Schriftspracherwerb an, für den es allerdings eines qualitativen Sprungs bedarf: das Erkennen von Schrift als „spezifisch strukturiertes, von anderen graphischen Formen unterschiedenes, d.h. als literal organisierte Modalität von Sprache“ (ebd., S. 35).

Ein Beispiel eines explizit auf den vorschulischen Bereich erweitertes Modell des Schriftspracherwerbs beschreibt Valtin (1997), ebenfalls als Stufenmodell für das Lesen und das Schreiben konzipiert. Einen Überblick über die Phasen bietet Tabelle 1. In den folgenden Ausführungen wird nur auf die Schreibentwicklung eingegangen.

Tabelle 1: Entwicklungsmodell des Lesen- und Schreibenlernens nach Valtin (1997, S. 83; nachgezeichnet)

Phase	Fähigkeiten und Einsichten	Lesen	Schreiben
1	Nachahmung äußerer Verhaltensweisen	*„Als-ob“-Vorlesen*	*Kritzeln*
2	Kenntnis einzelner Buchstaben an Hand figurativer Merkmale	*Erraten von Wörtern* auf Grund visueller Merkmale von Buchstaben oder -teilen (Firmenembleme benennen)	*Malen von Buchstabenreihen*, Malen des eigenen Namens
3	Beginnende Einsicht in den Buchstaben-Laut-Bezug, Kenntnis einiger Buchstaben/Laute	*Benennen von Lautelementen*, häufig orientiert am Anfangsbuchstaben, Abhängigkeit vom Kontext	*Schreiben von Lautelementen* (Anlaut, prägnanter Laut zu Beginn des Wortes), „Skelettschreibungen“
4	Einsicht in die Buchstaben-Laut-Beziehung	*Buchstabenweises Erlesen* (Übersetzen von Buchstaben- und Lautreihen), gelegentlich ohne Sinnverständnis	*Phonetische Schreibungen* Nach dem Prinzip „Schreibe, wie du sprichst“
5	Verwendung orthographischer bzw. sprachstruktureller Elemente	*Fortgeschrittenes Lesen*: Verwendung größerer Einheiten (z.B. mehrgl. Schriftzeichen, Silben, Endungen wie -en, -er)	*Verwendung orthographischer Muster* (z.B. -en, -er; Umlaute), gelegentlich auch falsche Generalisierungen
6	Automatisierung von Teilprozessen	*Automatisiertes Worterkennen und Hypothesenbildung*	*Entfaltete orthographische Kenntnisse*

Das Kritzeln auf Stufe 1 geschieht meist noch ohne Beimessung einer kommunikativen Bedeutung. Die willkürlichen Buchstabenreihen auf Stufe 2 bestehen aus einzelnen Buchstaben oder buchstabenähnlichen Zeichen und weisen noch keinerlei Verbindung zur Lautung des Wortes auf. In ihrer Beschreibung der Schreibentwicklung differenziert Valtin das *Schreiben von Lautelementen* der dritten Phase noch einmal in *Vorphonetische Schreibungen* und das *Halbphonetische Niveau* und kommt somit auf insgesamt sieben Entwicklungsstufen für das Schreiben, was hier insofern interessiert, als dass es insbesondere den vorschulischen Bereich betrifft. In der Stufe 3a zeigen die Kinder erste Ansätze einer lautorientierten Schrift, indem sie vereinzelt und bruchstückhaft besonders prägnante Laute darstellen und Lücken scheinbar noch willkürlich und nicht zur Trennung von Wörtern verwenden. Die Stufe 3b ist durch skelettartige Schreibungen charakterisiert, die nur die wichtigsten Laute eines Wortes wiedergeben, oftmals (aber nicht zwangsläufig) werden alle Silben mit mindestens einem Buchstaben verschriftet. Hier werden häufig alle inhaltstragenden Wörter eines Satzes wiedergegeben und Abstände zwischen den Wörtern noch nicht durchgängig eingesetzt. In der Stufe 4 werden dann alle gehörten Laute eines Wortes verschriftet, wobei meist die eigene Aussprache abgebildet wird und sich durch dehnendes Vorsprechen auch Laute einschleichen können, die quasi zu viel sind. In den Stufen 5 und 6 werden schließlich die orthographischen Regeln erlernt und immer detaillierter eingeübt und angewendet.

Als entscheidende Schritte im Schrifterwerb erachtet Valtin die Einsicht in zwei Wesenszüge von geschriebener Sprache, die sie mit a) *Wortkonzept* und b) *Phonembewußtsein* (ebd., S. 78) bezeichnet. Im Erwerbsprozess müssen Kinder lernen, dass a) alle gesprochenen Elemente eines Satzes schriftlich wiedergegeben und die einzelnen Wörter durch Abstände voneinander getrennt werden und, dass b) die einzelnen Wörter wiederum in Phoneme aufgesplittet werden können, denen konkrete Grapheme zugeordnet sind. Die Einsicht in diese beiden Konzepte ist auf den Stufen eins und zwei noch nicht gelungen. Ferner ist die Sprachanalyse unabdingbar für den Schriftspracherwerb. Um Schriftsprache zu verstehen und nutzen zu können, ist es notwendig, Sprache vom Handlungs- und Bedeutungskontext abstrahieren, sich auf ihre lautliche Ebene konzentrieren und sie zum Gegenstand der Reflexion zu machen. Diese Aspekte entwickeln sich im Erwerbsprozess weiter. Den parallelen Verlauf von Lesen- und Schreibenlernen, den Valtin mit ihrer Übersicht impliziert, stellt sie selbst in Frage und macht darauf aufmerksam, dass die Empirie zeigt, dass es sowohl Kinder gibt, die zuerst phonetische oder vorphonetische Schreibungen umsetzen, aber noch nicht begonnen haben zu lesen, während andere Kinder bereits einige Wörter buchstabenweise erlesen, bevor sie selbst (auf diesem Niveau) schreiben. Außerdem lässt sich beobachten, dass Kinder zuweilen mehrere Strategien gleichzeitig anwenden und insbesondere in Belastungssituationen (z.B. unter Einfluss von Zeit- oder

Leistungsdruck, der Schwierigkeit von Wörtern oder nachlassender Konzentration) eine einfachere Strategie bevorzugen.[11]

Lenel (2005) unterscheidet in ihrer Untersuchung zur Überprüfung des Zusammenhangs von Vorwissen und späterer Schriftkompetenz drei Gruppen von Schrifterwerbsmodellen entlang der ihnen zugrundeliegenden Schrifttheorie: Erwerb der *Schrift als Code für die Lautebene der Sprache*, Erwerb der *Schrift als piktographisches System*, Erwerb der *Schrift als Darstellungssystem von Sinn und Form der Sprache* (S. 17). Wenn Schrift als *Code* im Sinne einer graphischen Wiedergabe der lautlichen Ebene einer Sprache verstanden wird, dann liegt die Hauptaufgabe des Schrifterwerbs darin, diesen Code zu entschlüsseln und könnte mit dem Einüben der Phonem-Graphem-Codierung gleichgesetzt werden. In der Anfangsphase eines solchen Schrifterwerbs kämen daher phonologischen, phonemanalytischen und/oder graphemanalytischen Fähigkeiten eine besondere Rolle zu, die von einigen Forschergruppen als Konsequenz einer (typischerweise im schulischen Setting stattfindenden) systematischen Auseinandersetzung mit dem Schriftsystem aufgefasst werden, von anderen konträr dazu als Voraussetzung des Erwerbs. Im Rahmen der Annahme, dass Schrift ein *piktographisches System* ist,[12] wird von einer direkten Verknüpfung der graphischen Ebene der Schrift und dem semantischen Lexikon ausgegangen und damit die visuelle Wahrnehmung für den Erwerbsbeginn in den Vordergrund gestellt. Diskutiert werden hier individuelle visuelle Fähigkeiten, der lexikalische Abruf sowie die oben ausgeführte logographische Strategie als grundlegende Faktoren für den Erwerbsbeginn (Lenel, 2005). Diese beiden beschriebenen Gruppen von Erklärungsansätzen für die Schreibentwicklung fokussieren in erster Linie Fähigkeiten oder Fertigkeiten, die im Vorfeld zum angeleiteten Schriftspracherwerb als Basis dienen und damit als erster, vorschulischer Erwerbsschritt angesehen werden können. Da dieser Erwerbsschritt selbst – im Sinne einer Entwicklungsphase – mit Ausnahme der logographischen Strategie in der ersten Stufe von Friths Stufenmodell (siehe oben) aber nicht genauer thematisiert wird, wird an dieser Stelle nicht weiter darauf eingegangen. Die Fähigkeiten und Fertigkeiten, die als Basiskompetenzen angesehen werden, werden stattdessen weiter unten im Zusammenhang mit den Vorläuferfähigkeiten des Schriftspracherwerbs (Kap. 2.3.5) aufgegriffen. Als dritte Gruppe von Erklärungsansätzen bezeichnet Lenel (2005) solche, die aufgrund der Konzeption von *Schrift als Darstellungssystem von Sinn und Form der Sprache* neben der phonologischen und graphischen Form der Schrift und deren Bedeutung auch die Funktion von Schrift und die Nutzung durch die Akteure fokussieren. Im Mittelpunkt steht hier eine selbstgesteuerte Auseinandersetzung mit der Schrift auf verschiedenen Ebenen. Ausgehend von einem ersten Schrifterwerb als Wahrnehmungslernen (von der äußeren Form der Schrift beginnend mit der

11 Für weitere Beispiele von Schrifterwerbsmodellen, die frühe, vorschulische Schreibungen integrieren siehe z.B. Brügelmann und Brinkmann (1994) oder Spitta (1991).

12 Als Schrifttheorie ist diese Annahme zwar widerlegt, findet aber Eingang in Erklärungsmodelle für die ersten Schritte im Schrifterwerbsprozess (Lenel, 2005).

Unterscheidung zwischen Schrift und Bildern über graphische Differenzierungsfähigkeiten von Schriftzeichen zur Entdeckung des phonologischen Prinzips als innere Funktion der Schriftzeichen) und von einer selbstgesteuerten Aneignung des Alphabets (silbisches Schreiben und *invented spelling*) wird im Rahmen der Erklärungsansätze *Schrift als Darstellungssystem von Sinn und Form der Sprache* ein schriftspezifisches Wahrnehmungslernen vor Beginn des systematisch angeleiteten Schriftspracherwerbs analysiert. Um der Konzeption des frühen Schrifterwerbs als eigenständige, dem schulischen Schriftspracherwerb vorausgehende Entwicklungsphase Rechnung zu tragen, wird auch in der vorliegenden Studie Bezug genommen auf diese zuletzt skizzierte Gruppe von Erklärungsansätzen. Die frühe, vorschulische Schreibentwicklung, verstanden als Schrifterwerbsprozess durch Schrifterfahrung, wird in ihrem Entwicklungsablauf im folgenden Kapitel zunächst umrissen (Kapitel 2.3.3) und darauffolgend (Kapitel 2.3.4) in unterschiedlichen inhaltlichen Stationen aufgegriffen und vertiefend beleuchtet.

2.3.3 Etappen vorschulischer Schreibentwicklung

Im Folgenden werden die Schrifterwerbsmodelle vorschulischer Schreibentwicklung von Lenel (2005), Tolchinsky (2003, 2004), Treiman (2017) und Graf (2016) erörtert.

Obwohl sie nicht in allen Punkten ihrer Erklärungsansätze übereinstimmen, vereint die Vertreter des Erklärungsansatzes *Schrift als Darstellungssystem von Sinn und Form der Sprache* die Annahme, dass die ersten Schritte im Schrifterwerb selbstgesteuert und „durch einen regelentdeckenden Wahrnehmungsprozess" (Lenel, 2005, S. 65) gekennzeichnet sind, über den die Kinder zu ihren ersten schriftbezogenen Einsichten gelangen. Etliche Studien dokumentieren ein solches unangeleitetes, schriftspezifisches Wahrnehmungslernen in unterschiedlichen Sprachen und Schriftsystemen (siehe Kapitel 2.3.4). Lenel formuliert im Rahmen dieser frühen Schriftwahrnehmung zunächst einen theoretisch begründeten, linearen Entwicklungsverlauf, in dem sie die Einsicht in die Symbolfunktion von Schriftzeichen als entscheidenden Schritt im frühen Erwerbsprozess vermutet. Auf Basis der Überprüfung anhand ihrer eigenen Studie entwickelt sie ihr *integriertes Schrifterfahrungsmodell* (Abbildung 4).

Eine *erste Phase* ist geprägt durch das visuelle Wahrnehmungslernen: Der Schrifterwerb beginnt mit der Wahrnehmung der äußeren Merkmale von Schrift, die sich von einer groben Unterscheidung von Bild und Schrift über Kriterien für formale Aspekte von Schrift zur Diskrimination einzelner Buchstaben immer weiter verfeinert. Zeitgleich entwickeln Kinder Annahmen zur Darstellungsweise von Schrift, entdecken, dass Schrift Sinn (und nicht äußere Merkmale von Objekten) darstellt und erkennen den Zusammenhang von Schriftzeichen und mündlicher Sprache (Gesprochenem). Diese erste wichtige Einsicht in die Funktion der Schriftzeichen bezeichnet Lenel als den Erwerb des *Buchstabenkonzepts*, worin sie den Kernpunkt des anfänglichen Schreibenlernens sieht. Das Buchstabenkonzept „beinhaltet das Prinzip, dass Buchstaben Laute der Sprache repräsentieren. Ist das Konzept so weit entwickelt, kann ein beliebiger Buchstabe versuchsweise als Repräsentation phonetischer Elemente eingesetzt werden, die nun im zweiten Schritt ihrerseits immer besser diskriminiert werden können" (Lenel, 2005, S. 67). In einer *zweiten Phase* wird durch den Erwerb des Buchstabenkonzepts eine neue Ebene der Erkundung eröffnet: Das visuelle Wahrnehmungslernen wird nun mit einem phonetischen Wahrnehmungslernen verknüpft und ermöglicht damit die Entwicklung von Phonemkompetenz. Buchstaben als Repräsentation von Lauten zu erkennen und zu nutzen, verhilft den Kindern dazu, Laute zu unterscheiden und zu manipulieren sowie Schrift zu dekodieren (bzw. rekodieren) – sie ordnen einzelnen Buchstaben (zunächst versuchsweise) Laute zu und verwenden die Lautbedeutung bereits bekannter Buchstaben für ihre Produktion. Zudem erfragen sie Buchstabennamen und die Bedeutung eigener Schriftzüge. In ihrem empirisch überprüften Erwerbsmodell (Abbildung 4 zeigt das Schrifterfahrungs-Modell vor und nach den empirischen Untersuchungen) beschreibt Lenel „die verschiedenen Sichtweisen der Schrift, die im Lauf des Lernprozesses entwickelt werden, in dem Dreieck aus Schrifterfahrung, Phonemkompetenz und Schriftkompetenz. In diesem Feld findet die Entdeckung des Darstellungssystems Schrift statt" (Lenel, 2005, S. 165).

Etwas kleinschrittiger wird die vorschulische Schreibentwicklung im Rahmen dieser Schrifterfahrung in mehrere Phasen unterteilt, die von verschiedenen Autoren unterschiedlich beschrieben werden: Aus konstruktivistischer Sicht stehen z.B. kindliche Hypothesen im Vordergrund, die die Produktion leiten und sich entlang der Phasen[13] 1) *undifferenziertes Schreiben*, 2) *formal eingeschränktes Schreiben* und 3) *Phonetisierung des Schreibens* inhaltlich verändern (Tolchinsky, 2004). Andere ziehen ein kindliches statistisches Wissen über graphotaktische Merkmale zur Erklärung vorschulsicher Schriftproduktion heran, das sich in den Etappen 1) *vor-phonologische Schreibweise*, 2) *ausgedachte Schreibweise* (*invented spelling*) und 3) *weitere Entwicklungen* verändert und weiterentwickelt (Treiman, 2017).

Tolchinsky (2003, 2004) definiert unter Rückgriff auf Ferreiro und Teberosky (1982) dezidiert drei Phasen vorschulischer Schreibentwicklung entlang der Charakteristika der Schreibprodukte, die Kinder in der jeweiligen Etappe produzieren und verweist damit auf die dahinter stehenden kindlichen Vorstellungen. 1) *undifferenziertes Schreiben:* Die erste Phase ist charakterisiert durch äußerlich wahrnehmbare Formmerkmale der Schrift. Schon sehr früh weisen die kindlichen Schreibprodukte einige konventionelle Merkmale der Schrift auf, wie z.B. die Linearität oder die Präsenz unterschiedlicher und unterscheidbarer Einheiten. Wesentliche Merkmale der Schrift haben die Kinder demnach schon erfasst, die Funktion der Schriftzeichen dagegen scheint ihnen noch weitgehend undurch-

13 Eigene Übersetzung der Phasenbezeichnungen nach Tolchinsky (2003, S. 88).

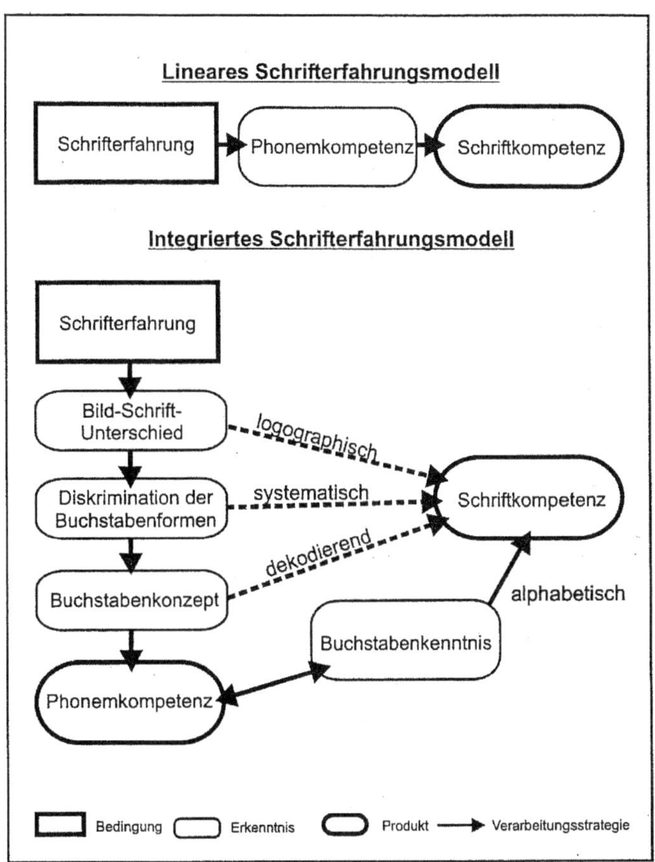

Abbildung 4:
Schrifterfahrungsmodell nach Lenel (2005, S. 166)

sichtig, denn es findet keine Darstellung von Lauten oder Bedeutung statt. Die Kinder nehmen in ihren ersten Schreibungen noch keine Unterscheidung zwischen verschiedenen geschriebenen Wörtern oder Sätzen vor. Zwei unterschiedliche Wörter oder auch ein Satz und ein Wort können als Produkt daher identisch ausfallen. Außerdem bestimmt die Position des Geschriebenen dessen Bedeutung. Das heißt, Kinder nehmen an, dass ein und dasselbe Wort platziert unter der Abbildung eines Baumes *Baum* bedeutet, während es unter der Abbildung einer Katze die Bedeutung *Katze* wiedergibt (siehe Kapitel 2.3.4.1). 2) *formal eingeschränktes Schreiben*: Die zweite Phase ist geprägt durch die Entdeckung und Anwendung von Regelmäßigkeiten des Notationssystems, bzw. durch das Entwickeln eigener Regelmäßigkeiten, mit denen Kinder ihre Rezeption und Produktion gewissermaßen formal einschränken. Die *minimum-quantity hypothesis* (siehe Kapitel 2.3.4.1), eine angenommene minimale Anzahl und Variation von Buchstaben (oder Zeichen), leitet das Erkennen und Benennen von Geschriebenem, vor allem aber setzen die Kinder diese entwickelten Regeln auch aktiv zur Produktion von

Schrift ein. Durch die Nutzung graphischer Merkmale (verschiedene Buchstaben oder auch erfundene, unterscheidbare, buchstabenähnliche Zeichen) zur Unterscheidung verschiedener Wörter zeigen sie, dass sie bereits eine Verbindung von Bedeutung und Geschriebenem hergestellt haben, und sich somit die Funktion der Sprache als Bedeutungsträger und (noch eingeschränkt auch) als Kommunikationsmedium erarbeitet haben. Die Quelle der ihnen zur Verfügung stehenden Buchstaben für die Schriftproduktion sind hier insbesondere der eigene Name sowie weitere, bereits erlernte Wörter oder auch erfundene Zeichen. Eine weitere Annahme, die *name hypothesis* (siehe Kapitel 2.3.4.1), die besagt, dass Geschriebenes (Objekt-) Namen wiedergibt, leitet in dieser Phase die kindliche Schreibproduktion: Die Wortlänge und den Aufbau von Geschriebenem bestimmen sie anhand der Wortbedeutung. Für *Kuh* schreiben sie demnach ein längeres Wort als für *Marienkäfer*. 3) *Phonetisierung des Schreibens*: In der dritten Phase nehmen Kinder die ersten Versuche einer Buchstaben-Laut-Korrespondenz vor. Sie verfügen also bereits über die Einsicht, dass Schrift die Repräsentation von Lauten ist. Die nun intentionale Segmentierung von Wörtern (oder Schreibprodukten) erfolgt zunächst unsystematisch und entwickelt sich zu einer strukturierten Aufteilung in Silben. Silben fungieren als Repräsentanten der geschriebenen Laute (*syllabic hypothesis*, siehe Kapitel 2.3.4.1). Das führt dazu, dass Kinder in ihren Schreibprodukten zu einer quantitativen Übereinstimmung von gesprochenen Silben und geschriebenen Zeichen kommen. In dieser Zeit sind Kinder sehr sensibel für Name und Laut eines Buchstabens. Vorerst ist der Name eines Buchstabens allerdings mit dessen Laut gleichgesetzt. Im weiteren Entwicklungsverlauf findet der Übergang zur alphabetischen Zuordnung der Buchstaben in Wörtern statt, wobei anfangs einige Silben bereits alphabetisch ausdifferenziert, andere aber noch mit einem Buchstaben pro Silbe wiedergegeben werden (Bsp. GAO = gato; Spanisch für Katze). Der Übergang und die erzielten Erfolge sind situations- und wortabhängig. Kleinere *Rückschritte* treten in bestimmten Situationen auf und einige, den Kindern sehr vertraute Wörter werden bereits alphabetisch korrekt geschrieben, während andere noch silbisch oder gemischt dargestellt werden.

Mit ihrem Ansatz der *integration of multiple patterns* (IMP) betont Treiman (2017), dass Kinder ihre Schreibproduktionen an unterschiedlichen Mustern ausrichten. Sie unterscheidet zwei Arten von Mustern: solche, die die äußere Form von Schrift betreffen und solche, die sich auf die innere Funktion von Schrift, nämlich die Verbindung von Laut und Zeichen, beziehen. Für das Begreifen und Festigen der Beziehung von geschriebenen Symbolen und linguistischen Einheiten spielt die Phonologie eine große Rolle, aber auch morphologische und andere linguistische Informationen dienen der Aneignung von Schrifteigenschaften und werden für die Schreibproduktion herangezogen. Die IMP betont ein kindliches statistisches Lernen als ausschlaggebend für den Erwerbsprozess und rückt nichtphonologische Informationen ins Blickfeld, insbesondere ein implizites Wissen über graphotaktische Merkmale, das Kinder bereits für ihre 1) *vor-phonologische*

Schreibweise heranziehen. Hier sind es z.B. die Buchstabenfrequenz oder die Kombination von direkt benachbarten Buchstaben ihrer Sprache, die sich bereits in ihren eigenen Schreibprodukten wiederspiegelt. Zur Produktion der folgenden 2) *ausgedachten Schreibweise* (*invented spelling*) bauen sie dieses Wissen aus und ziehen weitere z.B. phonologische oder morphologische Quellen hinzu. Hier sind es z.B. die Buchstaben ihres eigenen Namens, anhand derer sie die ersten Verbindungen von Phonem und Graphem erfassen und diese auch auf andere Wörter übertragen, oder die Buchstabennamen ihrer Sprache, die sie zur Verschriftung von Wörtern verwenden, die eben diese Laute beinhalten (aber konventionell anders geschrieben werden). Buchstaben, die in einer ausgedachten Schreibweise umgesetzt werden, obwohl sie gar nichts mit dem Wortlaut gemein haben, sind besonders häufig Buchstaben des eigenen Namens oder solche, die eine hohe Frequenz in der umgebenden Schriftsprache aufweisen. Auch in der anschließenden 3) *weiteren Entwicklung* – unter dem Einfluss schulischer Instruktionen – kommt dieses Wissen zur Anwendung und wird weiterentwickelt. Für die Auswahl der korrekten Schreibung unter möglichen alternativen Schreibweisen für einen Laut oder ein Lautcluster in einem konkreten Wort können Informationen über die morphologische Struktur des Wortes helfen. Ebenso kann der (Buchstaben-) Kontext, in dem der verlangte Laut vorkommt, Hinweise im Sinne zulässiger Kombinationsmöglichkeiten geben und die Auswahl erleichtern, was ältere Kinder als Informationsquelle heranziehen. Treiman würde ihre IMP wohl nicht als Entwicklungsphasen bezeichnen, beschreibt aber mit der Veränderung im Gebrauch der Informationsquellen, die Kinder zur Schriftproduktion heranziehen, ebenso Unterschiede zu unterschiedlichen Etappen in der Schreibentwicklung entlang der Schreibprodukte.

Die Frage danach, ob die vorschulische Schreibentwicklung in Phasen beschrieben werden kann, die alle Kinder nacheinander und in derselben Reihenfolge durchlaufen (müssen), ist noch nicht geklärt. Solche Forscher, die stärker kontrollierte Querschnittsstudien mit von den Forschern selbst vorgegebenen Wörtern als Schreibaufforderungen durchführten, haben sich oftmals für eine Entwicklungsabfolge ausgesprochen, während andere Wissenschaftler, die die Schreibentwicklung von Kindern in offeneren, freieren Situationen beobachteten, sich mit Bezug auf die große Variabilität häufig eher gegen eine strikte und linear gedachte Abfolge der Schreibentwicklung geäußert haben (Rowe & Wilson, 2015). Rowe und Wilson fokussieren diese Variabilität. Sie zeigen auf, dass durch die Forschung der letzten Jahrzehnte zwar die Entwicklungstendenz aufgezeigt werden konnte, dass die Schreibprodukte von Vorschulkindern auch ohne systematische Unterweisung mit steigendem Alter immer mehr konventionelle Merkmale aufweisen und auch altersgruppenbezogene durchschnittliche Angaben über bestimmte schreibbezogene Fertigkeiten gemacht werden können. Dabei kommen allerdings bereits die verschiedenen Studien teilweise zu geringfügig abweichenden Ergebnissen was z.B. die Altersangaben betrifft. Andererseits, so heben

Rowe und Wilson hervor, betonen einige Studien sowohl die große Bandbreite an Fertigkeiten, die in jeder erhobenen Altersgruppe (bzw. zu jedem erhobenen Messzeitpunkt) festgestellt wird, wie auch die beobachteten intraindividuellen Unterschiede, die zeigen, dass Kinder mehr und weniger fortgeschrittene Schreibstrategien durchaus gleichzeitig verwenden. Das bestätigen Rowe und Wilson in ihrer eigenen Längsschnittstudie mit zwei- bis fünfjährigen englischsprachigen Afro-Amerikanischen Kindern. Die Kinder entwickeln sich insgesamt hin zu einer konventionelleren Umsetzung der offen gehaltenen Schreibaufgabe.[14] Dabei zeigen sich aber interindividuelle Unterschiede wie der Einstieg in den Erwerbsprozess und das Tempo der voranschreitenden Einsichten in allen vier untersuchten Bereichen, *Formen und äußerliche Merkmale der Schreibprodukte,*[15] *Anordnung der Schriftzeichen und Schreibrichtung, Intention der konkreten Verschriftung* und *Passung von Aufgabe und Inhalt der Schriftzüge.* Die festgestellten intraindividuellen Unterschiede beziehen sich auf Vor- und Zurück-Bewegungen zwischen fortgeschritteneren Umsetzungen des Schreibprozesses und weniger fortgeschrittenen zu verschiedenen Messzeitpunkten ebenso wie auf die gleichzeitige Verwendung unterschiedlich weit entwickelter Umsetzungsstrategien zu einem Messzeitpunkt sowie auf eine nicht einheitlich verlaufende Entwicklung in den vier Kategorien. In ihrer Erhebung von unterschiedlichen Fähigkeiten der *early literacy* zu Beginn und zum Ende des letzten Kindergartenjahrs zeigt Sauerborn-Ruhnau (2012), dass die Kinder einen signifikanten Zuwachs in den verschiedenen Aufgaben (z.B. zum Wortkonzept, zum Erkennen von Schriftzeichen und zur Einsicht in die Phonem-Graphem-Korrespondenz) verzeichnen. Insbesondere bei den schwierigeren Aufgaben *Buchstabenkenntnis, Lesen* (von bekannten Namen) und *Schreiben* (alles aufschreiben, was das Kind kann) nimmt die Standardabweichung zu, was größer werdende interindividuelle Unterschiede belegt.

Graf (2016) schlägt als Alternative zu den bestehenden Phaseneinteilungen ein spiralförmiges Erwerbsmodell der vorschulischen Schrifterfahrung vor, das entsprechend der zunehmenden Erfahrungen und Einsichten nach oben hin breiter wird (siehe Abbildung 5).

> Das Modell ist spiralförmig angelegt, um auf diese Weise aufzuzeigen, dass Erkenntnisse, welche einmal erworben wurden, nicht verloren gehen, sondern weiterentwickelt und in tiefergreifende Erkenntnissen überführt werden. (…) Es soll die Annahme eines lineareren Entwicklungsverlaufs vermieden werden, denn der Erwerb von Einsichten in die verschiedenen Facetten von Schrift verläuft sehr individuell und kann sich zeitlich überlappen. Zudem liegen auf den einzelnen Etappen in sich noch einmal qualitative Unterschiede in den darin beschriebenen Erkenntnissen vor. (Graf, 2016, S. 281; Rechtschreibfehler im Original)

14 Die Kinder sollten eine Bildunterschrift unter ein Foto von ihnen schreiben, auf dem sie in einer gewöhnlichen Spielsituation der Vorschuleinrichtung abgebildet waren. Den Inhalt sollten sie frei gestalten und anschließend benennen, was sie geschrieben hatten. Außerdem sollten sie das Arbeitsblatt mit ihrem Namen versehen.

15 Eigene Übersetzung (Rowe & Wilson, 2015, S. 263).

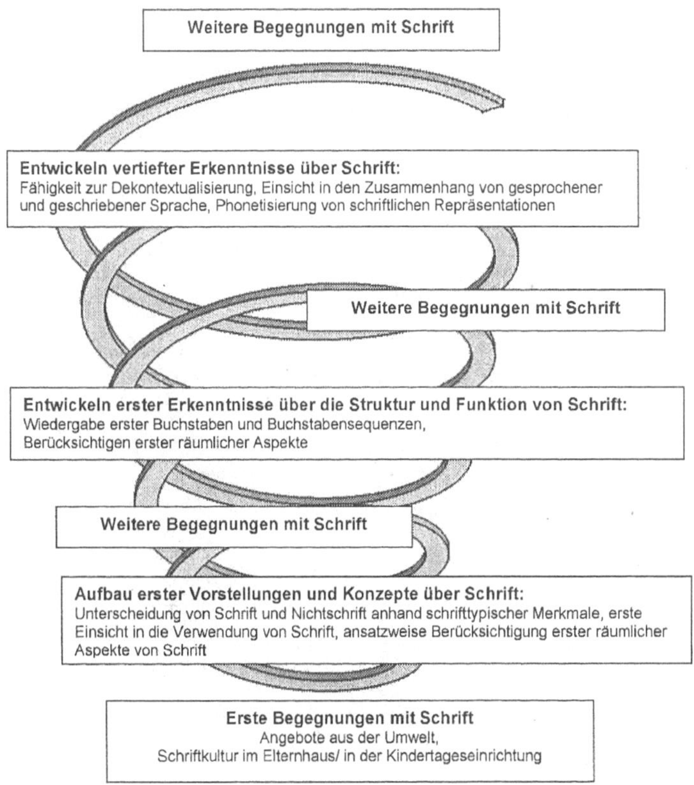

Abbildung 5:
Etappen vorschulischer Schrifterfahrung nach Graf (2016, S. 282)

Nach Graf sind intensive, regelmäßige Begegnungen mit Schrift, in denen sich Kinder mit den Merkmalen und der Funktion von Schrift auseinandersetzen können, entscheidend für die wachsenden Einsichten in das Schriftsystem. Die Schriftwahrnehmung wird gesteuert von den kognitiven Schemata, die Kinder bereits über Schrift ausgebildet haben. Diese beeinflussen die Intensität ihrer Schriftwahrnehmung, auf deren Grundlage die kindlichen Konzepte wiederum weiter ausgebaut werden. So entwickeln sie zunächst erste, noch diffuse Vorstellungen über Schrift, die sich auf die Schreibbewegung und beobachtete Schreibsituationen beziehen, aber auch hier bereits erste konventionelle Merkmale umfassen. Im Ausdifferenzierungsprozess gelangen die Kinder zu ersten Erkenntnissen, die z.B. die konkrete Form der Schriftzeichen betreffen, und vertiefen diese zunehmend, was sich beispielsweise in der Erkenntnis des Zusammenhangs von Laut und Zeichen widerspiegelt.

Für einen übersichtlichen Vergleich werden in Tabelle 2 die Phasen vorschulischer Schreibentwicklung der vorgestellten Erwerbsmodelle einander gegenübergestellt. Übereinstimmend beschreiben die Autorinnen den vorschulischen Schriftspracherwerb basierend auf Schrifterfahrung, also entstehend und voranschreitend in aktiver Auseinandersetzung mit Schrift. Dabei unterscheidet Lenel (2005) die verschiedenen Etappen vorschulischer Schrifterfahrung nach der Art des kindlichen Wahrnehmungslernens, Tolchinsky (2004) nach der Art der kindlichen Annahmen über Schrift und Treiman (2017) nach der Art des statistischen Wissens, das die Kinder ihrer Schriftproduktion zugrunde legen.

Tabelle 2: Übersicht über die Phasen vorschulischer Schreibentwicklung

Lenel (2005)	**Tolchinsky (2004)**	**Treiman (2017)**
Fokus: Art des Wahrnehmungslernens	Fokus: Art der kindlichen Annahmen	Fokus: Art des statistischen Wissens
		setzt an bei der Schriftproduktion mit Buchstaben
1) visuelles Wahrnehmungslernen - Bild-Schrift-Unterschied - Diskrimination der Buchstabenformen	**1) undifferenziertes Schreiben** - keine Unterscheidung von Schreibprodukten, aber Orientierung an konventionellen Schriftmerkmalen - Bedeutung wird von Position bestimmt	**1) vor-phonologische Schreibweise** - graphotaktische Merkmale der Zielsprache für die Schriftproduktion > Buchstabenfrequenz > Kombination direkt benachbarter Buchstaben
Buchstabenkonzept als Übergang	**2) formal eingeschränktes Schreiben** - gezielte, aktive Unterscheidung von Schriftzügen anhand eigener Regeln > minimum-quantity hypothesis, Variation > name hypothesis	**2) ausgedachte Schreibweise (invented spelling)** - graphotaktische, phonologische und morphologische Merkmale für die Schriftproduktion > Verbindung von Graphem und Phonem > eigener Name und Buchstabennamen zur Schriftproduktion > Buchstaben ohne Bezug zu Wortlaut sind hochfrequente der Zielsprache
2) Verknüpfung von visuellem und phonologischem Wahrnehmungslernen - Buchstabenkenntnis - Phonemkompetenz	**3) Phonetisierung des Schreibens** - Versuche der Buchstabe-Laut-Korrespondenz - Zuordnung: unsystematisch > silbisch (syllabic hypothesis) > silbisch und alphabetisch gemischt > alphabetisch	**3) weitere Entwicklungen (mit schulischem Unterricht)** - zulässige Kombinationsmöglichkeiten im konkreten Buchstabenkontext als Hilfe für korrekte Schreibung > je mehr Quellen als Hinweise für eine korrekte Schreibung hinzugezogen werden können, desto leichter fällt das Erlernen der orthographischen Schreibweise

Graf (2016) stellt die vorschulische Schreibentwicklung dezidiert nicht als Abfolge, sondern als Spirale dar (Abbildung 5), weshalb sie hier in die Tabelle nicht mit aufgenommen wurde. Sie beschreibt die Etappen des kindlichen Erkenntniszuwachses vom *Aufbau erster Vorstellungen und Konzepte über Schrift*, die ein erstes Erkennen und Produzieren von Schriftmerkmalen betreffen, über das *Entwickeln erster Erkenntnisse über die Struktur und Funktion von Schrift*, wenn die Kinder erste Buchstaben verwenden, hin zum *Entwickeln vertiefter Erkenntnisse über Schrift*, wo der Bezug von gesprochener und geschriebener Sprache erfasst wird.

2.3.4 Phänomene und Stationen vorschulischen Schreibens

Nach dieser Beschreibung der Phasen oder Etappen vorschulischer Schreibentwicklung wird nun detailliert darauf eingegangen, mit welchen Inhalten die Kinder sich konkret auseinandersetzen in ihrem frühen Schrifterkundungsprozess. Dabei sind insbesondere folgende Fragen leitend: Welche domänenspezifischen Annahmen und Vorstellungen entwickeln Kinder, was wissen sie über ihr Zielschriftsystem? Wie lassen sich die Schreibprodukte und der Schreibprozess beschreiben?

2.3.4.1 Kindliche Annahmen über die Schrift und das Schreiben

Mit etwa drei Jahren fangen Kinder an, selbstinitiativ und spontan zu schreiben. Sie hinterlassen Kritzelspuren, die sich in Produkt, Prozess und Intention eindeutig von ihren Malaktivitäten unterscheiden. In der Auseinandersetzung mit den sie umgebenden Schriftzeichen und Schreibaktivitäten machen sie sich Gedanken zu Form, Aufbau und Funktion von Schrift und entwickeln schreibbezogene Konzepte.

Nach welchen Gesichtspunkten setzen Kinder einen Schriftzug in Verbindung zu seinem Referenten?
Beispiele dieser schreibbezogenen Konzepte, die bereits Ferreiro und Teberosky (1982) anhand von Studien mit argentinischen Kindern beschreiben, sind verschiedene kindliche Auffassungen: die Annahme, die Bedeutung eines Wortes sei an dessen Position gebunden, die *name hypothesis*, die *minimum-quantity hypothesis* und die *syllabic hypothesis*. Diese Annahmen, die oben im Rahmen der Entwicklungsphasen nach Tolchinsky (2004) (Kapitel 2.3.3) bereits angesprochen wurden, werden im Folgenden vertieft und jeweils direkt im Anschluss diskutiert.

Die Beobachtungen von Ferreiro und Teberosky (1982), dass die Bedeutung eines Schriftzuges von etwas anderem als den Buchstaben selbst bestimmt wird, dass die *Positionierung* eines Schriftzuges in Relation zu einer Abbildung dessen

Bedeutung bestimmt und ein Wechsel der Position mit einem Wechsel der Bedeutung einhergeht, konnte mit der sogenannten *moving word task* verschiedentlich bestätigt werden (Bialystok, 1992a, 1997, 1999; Bialystok & Luk, 2007; Collins & Robinson, 2005). Bei der *moving word task* werden den Kindern zwei Bildkarten mit je einem Objekt präsentiert und benannt. Anschließend wird eine Karte eingeführt, auf der die Bezeichnung eines der beiden Objekte steht, die ebenfalls benannt und unter dem entsprechenden Bild positioniert wird. Nach einer kurzen Ablenkung wird das Kind gefragt, was auf der Karte steht. Dann gerät die Karte mit dem Schriftzug durch ein ‚Missgeschick' unter die andere Bildkarte mit dem falschen Objekt und das Kind wird wieder gefragt, was der Schriftzug bedeutet. Abschließend wird ‚aufgeräumt' und die Karte mit dem Schriftzug landet wieder unter dem ursprünglichen (und korrespondierenden) Bild, woraufhin das Kind ein drittes Mal gefragt wird, was auf der Karte steht. Bialystok (1992a) zeigt, dass über die Hälfte der befragten drei- bis sechsjährigen Kinder den Inhalt des Schriftzuges entsprechend seiner Position benennen und dementsprechend mit der Bedeutungszuschreibung hin und her wechseln. Alle Kinder konnten das Alphabet aufsagen, alle Buchstaben erkennen und benennen, welcher Laut ihnen zugeordnet ist, aber nicht lesen. Unabhängig vom Alter erzielten diejenigen Kinder, die konsistent bei der richtigen Antwort blieben, auch in einer Aufgabe zur Schriftzuglänge bessere Ergebnisse. Bei der *word size task* werden den Kindern zunächst zwei Bildkarten mit Objekten vorgelegt und benannt, deren Länge der Bezeichnung relational mit ihrer Objektgröße übereinstimmt (wie z.B. bei *Dinosaurier* und *Floh*). Dann werden die beiden korrespondierenden Schriftzüge unbenannt präsentiert und das Kind soll die Schriftzüge unter das zugehörige Objekt platzieren. Anschließend wird die Aufgabe mit Objekten wiederholt, deren Verhältnis von Objektgröße und Schriftzuglänge nicht übereinstimmten (wie z.B. bei *Wal* und *Tausendfüßler*). Die Kinder, die die Bedeutung des Schriftzuges nicht an seiner Position festmachten, nahmen häufiger die Länge des Wortlautes als Hinweis darauf, die Schriftzuglänge zuzuordnen, und nicht die Größe des Objekts. Auch an vierjährigen chinesischen Kindern, die mit der kantonesischen Schriftsprache aufwuchsen, konnte das Phänomen der Unsicherheit, woher die Bedeutung eines Schriftzuges kommt bzw., dass eine präsentierte Abbildung etwas mit der Bedeutungsgebung zu tun hätte, beobachtet werden (Bialystok & Luk, 2007). Sie zeigten vergleichbare Ergebnisse in der *moving word task* wie die englischsprachigen, mit Alphabetschrift aufwachsenden Kinder einer gematchten Vergleichsgruppe. Bezüglich solcher Schriftzeichen, die durch eine stärkere Ikonizität eine gewisse Ähnlichkeit zum Referenten aufweisen, hatten sie sogar Vorteile – sowohl dem generellen Abschneiden der englischsprachigen Kinder gegenüber, als auch im Vergleich mit weniger ikonischen Schriftzeichen ihres eigenen Schriftsystems. In einer Studie mit vier- bis fünfjährigen monolingual englisch und bilingual und biliteral französisch-englisch oder chinesisch (Mandarin)-englisch aufwachsenden Kindern konnte Bialystok (1997) einen generellen Vorsprung für bilingual aufwachsende Kinder nachweisen. Beide Gruppen bilingualer Kinder schnitten in der *moving word task* besser ab, verstanden also früher, dass die Bedeutung eines Schriftzuges fest ist. Die älteren chinesisch-englisch bilingualen Kinder zeigten darüber hinaus bessere Ergebnisse in der *word size task*, waren also früher in der Lage zu beurteilen, dass die Länge eines Schriftzuges mit der Länge seines Wortlautes zusammenhängt. In einer weiteren Studie mit drei- bis sechsjährigen monolingual englisch und bilingual kantonesich/mandarin-englisch sprechenden Kindern zeigten sich dieselben Ergebnisse für die *moving word task*, die hier aber gestützt von den Ergebnissen einer zweiten Aufgabe zur Aufmerksamkeitskontrolle zu der Schlussfolgerung führte, dass bilinguale Kinder besser in der Lage sind, irreführende Informationen zu unterdrücken (Bialystok, 1999). Damit verweist Bialystok gleichzeitig auf möglicherweise konfundierende Schwierigkeiten der Aufgabe: der Distraktor der Abbildung, der ignoriert werden muss, und der Distraktor der anfänglichen Positionierung des Schriftzuges, der eine zunächst erfolgreiche aber irreleitende Umsetzungsstrategie implizieren könnte, die verworfen werden muss. Diesen irreführenden Informationen der *moving word task* – a) nicht das Bild, unter welches das *moving word* bewegt wird, zu fokussieren und zu benennen, sondern den Schriftzug als solchen zu beachten und b) die in der ersten Frage zielführend angewendete Strategie, die Bedeutung mit der Position zu verknüpfen, nicht weiterhin anzuwenden – schenkten Collins und Robinson (2005) Aufmerksamkeit. Sie untersuchten in einer Reihe von abgewandelten Experimenten mit Drei- bis Fünfjährigen, unter welchen Umständen Kinder eher in der Lage sind, die Bedeutung eines Schriftzuges als stabil zu bewerten. Ihre Ergebnisse bestätigen die vorigen Befunde, zeigen aber, dass dieses kindliche Urteil, die Bedeutung eines Schriftzuges verändere sich mit dem Positionswechsel von einem korrespondierenden zu einem nichtkorrespondierenden Objekt, kontextgebunden ist. Wenn der eingeführte Schriftzug zuerst unter dem nicht übereinstimmenden Objekt platziert und dann unter das übereinstimmende Objekt bewegt wird sowie wenn beide Objekte jeweils mit einem korrespondierenden Schriftzug präsentiert werden, die darauffolgend gleichzeitig zum jeweils nicht korrespondierenden Objekt bewegt werden, liegen die Kinder häufiger richtig als in der originalen *moving word task*. Auch wenn die Kinder aufgefordert werden, selbst die Veränderung vorzunehmen und dafür zu sorgen, dass ein Schriftzug zu einem zweiten, zunächst nicht übereinstimmenden Objekt passt, behandeln sie die äußere Form des Schriftzuges häufiger als nicht flexibel in seiner Bedeutung: Die Mehrheit der befragten Kinder drehte eine doppelseitig beschriftete Karte, die mit dem zu einem von zwei Objekten korrespondierenden Schriftzug nach oben zeigend unter diesem dazugehörigen Objekt platziert war, häufiger um (und veränderte damit die physische Form), anstatt die Position zu verändern und sie unter das zweite erfragte Objekt zu verschieben.

Die *name hypothesis* beschreibt, dass Kinder zu Beginn ihres Umgangs mit dem Symbolsystem Schriftsprache davon ausgehen, dass etwas Geschriebenes einen Namen oder ein Objekt repräsentiert, dass Schrift also eine bestimmte, von Bildern unterscheidbare Art ist, Namen darzustellen. Namen und Objekte sind unmittelbar mit dem Geschriebenen verbunden und beeinflussen die Darstellungsweise ihres korrespondierenden Schriftzuges. In dieser Phase fassen Kinder Schriftzüge als semantische, nicht als phonetische Repräsentationen von Wörtern auf. Diese Gleichsetzung von Schrift mit Namen von Personen oder Objekten bringt daher die Annahme mit sich, dass sich die Länge eines geschriebenen Wortes nach der Größe seines Inhalts richtet. Inhaltlich verwandte Wörter würden somit auch visuell ähnlich dargestellt werden: Die Verschriftung von *Kalb* könnte beispielsweise mit denselben aber in Anzahl reduzierten Buchstaben wie die für einen zuvor produzierten Schriftzug *Kuh* verwendeten Buchstaben umgesetzt werden (Ferreiro & Teberosky, 1982; Tolchinsky, 2004).

Wie zuvor beschrieben, konnte Bialystok (1992a) mit Aufgaben zur Schriftrezeption zeigen, dass Kinder in einer bestimmten Phase den längeren von zwei dargebotenen Schriftzügen häufiger dem größeren von zwei dargebotenen Objekten zuordnen und den kürzeren Schriftzug dementsprechend dem kleineren Objekt unabhängig von den zugehörigen längeren bzw. kürzeren Wortlauten (siehe Beispiele der oben aufgeführten *word size task*). Außerdem verweisen die Ergebnisse darauf, dass diese Beurteilung von Schrift weniger mit dem Alter als vielmehr mit einem gewissen Wortverständnis zusammenhängt.

Zhang und Treiman (2015) untersuchten diese Annahme auf der produktiven Ebene. Sie ließen drei- bis sechsjährige US-amerikanische Kinder, die zwar mit Buchstaben aber noch nicht phonologisch schreiben konnten, 24 verschiedene Wörter produzieren. Die vorgegebenen Wörter variierten in der Größe ihres Referenten und der Anzahl der Phoneme ihres Wortlautes, so dass es sowohl kurze Wörter mit kleinem und großem Referenten als auch lange Wörter mit kleinem und großem Referenten gab. Die Kinder schrieben die Wörter mit großem Referenten signifikant größer als die Wörter mit kleinem Referenten. Die Anzahl der Phoneme des Wortlautes hatte dagegen keinen Einfluss auf ihre Verschriftungen. In einer Studie mit drei- bis fünfjährigen englischsprachigen Kindern zeigten Treiman, Kessler, Decker und Pollo (2016), dass Kinder, die ebenfalls mit Buchstaben aber noch nicht phonologisch schrieben, durchschnittlich mehr Buchstaben für Schriftzüge verwendeten, in denen sie Pluralnomen verschriften als für dieselben Nomen im Singular. Dagegen zeigten sich keine Unterschiede in der verwendeten Anzahl von Buchstaben für längere und kürzere Verben (z.B. *buy* und *buying*). Die Ergebnisse verdeutlichen, dass Kinder sowohl ihr Urteil über Geschriebenes als auch ihre Verschriftungen in einer bestimmten Phase ihrer Schreibentwicklung an der Größe oder der Menge des zu schreibenden Inhaltes orientieren, nicht aber an linguistischen Einheiten wie Phonemen, Silben oder Morphemen.

Mit der *minimum-quantity hypothesis* stellen Kinder die Regel auf, dass es einer bestimmten Anzahl an Zeichen bedarf, damit eine Zeichenfolge lesbar ist und als Schrift identifiziert wird. Geschriebenes wird ab ca. drei Zeichen als lesbar beurteilt und als Buchstaben erkannt. Einzelne Zeichen bzw. Zeichenpaare – ebenso wie zu lange Buchstabenreihen – deklarieren sie dagegen häufiger als nicht lesbar und bezeichnen sie teilweise als Zahlen, unabhängig davon, ob es sich um Buchstaben oder Ziffern handelt. Sie ziehen dann die Variation der Zeichen als weiteres Kriterium für Lesbarkeit hinzu und bezeichnen aufeinanderfolgende identische Buchstaben (z.B. AAA) als nicht lesbar (Tolchinsky, 2004).

Die Beobachtungen, dass Kinder Buchstabensequenzen von drei bis vier Zeichen als besonders geeignet für Schriftzüge erachten, machten bereits Ferreiro und Teberosky (1982). Auch Lavine (1977) zeigte schon früh, dass insbesondere die jüngsten der von ihr untersuchten drei- bis fünfjährigen englischsprachigen Kinder die übergeordneten Merkmale Variation und Anzahl (bzw. Vielzahl) von Zeichen zur Entscheidung darüber heranziehen, ob eine gedruckte Zeichenfolge Schrift darstellt. Mit steigendem Alter differenziert sich diese globale Einschätzung mithilfe der Begutachtung des konkreten Zeichens aus, was dazu führt, dass einzelne Buchstaben nun nahezu ausnahmslos als Schrift erkannt, einzelne geometrische Figuren dagegen abgelehnt werden. Tolchinsky Landsmann und Karmiloff-Smith (1992) bestätigen den Befund, dass die Anzahl und Variation von Schriftzeichen zur Beurteilung von Zeichenfolgen als Schrift ausschlaggebend sind: Identische Zeichen, einzelne Zeichen, aber auch zu lange Abfolgen von Zeichen werden nicht als Schrift anerkannt. Dabei verzeichnen die Autorinnen allerdings eine umgekehrte Entwicklungstendenz. In ihrer Studie mit drei- bis sechsjährigen spanischsprachigen Kindern steigt die Ablehnung einzelner Buchstaben als geeignet zum Schreiben mit dem Alter der untersuchten Kinder an. Dieser Widerspruch findet in der Literatur keine Beachtung. Lavine (1977) argumentiert mit der sich weiterentwickelnden differenzierten kindlichen Wahrnehmung der einzelnen Zeichen und dem Wiedererkennen der konkreten (auch einzelnen) Schriftzeichen der eigenen Schriftkultur, Tolchinsky Landsmann und Karmiloff-Smith (1992) mit den selbstauferlegten kindlichen *constraints*, also Beurteilungskriterien für Schrift.

Was die Produktion betrifft, zeigen Tolchinsky-Landsmann und Levin (1985) in ihrer Studie mit drei- bis sechsjährigen israelischen Kindern, dass ältere Kinder für das Anfertigen von Schriftzügen meist drei Buchstaben bevorzugen – unabhängig von der Länge der Äußerung. Während die Mehrheit der Dreijährigen die aufgeforderten Äußerungen *Haus, Himmel, rote Blume, ein Kind spielt mit einem Ball* mit entweder einem oder sehr vielen (mehr als 18) Zeichen verschriftet, schreibt die Mehrheit der beiden älteren Altersgruppen die Schreibaufforderungen mit drei oder vier Zeichen. Dieses Ergebnis bestätigen die Autorinnen in einer weiteren Studie: Die Tendenz, unterschiedliche Äußerungen mit derselben Anzahl an Zeichen zu verschriften, steigt von vier zu fünf Jahren an und nimmt mit sechs Jahren wieder ab (Tolchinsky Landsmann & Levin, 1987).

Mit ihrer Auffassung eines kindlichen impliziten statistischen Wissens um phontaktische Merkmale der Schriftsprache, mit der sie aufwachsen, entgegnen Treiman und Kollegen (z.B. Pollo, Kessler & Treiman, 2009; Treiman, 2017) der Annahme, dass es eine Mindestanzahl von Zeichen gibt, nach denen Kinder ihre vor-phonologischen Schreibprodukte ausrichten – ebenso wenig wie das Bestreben innerhalb oder auch zwischen Wörtern möglichst maximal zu differenzieren. Auf dieses implizite statistische Wissen der Kinder wird an anderer Stelle (siehe Kapitel 2.3.3 und 2.3.4.2) inhaltlich eingegangen. Die untersuchten brasilianischen und US-amerikanischen vor-phonologischen Schreiber waren im Durchschnitt 4 Jahre und acht Monate (4;8 Jahre)[16] und 4;7 Jahre alt. Die portugiesischsprachigen Kinder schreiben am häufigsten drei-Buchstaben-Schriftzüge, die englischsprachigen nutzen am häufigsten vier Buchstaben. Schriftzüge mit nur einem oder zwei Schriftzeichen kommen zwar seltener vor, sind im erhobenen Korpus aber durchaus zu finden: Bei den brasilianischen Kindern machen sie zusammen einen Anteil von 22% aller produzierten Schriftzüge aus, bei den US-amerikanischen 13%. Auch das Doppeln von Buchstaben innerhalb eines Wortes und häufiger noch das identisch Schreiben verschieden langer Schreibaufforderungen zeigen sich in den Daten. Die Unterschiede zwischen den Kindern unterschiedlicher Sprachen verweisen auf die frühe Ausrichtung auf die Spezifika der konkreten Schriftsprache des eigenen Entwicklungskontextes (Pollo et al., 2009).

Irgendwo zwischen der Annahme, dass die Anzahl und Variation der Schriftzeichen die Güte eines Schriftzuges ausmachen und dem Prozess des Phonetisierens, in dessen Mittelpunkt aus konstruktivistischer Perspektive die *syllabic hypothesis*, also die phonetische Verschriftung nach Silben, steht (siehe unten), sind die folgenden Befunde einzuordnen. In einer Untersuchung der vor-phonologischen oder phonologischen, aber noch nicht konventionellen Verschriftungen von drei- bis sechsjährigen israelischen hebräischsprachigen Kindern zeigen Tolchinsky Landsmann und Levin (1987), dass Kinder mit steigendem Alter gleichlautende Wort- oder Satzbestandteile in ihren Schriftzügen zunehmend identisch darstellen und sich bei ihrer Verschriftung also bereits an linguistischen Einheiten wie Wörtern oder Silben orientieren. Die Kinder wurden aufgefordert, Wortpaare zu schreiben, in denen ein zweisilbiges Wort die Silbe eines einsilbigen Wortes beinhaltete (z.B. *pe / perach*, Hebräisch für *Mund / Blume*), und Sätze, die sich das Nomen und das Verb teilen, entweder mit Schwerpunkt auf den Nomen oder auf den Verben (z.B. Nomen: *tali ve'eran / tali ve'eran bonim migdal / tali ve'eran bonim migdal ve'rakevet*, Hebräisch für *Tali* (Mädchenname) *und Eran* (Jungenname) / *Tali und Eran bauen einen Turm / Tali und Eran bauen einen Turm und einen Zug*; Verben: *yalda rokedet / yalda rokedet ve'shara*, Hebräisch für *ein Mädchen tanzt / ein Mädchen tanzt und singt*). Mit steigendem Alter nutzen die Kinder häufiger sich wiederholende (identische) Schriftzeichen zur Darstel-

16 Diese Schreibweise der Altersangabe in Jahre;Monate wird durchgängig beibehalten, was vor allem im empirischen Teil zum Tragen kommt.

lung der sich überschneidenden Äußerungen. Dies zeigte sich bei den Fünf- und Sechsjährigen besonders deutlich. Die Nutzung sich wiederholender Schriftzeichen wurde dabei häufiger bei der Verschriftung derselben Wörter als derselben Silben beobachtet, insbesondere in den Sätzen, in denen sich die Nomen überschnitten. Die Tendenz, die Paare von Äußerungen mit gänzlich identischen oder aber komplett unterschiedlichen Schriftzeichen darzustellen, nahm dagegen mit dem Alter ab. Eine Verknüpfung der Schreibproduktion mit der konkreten Äußerung nimmt im Vorschulalter also zu und zeigt sich vorerst besonders stark auf Wortebene, was möglicherweise für eine semantische Repräsentation spricht. Die Darstellung gleicher Silben mit denselben Schriftzeichen kann – wenngleich viel seltener – auch bereits beobachtet werden, noch bevor die Kinder konventionell (oder gar erst phonetisch) schreiben. Auch die Tendenz, die jeweils längere Äußerung der Wort-/Satzpaare mit mehr Schriftzeichen darzustellen, nahm mit dem Alter zu, wiederum deutlicher für die Bedingung der identischen Wörter als für die identischen Silben. Die Verbindung von Art und Anzahl der Zeichen für sich überschneidende, aber in der Äußerungslänge variierende Äußerungen taucht erst bei den Sechsjährigen auf. Die Kinder nähern sich also bereits vor der Schule und im Rahmen nicht konventioneller (oder gar nicht-phonologischer) Schreibweisen der linguistischen Struktur von Schriftsprache an – semantisch und/oder phonologisch.

Die *syllabic hypothesis* steht in inhaltlicher Konkurrenz zu den beiden vorherigen kindlichen Hypothesen, die nebeneinander existieren können und löst diese gewissermaßen ab. Sie besagt, dass Kinder erkannt haben, dass Schrift eng mit der gesprochenen Sprache zusammenhängt und dass etwas Geschriebenes – ebenso wie eine verbale Äußerung – in mehrere Einheiten zerlegbar bzw. aus diesen zusammengesetzt ist. Die Kinder kommen zu dem Schluss, dass die gesprochenen Silben durch einzelne Zeichen oder Buchstaben wiedergegeben werden und die Wortlänge demnach vielmehr mit dem Wortlaut und nicht mit äußeren Merkmalen des Bezeichneten zusammenhängt (Tolchinsky, 2004).

Die Beobachtungen, dass Kinder im Prozess der Aneignung und Nutzung der Phonetisierung silbisch schreiben, stammen vor allem aus Studien mit spanisch-, italienisch-, hebräisch- oder portugiesischsprachigen Kindern (z.B. Alves Martins & Silva, 2006; Ferreiro & Teberosky, 1982; Silva et al., 2010; Tolchinsky & Teberosky, 1998; Tolchinsky, 2003). Es wird unterschieden zwischen *silbischem Schreiben ohne Phonetisierung*[17], bei dem die Kinder konsistent einen, allerdings willkürlichen, Buchstaben pro Silbe verschriften und *silbischem Schreiben mit Phonetisierung*, bei welchem die Kinder einen (mehr oder weniger) konventionellen Buchstaben für jede Silbe des zu schreibenden Wortes verschriften, das dann beim Übergang zum alphabetischen Prinzip in das *silbisch-alphabetische Schrei-*

17 Eigene Übersetzung der Bezeichnungen der Etappen nach Silva, Almeida und Alves Martins (2010, S. 149).

ben[18] übergeht, bei dem die Kinder einige Silben mit (korrekten) Repräsentanten und andere vollständig nach ihren Lauten verschriften. Dabei scheinen beispielsweise spanisch- und portugiesischsprachige Kinder stärker die Vokale einer Silbe zu fokussieren und wiederzugeben, während hebräische Kinder häufiger die Konsonanten verschriften (Silva et al., 2010; Tolchinsky & Teberosky, 1998; Tolchinsky, 2003).

Aufgrund ihrer Ergebnisse aus Studien mit brasilianischen und US-amerikanischen englischsprachigen Kindern, die noch nicht phonologisch schreiben, widersprechen Treiman und Kollegen der Silbenhypothese (z.B. Pollo et al., 2009; Treiman, Pollo, Cardoso-Martins & Kessler, 2013; Treiman & Boland, 2017). In einer Längsschnittstudie mit vier- bis sechsjährigen brasilianischen Kindern werden zwar Schriftzüge beobachtet, die in Anzahl der Schriftzeichen mit der Silbenzahl des evozierten Wortlautes übereinstimmen, aber nur wenige der Kinder schreiben überzufällig häufiger solche silbischen Verschriftungen. Die Schriftzüge, bei denen die Anzahl der Buchstaben identisch mit den Silben des Wortlautes ist, zeigen darüber hinaus eher den kindlichen Versuch, einzelne Phoneme des Wortlautes wiederzugeben und nicht Stellvertreter für Silben darzustellen. Eine folgende Studie mit brasilianischen Vier- bis Fünfjährigen bestätigt dieses Ergebnis, obwohl die aufgeforderten Wörter aus drei oder vier Silben bestanden, in denen der Vokal jeweils mit dem Buchstabennamen übereinstimmte (Treiman et al., 2013). Die Länge der produzierten Schriftzüge ist nicht von syntaktischen Einheiten beeinflusst: Weder die Anzahl von Phonemen oder Silben noch von Morphemen des Zielwortes stehen in Verbindung mit der Anzahl der verwendeten Zeichen in Schriftzügen von vier- und fünfjährigen US-amerikanischen englischsprachigen Kindern, die noch keine Verschriftung von Lauten in ihrer Schreibproduktion umsetzen (Treiman & Boland, 2017). Auch aus einer Studie mit durchschnittlich vierjährigen brasilianischen und US-amerikanischen Kindern geht hervor, dass beide Gruppen nicht mehr Buchstaben verwenden, um zweisilbige Wörter zu verschriften als einsilbige. Sie machen keine (überzufälligen) Unterschiede für die unterschiedlichen Schreibstimuli, die sich in Silbenzahl und Konsonant-Vokalstruktur voneinander unterscheiden (Pollo et al., 2009).

Die Frage nach der ersten Unterteilung in Lauteinheiten bei der sich entwickelnden Zuordnung der gesprochenen zur geschriebenen Sprache ist nicht abschließend geklärt. Tolchinsky (2003) hält es auch für denkbar, dass die Einheiten, entlang derer die Kinder ihre frühe Segmentierung von Wortlauten vornehmen, nicht absolut und auch nicht stabil ist. Möglicherweise richten sie sich vielmehr flexibel nach der Struktur des Wortes oder der Äußerung, die das Kind gerade schreiben möchte.

18 Eigene Übersetzung nach Tolchinsky (2003, S. 85).

Was denken und äußern Kinder über den Inhalt und die Funktion von Schrift? In ihrer Studie mit vier- bis sechsjährigen spanischsprachigen Kindern zeigt Ferreiro (1978), dass sich die Vorstellung dessen, was in einem Satz schriftlich dargestellt wird, vom Nomen (Objekt) über das Verb zum Artikel entwickelt. Zunächst können die Kinder gar keine Segmentierung und Zuordnung der einzelnen Bestandteile eines vorgeschriebenen und vorgelesenen Satzes vornehmen. Mit fortschreitender Entwicklung ordnen die Kinder zwar einige der Wörter (meist Nomen und Verben) Satzteilen zu, die Zuordnung scheint aber zunächst willkürlich - die benannten Nomen oder Verben entsprechen nicht der Verschriftung. Anschließend gelingt zuerst die korrekte Zuordnung der Nomen und dann auch der Verben, bis schließlich alle Satzteile einschließlich der Artikel korrekt zugeordnet werden können. Valtin (1991a) bestätigt diese Ergebnisse mit deutschen Vorschülern und Erstklässlern.

Tolchinsky-Landsmann und Levin (1985) ließen drei- bis sechsjährige Kinder ihre eigenen Schriftzüge beurteilen und unterteilen die kindliche Interpretation dessen, was ein Schriftzug wiedergibt, in fünf Kategorien. Kategorie 1) *kein Bezug zur Äußerung*[19] deute möglicherweise darauf hin, dass die Kinder nicht erwarten, mit ihrem Schriftzug eine konkrete Bedeutung zu transportieren. Kategorie 2) *Wiedergabe des Inhalts (in erster Linie: Nomen) der Äußerung, aber nicht des Wortlautes* könnte implizieren, dass die Kinder die Bedeutung eines Schriftzuges eher an Objekten als an Wörtern festmachen. Mit Interpretationen der Kategorie 3) *komplette Wiederholung der Äußerung* vermitteln Kinder eine Übereinstimmung zwischen dem Geschriebenem und der Schreibaufforderung, wobei nicht beurteilt werden kann, ob das Kind glaubt, es habe wirklich das geschrieben, was es aufgefordert war, zu schreiben, oder ob es damit zufrieden ist, vorzutäuschen, dass es schreiben kann. Kategorie 4) *Unterteilen der Äußerung in phonetische Einheiten* (wie Silben, Wörter oder Phoneme) verweist auf die Einsicht, dass Schriftzeichen phonetische Einheiten der verschrifteten Äußerung darstellen, wenngleich diese Unterteilungen nicht einheitlich genutzt wurden, nicht übereinstimmend mit den verlangten Einheiten waren und oftmals ausschließlich im Nachhinein vorgenommen wurden. Kategorie 5) *Beschreibung der geschriebenen Schriftzeichen* bei oftmals gleichzeitiger (oder aber alternativer) Beteuerung, nicht zu wissen, was da stehe, zeige, dass die Kinder zwischen der (zumeist korrekten) Beschreibung oder Benennung von Schriftzeichen und Lesen unterscheiden und wissen, dass Schriftzüge eine feststehende Bedeutung transportieren, die ihnen nicht zugänglich ist. Die Interpretationen der Kategorien eins, zwei und drei nehmen mit dem Alter ab, während die Interpretationen der Kategorien vier und fünf zunehmen. Die letzteren beiden gehen besonders häufig mit dem Gebrauch konventioneller Buchstaben einher. Der eigene Name nimmt eine Sonderstellung

---

19 Eigene Übersetzung der Kategorienamen nach Tolchinsky-Landsmann und Levin (1985, S. 330f.).

ein: Hier überwiegen die Interpretationen der Kategorie drei, die mit dem Alter weiter ansteigen.

In ihrer Studie zu frühen Literalitätserfahrungen von Kindergartenkindern befragt Graf (2016) neun Einzelfälle zur Funktion und Struktur von Schrift. Die meisten der drei und vier Jahre alten, deutschsprachigen Kinder bestätigen, zuhause zu schreiben. Wenn es eine konkrete Antwort darauf gibt, was sie schreiben, ist dies ihr eigener Name. Einige der Kinder meinen, schon schreiben zu können, andere verneinen oder schränken es ein. Wenn sie die Frage, wie Schreiben denn gehe, beantworten, dann äußern sie entweder, dass man mit einem Stift schreibt (bzw. Buchstaben macht), oder sie schreiben Buchstaben oder ihren Namen vor. Die wenigen, die benennen, was sie schon schreiben können, nennen Namen (der Familie). Alle äußern, dass Familienmitglieder von ihnen schreiben können und benennen hier Hausaufgaben, Einkaufszettel oder Unkonkretes. Als Gründe, warum es gut ist, schreiben zu können, nennen die meisten Kinder die Schule und zwei Kinder einen persönlichen Nutzen, nämlich alleine oder Post schreiben zu können. Zusammen mit Prozessanalysen der pädagogischen Szenarien, in denen diese neun Kinder im Rahmen einer übergeordneten Studie (siehe Kapitel 2.3.4.3) an einem mehrwöchigen Angebot zur Schrift- und Schreiberfahrung teilnahmen, ordnet Graf die Aussagen und Kommentare der Kinder vier Bereichen der Annäherung an Schrift zu und beurteilt, ob die jeweilige Ausführung eine positive bzw. negative metakognitive Äußerung über Schrift oder eine differenzierte metakognitive Äußerung über Schrift ist. Den weitaus größten Anteil der kindlichen Kommentare machen Äußerungen über die Strukturmerkmale von Schrift aus, gefolgt von Äußerungen zur Unterscheidung von Schrift und Nichtschrift. Auch Äußerungen über die Funktion von Schrift kommen in nennenswertem Umfang vor und einige Aussagen sind Äußerungen über den persönlichen Nutzen von Schrift. Es kommen etwas mehr *positive* als *negative metakognitive Äußerungen* vor, die sich beide durchweg auf die Einschätzung der eigenen Fähigkeiten beziehen. Die *differenzierten metakognitiven Äußerungen* (die sich sowohl auf die eigenen Fähigkeiten als auch auf Kommentare zum Schreibprozess oder Schreibprodukt beziehen können) überwiegen aber bei weitem. Sie sind fast immer verbunden mit Äußerungen zu den Strukturmerkmalen der Schrift.

Die in diesem Unterkapitel beschriebenen Konzepte deuten darauf hin, wie intensiv sich Kinder in Schriftkulturen mit der Schriftsprache auseinandersetzen und, dass sie eigenständig und aktiv den Lernprozess des Schriftspracherwerbs beginnen, denn ihre Regeln entsprechen nicht den konventionellen Regeln der Schrift und daher auch keinem direkt vermittelten Lerninhalt. Dennoch – oder gerade deshalb – machen sie deutlich, welchen enormen und bemerkenswerten Einblick in die Schriftsprache Kinder bereits vor deren systematischen Vermittlung in der Schule gewonnen haben.

2.3.4.2 Domänenspezifisches Wissen

Wie im vorausgegangenen Kapitel deutlich geworden ist, entwickeln Kinder im Rahmen ihrer weitgehend ungesteuerten vorschulischen Auseinandersetzung mit Schrift und Schreiben erste Annahmen bis umfassende Ideen, die nicht immer mit den Regeln und Erklärungen der Erwachsenen bzw. den Konventionen der Zielsprache übereinstimmen, aber von Konzepten zeugen, die sich spezifisch auf die Domäne des Schreibens beziehen. Dieses domänenspezifische Wissen wird an dieser Stelle noch einmal aufgegriffen und in Bezug auf die Unterscheidung zu anderen, inhaltlich sehr nahestehenden Domänen beleuchtet, nämlich dem Malen einerseits und dem Rechnen (oder anfänglichen Umgang mit Zahlen) andererseits. Abschließend wird in diesem Abschnitt darauf eingegangen, welche Einsichten in die konventionellen Merkmale ihres Zielschriftsystems Kinder bereits vor der Schule erlangen.

Kinder scheinen schon sehr früh eine Idee davon zu haben, dass die unterschiedlichen symbolischen Ausdrucksformen unterschiedliche Dinge darstellen, dass sie für unterschiedliche Zwecke verwendet werden, ihre spezifischen Verwendungsbereiche haben und je eigenen Nutzungsbedingungen und Produktionsregeln unterliegen.

> (…) from a very early age, the constraints that children impose on notational forms are domain specific. In other words, children do not treat notations as a single general domain of knowledge, nor do they confound number notation or writing with drawing. Rather, each specific manifestation of external notational systems (drawing, number notation, writing) is explored according to its own particular constraints. Moreover, a few children as young as 4, and the majority of 5- and 6-year-olds, have explicit representations of the constraints they impose on different notational systems as domains of knowledge, such that they can purposefully violate the constraints in order to produce nonexistent exemplars (…). (Tolchinsky Landsmann & Karmiloff-Smith, 1992, S. 299)

Im Aneignungsprozess der unterschiedlichen Notationssysteme unterscheiden Tolchinsky Landsmann und Karmiloff-Smith zwischen der kindlichen Einsicht in Zeichen als domänenspezifische Wissenselemente – „notations as domains of knowledge“ (S. 287) – und dem Verständnis der kommunikativen Bedeutung der einzelnen Schriftzeichen – „notations in their function as referential-communicative tools“ (ebd.). Während Kinder schon früh, mit etwa vier Jahren, domänenspezifisches Wissen über die äußeren Merkmale der unterschiedlichen Notationssysteme erlernen, unterscheiden sie die Domänen in Bezug auf ihre referentiell-kommunikative Bedeutung erst mit circa sechs Jahren eindeutig voneinander (siehe unten).

Unterscheidung von Malen und Schreiben
Während Studien zur rezeptiven Unterscheidung der Domänen des Malens und des Schreibens eine frühe vorschulische Differenzierung von bildlichen und schriftlichen Darstellungen belegen, ist die Datenlage für die kindliche Produktion etwas weniger eindeutig. Aufgrund widersprüchlicher Ergebnisse aus Studien zur frühen Unterscheidung von Malen und Schreiben auf produktiver Ebene sowie deren Interpretationen herrscht kein eindeutiges Bild in der Literatur für oder wider eine anfängliche klare Trennung der beiden Domänen (Dockrell & Teubal, 2007; Levin & Bus, 2003). Dockrell und Teubal (2007) betonen den Einfluss der Aufgabenstellung: In Studien mit einer eher offen gehaltenen Aufgabenstellung, in denen die Kinder gebeten werden, *etwas* zu machen, zu hinterlassen oder zu notieren, um vorgegebene Äußerungen später zu erinnern oder auch einen Brief an einen Freund zu schreiben, reagieren – insbesondere die jüngeren – Vorschulkinder häufiger damit, etwas zu zeichnen, um den erfragten Inhalt zu transportieren. Wenn die Kinder dagegen explizit aufgefordert werden, ein Objekt zu malen und dessen Namen zu schreiben, zeigt sich ein viel klareres Bild bezüglich einer Unterscheidung des Produktionsverhaltens. Als eine Erklärung für die widerstreitenden Ergebnisse führen Dockrell und Teubal die Möglichkeit des methodologischen Artefakts an, das aufgrund der mangelhaften Aufgabe gar keine Rückschlüsse über die kindlichen Fähigkeiten zuließe. Oder aber diejenigen Schreibaufgaben, bei deren Umsetzung die jüngeren Kinder auf das Darstellungssystem der Domäne des Malens zurückgreifen, könnten ein Zeugnis dafür sein, dass unterschiedliche Aufgaben die Kinder unterschiedliche Inhalte fokussieren lassen. Einerseits könne es sein, dass Aufgaben, die von den Kindern verlangen, etwas zum Erinnern oder eine Nachricht an einen Freund zu produzieren, jüngere Kinder dazu bewegen, den Aspekt der Mitteilung in den Vordergrund zu stellen, der von ihnen (noch) unterstützend oder auch ausschließlich mit bildlichen Darstellungen umgesetzt wird. Andererseits ist es auch denkbar, dass junge Kinder unterschiedliche Arten von Information mit unterschiedlichen Notationsformen ausdrücken, was die beiden Wissenschaftlerinnen in einer Studie näher untersuchten (siehe unten). Während die meisten Forscher dennoch von einer frühen Unterscheidung und unabhängigen Entwicklung der beiden Domänen des Malens und Schreibens ausgehen, schlussfolgern Levin und Bus (2003) aufgrund der uneindeutigen Datenlage, dass Kinder zu Beginn ihrer graphischen Entwicklung das Malen nicht vom Schreiben unterscheiden und sich das eine (das Schreiben) aus dem anderen (dem Malen) heraus entwickelt (siehe Kapitel 2.1 sowie unten). Folgend wird auf einige Studien zur Unterscheidung zunächst auf rezeptiver Ebene und anschließend auf produktiver Ebene eingegangen.

In einer frühen und viel zitierten Studie mit drei- bis fünfjährigen US-amerikanischen Kindern zeigt Lavine (1977), dass alle teilnehmenden Kinder unmissverständlich zwischen vorgelegten Umrisszeichnungen und verschiedenen Arten schriftlicher Darstellungen (wie z.B. gedruckte Buchstaben, Wörter, Ziffern oder hebräische Schriftzeichen) unterscheiden, dass die rezeptive Differenzierung von Bildern und Schrift mit drei Jahren also bereits abgeschlossen ist. Auch drei- bis sechsjährige spanische Kinder zeigen (unabhängig vom Alter) in einer Sortieraufgabe mit sehr großer Mehrheit, dass ikonische Darstellungen weder zum Schreiben noch zum Zählen geeignet sind und sie auch Symbolsystem-gemischte Darstellungen weder für die eine noch für die andere Domäne als zulässig erachten (Tolchinsky Landsmann & Karmiloff-Smith, 1992). Wie beschrieben erlangen Kinder zuerst domänenspezifisches Wissen über Notationssysteme (in Form einer rezeptiven Unterscheidung und formaler Kriterien, die zur Erkennung und Produktion herangezogen werden), während das Wissen um die kommunikative Bedeutung von Schrift oder das Verständnis von Zeichen als referentiell-kommunikative Hilfsmittel erst später hinzukommt. Bereits ab drei bis vier Jahren gelingt den Kindern eine eindeutige Unterscheidung der Domänen sowohl in einer Sortieraufgabe bedruckter Karten als auch in der Produktion von Buchstaben, Wörtern oder Zahlen. Die Produktion von ausgedachten, nicht existierenden Buchstaben, Wörtern und Zahlen dagegen wird zu Anfang ebenso oft unter Rückgriff auf Zeichen fremder Notationsformen umgesetzt (z.B. Bild oder Ziffer für nicht existierende Buchstaben) wie durch gezielt verformte Varianten der erfragten Domäne selbst. Erst mit fünf und sechs Jahren gibt es weniger Lösungen, die eine Verletzung der Domänengrenzen darstellen und eine gezielte Manipulation der auferlegten domänenspezifischen Regeln steigt stark an. Darüber hinaus tauchen Reaktionen, die sich auf den Inhalt, also auf eine unmögliche referentielle Bedeutung, beziehen (ersichtlich durch Begründungen wie *ein Wort, das nicht ausgesprochen werden kann* oder *ein Wort, das es gar nicht gibt*) mit fünf Jahren überhaupt erst auf und nehmen im folgenden Lebensjahr stark zu (Tolchinsky Landsmann & Karmiloff-Smith, 1992). Bialystok (1992a) zeigt, dass drei- bis sechsjährige Kinder mehrheitlich sowohl Druck- als auch Schreibschrift als *lesbar* beurteilen, Bilder dagegen als nicht lesbar. Gefragt, wer die Druckvorlagen lesen könne, ordneten sie die Druckschrift Kindern, die Schreibschrift Erwachsenen und unlesbare (ikonische) Exemplare niemandem zu.

Weitere Studien belegen, dass Kinder die Domänen des Malens und des Schreibens schon sehr früh aktiv auch in der eigenen Produktion voneinander unterscheiden (z.B. Brenneman et al., 1996; Otake, Treiman & Yin, 2017; Tolchinsky-Landsmann & Levin, 1985; Treiman & Yin, 2011). In einer Studie mit israelischen Kindern zeigen Tolchinsky-Landsmann und Levin (1985), dass Drei- bis Fünfjährige auf eine Mal- und Schreibaufforderung hin unterscheidbare Produkte herstellen. Bei den Vier- und Fünfjährigen erkannten sowohl die Kinder selbst als auch zwei unabhängige Rater im Nachhinein die beiden Produkte entsprechend der Aufforderung ausnahmslos korrekt als geschrieben bzw. gemalt. Bei den Dreijährigen machten insbesondere die Rater mehr Zuordnungsfehler, wobei Schriftzüge häufiger fälschlich als gemalte Bilder klassifiziert wurden als andersherum (Tolchinsky-Landsmann & Levin, 1985). Auch die Mal- und Schreibprodukte von zwei- bis sechsjährigen chinesischen Kindern (Treiman & Yin, 2011) und zwei- bis fünfjährigen US-amerikanischen Kindern (Otake et al., 2017) wurden von erwachsenen Ratern überzufällig häufig korrekt der entsprechenden Aufforderung eingeschätzt. Dabei fällt die Zuordnung auch hier mit steigendem Alter der Kinder leichter, ebenso wie die Unterscheidung der Resultate des geschriebenen Namens von der gemalten Selbstdarstellung der Kinder im Gegensatz zur Differenzierung weiterer geschriebener und gemalter Objekte. Dass Kinder ihre Malprodukte anders gestalten als ihre Schreibprodukte, zeigt sich sowohl im Produkt als auch im Schreib- bzw. Malprozess. Zum Malen werden häufiger mehrere Stifte, zum Schreiben einer genutzt, gemalt wird häufiger in Farbe, auch in der Referenzfarbe des gemalten Objektes, es wird häufiger eine Umrisslinie verwendet, die ausgefüllt wird, und das Blatt wird während des Malprozesses häufiger gedreht (Brenneman et al., 1996; Treiman & Yin, 2011). Otake und Kollegen (2017) zeigen, dass zum Schreiben häufiger eine dunkle Farbe als zum Malen verwendet wurde, was mit steigendem Alter der zwei- bis fünfjährigen Kinder zurückging, zum Malen dagegen häufiger die Referenzfarbe des gemalten Objektes, was wiederum mit zunehmendem Alter anstieg. Die Schreibprodukte der Kinder waren kleiner als ihre Malprodukte und beinhalteten – insbesondere bei den älteren Kindern – wesentlich häufiger Buchstaben. Dies war besonders ausgeprägt für das Verschriften des eigenen Namens. Auch das Herstellen eines rechtwinkligen Schreibproduktes (länger als hoch) ist mit ansteigendem Alter besonders ausgebildet für den eigenen Namen im Gegensatz zur Verschriftung weiterer Nomen.

Im Schreibprozess sprechen Kinder das Wort häufiger aus als beim Malen und sie geben mehr phonologische Kommentare und Laute ab. Im Malprozess tätigen sie dagegen mehr auf die Wahrnehmung bezogene und visuelle Kommentare, tendenziell treten insgesamt etwas mehr Kommentare beim Malen auf als beim Schreiben (Brenneman et al., 1996). Brenneman und Kollegen zeigen darüber hinaus, dass die vier- bis sechsjährigen untersuchten US-amerikanischen englisch-hebräischsprachigen Kinder scheinbar auch die Handlungspläne für die beiden unterschiedlichen Aufgaben differenzieren, so dass außenstehende Erwachsene anhand von Videosequenzen, auf denen weder der Ton noch das Produkt zu erkennen waren, überzufällig häufig korrekt zuordnen konnten, ob die teilnehmenden Kinder gerade malten oder schrieben.

In ihrer Studie mit zwei- bis fünfjährigen israelischen und dänischen Kindern zeigen Levin und Bus (2003), dass sowohl die Kinder als auch Mütter gleichaltriger Kinder erst ab vier Jahren evozierte gemalte Bilder zuverlässig als Bilder erkennen und erst ab fünf Jahren evozierte geschriebene Schriftzüge als Schrift, mit zwei bis drei aber beides noch nicht korrekt zuordnen können. Darüber hinaus benutzen die Kinder in ihren anfänglichen schriftähnlichen Schreibprodukten teilweise Elemente des Symbolsystems Malen, um Inhalt innerhalb des Symbolsystems Schreiben auszudrücken (wie z.B. Referenzfarbe des geschriebenen Objektes). Daraus schlussfolgern Levin und Bus ihren oben bereits skizzierten Entwicklungsverlauf. Zu Beginn der Entwicklung werden Malen und Schreiben nicht voneinander unterschieden, das Malen geht dem Schreiben voraus, das Schreiben entwickelt sich aus dem Malen. Auch das anfängliche Schreiben wird nach den Autorinnen zwar im äußeren Erscheinungsbild, auf anderer Ebene aber dennoch nicht unterschieden zum Malen, denn es ist als Malen von Schrift zu verstehen, das teilweise durch die Darstellung von Ähnlichkeit zum geschriebenen Objekt geprägt ist. Die Mütter konnten allerdings die Schreib- und Malprodukte bereits der jüngsten Kinder dann überzufällig korrekt klassifizieren, wenn sie die gesamten Verschriftungen und Zeichnungen aller Stimuli eines Kindes beurteilten (und nicht die Schreib- und Malprodukte aller Kinder zu einem Stimulus).

Anhand einer Personalausweis-Aufgabe mit drei- bis fünfjährigen englischen Kindern untersuchen Dockrell und Teubal (2007) die frühe Nutzung graphischer Darstellungsweisen mit einer gezielt offenen und inhaltlich ausgerichteten Aufgabenstellung und zeigen, dass Kinder unterschiedliche Notationsformen zeitlich parallel verwenden. Daraus schlussfolgern die Autorinnen, dass sich nicht die eine Form, die schriftliche Darstellung von Informationen, aus der anderen, der bildlichen Darstellung von Mitteilungen, heraus entwickelt bzw. die zweite die erste ablöst. Mit dem beobachteten Verhalten zeigen die Kinder bereits eine Unterscheidung der Domänen. Sie wurden aufgefordert einen Personalausweis (*identity card*) mit unterschiedlichen Informationen über ihre Person, wie Name, Alter, Adresse/Wohnort, Körpergröße und Haarfarbe, herzustellen. Die Antworten der erfragten Inhalte zu malen bzw. zu schreiben, geschieht nicht willkürlich, sondern entlang inhaltlicher Plausibilität: Vergleichsweise häufig nutzen die Kinder bildliche Darstellungen für die Informationen Haar- und Augenfarbe, sowie Körpergröße, wohingegen z.B. Angaben des eigenen Namens oder Wohnortes mehrheitlich mit Schriftzeichen umgesetzt werden.

Unterscheidung von Buchstaben und Ziffern

Wie im Zuge der *minimum-quantity hypothesis* beschrieben, nutzen Vorschulkinder Kriterien, nach denen sie Buchstaben von Zahlen differenzieren. Diese sind zwar im konventionellen Sinne nicht korrekt, zeigen aber, dass auch diese beiden Domänen als eigenständige, unterscheidbare Bereiche aufgefasst werden: So werden z.B. anhand der Anzahl der Zeichen einer willkürlichen Zeichenabfolge (ein oder zwei vs. mindestens drei) Ziffern von Buchstaben abgegrenzt (Tolchinsky, 2004). In der oben erwähnten Studie von Tolchinsky Landsmann und Karmiloff-Smith (1992) zeigen die Kinder über alle Altersgruppen (drei bis sechs Jahre) hinweg eine klare Differenzierung der Notationsformen Buchstaben und Ziffern. Die Kinder wurden aufgefordert, auszusortieren, welche Darstellungen nicht gut geeignet zum Schreiben vs. zum Zählen sind. Dabei legen sie der Beurteilung von Buchstaben und Ziffern unterschiedliche Kriterien zugrunde. Während ikonische Darstellungen und gemischte Darstellungen als Merkmale beider Domänen nicht zulässig sind, gelten die Kriterien *ein einzelnes Element*[20] und *Wiederholung identischer Elemente* ausschließlich als zulässig für Ziffern, die Merkmale *Verbindung der einzelnen Elemente* und *Beschränkung in der zulässigen Anzahl der Elemente einer Zeichenfolge* werden dagegen nur für die Beurteilung von Schriftzügen herangezogen.

Auch in ihrer Produktion richten drei- bis sechsjährige Kinder die Umsetzung an einer Unterscheidung der Domänen aus und schreiben auch auf diese beiden Domänen bezogen verschiedene Notationsformen für verschiedene Informationen. Bei der oben berichteten Aufgabe zur Gestaltung eines Personalausweises zeigten die Kinder einen signifikanten Unterschied zwischen den zwei unterschiedlichen Aufgabentypen: Entsprechend des gefragten Inhaltes lieferten die Kinder mehr schriftähnliche Zeichen bei den verbalen Aufgaben und mehr ziffernähnliche Zeichen bei den numerischen. Die Informationen zum eigenen Namen, dem Straßennamen und dem Namen der Stadt wurden von über der Hälfte der Kinder mit Buchstaben oder buchstabenähnlichen Zeichen notiert, wohingegen die Informationen zum Alter und der Telefonnummer mehrheitlich mit Ziffern oder ziffernähnlichen Zeichen wiedergegeben wurden (Dockrell & Teubal, 2007).

Erkennen und Nutzen schriftspezifischer Charakteristika

Das frühe Nutzen von konventionellen Merkmalen wie Linearität, Schriftzeichen als diskrete Einheiten und/oder Schreibrichtung für die Schriftproduktion wird in vielen Studien berichtet (z.B. Brenneman et al., 1996; Chan et al., 2008; Ferreiro & Teberosky, 1982; Rowe & Wilson, 2015; Tolchinsky & Teberosky, 1998; Tolchinsky-Landsmann & Levin, 1985) und wurde in den bisherigen Darstellungen bereits gelegentlich am Rande erwähnt. In einer Studie mit israelischen drei- bis fünfjährigen Kindern zeigen Tolchinsky-Landsmann und Levin (1985), dass Kindergartenkinder bereits verschiedene schriftsystemübergreifende Merkmale für die eigene Schriftproduktion verwenden: *Linearität*, isolierte *Einheiten*, Regelmäßigkeit von *Leerzeichen* und relative *Größe* (Schriftzug ist kleiner als ein gemaltes Bild desselben Inhalts). Der Gebrauch dieser Merkmale ist bereits bei den Dreijährigen zu beobachten, steigt zu den Vierjährigen stark an und bleibt zu den Fünfjährigen konstant. Auch die *Schreibrichtung* orientiert sich mit steigendem Alter zunehmend am Zielschriftsystem. Während die Dreijährigen mehrheitlich verschiedene Richtungen zur Schreibproduktion verwenden, schreiben die Fünfjährigen überwiegend konventionell von rechts nach links und gar nicht mehr uneinheitlich, nutzen also die schriftsystemspezifische Schreibrichtung.

20 Eigene Übersetzung der Kriterien, die zur Beurteilung herangezogen werden nach Tolchinsky Landsmann und Karmiloff-Smith (1992, S. 293).

Auch schriftsystemspezifische Merkmale der einzelnen Zeichen, die konkrete Ähnlichkeit zu den Buchstaben der hebräischen Schrift aufweisen, zeigen erst die älteren untersuchten Kinder. Rowe und Wilson (2015) legen in ihrer Studie mit zwei- bis fünfjährigen Afro-Amerikanischen Kindern ebenfalls dar, dass die Kinder die Anordnung auf dem Papier (Linearität und Schreibrichtung) mehrheitlich konventionell gestalten, noch bevor sie konventionelle Buchstaben verwenden. Dabei betonen sie die Unterschiede, die die Kinder einer Altersgruppe aufweisen. Während die meisten 2½- bis 3½-Jährigen ihre Schriftzeichen willkürlich auf dem Blatt verteilen, gibt es bei diesen jüngsten Kindern ebenfalls einige, die zwar in unkonventioneller Schreibrichtung aber bereits linear schreiben und andere, die ihre lineare Anordnung in der ersten geschriebenen Zeile bereits gemäß ihres Zielschriftsystems von links nach rechts produzieren, dies aber nicht durchgängig durchhalten (2½- bis 3-Jährige) oder gar alle geschriebenen Zeilen konventionell von links nach rechts verschriften (3- bis 3½-Jährige). Alle anderen Altersgruppen (von 3½ bis knapp sechs) setzen ihre Schreibprodukte bezüglich der Linearität und der Schreibrichtung mehrheitlich und mit steigendem Anteil konventionell um. Bei den 5½- bis fast-sechs-Jährigen sind es 80% der Kinder, die ihre Schreibprodukte linear von links nach rechts anordnen. Neben einigen, die dies nicht für alle Zeilen umsetzen, sind es darüber hinaus aber immer noch 15% der Kinder, die die Zeichen nach wie vor willkürlich auf dem Papier verteilen. Wenngleich sich hier also eine eindeutige (und statistisch signifikante) Entwicklung hin zur konventionellen Nutzung zeigt, gibt es in allen Altersgruppen ebenfalls Kinder, die diese Merkmale der Schrift noch nicht erkannt und umgesetzt haben.

Auch in Untersuchungen der rezeptiven Schriftwahrnehmung hat sich die Linearität als kindliches Kriterium der Beurteilung erwiesen (Lavine, 1977; Tolchinsky Landsmann & Karmiloff-Smith, 1992).

Treiman (2017) ergänzt die äußeren Merkmale, die Kinder zur Produktion von Schrift heranziehen um die relative Größe und die Farbe und zeigt, dass diese Merkmale bereits von den ganz Kleinen verwendet werden: Die Schreibprodukte dreijähriger Kinder sind – noch bevor sie erkennbare Zeichen ihres Zielschriftsystems produzieren – oftmals durch relativ kleine eher dunkle Notationen charakterisiert im Gegensatz zu ihren größeren und bunten Zeichnungen. Chinesische Kinder zeigen sogar mit der Verwendung quadratischer Formen und Winkel – für Schriftzüge, aber nicht für Zeichnungen – bereits mit zwei oder drei Jahren eine konkrete Ähnlichkeit zu den spezifisch chinesischen Schriftzeichen (Treiman & Yin, 2011).

Besonderes Augenmerk legt Treiman (2017) auf graphotaktische Merkmale der Schriftsprache (siehe 2.3.3). Neben der konkreten äußeren Form von Schriftzeichen oder der Anordnung von Schriftzügen zeigen Kinder sehr früh auch schon ein gewisses Verständnis für die Kombinationsmöglichkeiten von Buchstaben. Aus der Schrift und den Schriftzeichen, mit denen sie regelmäßig konfrontiert werden, ziehen sie Informationen darüber, welche Buchstaben besonders häufig vorkommen und wie diese miteinander kombiniert werden können und nutzen dies für ihre eigene Schriftproduktion. Dieses implizite statistische Wissen um graphotaktische Merkmale des Zielschriftsystems, mit dem Kinder aufwachsen (siehe Kap. 2.3.3 und 2.3.4.1) konnten Treiman und ihre Arbeitsgruppe empirisch belegen (Kessler, Pollo, Treiman & Cardoso-Martins, 2013; Pollo et al., 2009). In einer Studie mit drei- bis sechsjährigen brasilianischen und drei- bis fünfjährigen US-amerikanischen Kindern zeigt sich, dass sich die Schriftzüge von vor-phonologischen Schreibern an den graphotaktischen Eigenschaften der Schriftsprache orientieren, die sie umgibt. So ergibt sich beispielsweise ein signifikanter Zusammenhang zwischen der produzierten Schriftzuglänge (Anzahl der Buchstaben) der brasilianischen Kinder mit der durchschnittlichen Zeichenzahl brasilianischer Wörter und die der englischsprachigen Kinder mit der Zeichenzahl englischer Wörter. Dasselbe Muster zeigt sich für die Dopplung von Buchstaben, für die Verwendung von einzelnen Buchstaben des Alphabets und für die konkrete Kombination innerhalb von Buchstabenpaaren. Die brasilianischen Kinder vermieden Buchstabendoppelungen entschieden häufiger als die englischsprachigen Kinder, was dem jeweiligen Vorbild ihrer eigenen Sprache entspricht: Im Portugiesischen kommen Buchstabendoppelungen mit 4% deutlich seltener vor als im Englischen mit 13%. Die beiden untersuchten Sprachen greifen zwar beide auf das lateinische Alphabet zurück, die Verwendungsfrequenz der einzelnen Buchstaben sowie die Kombinationen von Buchstabenpaaren unterscheiden sich aber. So kommt z.B. im Portugiesischen das *a* und im Englischen das *e* häufiger vor. Das Buchstabenpaar *ee* ist typischer für die englische Schriftsprache, während die Kombination von *nh* typischer ist für das Portugiesische. Auch hier zeigt sich ein signifikanter Zusammenhang zwischen der Nutzung der Buchstaben sowie der Buchstabenkombinationen in den Schreibungen der Kinder und der Verteilung der Buchstaben und Buchstabenkombinationen in der jeweiligen Sprache. Darauffolgend zeigten Kessler und Kollegen (2013) die Relevanz für die spätere Schriftsprachentwicklung: Je höher der Zusammenhang der verwendeten Kombinationen von Buchstabenpaaren in vor-phonologischen Schreibungen mit denen im Korpus der Schriftsprache ist, der die Kinder umgibt, desto besser sind ihre schulischen Rechtschreibleistungen in der ersten Klasse.

2.3.4.3 Das Schriftbild

In diesem Kapitel wird der Frage nachgegangen, wie Kinder ihre Schriftzüge darstellen. Wie können die Schreibprodukte charakterisiert und gruppiert werden?

Klassifikation und Entwicklung des Schriftbildes
Die Phasen der vorschulischen Schreibentwicklung nach Tolchinsky (2004) beschreiben die Entwicklung des Schreibprozesses von einer sehr undifferenzierten Kritzelschrift hin zu einer an Lauten und Silben orientierten Schrift vor der Aneignung des orthographischen Prinzips. Das Schriftbild ließe sich entlang dieser oben dargestellten Phasen (siehe Kapitel 2.3.3) einteilen in a) undifferenzierte Schriftzeichen, verbunden oder unverbunden, b) Buchstaben, die sich zwar nicht nach dem Wortlaut, aber nach formalen Schriftkriterien richten und c) Buchstaben, die einen direkten Bezug zu den Lauten (anfangs oftmals stellvertretend für ganze Silben) des verschrifteten Wortes aufweisen.

Eine frühe Kategorisierung von Schreibprodukten findet sich bei Legrün (1932). Anhand von Schriftstücken drei- bis vierjähriger und fünf- bis sechsjähriger österreichischer Kindergartenkinder, die aufgefordert waren, dem Nikolaus ihre Wünsche aufzuschreiben, untersucht er das frühe Schreiben von Kindern, die bislang keine systematische Beschäftigung mit Buchstaben erfuhren. Er unterteilt die Schreibproben entlang des Schriftbildes in fünf Gruppen: 1) *Ungeordnetes Gekritzel*, 2) *Zickzacklinien in verschiedenem Grade der Verfeinerung*, verbunden und in waagerechten Zeilen angeordnet, die er als Nachahmung der Schreibbewegung beschreibt, 3) *Zickzacklinien, besser artikuliert und stärker moduliert*, 4) Kombination von *Zickzacklinien und einzelnen Schriftzeichen*, bei denen eine „allmähliche Auflösung der Zeilenbänder in einzelne Elemente“ zu beobachten ist und 5) *nebeneinandergereihte Schriftzeichen in zeilenmäßiger Anordnung* (ebd., S. 324–326). Abbildung 6 bis Abbildung 10 zeigen die von ihm angeführten Bespiele für die Kategorien.

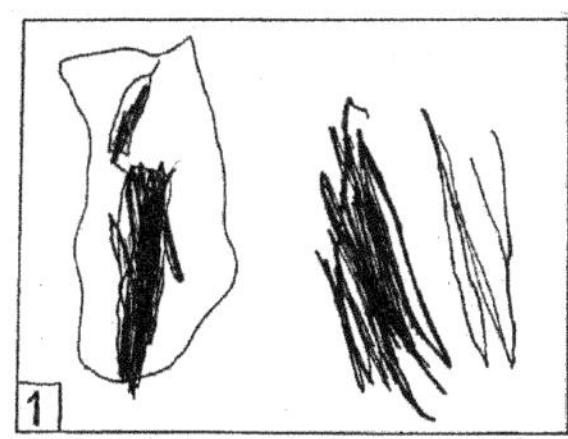

Abbildung 6:
Klassifikation des Schriftbildes nach Legrün, Gruppe 1 (1932, S. 324)

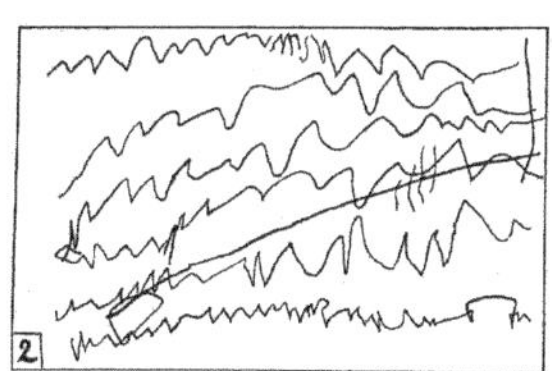

Abbildung 7:
Klassifikation des Schriftbildes nach Legrün, Gruppe 2 (1932, S. 325)

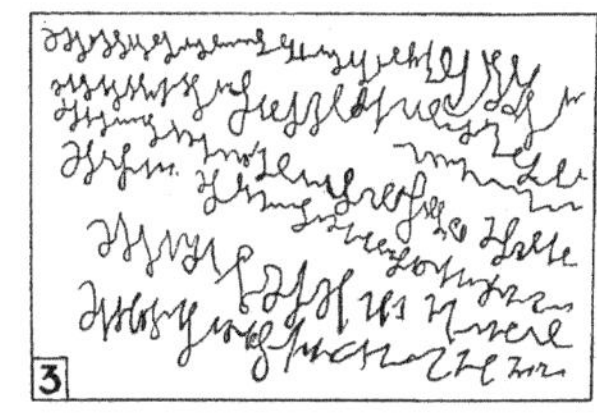

Abbildung 8:
Klassifikation des Schriftbildes nach Legrün, Gruppe 3 (1932, S. 324)

Abbildung 9:
Klassifikation des Schriftbildes nach Legrün, Gruppe 4 (1932, S. 325)

Abbildung 10:
Klassifikation des Schriftbildes nach Legrün, Gruppe 5 (1932, S. 326)

Die Drei- bis Vierjährigen fertigen mehrheitlich Schreibprodukte der Gruppe zwei an, gefolgt von der Gruppe vier. Die Resultate der Fünf- bis Sechsjährigen entstammen überwiegend den Gruppen vier und fünf.

Unter dem Kriterium *Konventionalität der Schriftzeichen* (Einheiten) untersuchen Tolchinsky-Landsmann und Levin (1985) das Schriftbild in Schreibprodukten drei- bis fünfjähriger israelischer Kinder. Sie unterteilten die Schriftzüge entlang der Art von verwendeten Schriftzeichen in a) *unidentifizierbare Quelle*,[21] b) *buchstabenähnliche Nicht-Buchstaben*, c) *Zeichen gemischter Herkunft* (wie hebräische und lateinische Buchstaben oder Ziffern), d) *hebräische Buchstaben ohne Bezug* und e) *hebräische Buchstaben mit Bezug zur Äußerung*. Aus der Nutzung der Schriftzeichen dieser fünf Kategorien zeichnet sich eine klare Entwicklung ab: Die Dreijährigen verwenden überwiegend Zeichen der Gruppen *unidentifizierbare Quelle* (oftmals ohne in einzelne Einheiten zu unterteilen) oder *buchstabenähnliche Nicht-Buchstaben*. Die Vierjährigen nutzen mehrheitlich Zeichen der Typen *Zeichen gemischter Herkunft* oder *hebräische Buchstaben ohne Bezug*, um die aufgeforderten Äußerungen zu verschriften. Erst die Fünfjährigen ziehen fast ausschließlich Schriftzeichen der Kategorien *hebräische Buchstaben ohne Bezug* oder *hebräische Buchstaben mit Bezug zur Äußerung* für ihre Schriftproduktion heran. Die vier- und fünfjährigen Kinder verwenden dabei tendenziell eine höhere Schriftkategorie für das Schriftbild des eigenen Namens als für das Schriftbild vorgegebener Äußerungen (wie z.B. *Himmel* oder *eine rote Blume*).

In ihrer Studie zu frühen Darstellungsformen von Schreibprodukten mit im Wesentlichen dreijährigen deutschen Kindergartenkindern (2;11 bis 4;1 Jahre) gruppieren Barkow (2013c) und ihr Team die evozierten Schriftstücke, die in einer spielerisch eingebetteten Schreibaufforderung eines Einkaufszettels (plus Name) entstanden, in drei Kategorien: *Spur- und Gestenkritzel*, *präpiktoral* und *präliteral*. Die *Spur- und Gestenkritzel* stellen als Vorform der beiden anderen Kategorien einen besonders frühen Ausdruck der Entwicklung graphischer Darstellung dar, weisen aber noch keine Anzeichen einer Objekt- oder Schriftähnlichkeit auf. Die

21 Eigene Übersetzung der Kategorien (Tolchinsky-Landsmann & Levin, 1985, S. 325).

Realisierungen der Kategorie *präpiktoral* lassen eine gewisse Objektform erkennen und werden, wie Tabelle 3 zu entnehmen ist, unterteilt in *präpiktoral 1*, die durch eine geschlossene Form charakterisiert sind, *präpiktoral 2*, die zumindest rudimentär voneinander unterscheidbar und mit weiteren Details versehen werden, und *präpiktoral 3*, die eine direkte Ähnlichkeit zum abgebildeten Objekt aufweisen. Die Umsetzungen der Kategorie *präliteral* zeigen eine Schriftähnlichkeit und sind ebenfalls in drei Unterkategorien differenziert: *präliteral 1*, die eine den Schreibakt imitierenden zickzack-Strichführung kennzeichnet, *präliteral 2*, bei denen einzelne unverbundene Zeichen mit Ähnlichkeit zu konkreten Buchstaben dargestellt werden, teils vermischt mit Buchstaben und *präliteral 3*, die Buchstaben des Alphabets repräsentieren (Barkow, 2012, 2013a).

Tabelle 3: Kategorien von Notaten im Rahmen früher Literalität nach Barkow (2013c, S. 27; nachgezeichnet)

Spur- und Gestenkritzel	**präpiktoral**	**präliteral**
Undefinierte Formen, keine Zuordnung zwischen Objekt und Notateinheit möglich	**1**: distinkte, umrisshafte Darstellung	**1**: Zickzack
	2: wie **1**., jedoch mit Formendifferenzierung, bzw. Details	**2**: buchstabenähnliche Formen
	3: deutlich ikonische Abbildung	**3**: Buchstabenformen

Die Kinder werden mit acht Monaten Abstand zu zwei Messzeitpunkten mit den Schreibaufgaben konfrontiert. Zum ersten Messzeitpunkt sind es die Spur- und Gestenkritzel, mit denen die meisten Schreibprodukte der Objekte (Einkaufszettel) umgesetzt werden. Ein Drittel sind der Kategorie präliteral zugeordnet, davon am meisten den Zickzacklinien, einige aber auch den buchstabenähnlichen oder Buchstabenformen. Während einige Kinder die Objekte der Einkaufsliste präpiktoral darstellen (präpiktoral 1 und 2), kommt dies mit einer einzigen Ausnahme bei der Verschriftung des eigenen Namens quasi überhaupt nicht vor. Hier sind es deutlich über die Hälfte der Kinder, die bereits zum ersten Messzeitpunkt ihren eigenen Namen präliteral realisieren, zu ähnlichen Anteilen aus den Unterkategorien 1, 2 und 3, und nur zwei Fünftel, die Spur- und Gestenkritzel verwenden. Aufgrund der vielen Kombinationen von buchstabenähnlichen Formen mit Buchstaben wird für diese Resultate eine Zwischenstufe *präliteral 2,5* eingeführt (Barkow & Barta, 2013). Zum zweiten Messzeitpunkt, die Kinder sind inzwischen 3;7 bis 4;8 Jahre alt, sind die Spur- und Gestenkritzel stark zurückgegangen und machen in beiden Aufgaben nur noch weniger als ein Fünftel aus. Außerdem spielt die Verwendung von Buchstaben in den präliteralen Verschriftungsformen eine wesentlich größere Rolle. Ansonsten bleibt das Muster erhalten: Für die Schreibungen des eigenen Namens werden neben den 15% Spur- und Gestenkritzeln ausschließlich Formen präliteraler Schreibungen gewählt, wobei nun die Kritzelschriftzüge etwas weniger ausmachen als die drei weiteren Unterkategorien, die mit je 23% (präliteral 2 und 2,5) und 25% (präliteral 3) zu fast gleichen Anteilen vertreten sind. Bei der Umsetzung der Objektschreibungen des Einkaufszettels werden die präliteralen Schreibungen nun für über die Hälfte der Resultate gewählt – mit dem größten Anteil der Kategorie präliteral 2,5 –, aber auch die präpiktoralen Umsetzungen steigen leicht an und werden etwas ausdifferenzierter in der Ausführung (Barkow & Krüger, 2013). Die neun Kinder, die als sogenannte Fokuskinder zwischen Messzeitpunkt eins und zwei im Rahmen einer ergänzenden Studie zur Initiierung von frühen Schrifterfahrungen an einem intensiven Angebot zur Auseinandersetzung mit Schriftzeichen und dem eigenen Schreiben teilnehmen, steigern allesamt ihr Präliteralitätsniveau und verwenden zu Messzeitpunkt zwei ausschließlich präliterale Darstellungsformen, womit sie sich als Gruppe von den Kindern anderer teilnehmender Kindergärten absetzen (Graf, 2016). Die Entwicklung weg von undifferenziertem Kritzeln hin zu symbolischeren Formen der Darstellung zeigt sich also sehr deutlich. Ein Ablösen präpiktoraler Darstellungsformen durch präliterale Verschriftungen spiegelt sich dagegen nicht im Material wider. Die Entwicklungsverläufe im Einzelnen betrachtet verdeutlichen, dass zwar etliche Kinder sich insbesondere bei der Schreibung des eigenen Namens aber auch bei der Verschriftung der Objekte in Richtung einer höher entwickelten präliteralen Darstellungsform weiterentwickeln. Einige Kinder differenzieren aber – was die Objektschreibungen betrifft – auch ihre präpiktorale Darstellungsform aus. Nur wenige der Kinder wechseln von einer früheren präpiktoralen zu einer präliteralen Form. Und fast ebenso viele Kinder wechseln andersherum von einer ehemals präliteralen Umsetzung zu einer relativ erkennbaren präpiktoralen Darstellungsform, dies allerdings ausschließlich ausgehend von der Unterkategorie 1, den Zickzackspuren (Barkow & Krüger, 2013). Für die Verwendung von Spur- und Gestenkritzel zur Darstellung der Objekte zeigt sich zu t1 kein bedeutsamer Zusammenhang zum Alter. Die Darstellung des Namens mit Spur- und Gestenkritzeln korreliert dagegen bereits zu t1 signifikant negativ mit dem Alter, zu t2 ist dieser negative Zusammenhang für beide Aufgaben hoch signifikant. Dass die Spur- und Gestenkritzel mit dem Alter abnehmen, lässt sich also auch statistisch bekräftigen. Sie sind nur bis zu einem gewissen Alter zu beobachten (in der zitierten Stichprobe bis 4;2 Jahren). Bezogen auf die Namensschreibung ist der Zusammenhang von Alter und präliteralen Notationsformen durchgängig signifikant, zu t1 hoch und zu t2 etwas weniger ausgeprägt. Für die Objektschreibungen hingegen ist er gar nicht signifikant. Allerdings korrelieren die präpiktoralen Darstellungen der Objekte mit dem Alter, zu t2 ist dieser Zusammenhang sehr stark. Unterteilt in Altersgruppen zeigen die älteren Kinder signifikant höhere Präliteralitätswerte bei der Verschriftung ihres Namens. Für die zeichnerische Entwicklung scheint das Alter eine große Rolle zu spielen, ebenso wie für die präliterale Verschriftung des Namens und die Verwendung von Buchstaben. Dass zwar die präpiktoralen, nicht aber die präliteralen Notationsformen mit steigendem Alter häufiger zur Darstellung der Objekte genutzt werden, widerspricht einer möglichen Auffassung von präpiktoralen Darstellungsformen als Vorform der präliteralen und literalen Schriftlichkeit (Barkow, 2012; Barkow & Krüger, 2013). Graf (2016) differenziert in ihrer Studie zu detaillierteren Analysen der oben genannten Fokuskinder die Kategorien zur Beschreibung der Schreibprodukte weiter aus (siehe Tabelle 4). Ihre Einteilung präliteraler Schreibweisen reicht von einer sehr frühen, ausschließlich anhand der Anordnung oder der Schreibrichtung erkennbaren Schriftähnlichkeit über Zickzacklinien, buchstabenähnliche Zeichen und Buchstaben hin zu einer teilphonetischen Schreibweise. Die anschließende literale Schreibweise setzt bei einer vollständig phonetischen Umschrift an.

Tabelle 4: Kategorien zur Beschreibung früher Schreibprodukte nach Graf (2016, S. 177; nachgezeichnet)

<table>
<tr><td>1.) Spur- und Gestenkritzel</td><td>- ohne kommunikative Absicht
- motorische Betätigung und/oder Freude am Tun stehen im Mittelpunkt
- Notate weisen weder Objektähnlichkeit, noch Buchstabenähnlichkeit auf</td></tr>
<tr><td colspan="2">2.) Präliteral
Impliziert eine gewisse Schriftähnlichkeit
kommunikative Absicht
Aspekte der Räumlichkeit und der formalen Struktur erkennbar</td></tr>
<tr><td>2.1 Präliteral 0</td><td>- Vom Erscheinungsbild liegt keine erkennbare Schriftähnlichkeit vor, jedoch liegen Merkmale bzgl. Räumlichkeit vor: Schreibrichtung oder zeilenförmige Anordnung
- Mitteilungscharakter vorhanden, nicht mehr allein motorische Tätigkeit steht im Vordergrund</td></tr>
<tr><td>2.2 Präliteral 1</td><td>- Zickzacklinien als Kritzelschrift erkennbar, zum Teil kombiniert mit undefinierten Zeichen, Aspekte der Räumlichkeit wie z.B. linien- und oder listenartige Anordnung erkennbar</td></tr>
<tr><td>2.3 Präliteral 2</td><td>- buchstabenähnliche Zeichen, Bruchstücke von Buchstaben, Mischformen aus z.B. buchstabenähnlichen Zeichen, Buchstabenformen und Zickzacklinien</td></tr>
<tr><td>2.4 Präliteral 3</td><td>- Wiedergabe von Buchstaben und Buchstabensequenzen, logographische Schreibweise, meist ein begrenztes Inventar an Buchstaben, Wiederholung und Permutation</td></tr>
<tr><td>2.5 Präliteral 4</td><td>- teilphonetische Schreibweise</td></tr>
<tr><td>3.) Literal</td><td>- vollständig phonetische Umschrift</td></tr>
</table>

In ihren Analysen der Literalitätsentwicklung der neun beobachteten Kinder identifiziert Graf zwei Entwicklungstypen: den *konstanten Typ*, der ein verwendetes Präliteralitätsniveau (unabhängig von der jeweiligen Ausprägung) über einen längeren Zeitpunkt hinweg beibehält, und den *explorativen Typ*, der durch sprunghafte Veränderungen des Präliteralitätsniveaus (in beide Richtungen) gekennzeichnet ist. Die Kinder zeigen ihren jeweiligen Entwicklungstyp mit einer Ausnahme sowohl für das Schreiben des eigenen Namens als auch für andere Schreibaufgaben. Dabei ist das Präliteralitätsniveau beim Schreiben des eigenen Namens durchgängig höher als bei den weiteren Schreibaufgaben.

Es wurde immer wieder beobachtet, dass die Quelle der für verschiedenste Schriftzüge verwendeten Zeichen vor-phonologischer Schreibungen die Buchstaben des eigenen Namens sind (z.B. Ferreiro & Teberosky, 1982; Tolchinsky-Landsmann & Levin, 1985). In der bisherigen Darstellung der Befunde in unterschiedlichen inhaltlichen Bereichen wurde immer wieder deutlich, dass die Schriftsprachentwicklung der Kinder weiter fortgeschritten ist, wenn der eigene Name der Kinder Objekt der Analyse ist im Vergleich zu anderen Schreibproduktionen (z.B. Barkow & Krüger, 2013; Graf, 2016; Otake et al., 2017; Tolchinsky-Landsmann & Levin, 1985). Das verdeutlicht, dass der eigene Name eine besondere Rolle in der Schreibentwicklung spielt. „The child's own name as a model of writing, as the first stable written string and as the prototype of all subsequent writing often fulfills a very special function in the psychogenesis [of writing]" (Ferreiro & Teberosky, 1982, p. 212).

Im Folgenden werden nun einige Studien berichtet, die sich in der Analyse des Schriftbildes konkret auf den eigenen Namen beziehen. Levin, Both-De Vries, Aram und Bus (2005) vergleichen in ihrer Studie mit zwei- bis fünfjährigen hebräisch- und dänischsprachigen Kindern die Schreibungen des eigenen Namen mit den Schreibungen verschiedener anderer Objekte. Von Beginn an sind die Verschriftungen des eigenen Namens einem höheren Schriftbildniveau zugeordnet als die Objektschreibungen. Außerdem verbessern sich über die gesamte Altersspanne hinweg die Schriftproduktionen des eigenen Namens schneller als die der Objekte. Darüber hinaus besteht ein signifikanter Zusammenhang zwischen den Schreibungen der verschiedenen Objekte, aber nicht zu denen des Namens, was auf eine spezifische, unterscheidbare Zugangsweise in der Aneignung des eigenen Namens hindeutet.

Ho (2011) untersucht an drei- bis fünfjährigen US-amerikanischen Kindern die Entwicklung, den eigenen Namen zu schreiben und entwickelt aus ihren anfänglich sehr viel detaillierteren Kategorien der Codierung des Schriftbildes eine Skala mit sechs Niveaus gezielt für das Erfassen des eigenen Namens:[22] 1) *ziellose Kritzel*, 2) *ebene Linien, wellenartige Kritzel oder nichts/Verweigerung*, 3) *Symbol- oder buchstabenähnliche Einheiten*, 4) *Kombination mit einzelnen erkennbaren Buchstaben*, 5) *mindestens drei Buchstaben des Namens*, ungeachtet der Akkuratheit von Anordnung, Abstand und gleichmäßiger Buchstabengröße und 6) *konventionelle oder fast korrekte Schreibweise*, bei teilweiser oder überwiegender Akkuratheit von Anordnung, Abstand und gleichmäßiger Buchstabengröße. Das Durchschnittsalter der Kinder steigt mit jeder nächsthöheren Kategorie kontinuierlich an. Interessant ist, dass Ho die Verweigerung in ihre Skala mit aufnimmt (und nicht als fehlende Werte behandelt). Sie verortet sie auf Level zwei, neben den Kritzel- oder Wellenlinien, weil ihre Analysen zeigen, dass die meisten Schreibverweigerungen der Kinder auftauchen, nachdem sie ihren Namen mit Kritzeln umsetzen, aber bevor sie konventionelle Buchstaben verwenden.

22 Eigene Übersetzung der Bezeichnungen für die Level der Skala nach Ho (2011, S. 78).

> (...) children's refusal to write is an important developmental characteristic. It is not the lowest level of name writing nor should it be seen as invalid data. (...) children's awareness of their limited literacy knowledge is the major factor in refusals to write." (ebd., S. 83)

Auf Grundlage der Sichtung etlicher, viel rezipierter Studien zur vorschulischen Schreibentwicklung legen Rowe und Wilson (2015) eine Zusammenführung vorhandener Kategorien zur Erfassung der Form und äußeren Merkmale von kindlichen Schreibprodukten[23] vor, die sie anhand ihrer eigenen Studie geringfügig modifizieren: 0) *keine Umsetzung*,[24] 1) *ausschließlich gemalt*, 2) *unkontrollierte motorische Stiftbewegungen*, 3) *Kritzel (großflächig)*, 4) *unterbrochene, kleinere Kritzeleinheiten*, 5) *einzelne gleichförmige Zeichen*, 6a) *verschiedenartige einzelne Zeichen mit Buchstabenähnlichkeit* oder 6b) *imitierte Schreibschrift (Zickzacklinien)*, 7) *konventionelle Buchstaben plus Erfindungen*, 8) *konventionelle Buchstaben (keine Buchstabe-Laut-Korrespondenz)*, 9) *konventionelle Buchstaben, memorierte Wörter*, 10) *ausgedachte Schreibweise: Anlaut*, 11) *ausgedachte Schreibweise: erster und letzter Laut*, 12) *ausgedachte Schreibweise: fast alle Laute repräsentiert*. Auch die Resultate ihrer untersuchten zwei- bis fünfjährigen afro-amerikanischen Kinder zeigen, dass sich das Schriftbild mit zunehmendem Alter mehrheitlich hin zu einer immer konventionelleren Umsetzung entwickelt, also in den Kategorien aufsteigt. Während die 2½-Jährigen noch mehrheitlich *großflächige Kritzel* oder *Kritzeleinheiten* produzieren, orientieren sich die Dreijährigen mit der *imitierten Schreibschrift (Zickzacklinien)* oder *verschiedenartigen einzelnen Zeichen mit Buchstabenähnlichkeit* mehrheitlich bereits ansatzweise an der Erwachsenenschrift. Die Vierjährigen nutzen größtenteils *konventionelle Buchstaben plus Erfindungen* und die Mehrheit der Fünfjährigen verwendet *konventionelle Buchstaben* oder *konventionelle Buchstaben plus Erfindungen*. Die Kritzel gehen mit ansteigendem Alter zurück, kommen ab 4½ Jahren praktisch nicht mehr vor. Auch hier betonen die Autorinnen aber erneut die große interindividuelle Variabilität innerhalb der Altersgruppen. So nutzen die Zweijährigen neben ihren Kritzeln auch bereits buchstaben- und schreibschriftähnliche (Zickzack-) Zeichen für die Schreibaufgabe. Die vier- bis 4½-Jährigen sind in nahezu allen Kategorien vertreten. Und die Fünfjährigen schreiben neben den konventionellen Buchstaben (mit und ohne weiterer erfundener Zeichen) auch bereits memorierte Wörter und mit Anlaut konstruierte erfundene Schreibweisen in beachtlichem Umfang. Erste konventionelle Buchstaben kommen bereits bei den Dreijährigen vor und mit Anlaut konstruierte Schreibweisen in nennenswertem Umfang ab 4½ Jahren.

---

23 Neben Kategorien zur Erfassung von drei weiteren Charakteristika der Schrift (siehe Kapitel 2.3.3).

24 Eigene Übersetzung der Kategorien unter Einbezug der Beschreibung der jeweiligen Kategorie nach Rowe und Wilson (2015, S. 251f.).

Übersicht über die Klassifikationen des Schriftbildes

Wie deutlich geworden ist, bestehen etliche Einteilungen des Schriftbildes nebeneinander, die übereinstimmend eine vorschulische Annäherung an das Zielschriftsystem belegen. Tabelle 5 und Tabelle 6 geben einen vergleichenden Überblick über die Vielfalt der Klassifikationen. Sie sind unterschiedlich ausdifferenziert in ihren Kategorien und unterscheiden sich darin, welche Merkmale im Einzelnen gefasst wurden oder nicht in die Kategorisierung mit eingeflossen sind. Ein weiterer Unterschied ist die Altersspanne, die sie umfassen bzw. bei welchem Schriftbild sie einsetzen oder enden. Teilweise weichen sie in der Abfolge etwas voneinander ab. Während z.B. die Zickzack-Schrift in den meisten Klassifikationen zu Beginn der Entwicklung des Schriftbildes eingeordnet wird, verstehen Rowe & Wilson (2015) sie als Imitation der Schreibschrift. In ihrer Einteilung findet sie sich in der Kategorie 6b gemeinsam mit der Verwendung von buchstabenähnlichen Zeichen (Kategorie 6a) eher in der Mitte. Damit folgt sie dem Schriftbild aus einzelnen gleichförmigen Zeichen und steht direkt vor der Verwendung von Buchstaben. Bei Legrün (1932) findet sich die Zickzack-Schrift nach einem ungeordneten Gekritzel bis hin zur Kategorie 4 (von fünf) wieder.

Tabelle 5: Übersicht über die Klassifikationen des Schriftbildes I

Legrün (1932)	**Tolchinsky-Landsmann & Levin (1985)**	**Tolchinsky (2004)**	**Ho (2011) für den eigenen Namen**
1) Ungeordnetes Gekritzel	1) Notationen aus unidentifizierbarer Quelle	1) undifferenzierte Schriftzeichen, verbunden oder unverbunden	1) ziellose Kritzel
2) Zickzacklinien in versch. Grade der Verfeinerung (verbunden, waagerechte Zeilen; Nachahmung der Schreibbewegung)	2) buchstabenähnliche Nichtbuchstaben		2) ebene Linien, wellenartige Kritzel oder Verweigerung
3) Zickzacklinien, besser artikuliert und stärker moduliert	3) Zeichen gemischter Herkunft (z.B. hebräische und lateinische Buchstaben, Ziffern)	2) Buchstabenkombinationen, die sich nicht nach dem Wortlaut, aber nach formalen Schriftkriterien richten	3) symbol- und buchstabenähnliche Einheiten
4) Kombination von Zickzacklinien und einzelnen Schriftzeichen (zunehmend diskrete Zeichen)	4) hebräische Buchstaben ohne Bezug zur Äußerung		4) Kombination mit einzelnen erkennbaren Buchstaben
5) nebeneinandergereihte Schriftzeichen in zeilenmäßiger Anordnung	5) hebräische Buchstaben mit Bezug zur Äußerung	3) Buchstaben, die einen direkten Bezug zur Lautung haben (anfangs stellvertretend für Silben)	5) mindestens drei Buchstabend es eigenen Namens
			6) konventionelle oder fast korrekte Schreibweise

Tabelle 6: Übersicht über die Klassifikationen des Schriftbildes II

Barkow (2013c)	**Graf (2016)**	**Rowe & Wilson (2015)**
1) Spur- und Gestenkritzel	1) Spur- und Gestenkritzel motorische Betätigung	0) Keine Umsetzung
		1) ausschließlich gemalt
2.1) präpiktoral	2) Präliteral	2) unkontrollierte motorische Stift-bewegungen
1) distinkte, umrisshafte Darstellung	Präliteral 0 keine äußere Schriftähnlichkeit, aber Schreibrichtung oder zeilenförmige Anordnung	3) Kritzel (großflächig)
2) plus Formendifferenzierung und Details		4) unterbrochene kleinere Kritzeleinheiten
		5) einzelne gleichförmige Zeichen
3) deutliche ikonische Abbildung	Präliteral 1 Zickzack, teils undefinierte Zeichen, Anordnung in Linie oder Liste	6a) verschiedenartige einzelne Zeichen mit Buchstabenähnlichkeit
	Präliteral 2 buchstabenähnliche Zeichen, Mischformen	6b) imitierte Schreibschrift (Zickzacklinien)
2.2) präliteral		7) konventionelle Buchstaben plus Erfindungen
1) Zickzack	Präliteral 3 Buchstaben/-sequenzen, logographische Schreibweise	8) konventionelle Buchstaben (keine Buchstabe-Laut-Korrespondenz)
2) buchstabenähnliche Formen		9) konventionelle Buchstaben, memorierte Wörter
2,5) buchstabenähnliche Formen u. Buchstaben	Präliteral 4 teilphonetische Schreibweise	10) ausgedachte Schreibweise: Anlaut
3) Buchstabenformen		11) ausgedachte Schreibweise: erster und letzter Laut
	3) Literal vollständig phonetische Schreibweise	12) ausgedachte Schreibweise: fast alle Laute repräsentiert

Invented spelling

Ein Phänomen, das an verschiedenen Stellen der vorausgegangenen Ausführungen des Öfteren inhaltlich oder namentlich angesprochen wurde, soll an dieser Stelle noch einmal kurz aufgegriffen und näher beleuchtet werden: das *invented spelling*. Diese ausgedachten oder unvollständigen Schreibungen wurden bereits in den 1970er Jahren systematisch insbesondere von Read (1975) untersucht und beschrieben. Es handelt sich um ausgedachte oder erfundene, weil noch nicht konventionelle Schreibweisen von Kindern, die sich bereits an der Phonem-Graphem-Korrespondenz orientieren und diese unterschiedlich vollständig umsetzen. In diesen Schreibungen verschriften Kinder die Laute der Sprache in unerwarteter, aber phonologisch nachvollziehbarer Weise.

Sie sind deshalb besonders interessant, weil sie einerseits Aufschluss darüber geben, welches Verständnis der kindliche Schreiber von der Schriftsprache hat und auf welchem Entwicklungsstand des Schrifterwerbsprozesses er sich befindet

(Valtin, 1997). und andererseits in welcher Weise er die Laute seiner Sprache analysiert und segmentiert (Read, 1975).

Das Phänomen selbst findet Eingang in verschiedene Beschreibungen des Schriftbildes ebenso wie in unterschiedliche Entwicklungsmodelle. So beziehen sich z.B. die Schriftbildkategorien Präliteral 4 *teilphonetische Schreibweise* (Graf, 2016) sowie 10) *ausgedachte Schreibweise: Anlaut*, 11) *ausgedachte Schreibweise: erster und letzter Laut*, 12) *ausgedachte Schreibweise: fast alle Laute repräsentiert* (Rowe & Wilson, 2015) darauf (siehe oben). Auch in den Entwicklungsphasen 3) *Schreiben von Lautelementen* und 4) *Phonetische Schreibungen* des Stufenmodells nach Valtin (1997) (siehe Kapitel 2.3.2) oder in der dritten Phase *Phonetisierung des Schreibens* nach Tolchinsky (2004) (siehe Kapitel 2.3.3) wird das Phänomen beschrieben. In diesem letzteren Kontext wird – insbesondere im spanischen, portugiesischen und hebräischen Sprachraum – die Orientierung von *invented spellings* an einer systematischen Verschriftung von Silben betont (*syllabic hypothesis*, siehe Kapitel 2.3.4.1), in der das Graphem für einen der Laute einer Silbe stellvertretend für die gesamte Silbe dargestellt wird. Für das Englische beispielsweise kann diese Beobachtung nicht belegt werden. Typisch für die (englischen) *invented spellings* sind das Auslassen oder Ersetzen von Lauten sowie das *Eindringen* falscher Laute bei der Verschriftung einer Äußerung an verschiedenen Stellen eines Schriftzuges (Treiman, 2017). Dabei beschreibt Read phonologisch basierte Muster in der Umsetzung von ausgedachten Schreibungen. So ist z.B. die Verwendung eines Buchstabens zur Darstellung der gesamten konkreten Lautverbindung seines Buchstabennamens innerhalb früher Schreibungen häufig zu finden, wie bei FEL für *feel*, TIM für *time* oder YL für *while*. Typisch ist auch das Auslassen von Nasalen vor Plosivlauten (wie in den Verbindungen /mp/, /mb/, /nt/, /nd/, /ŋk/ oder /ŋg/), insbesondere wenn dieser ein stimmloser Konsonant ist. Beispiele dafür sind DOT für don´t, THAKQ für thank you oder STAPS für stamps (Read, 1975; Read & Treiman, 2013).[25]

In Deutschland werden die unvollständigen Schreibungen auch als *Skelettschrift* oder *Skelettschreibung* bezeichnet (z.B. Valtin, 1997), die bislang wenig systematisch und vornehmlich im Rahmen des schulischen Schriftspracherwerbs untersucht wurden. Dabei herrscht große Uneinigkeit sowohl bezogen auf die Begriffsbestimmung selbst als auch auf Strukturmerkmale von Skelettschreibungen sowie auf deren Erklärungen (Jambor-Fahlen, 2018).[26] Auf Grundlage ihrer differenzierten Analyse von Wortschreibungen deutscher Erst- und Zweitklässler definiert Jambor-Fahlen *unvollständige Schreibungen* als „Schreibungen, bei denen notwendige Buchstaben fehlen (...). Notwendig in diesem Sinne sind Buchstaben, die das Wort mindestens phonographisch vollständig wiedergeben" (S. 233). Die Anzahl und Reihenfolge der verwendeten notwendigen Buchstaben spielen keine

25 Für weitere Beispiele siehe Read und Treiman (2013) und für eine ausführliche Analyse siehe Read (1975).

26 Für einen Überblick über den Forschungsstand zum Thema Skelettschrift im deutschsprachigen Raum siehe Jambor-Fahlen (2018).

Rolle. Damit grenzt Jambor-Fahlen die unvollständigen von *vollständigen Schreibungen* ab, die sie in der Entwicklungslogik des Rechtschreiberwerbs wiederum vor den *phonographisch korrekten Schreibungen* und den *korrekten Schreibungen* ansiedelt. Am unteren Ende ihres Kategoriensystems stehen *diffuse Schreibungen*, die keinerlei Regelgeleitetheit oder Ähnlichkeit mit dem Zielwort erkennen lassen (wie z.B. in EOVI für *Hammer* oder ASNA für *Mund*). *Unvollständige Schreibungen* werden entsprechend der verwendeten Buchstaben in drei Untergruppen unterteilt: *Fragmente* sind unvollständige Schreibungen, deren Elemente allesamt korrekt sind (wie z.B. in A, NAS und NSE für *Nase* oder MELON für *Melone*). *Analoge Fragmente* enthalten neben den korrekten Buchstaben auch solche, die eine Merkmalsähnlichkeit zu den Elementen des Zielwortes aufweisen. Merkmalsähnlich kann sich dabei einerseits auf den identifizierten Laut beziehen (wie z.B. bei /p/ und /b/) und andererseits auf die äußere Form des Schriftzeichens (wie z.B. bei M und N). Beispiele für analoge Fragmente wären demnach z.B. TUMAT für *Tomate*, ELVA für *Elefant* oder MAS für *Nase*. *Arbiträre Fragmente* sind schließlich unvollständige Schreibungen, bei denen zusätzlich zu den korrekten oder merkmalsähnlichen Elementen auch Buchstaben verwendet werden, die nicht merkmalsähnlich sind (wie z.B. in AL oder MF für *Nase* und ELAS für *Elefant*). In der nächsthöheren Kategorie, den *vollständigen Wörtern*, sind zwar alle Elemente des Zielwortes verschriftet, aber teilweise nicht – mindestens phonographisch – korrekt. Hier kommen Ersetzungen oder Ergänzungen vor (wie z.B. in TAPEL für *Tafel*, MAMT für *Mund*, MELEONE für *Melone* oder NELST für *Nest*). *Phonographisch korrekte Schreibungen* sind vollständig lautgetreu realisiert (wie z.B. in HAMA für *Hammer* oder MUNT für *Mund*) und *korrekte Schreibungen* sind solche, die orthographisch korrekt sind, allerdings ungeachtet der Groß- und Kleinschreibung.

Mit ihren Analysen zeigt Jambor-Fahlen, dass unvollständige Schreibungen im Deutschen folgende strukturelle Merkmale aufweisen:

> Besonders häufig werden die Wortanfänge der Zielwörter verschriftet. Bevorzugt verschriftet werden daneben die Silbenanfangsränder, sofern mehrsilbige Wörter produziert werden. Neben Elementen von Reduktionssilben werden Konsonanten in Clustern häufig ausgelassen. Generell gilt, dass einzelne Elemente abhängig von ihrer Position im Zielwort in unvollständigen Schreibungen häufig oder weniger häufig verschriftet werden. (S. 233)

2.3.5 Voraussetzungen: Vorläuferfähigkeiten des Schreibens

In den letzten Jahrzehnten wurde (auch im deutschsprachigen Raum, für die deutsche Sprache) sehr stark der Frage nachgegangen, welche Fähigkeiten und Fertigkeiten im Vorschulalter dazu beitragen, dass der Schriftspracherwerb im Grundschulalter erfolgreich verläuft (Hasselhorn & Schneider, 2011). Unter den ermittelten sogenannten *Vorläuferfähigkeiten* wird unterteilt in *unspezifische Vorläuferfähigkeiten*, die generelle schulische Leistungen prognostizieren bzw. sich auf die Leistung in mehreren schulischen Bereichen beziehen, also keine umschriebenen Lernstörungen voraussagen können, und *spezifische Vorläuferfähigkeiten*, die in ihrer Prognose für die Leistungen in einer bestimmten Domäne – wie etwa dem Lesen, dem Schreiben oder dem Rechnen – von besonderer Bedeutung sind (Daseking, Lemcke & Petermann, 2006; Hasselhorn & Schneider, 2011; Krajewski, Schneider & Nieding, 2008). Zu den unspezifischen Vorläuferfähigkeiten werden z.B. die allgemeine Intelligenz, die Gedächtniskapazität im Sinne einer Merkspanne, das Arbeitsgedächtnis und die Informationsverarbeitungsgeschwindigkeit gezählt (Daseking et al., 2006; Krajewski et al., 2008). Auch selbstregulative und exekutive Funktionen werden diskutiert (Becker, Miao, Duncan & McClelland, 2014; Hasselhorn & Schneider, 2011). Unter den bereichsspezifischen Vorläuferfähigkeiten für den Schriftspracherwerb hat sich die phonologische Bewusstheit als Teilbereich der phonologischen Informationsverarbeitung als besonders wichtig für die folgende Schriftsprachentwicklung herausgestellt. Auch die weiteren Komponenten der phonologischen Informationsverarbeitung, die sprachgebundene Informationsverarbeitungsgeschwindigkeit – auch Dekodier- oder Benenngeschwindigkeit – und das sprachgebundene Arbeitsgedächtnis – die phonologische Schleife – spielen eine entscheidende Rolle (Daseking et al., 2006; Krajewski et al., 2008; Schneider, 2005, 2017). Die drei Komponenten der phonologischen Informationsverarbeitung können dabei mit unterschiedlichen Bereichen der Lese- und Rechtschreibentwicklung in Verbindung gebracht werden und variieren in ihrer Bedeutung im Verlauf des Erwerbsprozesses: Während die vorschulische phonologische Bewusstheit insbesondere die Lesegenauigkeit und die Rechtschreibkompetenz prognostizieren kann, leistet die Benenngeschwindigkeit dies für die Lesegeschwindigkeit.[27] Im ersten Schuljahr sind vor allem die phonologische Bewusstheit und das phonologische Arbeitsgedächtnis wichtige Ressourcen für den erfolgreichen Erwerb der Schriftsprache, die Benenngeschwindigkeit wird im weiteren Verlauf als entscheidende Komponente für die Langzeitentwicklung der Lesekompetenz entscheidend (Goldammer, Mähler & Hasselhorn, 2011). Darüber hinaus haben generelle sprachliche Kompetenzen in den Bereichen Wortschatz und Grammatik einen Einfluss insbesondere auf die Entwicklung des Leseverständnis (Goldammer et al., 2011; Schneider, 2017) und vorschulische Schrifterfahrungen, die sich z.B. in der Buchstabenkenntnis, dem Wissen um die Funktion von Schriftzeichen und dem Schreiben des eigenen Namens zeigen, spielen eine bedeutende Rolle für den Schriftspracherwerb (Lenel, 2005; Schnei-

27 Kinder mit kombinierter Lese- und Rechtschreibschwäche zeigen daher im Vorschulalter geringere Leistungen sowohl in der phonologischen Bewusstheit als auch im schnellen Zugriff auf das Langzeitgedächtnis, während Kinder, die eine isolierte Rechtschreibstörung entwickeln, nur Defizite in der vorschulischen phonologischen Bewusstheit aufweisen und Kinder mit isolierter Lesestörung nur Defizite in der Benenngeschwindigkeit (Goldammer, Mähler & Hasselhorn, 2011; Moll & Landerl, 2011).

der, 2017). Neben diesen vorrangig kognitiven Eigenschaften werden auch feinmotorische Fertigkeiten mit dem späteren Schulerfolg, ebenfalls explizit bezogen auf die Schreibkompetenzen, in Verbindung gebracht (Cameron, Cottone, Murrah & Grissmer, 2016).

Auf die für den produktiven Schriftspracherwerb als besonders wichtig erscheinenden Voraussetzungen *phonologische Bewusstheit*, *vorschulisches Schriftwissen* und *feinmotorische Fertigkeiten* wird im Folgenden näher eingegangen.

Phonologische Bewusstheit

Wagner und Torgesen (1987) vereinen die drei bis dahin isoliert untersuchten Teilbereiche metalinguistischer Fähigkeiten, die für den Schriftspracherwerb relevant sind (sprachgebundene Informationsverarbeitungsgeschwindigkeit, sprachgebundenes Arbeitsgedächtnis und phonologische Bewusstheit) unter dem Begriff der phonologischen Informationsverarbeitung. „*Phonological processing* refers to the use of phonological information (i.e., the sounds of one's language) in processing written and oral language" (S. 192).

Die phonologische Bewusstheit ist „die Fähigkeit von Kindern, die Lautstruktur der gesprochenen Sprache zu identifizieren und ggf. auch zu manipulieren" (Schneider, 2005, S. 225) und kann als die am häufigsten untersuchte und damit am besten belegte Vorläuferfähigkeit der Schriftsprachentwicklung bezeichnet werden, die nicht zuletzt durch ihre Eignung für eine vorschulische Förderung am prominentesten ist. Unterschieden wird zwischen der phonologischen Bewusstheit im engeren und im weiteren Sinne. Die *phonologische Bewusstheit im weiteren Sinne* beschreibt die Fähigkeit, größere Einheiten im Fluss der gesprochenen Sprache isolieren und verändern zu können (z.B. Reime erkennen und produzieren oder Wörter in Silben unterteilen). Sie entwickelt sich in der Regel ungesteuert bereits im Vorschulalter. Die *phonologische Bewusstheit im engeren Sinne* bezieht sich auf die Differenzierung von einzelnen Lauten in Äußerungen, also das Wahrnehmen und Verarbeiten der Phoneme eines Wortes. Sie entwickelt sich im Normalfall im Laufe des ersten Schuljahres als Folge systematischer Erfahrungen mit dem alphabetischen Schriftsystem (Schneider, 2005, 2017).

Mittlerweile existiert eine Fülle an Längsschnittstudien zum Zusammenhang phonologischer Bewusstheit und Schriftsprachkompetenzen, die mehrheitlich – aber weitaus nicht ausschließlich – aus dem englischen Sprachraum stammen (Pfost, 2015). So konnte der prognostische Zusammenhang vorschulischer phonologischer Fertigkeiten mit späteren Lese- und/oder Rechtschreibleistungen in der Grundschule z.B. für die englische (Bradley & Bryant, 1983), die deutsche (Schneider & Näslund, 1993), die dänische (Lundberg, Frost & Petersen, 1988), die finnische (Mäki, Voeten, Vauras & Poskiparta, 2001; untersucht für das Schreiben) und auch für die chinesische (Ho & Bryant, 1997; untersucht für das Lesen) Sprache nachgewiesen werden.

In Metaanalysen korrelativer Längsschnittstudien zeigen Schneider und Stengard (2000, zit nach Schneider, 2017) sprachübergreifend sowie Pfost (2015) explizit für den deutschsprachigen Raum, dass die phonologische Bewusstheit im engeren Sinne insgesamt und übereinstimmend als ein besonders bedeutsamer Prädiktor der (Lese- und) Rechtschreibleistungen in der Grundschule angesehen werden kann. Genauere Betrachtungen des Zusammenhangs einzelner Teilbereiche der phonologischen Informationsverarbeitung und spezifischem schriftsprachlichen Output sollen hier nur für die Rechtschreibung noch einmal aufgegriffen und vertieft werden. Die Ergebnisse sind nicht immer einheitlich. Es werden im Folgenden Studien mit deutschen Kindern berichtet. Es zeigt sich, dass Rechtschreibleistungen in der Grundschule am besten durch die vorschulische phonologische Informationsverarbeitungsgeschwindigkeit (sowie die Buchstabenkenntnis und den IQ) vorhergesagt werden können, obwohl die anderen Komponenten auch in signifikantem Zusammenhang stehen (Schneider & Näslund, 1993). Die vorschulische phonologische Bewusstheit, die Benenngeschwindigkeit und das Buchstabenwissen lassen eine direkte Prognose der Rechtschreibkompetenz am Ende der zweiten Klasse zu, die verbale Intelligenz und das Arbeitsgedächtnis dagegen nur indirekt durch ihre Auswirkung auf die drei genannten Variablen und die Rechtschreibkompetenz zu späteren Zeitpunkten ist wiederum ausschließlich durch die vorigen Rechtschreibleitungen bestimmt (Schneider, 2008). Vorschulische phonologische Bewusstheit und Benenngeschwindigkeit sagen die zu Beginn der Grundschulzeit erhobenen Rechtschreibleistungen gleichermaßen vorher, während die Rechtschreibkompetenzen im letzten Grundschuljahr am besten durch die frühen Rechtschreibleistungen und vorschulische linguistische Kompetenzen prognostiziert werden können (Ennemoser, Marx, Weber & Schneider, 2012). Die vorschulische phonologische Bewusstheit fungiert als stärkster Prädiktor schulischer Rechtschreibleistungen (Krajewski et al., 2008; Moll & Landerl, 2011). Dabei konnte gezeigt werden, dass das Arbeitsgedächtnis und der IQ einen Einfluss auf die phonologische Bewusstheit haben (Ennemoser et al., 2012; Krajewski et al., 2008; Schneider, 2008). Die vorschulische non-verbale Intelligenz korreliert hoch mit dem vorschulischen Arbeitsgedächtnis, weist aber im Gegensatz dazu keinen direkten Zusammenhang zu späteren Leistungen des Rechtschreibens auf, wenn das Arbeitsgedächtnis miteinbezogen wird. Unter den erhobenen Maßen des Arbeitsgedächtnisses sind es die phonologische Schleife (Zahlenspanne vorwärts) und die Zentrale Exekutive (Zahlenspanne rückwärts), die spätere, weiterhin vorschulische, Kompetenzen in der phonologischen Bewusstheit vorhersagen, welche dann wiederum alleinig als Prädiktor schulischer Rechtschreibleistungen dient (Krajewski et al., 2008).

Eine erste (dänische) längsschnittliche Trainingsstudie zeigte, dass die phonologische Bewusstheit – insbesondere phonemanalytische Kompetenzen – bei Vorschulkindern bereits vor dem Schulunterricht gefördert werden kann. Die geförderten Kinder zeigten neben einem höheren Niveau in den trainierten phonologischen Bereichen insbesondere bezüglich der Rechtschreibung Vorteile in ihrer Schriftsprachentwicklung gegenüber nicht geförderten Kindern noch in der zweiten Klasse (Lundberg et al., 1988). Darauffolgende Trainingsstudien im deutschsprachigen Raum konzentrierten sich im Wesentlichen auf die Umsetzung eines vorschulischen Förderprogramms der phonologischen Bewusstheit im weiteren und engeren Sinne: Würzburger Trainingsprogramm *Hören, Lauschen, Lernen* (Küspert & Schneider, 1999). Sie bestätigen, dass gezielte vorschulische Förderung der phonologischen Bewusstheit zu verbesserten phonologischen Kompetenzen unmittelbar nach Abschluss des Trainings und in der ersten Klasse sowie zu weniger ausgeprägten, aber dennoch höheren (Lese- und) Rechtschreibleistungen am Ende der ersten und zweiten Klasse führt. Dabei zeigt die Kombination des Förderprogramms mit einem Training der Buchstaben-Laut-Zuordnung (Phonem-Graphem-Korrespondenz) insbesondere bei schwachen Kindern die größten Effekte für die späteren Lese- und Rechtschreibkompetenzen (Roth & Schneider, 2002), die bis zum Ende der vierten Klasse nachweisbar sind. Für den Erfolg spielt die konsequente und strikte Durchführung des Trainingsprogramms eine entscheidende Rolle (Schneider, 2005, 2017). In einer Evaluationsstudie zur Nachhaltigkeit des Würzburger Trainingsprogramms (Küspert & Schneider, 1999) konnten keine Gruppenunterschiede in den (Lese- und) Rechtschreibleistungen trainierter und untrainierter Kinder, also keine Transfereffekte der Förderung festgestellt werden (Gutenberg, Stark & Wagner, 2011). Auch in der Evaluation der flächendeckenden Durchführung des Programms in Heidelberger städtischen Kindertageseinrichtungen zeigen die geförderten Kinder gegenüber nicht geförderten keine generellen und signifikanten Unterschiede in ihren schulischen Schriftsprachleistungen. Hier wurde das ursprüngliche Programm inklusive der Erweiterung um ein Buchstaben-Laut-Training (Plume & Schneider, 2004) durchgeführt. Es deuten sich allerdings Geschlechtsunterschiede an: Die trainierten Mädchen zeigen ab der zweiten Klasse bessere Ergebnisse in ihren Rechtschreibleistungen (in der Lesegeschwindigkeit bereits ab der ersten Klasse) als untrainierte Mädchen. Die geförderten Jungen verzeichnen erst in der vierten Klasse einen tendenziell stärkeren Anstieg ihrer Rechtschreibleistung als die nicht geförderten Jungen. Und trainierte Kinder mit niedrigem und mittleren sozioökonomischen Hintergrund verbessern ihre Leistungen tendenziell etwas stärker (Roos, Schöler, Treutlein & Zöller, 2007). Rothe (2007) überprüft, welche Wirkungen eine frühere und doppelte Durchführung des Würzburger Trainings zeigt. Entsprechend der beiden zuvor zitierten Studien konnten kurzfristige und langfristige Effekte des Förderprogramms auf die phonologische Bewusstheit (insbesondere in der Phonemanalyse und der Anlautidentifikation), aber keine Transfereffekte auf die schulische Schriftsprachentwicklung nachgewiesen werden. Dabei erreichen die beiden von Rothe untersuchten Altersgruppen vor Eintritt in die Schule dieselben Leistungen (ebenso wie in der Nachuntersuchung der ersten Klasse) unabhängig davon, ob sie im vorletzten und im letzten oder nur im letzten Kindergartenjahr gefördert wurden. Dasselbe Muster zeigt auch eine Studie von May und Okwumo (1999): Effekte des Trainings auf den Kompetenzzuwachs in der phonologischen Bewusstheit sind signifikant, die Auswirkungen auf spätere Rechtschreibleistungen nicht.

Lenel (2005) kritisiert diese wenig ausgeprägten Effekte der Trainings, die sich in einer nur geringfügigen Verbesserung der Rechtschreibkompetenzen zeigen. In Anbetracht der Annahme, die Phonemanalyse sei ein bedeutsames Vorwissen, müssten sie insbesondere bei leistungsschwachen Kindern jedoch stärker ausfallen. Die einseitige Fokussierung (auch oder gerade im deutschen Sprachraum) auf das Konstrukt der phonologischen Bewusstheit als Vorläuferfähigkeit und Prädiktor im Erwerbsprozess der Schriftsprache würden der Komplexität sowohl beteiligter phonologischer Prozesse und linguistischer Ebenen als auch weiterer Faktoren im Bedingungsgefüge des Aneignungsprozesses nicht gerecht werden (Sauerborn-Ruhnau, 2012).[28] Metaanalysen und verschiedene Studien lassen an der Vorreiterschaft zweifeln (ebd.; Lenel, 2005).

Auch den Begriff phonologische *Bewusstheit* kritisiert Lenel, da er ein explizites Wissen unterstelle, das anhand der durchgeführten Studien überhaupt nicht erfasst wird. Alternativ verwendet sie *phonologische Fähigkeiten*. Die untersuchten Fähigkeiten, wie Klatschen von Silben, Erkennen oder Erfinden von Reimen, Manipulieren von Wörtern oder Lauten, spiegeln das Verhalten der Kinder wider, nicht aber ihr Wissen über Laute (Phoneme). Lenel systematisiert die Forschung zu dem Bereich entlang der Frage, ob phonologische und phonemanalytische Fähigkeiten eine Voraussetzung oder eine Konsequenz von Alphabetisierung und Beschulung sind. Wenngleich heute eher von einer gegenseitigen Beeinflussung von phonologischen Fähigkeiten und Schriftspracherwerb ausgegangen wird (Rothe, 2007), bleibt die Frage, welcher der beiden Aspekte sich zuerst entwickelt. Phonologische Fähigkeiten als (gut belegte) Vorläuferfähigkeiten wurden meist in Verbindung mit basalen Schriftsprachfertigkeiten (wie z.B. Buchstabenkenntnis) erhoben und stehen bereits im Vorschulalter in engem Zusammenhang zu diesen. Daher sind sie als Erklärung für den Beginn oder als Voraussetzung des Schriftspracherwerbs im eigentlichen Sinne nicht hilfreich (Lenel, 2005). Die phonologische Bewusstheit kann zwar als notwendige, aber nicht hinreichende Voraussetzung des Schriftspracherwerbs angesehen werden (Gutenberg et al., 2011). In ihrer Literaturanalyse zeigt Lenel (2005), dass frühe phonologische Fähigkeiten spätere Schriftsprachkompetenzen nur zufriedenstellend in Kombination mit einer Einsicht in die Schriftsprache erklären: Sie dienen dort als verlässliche Prognose, wo sie an Kindern untersucht wurden, die bereits über eine gewisse Buchstabenkenntnis verfügten, und die Fördereffekte und Transferleistungen sind dort besonders hoch, wo ein Training von phonologischer Bewusstheit in Verbindung mit Übungen zur Repräsentation von Lauten durchgeführt wurde.

28 Zur Kritik der phonologischen Bewusstheit als Vorläuferfähigkeit vgl. z.B. auch Valtin (2010) oder Schmid-Barkow (2003).

Auch die Studien von Sauerborn-Ruhnau (2012) und Clark (2010) verdeutlichen die Assoziation mit vorschulischen Schrifterfahrungen. Es zeigt sich ein hochsignifikanter Zusammenhang zwischen Fertigkeiten vorschulischer Schriftlichkeit (wie Wortkonzept, Wissen um Schrift und Schriftzeichen, Buchstabenkenntnis oder Schreibproduktion) bei deutschen Vorschulkindern am Ende des letzten Kindergartenjahrs und Fertigkeiten der phonologischen Informationsverarbeitung (wie engere und weitere phonologische Bewusstheit, Kurzzeitgedächtniskapazität oder Abruf aus dem Langzeitgedächtnis) zum selben Zeitpunkt, ebenso wie – sogar noch etwas stärker ausgeprägt – zwischen diesen Fertigkeiten vorschulischer Schriftlichkeit zu Beginn des letzten Kindergartenjahrs und den späteren Fertigkeiten der phonologischen Informationsverarbeitung (Sauerborn-Ruhnau, 2012). Clark (2010) verweist ebenfalls auf signifikante Zusammenhänge zwischen Maßen der Schriftproduktion (Buchstaben sowie Vor- und Nachname schreiben) und Maßen phonologischer Fähigkeiten bei fünf- bis sechsjährigen US-amerikanischen Vorschülern: Die Genauigkeit im Schreiben des Alphabets korreliert mit der Flüssigkeit, Anlaute zu benennen, Buchstabennamen zu nennen, Nichtwörter nachzusprechen und Phoneme zu segmentieren. Ebenso, aber etwas weniger stark ausgeprägt, gilt dies für das Schreiben des eigenen Namens (inkl. Nachname) und – wiederum etwas weniger stark ausgeprägt – für die Schnelligkeit beim Schreiben des Alphabets.

Es sind also – mindestens additional – andere schriftbezogene Vorerfahrungen notwendig. Lenel (2005) unterscheidet „*phonemanalytische Fähigkeiten*", die sich auf die verbalsprachliche Wahrnehmung im Sinne der Analyse des Sprachklanges gründen und die „*Phonemkompetenz*" (S. 39), mit der sie die Fähigkeit beschreibt, bei der diese Analyse mit der Repräsentation der Laute durch Buchstaben einhergeht.[29] Nur die Phonemkompetenz sei in der Lage, schriftsprachliche Leistungen vorherzusagen. In ihrer eigenen Untersuchung zeigt sie, dass der Zusammenhang phonemanalytischer Fähigkeiten und Schriftsprachkompetenz signifikant höher ist, wenn die Kinder bereits über Schriftkenntnisse verfügen: Die phonemanalytischen Fähigkeiten ein halbes Jahr vor der Einschulung korrelieren nur gering mit der Schreibkompetenz Mitte der ersten Klasse und Ende der zweiten Klasse. Die in der Mitte der ersten Klasse erhobenen phonemanalytischen Fähigkeiten korrelieren dagegen höher mit der Mitte und Ende des zweiten Schuljahres erhobenen Schreibkompetenz. Die Varianz in den phonemanalytischen Fähigkeiten kann nur durch schriftbezogene Maße (wie Buchstabenkenntnis oder Schreibkompetenz) aufgeklärt werden, nicht aber durch Alter, Familiensprache, Reimkompetenz oder Intelligenz.

29 In den Fällen, in denen es unklar ist, ob die erfassten Fähigkeiten auf der Analyse der Lautstruktur oder der Repräsentation von Buchstaben beruhen, spricht Lenel (2005) ebenfalls von phonemanalytischen Fähigkeiten.

Schriftwissen
Wie oben bereits erwähnt korreliert in den beschriebenen Studien das Buchstabenwissen häufig recht hoch mit dem späteren Schriftspracherwerb. Isolierte Buchstaben- oder Lesetrainings zeigen allerdings keine positiven Konsequenzen für den Schriftspracherwerb (Lenel, 2005).

Lenel sieht das *Buchstabenkonzept* (siehe Kapitel 2.3.3) als entscheidendes Vorwissen an[30] und überprüft es als Prädiktor für den Schriftspracherwerb. Ihr Konzept der Phonemkompetenz ist unmittelbar an Schrifterfahrung gekoppelt, weil sie die Entdeckung und Nutzung des Buchstabenkonzepts voraussetzt. Die Experimentalgruppe nimmt zehn Monate vor Schulbeginn an einem Schrifterfahrungsprojekt teil. In diesem offenen, alltagsintegrierten Angebot sollen die Kinder aufmerksam für Schrift werden und intensive Erkundungen und Auseinandersetzungen auf verschiedenen Ebenen durchführen können. Dafür werden eine Lese- und eine Büroecke eingerichtet, in der die Kinder jederzeit Zugriff auf Bücher einerseits und unterschiedlichste Schreibmaterialien (wie alte Laptops, Schreibmaschinen oder Telefone sowie Papier, Stempel, Stifte, Briefumschläge oder Briefmarken) andererseits haben. Außerdem wird in dieser Zeit jeden Tag eine Geschichte vorgelesen und die teilnehmenden Kinder, die im folgenden Jahr in die Schule kommen, führen darüber hinaus ein Projekt mit acht Einheiten zum Thema Kulturgeschichte der Schrift[31] durch. Die Leistungen der geförderten Kinder liegen im Bereich der Phonemkompetenz ein halbes Jahr vor der Einschulung signifikant und Mitte der ersten Klasse geringfügig über den Leistungen der beiden Kontrollgruppen, was vor allem auf das Anheben des Niveaus im unteren Leistungsbereich zurückzuführen ist. Die Unterschiede der Kohorten hinsichtlich der Streuung und den Minima halten sich konstant. In der Schriftkompetenz sind die Leistungen der geförderten Kinder am Ende der ersten Klasse ebenfalls deut-

30 Sie untersucht auch logographische und dekodierende Zugangsweisen schriftunkundiger Kinder anhand von Aufgaben mit lateinischen, phönikischen und chinesischen Schriftzeichen und zeigt, dass eine logographische Verarbeitung die späteren Schriftsprachkompetenzen nicht besser vorherzusagen vermag als die Buchstabenkenntnis. Eine dekodierende Verarbeitung bekannter Schriftzeichen weist einen engeren Zusammenhang zu phonemanalytischen Fähigkeiten auf als eine logographische Verarbeitung chinesischer Schriftzeichen. Die Entwicklung von vorschulischer Phonemkompetenz hängt eng mit dem Umgang mit vertrauter Schrift zusammen. Die logographische Verarbeitung chinesischer Schriftzeichen und die dekodierende Verarbeitung lateinischer Schriftzeichen ohne systematische Unterrichtung unterscheiden sich als Prädiktor für schulische Schriftleistungen nicht voneinander. Und die dekodierende Verarbeitung bekannter Schriftzeichen ist enger mit der Buchstabenkenntnis verbunden als mit visuellen Diskriminationsfähigkeiten, beruht also eher auf einer Schriftwahrnehmung oder Schriftkenntnis als auf einer generellen Wahrnehmungsfähigkeit (Lenel, 2005).

31 Dabei beschäftigen sich die Kinder z.B. mit der sumerischen Silbenschrift, der Keilschrift und Hieroglyphen und chinesischen Schriftzeichen, stellen verschiedene Schriftzeichen auf unterschiedlichen Materialien her, schreiben und stempeln ihren Namen mit verschiedenen Schriftzeichen und schreiben eigene Postkarten (Lenel, 2005).

lich höher als die der beiden Kontrollgruppen, auch hier bedingt durch eine geringere Streuung und höhere Minima der geförderten Gruppe. Die Überprüfung der Wirkung von vorschulischer Schrifterfahrung auf den Schrifterwerb zeigt bei herauspartialisiertem Erklärungsanteil der Buchstabenkenntnis, einen deutlichen Effekt des Treatments auf die phonemanalytischen und schriftlichen Kompetenzen in den folgenden anderthalb Jahren. Darüber hinaus weisen die vorschulischen phonemanalytischen Fähigkeiten der geförderten Kinder einen bedeutsam höheren Zusammenhang zu ihren Schriftkompetenzen in der Mitte und am Ende der ersten Klasse auf als die der Kinder der Kontrollbedingung. Sie erwerben also bereits vor der Schule Phonemkompetenz, die in signifikant höherem Zusammenhang zu den folgenden schriftlichen Leistungen steht als die phonemanalytischen Fähigkeiten von Kindern, die diese aktive Erkundung von Schrift nicht geboten bekamen. Eine erkundende Auseinandersetzung mit Schrift im Rahmen von vorschulischer Schrifterfahrung und Schriftwahrnehmung begünstigt die Einsicht in das Buchstabenkonzept, also die Erkenntnis, dass Schriftzeichen als Repräsentanten (anfangs auch als Platzhalter) für Laute dienen. Dies sieht Lenel als Wegbereiter oder Voraussetzung für eine erfolgreiche Schriftsprachentwicklung und bezeichnet das Buchstabenkonzept als „Schlüssel zur Schrift“ (ebd., S. 66).

Die Auswirkungen einer alltagsintegrierten Förderung vorschulischer schriftsprachlicher Kompetenzen untersucht auch Geyer (2017) und zeigt einen signifikant positiven Effekt auf spätere Schriftsprachleistungen. Für die Versuchsgruppen wurden Erzieherinnen geschult, mit allen Kindern regelmäßig schriftsprachliche Aktivitäten durchzuführen, die behandelten Themen in Rollenspielen aufzugreifen und zu vertiefen sowie Spiele zur phonologischen Bewusstheit routinemäßig mit in den Alltag einzubeziehen. Es zeigen sich Vorteile dieser alltagsintegrierten Schriftsprachförderung gegenüber der gezielten Förderung der phonologischen Bewusstheit mit dem Würzburger Trainingsprogramm *Hören, Lauschen, Lernen* (Küspert & Schneider, 1999) in der Kotrollgruppe. Diese manifestieren sich sowohl im Lernzuwachs der phonologischen Bewusstheit im engeren Sinne (Geyer, Hartinger & Kammermeyer, 2015) als auch in der Fähigkeit des lautgetreuen Schreibens am Ende der ersten Klasse (Geyer, 2017).

May und Okwumo (1999) belegen ebenfalls einen größeren Lernzuwachs in den schriftsprachlichen Fähigkeiten von Kindern, die im Rahmen der Vorschule gezielt in schriftsprachlichem Wissen gefördert wurden (z.B. mit Aufgaben zur Buchstabenkenntnis, Buchstabenverwendung, Logogrammerkennung oder dem Wörter Lesen und Schreiben) im Vergleich zu einer mit dem Würzburger Trainingsprogramm in der phonologischen Bewusstheit geförderten Trainingsgruppe. Die erhobenen vorschulischen schriftsprachlichen Kompetenzen weisen den mit Abstand größten Zusammenhang zu Rechtschreibleistungen am Ende der ersten Klasse auf und deuten darauf hin, dass frühe spezifisch schriftsprachliche Kenntnisse eine höhere prognostische Valenz haben als die phonologische Bewusstheit.

Feinmotorische Fertigkeiten

Feinmotorik, als Kontrolle und Koordination von Hand- und Fingermuskulatur, umfasst zwei Komponenten. Die *visuomotorische Integration* verbindet motorische und räumliche Fertigkeiten, sie beschreibt die Hand-Auge-Koordination und das Verarbeiten visueller Stimuli bei der Ausführung motorischer Tätigkeiten mit der Hand (z.B. Figuren abzeichnen). Die *feinmotorische Genauigkeit* verlangt motorische Kontrolle und ist eine quasi reine feinmotorisch manuelle Fertigkeit mit nur minimaler visueller Komponente (z.B. zeichnen, falten oder schneiden zwischen vorgegebenen Linien) (Bruininks & Bruininks, 2005). Nur die visuomotorische Integration trägt signifikant zu Schulleistung bei (was für distinkte Teilbereiche spricht) – über die gesamte Schulzeit hinweg erklärt sie einen bedeutenden Anteil der Unterschiede sowohl in Mathematikleistungen als auch in Kompetenzen im schriftlichen Ausdruck (Carlson, Rowe & Curby, 2013). Studien mit Vier- bis Sechsjährigen zeigen, dass die gemessenen feinmotorischen Fertigkeiten weder vom Geschlecht noch dem sozioökonomischen Status abhängig, frühe visuomotorische Fertigkeiten aber besser geeignet sind, um mathematische Leistungen vorherzusagen als Leseleistungen (Pitchford, Papini, Outhwaite & Gulliford, 2016).[32] Pufke (2016) zeigt ein etwas differenzierteres Bild, was die Auswirkungen auf die Schriftsprachentwicklung betrifft: Während Zusammenhänge von feinmotorischen Fertigkeiten (Finger- und Handgeschicklichkeit) und schriftsprachlichen Vorläuferfähigkeiten im Kindergarten nicht nachweisbar sind,[33] finden sich hier zwischen schreibmotorischen Fertigkeiten (Hand-Auge-Koordination) und den schriftsprachlichen Vorläuferfähigkeiten Konzept der Schriftsprache, Buchstabenkenntnis, phonologische Bewusstheit und Dekodierfähigkeit tendenziell stärkere (aber gering signifikante) Zusammenhänge. Die in der ersten Klasse gefundenen Zusammenhänge feinmotorischer Fertigkeiten mit dem phonologischen Arbeitsgedächtnis, der Dekodierfähigkeit und (marginal) mit dem Leseverständnis werden über die schreibmotorischen Fertigkeiten vermittelt, ebenso wie der längsschnittliche Zusammenhang von feinmotorischen Fertigkeiten im Kindergarten und Dekodierfähigkeiten in der ersten Klasse.

Gerade schreibmotorische Fertigkeiten oder die visuomotorische Integration scheinen mit schriftsprachlichen Fertigkeiten assoziiert zu sein. Die Zusammenhänge zu Leseleistungen sind dabei weniger eindeutig als zu den in der vorliegenden Studie im Fokus stehenden Schreibkompetenzen. Feinmotorische Fähigkeiten

---

32 Die Fertigkeiten in der visuomotorischen Integration hängen mit Schulleistungen im Bereich der mathematischen und Lesefähigkeiten zusammen, wobei der Zusammenhang zur Lesekompetenz unter Kontrolle des verbalen Kurzzeitgedächtnisses schwindet, während sich die visuomotorische Integration auch bei Kontrolle des nonverbalen IQs als eng assoziiert mit mathematischen Fähigkeiten zeigt (Pitchford, Papini, Outhwaite & Gulliford, 2016).

33 Nur die phonologische Bewusstheit und feinmotorische Fähigkeiten korrelieren positiv im Kindergarten, der Zusammenhang verliert unter Kontrolle von Drittvariablen, wie z.B. kognitiven Fähigkeiten oder exekutiven Funktionen, aber die Signifikanz (Pufke, 2016).

und frühe Schreibaktivitäten (emergent literacy sowie emergent writing) hängen eng zusammen (Cameron et al., 2016). Julius, Meir, Shechter-Nissim und Adi-Japha (2016) zeigen in einer Längsschnittstudie mit Kindern am Ende des letzten Kindergartenjahres und Kindern am Ende der zweiten Klasse, dass graphomotorische Kompetenzen in direktem Zusammenhang zu Fertigkeiten der Handschrift stehen. Die Genauigkeit in der Ausführung von graphomotorischen Aufgaben (in einem Training und follow-up) korreliert positiv mit der gleichzeitig gemessenen Lesbarkeit von Handschrift, unabhängig von Alter und sozioökonomischem Status. Die Schnelligkeit in der Ausführung der Aufgaben 24 Stunden nach dem Training zeigt einen positiven Zusammenhang mit der Schreibgeschwindigkeit zum selben Messzeitpunkt sowie der Schreibgeschwindigkeit ein Jahr später, die zu diesem Zeitpunkt allerdings von der Lesegeschwindigkeit mediiert wird.[34] Als Einflussfaktoren auf die Schreibentwicklung bezogen auf den eigenen Namen zeigen sich unter den Maßen für verschiedene motorische und verbalsprachliche Fertigkeiten[35] geringfügige altersgruppenspezifische Unterschiede: Für Dreijährige weisen die Buchstabenkenntnis und die Fertigkeit, Formen und Buchstaben abzuzeichnen gleichermaßen den höchsten Zusammenhang zur fortgeschrittenen Verschriftung des eigenen Namens auf. Für die Vierjährigen korreliert das Abzeichnen am stärksten und für Fünfjährige ausschließlich. Die Varianz in der Fertigkeit, den eigenen Namen zu schreiben, wird unter Dreijährigen am besten durch ihre Buchstabenkenntnis (letters and sounds) und visuomotorischen Fertigkeiten (copying) erklärt, unter Vierjährigen andersherum und unter Fünfjährigen zeigt sich bereits ein Deckeneffekt (Ho, 2011). Auch Clark (2010) zeigt an 5-6-Jährigen den engen Zusammenhang von visuomotorischen Fertigkeiten und handschriftlichen Kompetenzen im Vorschulalter: Das Abzeichnen von Formen korreliert hoch mit dem Schreiben des eigenen Namens (inklusive Nachname) und der korrekten Verschriftung diktierter Buchstaben des Alphabets, allerdings nicht mit der Schnelligkeit der Umsetzung.

Gute feinmotorische Fähigkeiten ermöglichen Kindern ein flüssiges und automatisches Schreiben von Buchstaben (und Ziffern), was wiederum kognitive Ressourcen freisetzt, um sich stärker auf konzeptuelle Lernprozesse, wie z.B. das In-Beziehung-Setzen von Zeichen und Lauten, zu konzentrieren (Becker et al., 2014). Feinmotorische Übungen im Vorschulalter sollen oftmals nebenbei das In-Beziehung-Setzen von Buchstaben und ihrem Laut einüben. Insbesondere in der

34 Auch die Trainierbarkeit graphomotorischer Fertigkeiten konnte mit der Studie nachgewiesen werden: Die Kinder verbesserten ihre Leistungen während der Übungseinheit (Verbinden von Punkten zu ausgedachten Buchstaben), was sich auch in zwei follow-up Erhebungen (24 Stunden und zwei Wochen nach Beendigung des Trainings) bestätigte (Julius, Meir, Shechter-Nissim & Adi-Japha, 2016).

35 Getestet wurden die Kinder in den Aufgaben Turm Nachbauen, Daumen- und Fingerübungen, Schneiden, Formen und Buchstaben Abzeichnen für die motorischen Fertigkeiten sowie Artikulation, Objektbenennung, Buchstaben Aufsagen und Benennen (und für die Fünfjährigen auch Laute Benennen), Reimen (für die Vier- und Fünfjährigen) zur Ermittlung sprachlicher Kompetenzen (Ho, 2011).

Anfangsphase, wenn ein neuer Lernprozess noch starke Kapazitäten der exekutiven Funktion beansprucht, können gut ausgeprägte visuomotorische Fähigkeiten die besondere Anstrengung ausgleichen (Cameron et al., 2016). Becker und Kollegen (2014) zeigen, dass Vorschulkinder (4-6 Jahre) mit guten visuomotorischen Fertigkeiten besser in der Lage sind, Buchstaben und Wörter zu erkennen und zu benennen. Ebenso stehen Maße von verhaltensbezogener Selbstregulation, Arbeitsgedächtnis und Inhibitionskontrolle in Zusammenhang mit der Umsetzung dieser emergent literacy-Aufgaben. Insbesondere bei den jüngeren Kindern sind die exekutiven Funktionen (Inhibitionskontrolle und Arbeitsgedächtnis) und verhaltensbezogene Selbstregulation assoziiert mit höheren visuomotorischen Fertigkeiten (Becker et al., 2014).

Auch zur Prognose späterer Rechtschreibleistungen dienen visuomotorische Fertigkeiten. Die vorschulischen Fertigkeiten im Abzeichnen und das globale Urteil von Erzieherinnen bzw. Erziehern über den feinmotorischen Entwicklungsstand ihrer Vorschüler korrelieren mit den erhobenen Rechtschreibleistungen in der ersten und zweiten Klasse. Dabei kann der festgestellte Nachteil für Jungen in diesen Vorläuferfähigkeiten (ebenso wie der phonologischen Bewusstheit) die stabil bleibenden späteren Nachteile in den Rechtschreibleistungen erklären (Mäki et al., 2001).

Feinmotorische Fertigkeiten machen einen Großteil des Alltags junger Kinder in Bildungsinstitutionen aus. Für US-Vorschulklassen werden durchschnittlich 33-66% Feinmotorik-Aktivitäten berichtet, ein ähnlicher Anteil auch unter den Aktivitäten in der Grundschule. Außerdem dienen sie als Indikator für Schulreife (Schuleignung) und werden häufig als Maßstab zur Beurteilung für die Einschulung herangezogen (Pitchford et al., 2016). In Deutschland dürfte der Anteil feinmotorischer Aktivitäten im kindlichen Tagesablauf im Kindergarten schwieriger zu messen sein und interindividuell möglicherweise stärker schwanken, da es wenige Aktivitäten gibt, die regelmäßig von der gesamten Kindergartengruppe durchgeführt werden. So sind Malaktivitäten zwar in der Regel ständig zugänglich aber niemals verpflichtend und das Arbeiten mit Arbeitsblättern wird häufig maximal mit Kindern umgesetzt, die im Folgejahr in die Schule kommen. Dennoch stellt auch in Deutschland die Feinmotorik als Teil der Schuleingangsuntersuchungen einen inhaltlichen Gesichtspunkt in der Einschätzung von Schulreife dar (z.B. Stadt Göttingen, o.J.; Stadt Köln, o.J.).

2.4 Ein Zwischenfazit: Forschungsbedarf im Bereich der vorschulischen Schreibentwicklung

Es wurde dargelegt, dass es aufgrund der vielfältigen Erkenntnisse möglich ist, ein breites Bild des vorschulischen Schriftspracherwerbs zu zeichnen, allerdings bislang mit nur sehr wenigen Daten deutschsprachig aufwachsender Kinder.

Bereits ab ungefähr drei Jahren, noch bevor sie selbst Buchstaben produzieren können, unterscheiden Kinder die Domänen des Schreibens und des Malens nicht nur rezeptiv, sondern auch produktiv voneinander. Sie erkennen Bilder und Schrift als verschiedene Darstellungsformen (Bialystok, 1992a; Lavine, 1977; Tolchinsky Landsmann & Karmiloff-Smith, 1992). Zudem differenzieren sie aktiv das Schreiben und das Malen sowohl im eigenen Produkt (Levin & Bus, 2003; Treiman & Yin, 2011) als auch im Produktionsprozess (Brenneman et al., 1996; Levin & Bus, 2003). Kinder unterscheiden darüber hinaus schon im Vorschulalter Buchstaben von Ziffern (Bialystok, 1992a; Dockrell & Teubal, 2007) und verwenden – mit steigendem Alter zunehmend – unterschiedliche Charakteristika ihres Zielschriftsystems wie z.B. die Linearität oder Schreibrichtung (z.B. Chan et al., 2008; Ferreiro & Teberosky, 1982; Rowe & Wilson, 2015). Vorschulkinder machen sich Gedanken und suchen nach Erklärungen in ihrem Aneignungsprozess, das zeigt sich in den unterschiedlichen inhaltlichen Bereichen, die in den vorausgegangenen Kapiteln detailliert ergründet wurden. Sie erkunden einerseits die äußere Form und andererseits die innere Funktion, sowohl was die Schrift oder das Schreiben betrifft, als auch die der einzelnen Zeichen.

Wie aus den bisherigen Ausführungen deutlich wurde, sind die allermeisten Studien im Bereich der *early literacy* quantitativ ausgerichtet und berichten Entwicklungsverläufe oder Entwicklungsschritte, die auf dem Durchschnitt im Querschnitt beruhen. Der Entwicklungsprozess im Sinne der Individualentwicklung einerseits und unter Berücksichtigung der Entstehungsprozesse der konkreten Schreibproduktionen andererseits bleiben weitgehend außen vor. Ebenso wie die konkreten verbalen Äußerungen der Kinder.

Die Erwerbsmodelle sind größtenteils in Phasen aufgeteilt. Dabei wird verschiedentlich hinterfragt, ob die Entwicklung in den beschriebenen Phasen und Entwicklungsschritten tatsächlich so gleichförmig verläuft, wie es die Phaseneinteilungen oftmals suggerieren (Rowe & Wilson, 2015). Graf (2016) formuliert ein alternatives Modell, das sie spiralförmig konzipiert, um einen stetigen Zuwachs an Kenntnissen und Fertigkeiten auf Basis und in Weiterentwicklung gewonnener Erfahrungen zu symbolisieren, der nicht linear verläuft, sondern individuell unterschiedlich und mit möglichen zeitlichen Überschneidungen der Einsichten in verschiedene Aspekte der Schrift.

Es bestehen etliche Beschreibungen des Schriftbildes und seiner Entwicklung nebeneinander. Diese Klassifikationen des Schriftbildes sind in der Regel als Reihenfolge dargestellt, die durch die begleitenden Studien mit ansteigendem Alter assoziiert ist und lesen sich daher als Entwicklungsabfolge. Sie unterscheiden sich in der Differenziertheit ihrer Kategorien sowie darin, welche Merkmale zu einer Kategorie gefasst oder mit einbezogen werden und welche Altersspanne sie umfassen. Dabei zeigen sie insgesamt recht übereinstimmend eine Entwicklung hin zur konventionellen Darstellungsweise des Zielschriftsystems. Doch auch hier gilt wieder: Sie sind vorwiegend am äußeren Produkt entwickelt und implizieren unter Umständen fälschlicherweise eine Einheitlichkeit oder Geradlinigkeit in der Schriftsprachentwicklung.

Verschiedene Befunde deuten darauf hin, dass der Name eine besondere Rolle spielt in der frühen Schreibentwicklung (z.B. Barkow & Krüger, 2013; Ferreiro & Teberosky, 1982; Otake et al., 2017). Er scheint einen wichtigen Zugang zur Einsicht in Form und Bedeutung der Schriftzeichen darzustellen. Das Niveau der Schriftsprachentwicklung eines Kindes ist bezogen auf die Verschriftung des eigenen Namens fortgeschrittener als in der Produktion anderer Objektbezeichnungen und entwickelt sich schneller weiter (Levin et al., 2005).

Woran es der Forschungslandschaft im Bereich der *early literacy* bislang mangelt, sind einerseits methodisch strukturierte qualitative Longitudinalstudien, die mit Hilfe von Schreibprozessanalysen von Fallbeispielen zu einem tieferen Verständnis des Entwicklungsprozesses verhelfen, aber nicht bei Einzelfallbeschreibungen stehen bleiben. Andererseits gibt es kaum belastbare Daten für die deutsche Sprache: Es besteht Bedarf an Forschung, die die vorschulische Schriftsprachentwicklung deutschsprachig aufwachsender Kinder aus einer entwicklungspsychologischen Perspektive und unter Anbindung an die internationalen Forschungsergebnisse beleuchtet.

Systematische Detailanalysen von Schreibproduktionsprozessen im Längsschnitt ermöglichen, das Zusammenspiel der verbalen Ebene und der Handlungsebene zu ergründen sowie individuelle Entwicklungsverläufe zu verstehen und zu vergleichen. Die kindlichen Kommentare im Schreibprozess sowie gezielte Nachfragen und offene Fragen nach ihren Ideen und Vorstellungen können dabei die eigenständigen Erklärungsansätze der Kinder zugänglich machen und Einblick geben in ihre Fähigkeiten und Fertigkeiten. Auch weitere vergleichende Analysen der Schreibentwicklung des eigenen Namens und vorgegebener, unbekannter Wörter wären aufschlussreich. Wünschenswert sind differenzierte Analysen des Schriftbildes, die die komplette vorschulische Entwicklungsspanne einbeziehen. Dazu sollte ein breit gestreutes Vorschulalter untersucht werden, um Einblick in möglichst viele unterschiedliche Etappen vorschulischen Schreibens zu erlangen und ein umfassendes, differenziertes Bild von Kritzelereignissen oder vorbuchstablichen Lösungen ebenso wie lautierendem oder phonetischem Schreiben im Deutschen zu zeichnen. Hier setzt das vorliegende Forschungsvorhaben an.

Die besondere Situation in Deutschland begünstigt durch die relativ späte Einschulung sowie die wenig systematische und sehr uneinheitliche Gestaltung des pädagogischen Angebots in Kindergärten das Erforschen eines nicht angeleiteten, selbstaktiven Erwerbsprozesses und seiner möglichen förderlichen oder hemmenden Kontexte an vergleichsweise alten Vorschulkindern ohne systematische Schrifterfahrungen und Buchstabenwissen.

II
Empirische Untersuchung

3. Studie: Vorschulische Schreibentwicklung von Kindern in norddeutschen Kitas

Im empirischen Teil dieser Arbeit wird nun der Frage nachgegangen, wie sich die vorschulische Schreibentwicklung bei Kindern gestaltet, die in Deutschland aufwachsen und eine Kindertagesstätte besuchen. Dabei soll explizit auch der Schreib*prozess* in den Blick genommen werden.

3.1 Fragestellung der empirischen Untersuchung

Die übergeordnete, forschungsleitende Fragestellung lautet: *Welche Konzepte und welches Verständnis von Schrift und Schreiben haben drei- bis sechsjährige Vorschulkinder, die im deutschen Bildungssystem mit der deutschen Schriftsprache aufwachsen? Wie entwickelt es sich über einen Zeitraum von einem Jahr?* In den folgenden Unterfragen werden die behandelten Teilbereiche präzisiert,[36] sie beziehen sich auf die Ebenen der verbalen Äußerungen, des Verhaltens und der daraus rekonstruierten kindlichen Wissensinhalte und Konzepte.

a) Wie verändert sich die vorschulische *Unterscheidung von Malen und Schreiben*?
   1) Inwiefern differenzieren die Kinder die Domänen Malen und Schreiben in der Produktion? Gesamtstichprobe
   2 (Wie unterscheiden sie die Domänen auf verbaler Ebene? Wie erklären oder verdeutlichen sie aufgefordert diesen Unterschied? Fallbeispiele

b) Wie entwickelt sich das *Schreiben des eigenen Namens, unbekannter Schreibaufgaben und spontaner Schriftzüge*?
   1) Wie lässt sich das *Schriftbild* systematisieren? Wie stellen Kinder Schriftzüge dar und wie verändert sich dies im Vorschulalter? Gesamtstichprobe
   2) Welche *Umsetzungsstrategien* verwenden Kinder, um Schreibaufgaben anzugehen, die sie noch nicht beherrschen? Welche Strategien verwenden sie, um ihren eigenen Namen oder spontane Schriftzüge zu schreiben? Fallbeispiele
   3) Welche *Kommentare und Erklärungen* äußern sie dazu? Fallbeispiele

c) Welche *domänenspezifischen Konzepte* entwickeln Vorschulkinder?
   1) Inwiefern können Vorschulkinder ihre *Vorstellungen über Schreiben und Schrift verbalisieren*? Welche Aspekte äußern sie auf gezielte Nachfrage? Fallbeispiele

36 Die zur Beantwortung herangezogene Stichprobe ist hier für die einzelnen Fragen bereits angeführt und wird unten (Kapitel 3.4 und 3.5) näher erläutert.

2) Welche Vorstellungen und Einsichten lassen sich aus den Schreibprozessen und aus ihren Erklärungen ableiten? Fallbeispiele

Aus den im Theorieteil ausgeführten Erkenntnissen internationaler Studien (siehe Kapitel 2.3.4) ergeben sich einige Annahmen, die reflektiert mit in den Forschungsprozess aufgenommen und in Form von einigen ergänzenden Detailfragen an das Material herangetragen werden sollen, um sie mit den vorliegenden Daten auch für Kinder, die mit der deutschen Sprache aufwachsen, zu untersuchen. Sie beziehen sich auf den Komplex b) der ursprünglichen Forschungsfragen und werden anhand der Daten der Gesamtstichprobe analysiert. Weil sie einen etwas stärker überprüfenden als explorierenden Charakter haben, werden sie an dieser Stelle gesondert aufgeführt.

- Welche konventionellen Merkmale des Schriftsystems ihrer Zielsprache verwenden deutschsprachige Vorschulkinder?
  - Wie ordnen sie Schriftzüge auf dem Papier an?
  - Welche Schreibrichtung nutzen sie?
  - Inwiefern unterscheiden sie zwischen Buchstaben und Ziffern als relevant bzw. nicht relevant für Schriftzüge?
- Gibt es einen Zusammenhang von Visuomotorik und der Darstellung des Schriftbildes?
- Welche Rolle spielt die Größe eines Objektes bei der Produktion des dazugehörigen Schriftzuges?

Um das Schriftbild anhand der Daten der Gesamtstichprobe bezüglich ausgewählter Aspekte genauer zu untersuchen, sollen zusammenhangs- und unterschiedsanalytische Berechnungen durchgeführt werden. Diese Aspekte sind die Veränderung des Schriftbildes über die Messzeitpunkte hinweg sowie die Zusammenhänge von Alter und Schriftbild, von den Schriftbildumsetzungen der drei Aufgaben untereinander und von Visuomotorik und Schriftbild. Für diese Testungen sollen hier entgegen der üblichen Vorgehensweise in qualitativen Studien für diese engumrissenen Bereiche Hypothesen zur inferenzanalytischen Überprüfung aufgestellt werden.

- Basierend auf den Ergebnissen der Studie von Rowe und Wilson (2015) wird ein bedeutsamer Unterschied zwischen den Schriftbildern einer Aufgabe zu den drei Messzeitpunkten erwartet, der sich in einer Veränderung zu ranghöheren Schriftbildkategorien niederschlägt.
- Es wird analog zu Ho (2011) und Tolchinsky-Landsmann und Levin (1985) angenommen, dass sich die Umsetzung des Schriftbildes mit dem Alter im Sinne einer stärkeren Annäherung an das Schriftbild der Zielsprache verbessert.

- Es wird erwartet, dass die Umsetzung der Schriftbilder der unterschiedlichen Aufgaben miteinander zusammenhängt, so dass Kinder, die in der einen Aufgabe eine konventionellere Umsetzung des Schriftbildes erreichen, dies auch in den anderen Aufgaben erzielen. Dabei interessiert insbesondere, ob dieser Zusammenhang für alle drei Aufgaben derselbe ist, oder möglicherweise der Name eine Sonderrolle einnimmt und weniger stark mit der Verschriftung anderer Aufgaben zusammenhängt als andere Schreibaufgaben untereinander, wie Levin und Kollegen (2005) berichten.
- Es wird entlang der Ergebnisse von Ho (2011) davon ausgegangen, dass Kinder, die höhere visuomotorische Fertigkeiten aufweisen, besser in der Lage sind, das Schriftbild nach konventionellen Merkmalen umzusetzen.

Der Blick des Forschungsvorhabens richtet sich auf die kindliche Produktion, sie steht im Mittelpunkt der Erhebungen und Analysen. Die Rezeption wird nicht direkt in den Fokus genommen und daher eher nachgeordnet behandelt. Sie findet aufgrund des engen Zusammenhangs von Rezeption und Produktion Anklang in vielen Bereichen der Studie, insbesondere das Verständnis von Schreiben und Schrift und die Entwicklung domänenspezifischer Konzepte funktioniert nicht ohne die kindliche Rezeption der Schriftsprache und die Entwicklung von produktiven Fertigkeiten geht selbstverständlich mit einer rezeptiven Auseinandersetzung einher. Untersucht wird aber nicht das Lesenlernen, sondern das Schreibenlernen.

3.2 Methodologische Verortung der Untersuchung

Im Sinne einer pragmatischen Nutzung qualitativer Forschungsstrategien (Breuer & Schreier, 2010) wird in dieser Untersuchung kein gesamtes Forschungsprogramm einer bestimmten methodologischen Schule verfolgt, sondern relevante Methoden anwendungsbezogen genutzt. Dabei finden wesentliche Strategien der Grounded-Theory-Methodologie Anwendung, wie das *theoretical sampling* in etwas eingeschränkter Form und das Kodierverfahren sensu Strauss und Corbin (1996). Es wird ihr Grundgedanke aufgegriffen, neue Erkenntnisse gegenstandsbezogen aus der Empirie zu gewinnen und diese so zu systematisieren, dass über die Beschreibung des Phänomens hinaus eine neue Theorie – bzw. in Fällen wie der vorliegenden Qualifikationsarbeit vorsichtig als Theorien*skizze* zu bezeichnen – entsteht (Glaser & Strauss, 1998; Mey & Mruck, 2011).[37] Die Fallauswahl

37 Aufgrund forschungspraktischer Bedingungen, wie die Einbettung in bereits bestehende Untersuchungsphasen, konnten wesentliche Aspekte der Grounded-Theory-Methodologie nur begrenzt umgesetzt werden. So wurden z.B. die „Essentials" (Mey & Mruck, 2010, S. 616) der *iterative Forschungsprozess*, in dem Erhebungs- und Auswertungsphasen miteinander verwoben sind, sehr eingeschränkt und das *theoretical sampling* nicht in vollem Umfang realisiert. Eine solche anwendungsbezogene Abwandlung

der Gesamtstichprobe fand nicht im Rahmen dieser Studie statt, sie wurde aus einem übergeordneten Projekt übernommen. Das Sampling der Fallbeispiele war entsprechend der Grounded-Theory-Methodologie theorie- und empiriegeleitet (siehe Kapitel 3.5). Aus der Forschungslogik des Längsschnitts heraus war es allerdings nach der ersten Erhebung bereits abgeschlossen, um die Kinder darauffolgend in ihrer Schreibentwicklung zu begleiten, und wurde nicht als fortlaufendes Sampling nach erneuten Auswertungen weitergeführt.

Die Grounded-Theory-Methodologie wird „als Forschungsstrategie und als Ensemble von Methodenelementen“ (Mey & Mruck, 2011, S. 11) zur Theoriegenerierung verstanden. Dieser Linie folgend wird in der vorliegenden Studie angestrebt, über die bloße Deskription individueller kindlicher Entwicklungsprozesse und Vorstellungen von Schreiben hinaus zu neuen konzeptuellen Einsichten in den vorschulischen Schriftspracherwerb zu gelangen.

Die Untersuchung ist demnach in Anlehnung an die Grounded-Theory-Methodologie erfolgt und weist in einigen Auswertungsschritten zudem eine Nähe zur zusammenfassenden qualitativen Inhaltsanalyse (Mayring, 2010) auf (siehe Kapitel 3.4.2).

Im Sinne der *Neuen Kindheitsforschung* stehen die Kinder als „aktive Subjekte ihrer Lerntätigkeit und Realitätsverarbeitung“ (Heinzel, 2000, S. 31f.) im Mittelpunkt der Untersuchung (Mey, 2013; Vogl, 2015). Sie selbst geben Auskunft über ihre Kenntnisse und Ideen zum Thema Schreiben und Schrift: Sie zeigen anhand von evozierten Schreibprodukten und begleitenden Erklärungen und Kommentaren, wie sie Mal- von Schreibaufgaben unterscheiden, wie sie diese Aufgaben angehen, und geben Hinweise darauf, welche Ideen und Konzepte dabei handlungsleitend für sie sind. Darüber hinaus werden sie explizit zu ihren Vorstellungen von Schrift und Schreiben interviewt. Diese Inhalte stehen im Zentrum der Studie, alle weiteren Aspekte sind im Sinne von Kontextfaktoren als Ergänzung zu sehen. Den Hauptteil der Daten und Analysen machen daher die Interaktionen mit den Kindern aus. Keine Forschung über Kinder, sondern *mit* Kindern – diese Grundhaltung ist handlungsleitend für diese Studie. Dass die Produkte und Aussagen der Kinder anschließend aus erwachsener Perspektive interpretiert werden, steht außer Frage. Daher erscheint es sinnvoll, von einer Annäherung an die kindliche Perspektive zu sprechen, denn (von Erwachsenen betriebene) Kindheitsforschung bleibt letztlich immer ein Stück weit der Versuch der Rekonstruktion und des Verstehens der kindlichen Perspektive (Mey, 2013). Die offene, explizit an den Vorstellungen der Kinder ausgerichtete Fragestellung der Studie sowie der Längsschnitt, in dem die Kinder durch die mehrmalige Konfrontation mit denselben Aufgaben und Fragen die Veränderung ihrer Vorstellungen und Fertigkeiten und damit ihren eigenen Entwicklungsprozess offen legen, scheint

steht allerding ganz im Zeichen qualitativer Forschung, zu deren Prinzipien der Offenheit und Flexibilität auch die Gegenstandsangemessenheit von Methoden (und Theorien) gehört (Flick, 1999, 2014; Lamnek, 2010).

dabei neben den ausgewählten Erhebungsmethoden (siehe Kapitel 3.4.1) allerdings förderlich, um der Perspektive der Kinder möglichst nahezukommen.

Grundlage der Interpretation der Schreibprodukte ist der Grundgedanke eines Interpretationsmodells für Kinderzeichnungen (Billmann-Mahecha, 2010), die Kontextualität von graphischen Darstellungen in den Vordergrund zu stellen. Erst durch den Einbezug des situativen Entstehungskontextes des Werkes sowie des Entwicklungskontextes und des familiären Lebenskontextes des Urhebers oder der Urheberin wird ein Produkt hinreichend verständlich. Insbesondere der Prozess der Entstehung ist aufschlussreich für ein Verständnis im Sinne des Kindes, denn er bietet z.B. Einblicke in den (chronologischen oder räumlichen) Aufbau sowie in mögliche Korrekturen und macht die kindlichen Verbalisierungen unmittelbar vor, während und nach der Produktion zugänglich. Deshalb wurden in der vorliegenden Studie alle Schreibprodukte in ihrem Entstehungsprozess dokumentiert und zusätzlich Informationen über die kindliche Entwicklung, die familiäre Situation und den Anregungsgehalt ihres elterlichen und institutionellen Umfeldes erhoben.

3.3 Forschungsdesign, Systematik und Ablauf des Forschungsprozesses

Im Rahmen einer Studie zur Entwicklung von Kinderzeichnungen im Vorschulalter[38] wurde die vorschulische Schreibentwicklung derselben Kinder längsschnittlich über den Zeitraum von einem Jahr untersucht. In einem qualitativ eingebetteten Mixed-Methods-Design wurden quantitative Erhebungs- und Auswertungsmethoden in den schwerpunktmäßig qualitativen Forschungsansatz integriert (Morse & Niehaus, 2009; Schreier & Odağ, 2010). Zu drei Messzeitpunkten und einer Zusatzerhebung wurden dabei Daten zur vorschulischen Schreibentwicklung generiert, die sich auf die Variablen Schreibproduktion (Schreibprodukte, Schreibprozess, domänenspezifisches Wissen), Entwicklungskontext (Familie, Kita) und Entwicklungsstand (Visuomotorik, Sprachstand) beziehen.

Tabelle 7 gibt einen Überblick über die Systematik der Studie. In der letzten Zeile sind die Teilfragestellungen per Buchstabe (entsprechend der oben aufgeführten chronologischen Auflistung) den einzelnen Untersuchungsinstrumenten zugeordnet.

38 Das Projekt „Kinderzeichnungen im Kulturvergleich. Die Entwicklung der Kinderzeichnung in verschiedenen subkulturellen Kontexten – eine interpretative Längsschnittstudie" wurde vom nifbe (Niedersächsisches Institut für frühkindliche Bildung und Entwicklung) gefördert und von der Leibniz Universität Hannover in Kooperation mit der Universität Osnabrück durchgeführt (10/2009-09/2011).

Tabelle 7: Überblick über die Systematik der Studie

	Untersuchungsinstrument					
	Schreib-aufgaben 1) Schreibe deinen Namen! 2) Schreibe – Male *Schmetterling!* 3) Schreibe – Male *Bär*!	**Befragung** zum Schreiben (Produktion) mit weiteren Schreibaufforderungen (z.B. Mama, Papa, „irgendetwas")	**Spontane Schreib-proben** im Rahmen der Befragung (und vereinzelt im Rahmen der Erhebung von Kinderzeichnungen)	**Test** Visuomotor. Fähigkeiten FEW-2 (Subtest 3 Abzeichnen)	**Test** Sprach-screening SSV	**Interviews** mit Eltern und Erzieherinnen (Schreib-vorbilder)
Gesamt-stichprobe N = 41	MZP 1-3, Quantitative Auswertung			MZP 1-3		
Fallbeispiele n = 16	MZP 1-3, Qualitative Auswertung	MZP 1-3, Qualitative Auswertung	MZP 1-3, Qualitative Auswertung	MZP 1-3	zwischen MZP 2 und 3	zwischen MZP 2 und 3
Zuordng. der Teilfragestellungen	Gesamtst.: a1, b1 Fallbsp.: b, c2	a2, b, c	b, c2	Kontext-information	Kontext-information	Kontext-information

Infolge der Beobachtung spontaner Schreibproben wurden Aufgaben und Fragen für drei gezielte Erhebungen zur Schriftsprachentwicklung entworfen, die innerhalb der Erhebungsphasen des Projektes zu Kinderzeichnungen umgesetzt wurden.[39] Im Abstand von ca. sechs Monaten[40] besuchten zwei Projektmitarbeiterinnen die Kinder in den neun teilnehmenden Kindertagesstätten jeweils für eine Woche, beobachteten und begleiteten sie im Gruppengeschehen bei ihren spontanen Malaktivitäten und nahmen sie regelmäßig mit in die Einzelsituation in einen separaten Raum. Sowohl die Erhebungssituation als auch die Mitarbeiterinnen waren den Kindern somit sehr vertraut. Die Erhebungen zur Schriftsprachentwicklung wurden durchgängig in Einzelsituationen durchgeführt, wobei die gesamte Session audiographiert und die Entstehung der einzelnen Schreibprodukte darüber hinaus videographiert wurde, um Prozessanalysen vornehmen zu können.

39 Die ersten eher unsystematischen Beobachtungen fanden im ersten Messzeitpunkt des genannten Kinderzeichenprojektes statt, die anschließenden systematischen Erhebungen in den Messzeitpunkten zwei bis vier. Da die drei Letztgenannten die eigentlichen Messzeitpunkte der vorliegenden Studie ausmachen, werden sie im Folgenden mit Messzeitpunkt eins bis drei (MZP 1-3 oder auch t1-3) bezeichnet.

40 Aus organisatorischen Gründen ließ es sich leider nicht vermeiden, dass die Zeitspannen zwischen den Messzeitpunkten nicht immer identisch waren. So variieren sie von Kita und Messzeitpunkt zwischen vier und sieben Monaten, da die zeitliche Verfügbarkeit der Einrichtungen für die Terminfindung ausschlaggebend war.

Die Schreibaufgaben wurden an der Gesamtstichprobe (N = 41) erhoben und analysiert. Mit diesen Daten sollen die Fragen zur produktiven Unterscheidung von Malen und Schreiben, zur Nutzung schriftspezifischer Charakteristika (Merkmale) und zur Entwicklung des Schriftbildes (a1 und b1) beantwortet werden. Für qualitative Analysen wurden darüber hinaus Befragungen zum kindlichen Verständnis von Schreiben und Schrift mit einer Teilstichprobe (n = 16) durchgeführt, die durch weitere Schreibaufforderungen unterstützt wurden. Die Kinder dieser Teilstichprobe werden als Fallbeispiele zur Beantwortung aller Untersuchungsfragen im offenen, explorativen Sinne herangezogen. Die Prozessdaten wurden ausschließlich für diese ausgewählten Fallbeispiele im Detail ausgewertet, um deren Schreibentwicklung qualitativ und in der Tiefe zu analysieren – im Hinblick auf Erklärungsansätze, Fertigkeiten und Umsetzungsstrategien im Schreibprozess, auf handlungsleitende und das Verständnis widerspiegelnde (domänenspezifische) Konzepte sowie zur Darstellung einzelner Entwicklungsportraits. Die Daten der Gesamtstichprobe werden dagegen vornehmlich als Endprodukte in erster Linie quantitativ behandelt, wobei die Prozessdaten der Videos als deskriptive Ergänzungen, bezogen auf einzelne Aspekte wie z.B. die Schreibrichtung, dienen.

In einer Zusatzerhebung zwischen Messzeitpunkt zwei und drei wurden die Kontextinformationen zum Entwicklungskontext und zum Entwicklungsstand der Kinder erhoben: die Kurzeinschätzung zur Sprachentwicklung der Fallbeispiele und die Interviews mit den Erzieherinnen und Eltern derselben Kinder. Ein Arbeitsblatt zur Kontrolle der Visuomotorik wurde mit der Gesamtstichprobe durchgeführt und als Einstieg in die Erhebung der Schreibaufgaben in die regulären Messzeitpunkte integriert.

3.4 Methodik

3.4.1 Erhebungsmethoden

Befragung, Schreibaufgaben und spontane Schreibproben

In Einzelsituationen wurden die Kinder zunächst aufgefordert, auf einem Arbeitsblatt (Subtest 3 des FEW-2, siehe unten Abschnitt *Tests*) geometrische Formen abzuzeichnen und auf die Rückseite ihren Namen zu schreiben. Die anschließenden *Schreibaufgaben* „Male einen Schmetterling!“, „Schreibe auf die Rückseite des Blattes *Schmetterling*!“ und „Male einen Bär!“, „Schreibe auf die Rückseite des Blattes *Bär*!“ wurden in Hinblick auf die *name hypothesis* (Tolchinsky, 2004; siehe Kapitel 2.3.4.1) ausgewählt: ein kleines Tier mit einem langen Namen und ein großes Tier mit einem kurzen Namen. Neben den vordergründigen offenen Fragen nach einer Unterscheidung von Malen und Schreiben und dem Inhalt dessen, was bei dieser Schreibaufforderung produziert werde, sollten die Daten Aufschluss darüber geben, welche Rolle die Größe eines Objektes für die Länge des dazugehörigen Schriftzuges spielt. Das Schreiben des vertrauten (und oft auch schriftlich bereits mehr oder weniger intensiv eingeübten) eigenen Namens diente dem Einstieg in die Beschäftigung mit dem Schreiben. Darüber hinaus lassen die generierten Daten einen Vergleich von (eher) bekannten mit offensichtlich unbekannten Schreibaufforderungen zu. Die Aufgaben wurden mit allen Kindern in derselben beschriebenen Reihenfolge durchgeführt. Wenn ein Kind die Umsetzung der Aufforderung verweigerte, z.B. indem es sagte, dass es das Wort nicht schreiben könne, wurde es ermutigt, es zu versuchen. Es gab aber, auch auf wiederholte direkte Nachfrage hin, keinerlei Unterstützung bei der Umsetzung.

Die *Befragung*[41] der 16 Kinder, die als Fallbeispiele fungierten, wurde in derselben Einzelsituation direkt mit den Schreibaufgaben verbunden.[42] Die Fragen zum Schreiben zielten auf das kindliche Verständnis von der Tätigkeit, der Funktion und dem Inhalt des Schreibens ab. Sie wurden von den Schreibaufgaben gerahmt, durch weitere *situationsabhängige Schreibaufforderungen* unterstützt und teilweise von spontanen, vom Kind eingebrachten Schreibproben ergänzt. Die ersten Befragungen zeigten, dass es einerseits hilfreich ist, die Fragen an konkrete Aufforderungen (wie „Kannst du Mama schreiben? Zeige/Probiere mal!") und inhaltlich an die Bezugspersonen der Kinder zu binden (wie „Kann deine Mama schreiben? Was kann sie schreiben?") und dass andererseits durchaus auch abstrakte Fragen (wie „Was ist schreiben?") bereits ertragreich sein können. Im Sinne der Offenheit und Flexibilität des qualitativen Forschungsprozesses veränderte und festigte sich der Interviewleitfaden somit im Laufe des ersten Messzeitpunktes durch die Auseinandersetzung mit den erhobenen Daten.[43] Themenbezogene Ideen der Kinder wurden situativ aufgegriffen und weiterverfolgt, ebenso wurde der Konzentrationsspanne des Kindes Rechnung getragen, so dass trotz des strukturierenden Leitfadens (siehe Anhang) einige Interviews einen inhaltlichen Exkurs erfuhren, während andere eher gestrafft und in seltenen Fällen auch unterbrochen werden mussten. Um eine mögliche Unterscheidung ihrer zwei Sprachen zu analysieren,

41 Im Sinne der Adaptation (erwachsener) Erhebungsmethoden an die Erhebungssituation mit Kindern (Heinzel, 2000; Mey, 2013) wurde ein Leitfadeninterview an die Bedürfnisse der Kinder angepasst (z.B. in Länge und Anzahl der Fragen oder der Unterstützung durch Handlungsaufforderungen, siehe die folgende Beschreibung der Durchführung), ohne dabei auf eine spezielle, in der Literatur beschriebene Spielart Bezug zu nehmen. Der Terminus Befragung soll dabei die Niedrigschwelligkeit betonen, wird allerdings teilweise auch durch den Begriff Interview ersetzt, um den Fokus auf die mündliche Befragung zu lenken.

42 In einigen Ausnahmen wurden die Aufgaben aufgrund der situativen Verfassung und Konzentration des betreffenden Kindes oder zeitlicher Einschränkungen im Tagesablauf alternativ auf mehrere Sitzungen verteilt.

43 Diese erste Auseinandersetzung mit den Daten folgt zwar der Logik der Grounded-Theory-Methodologie, die Erhebung und Auswertung ineinander zu verschränken, ist aber eher als eine Reflexion und nicht als Kodierung oder Konzeptualisierung im eigentlichen Sinne zu verstehen und wird daher den Ansprüchen der Grounded-Theory-Methodologie nicht vollends gerecht. Dazu war im laufenden Forschungsprojekt schlichtweg keine Zeit.

wurden die Kinder mit türkischem Migrationshintergrund zusätzlich zur Übersetzung der Wörter *Mama* (*anne*) und *Schmetterling* (*kelebek*) befragt – ebenfalls formuliert als Schreibaufforderung.[44]

Tests

Zur Einschätzung der Visuomotorik (Gesamtstichprobe) und des Sprachstandes (Fallbeispiele) wurden bewährte Testverfahren herangezogen – der Subtest 3 *Abzeichnen* des FEW-2 *Frostigs Entwicklungstest der visuellen Wahrnehmung-2* (Büttner, Dacheneder, Schneider & Weyer, 2008) und der SSV *Sprachscreening für das Vorschulalter* (Grimm, 2003) –, die mit den vorliegenden Auswertungstabellen den Vergleich zu einer Normstichprobe zulassen.

Im Rahmen der übergeordneten Studie zur Entwicklung von Kinderzeichnungen wurde die *Visuomotorik* anhand der Fertigkeit der Kinder überprüft, geometrische Figuren (wie Kreis, Quadrat, Dreieck) abzuzeichnen. Damit sollte eine Einschätzung ermöglicht werden, ob z.B. Kinder, die während der gesamten Untersuchung ausschließlich Kritzelzeichnungen malten, im Kontext eines solchen Arbeitsblattes in der Lage sind, klar definierte Linien und Formen abzuzeichnen. Mit Blick auf die Entwicklung von Fertigkeiten des Schreibens wurde es als sinnvoll erachtet, diese bestehenden Daten der Kinder für einen möglichen, ähnlich gearteten Vergleich hinzuzuziehen. Für den Einzelfall lassen sie die Beurteilung zu, ob ein Kind, das über alle Erhebungszeiträume hinweg ausschließlich Kritzellinien zur Schriftproduktion heranzieht, dies deshalb tut, weil ihm diskrete Formen (noch) nicht gelingen. Außerdem dienen sie als Maß für die Analyse eines Zusammenhangs von visuomotorischen Fertigkeiten und der Umsetzung des Schriftbildes für die Gesamtstichprobe. Der Subtest 3 Abzeichnen des FEW-2 schien gut geeignet für die Erhebung dieser Fertigkeit, da er leicht handhabbar und umfangreich getestet ist und die Testgütekriterien erfüllt. Insbesondere dieser Untertest zum Abzeichnen weist gute bis sehr gute Koeffizienten auf: So liegt z.B. die interne Konsistenz im Durchschnitt bei .87, die Retestreliabilität wird mit .91 angegeben, die mittlere Trennschärfe des Items liegt zwischen .40 und .51 für die Altersgruppen 4-8 Jahre. Außerdem zeigt der Untertest signifikante und hoch signifikante Korrelationen zu den Motoriktests *Graphomotorische Testbatterie* GMT (Rudolf, 1987, zit. nach Büttner et al., 2008) und *Motoriktest für vier- bis sechsjährige Kinder* MOT 4-6 (Zimmer & Volkamer, 1984, zit. nach Büttner et al., 2008).

Als eine Informationsquelle zur Erklärung möglicher systematischer Unterschiede in der Schriftsprachentwicklung der Fallbeispiele sowie, um bestenfalls

44 Diese inhaltliche Dimension wurde aus dem laufenden Forschungsprozess heraus entwickelt, indem die Idee eines Mädchens aufgegriffen wurde, das erfragte Wort auch auf Türkisch zu schreiben. Das Mädchen verwendete dabei ursprünglich allerdings nicht die türkische Bezeichnung des Wortes, sondern zielte vermutlich eher darauf ab, dass die Forscherin dieses „türkische Wort" (und dessen Schreibweise) nicht kenne und damit nicht überprüfen könne. Sie verwendete den türkischen Wortlaut dabei nicht, sondern schrieb „Schmetterling auf Türkisch".

eine gestörte Sprachentwicklung ausschließen zu können, sollte der *Sprachstand* der Kinder erhoben werden. Dabei fiel die Wahl auf den SSV, die Kurzform des gut evaluierten SETK 3-5, weil das Screening zeitökonomisch ist und ähnlich gute Testgütekriterien aufweist wie das ausführliche Testverfahren. Besonders interessant ist außerdem, dass das Screening in einem der beiden Untertests das phonologische Arbeitsgedächtnis für Nichtwörter erhebt, einen Aspekt der phonologischen Bewusstheit im engeren Sinne. Als gut belegte Vorläuferfähigkeit der Schriftsprachentwicklung (Krajewski et al., 2008; Schneider, 2005, 2017; siehe Kapitel 2.3.5), erscheint die phonologische Bewusstheit eine besonders relevante zusätzliche Kontextinformation darzustellen, um Unterschiede zwischen Fertigkeiten besser verstehen zu können. Im betreffenden Untertest sprechen die Kinder mehrsilbige Pseudowörter mit unterschiedlicher Wortähnlichkeit nach. Im zweiten Untertest für die vier- bis fünf-Jährigen wird, ebenfalls durch Nachsprechaufgaben, das Satzgedächtnis erfasst. Die beiden Untertests des SSV korrelieren mit .88 sehr hoch mit der ausführlichen Testversion des SETK 3-5, zusammen klären sie 79% der Gesamtvarianz. Auch die Sensitivität (zwischen 80 und 90%) und die Spezifität (zwischen 91 und 94%) sprechen für die Güte des Screeningverfahrens (Grimm, 2003).

Interviews

Um den Entwicklungskontext der Fallbeispielkinder einschätzen zu können, wurden Interviews mit ihren Eltern und Erzieherinnen geführt. Der etwas weiteren Definition des Experten[45] von Deeke (1995, zit. nach Flick, 2014) oder Gläser und Laudel (2010) folgend, wurden sie als Experteninterviews[46] konzipiert, durch ei-

45 In der Diskussion um Experteninterviews werden Experten auf der einen Seite als Personen verstanden und herangezogen, die über ein bestimmtes, dem Forschungsinteresse entsprechendes Themenfeld Auskunft geben können, weil sie dadurch, dass sie Teil des Handlungskontextes sind, über Fachwissen verfügen, das erkenntnisrelevant ist. „‚Experte' beschreibt die spezifische Rolle des Interviewpartners als Quelle von Spezialwissen über die zu erforschenden sozialen Sachverhalte. Experteninterviews sind eine Methode, dieses Wissen zu erschließen" (Gläser & Laudel, 2010, S. 12). Demgegenüber werden die spezifische, mit besonderer Verantwortung und Macht verbundene berufliche Funktion und das professionelle Erfahrungs- oder auch Prozess- und Deutungswissen eines Experten betont und vorausgesetzt (Bogner & Menz, 2009; Meuser & Nagel, 2009).

46 Vor einigen Jahren noch als wenig reflektiert beschrieben (Meuser & Nagel, 2005), sind Experteninterviews inzwischen vielfältig methodologisch beleuchtet, trotzdem aber keinesfalls als einheitliche Methode beschrieben. Uneinigkeit besteht z.B. hinsichtlich des Expertenbegriffs (s.o.) und des Expertenwissens, der Interviewführung sowie der Zuordnung zu einem methodologischen Paradigma bzw. der methodologischen Begründung und Zielsetzung des Verfahrens (Bogner & Menz, 2009). Wenngleich die Privatperson des Experten als mehr oder weniger starke Beeinflussung seines Expertenwissens Beachtung findet bzw. gerade ausgeklammert werden soll(te) (Meuser & Nagel, 2005, 2009), herrscht aber wohl Konsens darüber, dass die herangezogenen Experten über etwas berichten, das als eine Art Fachwissen zu bezeichnen ist und nicht primär ihre eigene Lebenslage betrifft. Da es in den Interviews mit den Eltern und

nen Leitfaden gestützt – und damit halbstandardisiert, also für die Kontextinformationen der einzelnen Kinder weitgehend vergleichbar.

Um den Umgang mit Schrift und mögliche Schreibvorbilder zu Hause sowie in der Kindertageseinrichtung zu ermitteln, wurden folgende Themenbereiche als relevant erachtet: schreib- und schriftbezogenes Verhalten der Kinder, Kenntnisse der Kinder, gezielte/angeleitete Schreibaktivitäten, schreib- und schriftbezogenes Verhalten der Familienmitglieder und Erzieherinnen (siehe Leitfaden im Anhang). Da eine vorschulische Schreibförderung und vorschulische Kenntnisse von Schrift nicht implizit vorausgesetzt werden sollten, wurden die Interviewfragen entgegen den Prinzipien qualitativer Forschung eingangs oftmals als geschlossene Fragen formuliert und erst nach einer Bestätigung durch offene Fragen nach dem Wie, Wo und Wann präzisiert. Damit sollte eine positive, anerkennende Haltung den Bezugspersonen und ihrem (pädagogischen) Handeln gegenüber aufrechterhalten werden, um die Bereitschaft realitätsnaher Auskunft zu erhöhen.

Die demographischen Daten der Kinder (Gesamtstichprobe) konnten den Interviews entnommen werden, die im Vorfeld im Rahmen des Projektes zu Kinderzeichnungen mit ihren Eltern bereits geführt worden waren.

3.4.2 Auswertungsmethoden

Befragung, Schreibaufgaben und spontane Schreibproben

Der *quantitativ-deskriptiven Auswertung* der Schreibaufgaben *Name*, *Schmetterling* und *Bär* für die Gesamtstichprobe war eine qualitative Analyse des Schriftbildes vorgeschaltet. Neben den deduktiv entlang der theoretischen Erkenntnisse festgelegten Kategorien (wie Linearität, Schreibrichtung, Vorkommen von Ziffern oder Objektlänge, siehe Kapitel 2.3.4) wurden die Kategorien zur Klassifikation des Schriftbildes auf induktivem Wege direkt am Material entwickelt. Die Daten wurden anschließend entlang dieser Kategorien codiert. Die deskriptiv-statistische Auswertung beschränkt sich vorrangig auf Häufigkeits- und einige wenige Zusammenhangsanalysen. Im Zuge des schwerpunktmäßig qualitativen Designs wurden auch die eingebetteten quantitativen Daten im explorativen Sinne auf Inhalt und Vorkommen hin untersucht und die verschiedenen Produkte eines Kindes pro Messzeitpunkt und im Vergleich zwischen den Messzeitpunkten aufeinander bezogen, aber nur in Hinblick auf wenige Aspekte auf Zusammenhänge hin analysiert. Ziel der Samplingstrategie war die Heterogenität der Stichprobe (siehe Kapitel 3.5). Durch ein Aufsplitten in Untergruppen (nach Geschlecht, Migrations- und Bildungshintergrund und womöglich noch Altersgruppen) werden

---

Erzieherinnen der Kinder um das Wissen, die Einschätzungen und die Gewohnheiten innerhalb eines abgesteckten inhaltlichen Themenbereichs – der Schreibentwicklung der Kinder geht – und nicht um die eigenen persönlichen oder biographischen Erfahrungen der Interviewten – erscheint das Experteninterview als besonders geeignet.

die einzelnen Zellenbesetzungen so klein – und zudem ungleich verteilt –, dass etliche statistische Berechnungen nicht möglich sind (siehe Tabelle 8 in 3.5).

Für die *qualitativen Analysen* wurden die Interviews der Kinder vollständig transkribiert,[47] von einer zweiten Person kontrolliert und an den entsprechenden Stellen um die Beschreibung des Schreibprozesses aus den Videosequenzen ergänzt. Dabei wurden die Transkriptionsregeln[48] des Projektes zur Entwicklung von Kinderzeichnungen etwas modifiziert übernommen. Die Transkription richtet sich nach Vollständigkeit und wortgetreuer Wiedergabe der kindlichen Aussagen. Non- und paraverbale Äußerungen, Betonungen im Sinne einer Hervorhebung, Pausen, Unterbrechungen und Überlagerungen wurden notiert), dagegen sind die Intonation oder die exakte Stelle des Einsetzens einer (in Teilen) gleichzeitig vollzogenen Aussage beispielsweise nicht relevant im Sinne der Forschungsfrage.

Grundsätzlich wurde das transkribierte Audio- und Videomaterial im Zuge der qualitativen Analysen gemäß der Auswertungsstrategie der Grounded-Theory-Methodologie anschließend zunächst offen und im fortschreitenden Auswertungsprozess immer stärker auch axial und selektiv kodiert (Strauss, 1994; Strauss & Corbin, 1996). Entlang unterschiedlicher (Teil-) Fragestellungen wurden dabei etwas differierende Auswertungsstrategien verfolgt: Was die *Schreibprodukte und Schreibprozesse* betrifft, leiteten die sehr offen gehaltenen Fragen danach, was die

47 Wie ausführlich und vollständig ein Interview transkribiert wird, richtet sich nach der Fragestellung und dem Erkenntnisinteresse der Studie (Flick, 2014). Um dem Anspruch der Grounded-Theory-Methodologie gerecht zu werden, den Daten nicht bereits vor der Analyse ihre Relevanz an- bzw. abzuerkennen, sondern allen Äußerungen die Chance zu geben, in die Theoriebildung mit einzufließen, erscheint eine vollständige Transkription sinnvoll. Auch scheint der Einwand von Gläser und Laudel (2010) triftig, das Material möglichst vollständig zu transkribieren, um es wissenschaftlich zugänglich zu machen, denn die Regeln, nach denen als nicht relevant deklarierte Passagen komprimiert werden, können nicht nachvollziehbar gemacht werden.

48 Da es keinen einheitlichen Standard für Transkriptionsregeln gibt, werden diese entweder von den Forschenden entsprechend der Fragestellung und dem Erkenntnisinteresse selbst festgelegt, dokumentiert und konsequent angewendet oder einer der vielen nebeneinander bestehenden Vorschläge anderer Forscher ausgewählt (Flick, 2014; Gläser & Laudel, 2010). Linguistische Transkriptionssysteme zur Sprach- oder Gesprächsanalyse sind für sozialwissenschaftliche Untersuchungen, in denen es um den Inhalt der Aussagen geht, in der Regel vom Aufwand her nicht gerechtfertigt oder zielführend (Flick, 2014). Mit Blick auf die Forschungsfrage fiel daher die Entscheidung gegen die viel genutzten und stärker standardisierten Transkriptionssysteme HIAT (Rehbein, Schmidt, Meyer, Watzke & Herkenrath, 2004) und GAT (Selting et al., 2009), die für linguistische und diskursanalytische Forschung entwickelt wurden. Aufgrund ihrer Partiturnotation (HIAT) bzw. sequenziellen Struktur (GAT) sind sie recht aufwendig, bieten aber für das Erkenntnisinteresse der vorliegenden Studie keinen Mehrwert, da hier die schriftliche und nicht die mündliche Sprachentwicklung analysiert wird. Bei letzterer würde das Erfassen sprachlicher Unterstützungsleistungen durch den Interviewer (sowohl inhaltlich als insbesondere auch zeitlich) eine entsprechend größere Rolle einnehmen.

Kinder im Einzelnen produzieren und erklären sowie welche Fähigkeiten oder Einsichten sich daraus erkennen und systematisieren lassen, die Analyse. Aufgrund einer anfänglichen zusammenfassenden Paraphrasierung der beobachteten Reaktionen zur Analyse der Gemeinsamkeiten und Unterschiede von individuellen Fertigkeiten und Entwicklungsschritten in der Phase des offenen Kodierens besteht hier durchaus eine Nähe zur Technik der Zusammenfassung der qualitativen Inhaltsanalyse nach Mayring (2010). Wobei in diesem zusammenfassenden ersten Schritt während des offenen Kodierens immer bereits mitgedacht und formuliert wurde, was das paraphrasierte Verhalten für die Lernschritte und Einsichten der Kinder bedeuten könnte, was dem Konzeptualisieren der Grounded-Theory-Methodologie entspricht (Muckel, 2011; Strauss, 1994; Strauss & Corbin, 1996). Anders als in der Grounded-Theory-Methodologie üblich wurde allerdings durchgängig der einzelne Fall im Blick behalten, um über Gemeinsamkeiten und Unterschiede in der Individualentwicklung der Kinder zum Verständnis genereller Tendenzen oder Entwicklungslinien des vorschulischen Schriftspracherwerbs zu gelangen. Im Rahmen intensiver und kontrastierender Fallanalysen der ersten neun Fallbeispiele mit der Offenheit für jedes Datum als potentiell erklärungsrelevant kristallisierten sich wesentliche Unterscheidungsmerkmale heraus, auf die in den Auswertungen der nachfolgenden sieben Fallbeispiele fokussiert wurde. Die markanten *Verbalisierungen im Schreibprozess* und die *direkten Antworten aus den konkreten Fragen zu Schreiben und Schrift* aus den paraphrasierten Reaktionen der Kinder wurden in einem anschließenden Auswertungsschritt entlang der Fragen kategorisiert, welche domänenspezifischen Konzepte von Schreiben und Schrift die Kinder in ihren Äußerungen zeigen, wie sie ihre Vorstellungen konkret formulieren. Hier wurde die Fallstruktur aufgelöst, indem die Kodes und Kategorien aller Fallbeispiele zusammengeführt wurden. Besonderer Wert wurde dabei auf sogenannte „in-vivo-Kodes" (Strauss & Corbin, 1996, S. 50) gelegt, die in direkter Anlehnung an die Formulierungen der Forschungsteilnehmer/innen entstehen (Muckel, 2011; Strauss, 1994; Strauss & Corbin, 1996), um hier nahe an den Ideen der Kinder zu bleiben. Die Kodes (auf unterster Ebene) wurden im Zuge des axialen und selektiven Kodierens im fortschreitenden Kodierprozess zu Kategorien und Oberkategorien zusammengefasst, die ausdifferenziert und in Beziehung zueinander gebracht wurden. Die Antworten auf die Frage, ob Malen und Schreiben dasselbe sei und worin ggf. der Unterschied liege, wurden gesondert kodiert, um diese Verbalisierungen und Erklärungen der Fallbeispiele und die Reaktionen auf die Mal- und Schreibaufforderung der Gesamtstichprobe aufeinander beziehen zu können. Zu diesem Zweck werden sie in der Ergebnisdarstellung von den übrigen Kategorien isoliert aufgeführt.

Tests
Zur Auswertung des FEW-2 liegen für die Altersgruppen 4;0 bis 7;11 gesonderte Tabellen im Sechsmonatsintervall vor, die die ermittelten Prozentränge jeweils für Jungen und Mädchen getrennt angeben (Büttner et al., 2008). Die Testergebnisse der Kinder zu t3 wurden mit den Normwerten verglichen.[49]

Für die Auswertung des SSV sind jeweils ein kritischer Wert für die beiden einzelnen Subtests getrennt für die Altersgruppen 4;0-4;5, 4;6-4;11 und 5;0-5;11 angegeben. Kinder, die den kritischen Wert in beiden Untertests nicht erreichen, gelten als Risikokinder. Kinder, die den kritischen Wert in einem der beiden Subtests verfehlen, gelten als Verdachtskinder (Grimm, 2003). Die Testergebnisse der Fallbeispiele wurden mit diesem kritischen Wert verglichen.

Interviews
Die Interviews mit den Eltern und Erzieherinnen wurden nicht transkribiert und kodiert. Stattdessen wurde ein paraphrasierender Auszug der Inhalte vorgenommen und in Form von Portfolios zum Entwicklungskontext der Fallbeispiele tabellarisch festgehalten (siehe Anhang). Auf der Basis der Aspekte dieser Entwicklungsportfolios, die sich auf die häuslichen Schreibvorbilder, konkrete (kindliche oder gemeinsame) Schreibaktivitäten und das schreib- und schriftbezogene Interesse des Kindes beziehen, wurde eine globale Einschätzung der kindlichen Schreibaktivitäten zu Hause, mit den Kategorien *eher hoch* und *eher niedrig*, vorgenommen (siehe Anhang). Die Zuordnung beruht auf der Art und Anzahl der angeführten Beispiele und den konkreten, die Häufigkeit betreffenden Formulierungen der Eltern.

3.5 Sample

Die Auswahl der teilnehmenden Kinder fand in Vorbereitung des übergeordneten Projektes zur Entwicklung von Kinderzeichnungen statt. Mit dem Ziel, einen umfassenden Einblick in den Prozess der Malentwicklung im Vorschulalter zu bekommen, wurden die Auswahlkriterien möglichst heterogen gehalten: Es wurden Kitas in unterschiedlicher Trägerschaft und – mit Blick auf Bildungs- und Migrationshintergrund – in unterschiedlichen Einzugsgebieten angesprochen. Die Altersspanne drei bis sechs Jahre sollte über den Längsschnitt hinweg möglichst ausgeschöpft werden, und das Geschlecht wurde berücksichtigt. Durch die Kooperation mit einem Verbundprojektpartner[50] ergab sich die Einschränkung auf

49 Aufgrund der Tatsache, dass den Kindern in den ersten beiden Erhebungen nur eines der zwei Aufgabenblätter des Subtests vorgelegt wurde, wodurch die ältesten Kinder des Samples keine Chance hatten, die volle Punktzahl zu erreichen, können lediglich die Daten des dritten Messzeitpunkts in die Analysen einbezogen werden.

50 Das Projekt „Kinderzeichnungen im Kulturvergleich. Familienzeichnungen von Kindern als Ausdruck kultureller Modelle" der Universität Osnabrück untersuchte Selbst-

deutsche Kinder und Kinder mit *türkischem* Migrationshintergrund. Dies spiegelt zwar nicht die Vielfalt unterschiedlicher kultureller Hintergründe der Lebenswelt Deutschland wider, es werden aber die beiden größten ethnischen Gruppen der Bevölkerung berücksichtigt (Statistisches Bundesamt, 2017). Die Bereitschaft der Kita, die Vermittlung durch die Erzieherinnen und das elterliche Einverständnis waren letztendlich maßgeblich für die Zusammenstellung der teilnehmenden Kinder. Dies hatte zur Folge, dass die Stichprobe im statistischen Sinne schief ist, bezogen auf Geschlecht, Migrations- und Bildungshintergrund.[51] Den qualitativen Analysen steht dies nicht im Wege, hier dienen die Kontextfaktoren insbesondere dem besseren Verständnis und der angemessenen Interpretation der kindlichen Aussagen.

Gesamtstichprobe

Die Schreibaufgaben wurden mit allen 57 Projektkindern durchgeführt, wobei sich die Gesamtstichprobe der vorliegenden Studie zur Schreibentwicklung aus den Kindern zusammensetzt, für die der Längsschnitt über drei Messzeitpunkte mit wenigstens einer der evozierten Schreibaufgaben vorliegt.

Diese 41 Kinder besuchen neun verschiedene Kindergärten, 18 von ihnen sind Mädchen und 23 Jungen. Aufgrund der intensiven Mutter-Kind-Interaktion, insbesondere in den ersten Lebensjahren, und ihres vergleichsweise großen Einflusses auf die kindliche Entwicklung (Blomeyer, Laucht, Pfeiffer & Reuß, 2010) wurden der Migrationshintergrund der Kinder über die gemeinsame Mutter-Kind-Sprache und der familiäre Bildungshintergrund über die Schulbildung der Mutter definiert. 16 Kinder haben einen türkischen, 22 keinen und drei einen anderen Migrationshintergrund.[52] Ein niedriges Bildungsniveau der Mütter ist bei 16 Kindern vorzufinden (maximal Hauptschulabschluss), 16 Kinder haben einen mittleren Bildungshintergrund (Realschulabschluss) und neun Kinder weisen einen hohen Bildungshintergrund auf (mindestens Abitur). Tabelle 8 gibt einen Überblick und verdeutlicht, wie klein die einzelnen Untergruppen sind.

---

und Familienzeichnungen von deutschen Kindern, Kindern mit türkischem Migrationshintergrund und türkischen Kindern.

51 Türkische Jungen mit niedrigem Bildungshintergrund bilden die größte Untergruppe, wobei die deutschen Kinder eigentlich in der Mehrheit sind. Insgesamt überwiegen die Jungen und besonders unterrepräsentiert sind Kinder aus bildungsnahen Familienhäusern, hier insbesondere die Kinder mit Migrationshintergrund. Diese Ungleichverteilung zeigt sich auch in der vorliegenden Studie, wenngleich ein wenig anders ausdifferenziert.

52 Einige Kinder wurden von ihren Erzieherinnen für Deutsch gehalten und für die Teilnahme vorgeschlagen, obwohl (mindestens) ein Elternteil einen nicht türkischen Migrationshintergrund hatte. Nachdem das Einverständnis der Eltern vorlag, sollten sie dennoch nicht aus der Studie wieder ausgeschlossen werden.

Tabelle 8: Zusammensetzung der Gesamtstichprobe

	♀/♂	Bildungshintergrund der Mutter			Σ
		≤ HS	**RS**	**≥ Abitur**	
Mutter **deutsch**	weiblich	1	3	4	22
	männlich	6	5	3	
Mutter **türkisch**	weiblich	3	5	-	16
	männlich	6	1	1	
Mutter **andere**	weiblich	-	2	-	3
	männlich	-	-	1	
Σ		16	16	9	41

Das Alter der Kinder reicht von drei bis sechs Jahren. Zum ersten Messzeitpunkt beträgt das Durchschnittsalter 57,8 Monate (*SD* 5,9; min = 41; max = 67), was in etwa einem mittleren Alter von 4;10 Jahren und einer Altersspanne von 3;5-5;7 Jahren entspricht. In der zweiten Erhebung sind die Kinder im Durchschnitt 63,2 Monate alt (*SD* 5,9; min = 46; max = 74), was annähernd einem Durchschnittsalter von 5;3 Jahren und einer Altersspanne von 3;10-6;2 Jahren entspricht. Zum dritten MZP ergibt sich ein Altersdurchschnitt von 69,7 Monaten (*SD* 6,1; min = 52; max = 80), das entspricht in etwa einem durchschnittlichem Alter von 5;10 Jahren und einer Altersspanne von 4;4-6;8 Jahren.

Die Ergebnisse des Abzeichentests (Subtest 3 des FEW-2) zu t3 liegen bei einem mittleren Prozentrang von 39,9 und weisen eine sehr große Streuung auf (*SD* 28,4; min = 1, max = 95). Die feinmotorischen bzw. visuomotorischen Fertigkeiten der Kinder sind im Durchschnitt also nicht besonders hoch: Deutlich mehr als die Hälfte der Normstichprobe erzielt bessere Ergebnisse. Auffällig sind hier vor allem die sehr großen interindividuellen Unterschiede.

Fallbeispiele

Die Befragungen während des ersten Messzeitpunktes wurden mit einer möglichst großen Teilstichprobe (38 Kinder) durchgeführt, um im Sinne des *theoretical samplings*[53] anhand dieser Daten empirie- und theoriegeleitet die Kinder als Fallbeispiele auszuwählen, die für die Fragestellung interessante, gehaltvolle Aussagen beisteuerten und nicht die Mehrzahl der Fragen mit „weiß ich nicht“ be-

53 In der Samplingstrategie des *theoretical sampling* „werden sukzessive im Laufe des Theorienentwicklungsprozesses in Abhängigkeit von den Bedürfnissen der zu entwickelnden Theorie (‚theoriegeleitet‘) Personen zum Interviewen, Orte und Situationen zum Beobachten, schriftliche Dokumente zur Analyse gesucht und ausgewählt, welche die *größte Chance* bieten, die *relevantesten Daten* über das untersuchte Phänomen und für die sich entwickelnde Theorie zu gewinnen. Die untersuchten Fälle sollen darum maximal heterogen sein“ (Muckel, 2011, S. 337; Hervorh. im Original).

antworteten.[54] Von den Kindern mit inhaltlich bedeutsamen Antworten wurden möglichst viele einbezogen, die keine älteren Geschwister haben, welche bereits in der (Grund-) Schule sind, um den eigenständigen Ideen der untersuchten Kinder Raum zu geben.[55] Der inhaltlichen Relevanz und dem Nicht-Vorhandensein von älteren Geschwistern nachgeordnet wurden weitere Auswahlkriterien hinzugezogen, um Einblick in ein möglichst breites Spektrum zu erhalten: die Alterspanne, das Geschlecht und der Migrationshintergrund.

Die ausgewählten 16 Fallbeispiele besuchen fünf unterschiedliche Kindergärten. Es sind acht Mädchen und acht Jungen, von denen insgesamt acht Kinder keine älteren Geschwister haben, die zur Schule gehen. Sechs Kinder sind deutsch, neun haben einen türkischen Migrationshintergrund und eins einen anderen, wobei die Mutter-Kind-Sprache dieses Mädchens ebenfalls ausschließlich deutsch ist. Abgesehen von einem Jungen ist der Bildungshintergrund der Kinder niedrig oder mittel (siehe Tabelle 9).

Tabelle 9: Zusammensetzung der Fallbeispiele

	♀/♂	Bildungshintergrund der Mutter			Σ
		≤ HS	**RS**	**≥ Abitur**	
Mutter **deutsch**	weiblich	1	1	-	6
	männlich	2	1	1	
Mutter **türkisch**	weiblich	2	3	-	9
	männlich	3	1	-	
Mutter **andere**	weiblich	-	1	-	1
	männlich	-	-	-	
Σ		8	7	1	16

Das mittlere Alter der Fallbeispielkinder zu MZP 1 beläuft sich auf 58,2 Monate (*SD* 6,5; min = 45; max = 67), was in etwa einem Durchschnittsalter von 4;10 Jahren und einer Alterspanne von 3;9-5;7 Jahren entspricht. Zum zweiten Messzeitpunkt beträgt das durchschnittliche Alter der Kinder 63,7 Monate (*SD* 6,6; min = 50; max = 74), was annähernd einem Altersdurchschnitt von 5;4 Jahren und einer Altersspanne von 4;2-6;2 Jahren entspricht. Bei der dritten Erhebung liegt

54 Für das Entdecken möglichst vieler (neuer) relevanter Konzepte sowie derer Eigenschaften und Dimensionen ist das Sampling während des offenen Kodierens zuständig – „offenes Sampling" (Strauss & Corbin, 1996, S. 148), das geprägt ist von Offenheit für mögliche Perspektiven.

55 Vor dem Hintergrund, dass ältere Geschwister oftmals wichtige familiäre Lernvorbilder sind und Kinder in gewisser Weise am Schreiblernprozess ihrer Geschwister teilhaben (insbesondere, wenn der Abstand nicht sehr groß ist), sollten möglichst viele Kinder aufgenommen werden, die diesen Input zu Hause nicht hatten. Allerdings war die Auswahl hier recht eingeschränkt.

der Mittelwert des Alters bei 70,1 Monaten (*SD* 6,7; min = 56; max = 80), was in etwa einem mittleren Alter von 5;10 Jahren und einer Altersspanne von 4;8-6;8 entspricht.

Im Abmaltest des FEW-2 schneiden die Fallbeispiele etwas schlechter ab als die Gesamtstichprobe und weisen auch eine noch breitere Streuung auf. Der mittlere Prozentrang zu t3 liegt bei 34,3 (*SD* 32,8; min = 1, max = 95). Im Sprachscreening (SSV) sind acht der Kinder unauffällig, sechs werden als Verdachtskinder eingestuft, da sie in einem der beiden Untertests den kritischen Wert nicht erreicht haben (zwei von ihnen im Untertest Phonologisches Gedächtnis für Nichtwörter) und zwei Fallbeispiele haben den kritischen Wert in beiden Subtests verfehlt und gelten damit als Risikokinder. Die von den Eltern berichteten häuslichen Schreibaktivitäten der Kinder sind überwiegend als *eher hoch* eingestuft. Nur für fünf der Kinder berichten ihre Eltern häusliche Schreibaktivitäten, die als *eher niedrig* eingeschätzt wurden. Für ein Kind liegen keine Elterninformationen vor. Tabelle 10 bietet einen Überblick über die Merkmale der Fallbeispiele aufgeschlüsselt nach den einzelnen Kindern.[56]

56 Die in der ersten Spalte aufgeführte Codenummer wurde für jedes teilnehmende Kind zum ersten Messzeitpunkt vergeben und über die gesamte Untersuchung beibehalten, um die unterschiedlichen Daten der Kinder eindeutig zuordnen und im Längsschnitt aufeinander beziehen zu können. Die erste der drei Ziffern haben alle Kinder einer Kita gemein. Die Codenummer dient außerdem der Anonymisierung. Um die Schreibentwicklung der Kinder bzw. einzelne Entwicklungsschritte insbesondere bezogen auf ihren eigenen Namen darstellen und nachvollziehbar machen zu können, werden mit dem Einverständnis der Eltern allerdings die Vornamen der Fallbeispiele verwendet. Die Codenummern finden im Folgenden verschiedentlich Eingang in die Ergebnisdarstellung.

Tabelle 10: Übersicht der Beschreibung der Fallbeispiele sortiert nach Alter zu t1

Kind	Name	Geschlecht	Migrations-hintergrund	Bildungs-hintergrund	Alter t1	Alter t2	Alter t3	Geschwister im Schul-alter	FEW-2 Prozent-rang	SSV kritisch	Schreibaktivitäten zu Hause
806	Bela	♂	dt.	hoch	3;9	4;2	4;8	ja	84	nein	eher niedrig
303	Berkay	♂	tk.	niedrig	3;10	4;4	4;10	ja	63	nein	eher hoch
808	Sahra	♀	tk.	mittel	3;11	4;4	4;11	ja	5	einer	eher hoch
607	Eda	♀	tk.	mittel	4;7	5;0	5;7	ja	1	nein	eher hoch
309	Justin	♂	dt.	niedrig	4;9	5;4	5;10	nein	37	nein	eher niedrig
802	Emel	♀	tk.	niedrig	4;11	5;5	5;10	ja	5	einer	eher niedrig
901	Samuel	♂	dt.	niedrig	4;11	5;4	5;10	nein	5	einer	eher niedrig
906	Lucas	♂	dt.	mittel	5;0	5;5	5;10	nein	63	einer*	eher hoch
902	Melinda	♀	Sonstige	mittel	5;1	5;6	6;0	nein	9	beide*	eher hoch
501	Ibrahim	♂	tk.	niedrig	5;1	5;6	6;1	nein	50	nein	eher niedrig
602	Destina	♀	tk.	mittel	5;1	5;6	6;3	nein	75	nein	eher hoch
603	Lisa	♀	dt.	mittel	5;2	5;7	6;2	ja	25	einer*	eher hoch
308	Rüveyda	♀	tk.	niedrig	5;3	5;10	6;4	ja	2	beide*	keine Info
908	Baran	♂	tk.	mittel	5;4	5;9	6;3	nein	25	einer	eher hoch
606	Celina	♀	dt.	niedrig	5;4	5;9	6;4	ja	5	nein	eher hoch
312	Eren	♂	tk.	niedrig	5;7	6;2	6;8	nein	95	nein	eher hoch

* = kritischer Wert im Untertest Phonologisches Gedächtnis für Nichtwörter (PGN) nicht erreicht

4. Ergebnisse

Mit dem Ziel, ein inhaltlich rundes Bild zu zeichnen, werden die Ergebnisse dieser Studie entlang der Fragestellungen und der daraus resultierenden inhaltlichen Bereiche – und nicht entlang der Stichproben oder der Datenarten – dargestellt. Um den Überblick zu behalten, welche Ergebnisse sich auf die Daten welcher Stichprobe beziehen, bietet Tabelle 11 eine Übersicht. Dabei wurden mit den Daten der Gesamtstichprobe quantitativ-deskriptive und mit den Daten der Fallbeispiele qualitative Analysen durchgeführt.

Tabelle 11: Übersicht über die Zuordnung der Ergebnisdarstellung zu den Stichproben

5.1 Die Unterscheidung von Malen und Schreiben	beide
5.1.1 Unterscheidung in der Produktion	Gesamtstichprobe
5.1.2 Unterscheidung auf verbaler Ebene	Fallbeispiele
5.2 Die Nutzung konventioneller Merkmale des Zielschriftsystems	Gesamtstichprobe
5.3 Das Schriftbild	beide
5.3.1 Darstellungsweisen des Schriftbildes	beide
5.3.2 Die Entwicklung des Schriftbildes	Gesamtstichprobe
5.3.3 Zusammenhang von visuomotor. Fertigkeiten und d. Schriftbild	Gesamtstichprobe
5.3.4 Beziehung von Objektgröße und Schriftzug	Gesamtstichprobe
5.4 Entwicklung von Schriftproduktion und Schriftsprachverständnis	Fallbeispiele
5.5 Verbalisierung domänenspezifischer Konzepte	Fallbeispiele
5.6 Exkurs: Aspekte der Zweisprachigkeit	Fallbeispiele
5.7 Entwicklungsportraits ausgewählter Einzelfälle	Einzelfälle

Den Schwerpunkt bilden die qualitativen (und teilweise kombinierten) Analysen, mit denen ein Kategoriensystem zur Darstellung des Schriftbildes entwickelt, der Entwicklungsverlauf von Schriftproduktion und Schriftsprachverständnis auf Basis von Prozessanalysen ergründet und die Verbalisierung kindlicher domänenspezifischer Konzepte inhaltlich erschlossen wurden (Kapitel 4.3., 4.4 und 4.5). Die Entwicklungsportraits vertiefen das Verständnis des Entwicklungsprozesses des vorschulischen Schriftspracherwerbs (Kapitel 4.7). Die weiteren deskriptiven Analysen der Schreibprodukte dienen zur kontextuellen Einbettung und Anbindung an die internationale Forschung (Kapitel 4.1 und 4.2) und der Exkurs zur Mehrsprachigkeit ergänzt den Einblick in den frühen Schriftspracherwerb um bilinguale Aspekte (Kapitel 4.6).

4.1 Die Unterscheidung von Malen und Schreiben

Die Ergebnisse der Gesamtstichprobe geben Aufschluss über die Reaktionen auf die Mal- und Schreibaufforderungen, anhand derer eine Einschätzung erfolgte, ob die Kinder auf produktiver Ebene eine Unterscheidung zwischen den beiden Domänen vornehmen. Der Beurteilung diente entweder die eindeutige Unterscheidbarkeit des Produktes oder die unmittelbare Reaktion des Kindes (z.B. Umsetzung der einen, aber Verweigerung der anderen Aufgabe desselben Objektes). Wie das Schreibprodukt dabei im Einzelnen aussieht, findet hier keine Beachtung, dies wird im Kapitel zum Schriftbild (4.3) beschrieben. Die Ergebnisse aus den Antworten und Kommentaren der Fallbeispiele geben darüber hinaus Einblick in die Unterscheidung der beiden Domänen auf verbaler Ebene.

4.1.1 Unterscheidung in der Produktion

Im Zuge der konkreten Aufgaben „Male bzw. Schreibe Schmetterling" und „Male bzw. Schreibe Bär" zeigen nahezu alle Kinder über die drei Messzeitpunkte hinweg einen Unterschied in ihren Produkten oder Reaktionen. Wie Tabelle 12 zu entnehmen ist, gibt es in den ersten beiden Messzeitpunkten nur vereinzelt (einmal zu t1 und zwei Mal zu t2) solch ähnliche Resultate für die beiden Aufforderungen, dass auf keine Unterscheidung der beiden Domänen rückgeschlossen werden kann, zu Messzeitpunkt drei gar keine. Das Aufgabenpaar *Bär* – durchgängig als zweite Aufgabe durchgeführt – wurde zwar häufiger verweigert und häufiger nicht erfragt als *Schmetterling*, was die etwas geringere Anzahl der unterscheidbaren Reaktionen erklärt, insgesamt zeigt sich aber für beide Aufgaben ein vergleichbares Bild.

Tabelle 12: Unterscheidung von Malen und Schreiben, Gesamtstichprobe (N = 41)

Unterschied M-S		t1	t2	t3
Schmetterling	ja	38	39	41
	nein	0	1	0
	nicht beurteilbar	1	0	0
	beides verweigert	1	1	0
	nicht gefragt	1	0	0
Bär	ja	32	36	35
	nein	1	1	0
	nicht beurteilbar	0	0	0
	beides verweigert	2	3	5
	nicht gefragt	6	1	1

nicht beurteilbar: Malaufforderung verweigert, Schreibaufforderung gemalt

Ob und inwiefern der jeweiligen Aufforderung nachgekommen wurde, zeigen Tabelle 13 für *Schmetterling* und Tabelle 14 für *Bär* im Überblick. Auch hier lassen sich wieder geringe Unterschiede zwischen den beiden Aufgaben feststellen bei einem doch insgesamt vergleichbaren Reaktionsmuster. Für beide Aufgaben und über alle drei Messzeitpunkte hinweg gilt, dass die Mehrheit der Kinder figurativ malt, den erfragten Schriftzug komplett schreibt und die Schreibaufforderung häufiger verweigert als die Malaufforderung, letzteres besonders deutlich bei der Aufgabe *Schmetterling*. Die Aufforderung, *Bär* zu malen wurde zu allen Messzeitpunkten häufiger verweigert als *Schmetterling* und die Aufforderung *Bär* zu schreiben wurde (möglicherweise infolge dessen) etwas häufiger nicht gestellt.

Tabelle 13: Reaktionen auf die Mal- und Schreibaufforderung Schmetterling, Gesamtstichprobe (N = 41)

Reaktion Aufforderung Schmetterling		t1	t2	t3
gemalt	figurativ	33	35	39
	präfigurativ	4	4	2
	gekritzelt	1	1	0
	nein	2	1	0
	nicht gefragt	1	0	0
geschrieben	komplett	27	31	29
	Anfang	0	0	1
	nein, verweigert	12	10	11
	nein, gemalt	2	0	0
	nicht gefragt	0	0	0

figurativ: als Figur gemalt, unabhängig davon, ob (ohne Erklärung) als Schmetterling/Bär erkennbar
präfigurativ: (eher) diskrete, zusammenhängende Formen, aber noch nicht als Figur erkennbar, oder: Einzelteile erkennbar, aber nicht miteinander verbunden
gekritzelt: undifferenzierte Kritzelfläche
komplett geschrieben: erkennbar oder mit ‚fertig' beendet
Anfang geschrieben: bricht ab, weiß nicht weiter, es fehlt etwas

Tabelle 14: Reaktionen auf die Mal- und Schreibaufforderung Bär, Gesamtstichprobe (N = 41)

Reaktion Aufforderung Bär		t1	t2	t3
gemalt	figurativ	27	36	32
	präfigurativ	3	0	4
	gekritzelt	2	1	0
	nein	6	4	5
	nicht gefragt	3	0	0
geschrieben	komplett	29	32	27
	Anfang	0	0	1
	nein, verweigert	6	8	12
	nein, gemalt	1	0	0
	nicht gefragt	5	1	1

Legende siehe Tabelle 13

4.1.2 Unterscheidung auf verbaler Ebene

Im Gegensatz zu dem eindeutigen Bild, das die Daten zur Unterscheidung von Malen und Schreiben auf der produktiven Ebene widergeben, ist die Verbalisierung dieser Unterscheidung erwartungsgemäß schwieriger für die Vorschulkinder.

In ihrem Gebrauch der domänenspezifischen Begrifflichkeiten sind die Kinder oftmals unsicher, inkonsistent oder noch nicht konventionell. Es kommt häufig vor, dass sie die Bezeichnung *malen* auch für den Akt des Schreibens verwenden, andersherum nur vereinzelt. Auch *Name* oder insbesondere *Zahl* werden für die Thematisierung der produzierten oder zu produzierenden Schriftzeichen genutzt, wie die folgenden Unterkategorien zeigen (für die detaillierten Kodes siehe Anhang). Dies geschieht in der Regel nicht durchgängig – *schreiben* und *Buchstabe* sind ebenfalls in ihrem Vokabular – und teilweise versehentlich (mit Selbstkorrektur).

- Unkonventionelle Bezeichnungen
  - Unsicherheit mit den Bezeichnungen *malen* und *schreiben*
    - Malen für Schreiben
      - 806t1 (3;9), 808t1+t3 (3;11, 4;11), 303t2 (4;4/6), 607t2 (5;0), 501t1 (5;1), 603t1 (5;2), 602t2 (5;6), 309t3 (5;10), 312t2 (6;2)
    - Schreiben für Malen
      - 308t3 (6;4)
    - Malen und Schreiben synonym
      - 312t1 (5;7), 607t3 (5;7)
    - Schreiben für Lesen
      - 806t1 (3;9)
  - Unsicherheit, Zeichen/Buchstaben zu benennen
    - Name für Zeichen/Buchstabe (auch = Silbe)
      - 808t2 (4;4), 902t1 (5;1), 908t1 (5;4), 501t3 (6;1)
    - Wörter für Buchstabe
      - 603t2 (5;7), 606t2 (5;9)
    - Zahl für Buchstabe (auch: synonym)
      - 607t2+t3 (5;0, 5;7), 501t1 (5;1), 603t1 (5;2), 602t2 (5;6), 606t2+t3 (5;9, 6;4), 308t3 (6;4)
    - Man kann *ein* oder *kein* XY schreiben
      - 908t1 (5;4), 312t1 (5;7), 308t3 (6;4)

Die Antworten auf die direkte Nachfrage, ob Malen und Schreiben das Gleiche sei und worin der Unterschied liege, lassen sich entlang der dichotomen Unterscheidung in *Malen und Schreiben ist gleich* und *Malen und Schreiben ist nicht gleich* zu sechs Subkategorien gruppieren (Tabelle 15).

Tabelle 15: Kategorien der verbalen Unterscheidung von Malen und Schreiben

Schreiben und Malen ist nicht das Gleiche		**Schreiben und Malen ist das Gleiche**	
Weiß nicht mehr	808t1 (3;11) + t2 (4;4) 906t2 (5;5/7) 607t3 (5;7)	Man macht das Gleiche	901t2 (5;4) + t3 (5;10) 802t2 (5;5) 908t2 (5;9)
Zeigt den Unterschied	607t1 (4;7) 808t3 (4;11) 602t1 (5;1) 902t1 (5;1) 606t1 (5;4) 312t1 (5;7) + t3 (6;8)	Erklärt (oder zeigt) den Unterschied	806t1 (3;9) 303t3 (4;10) 802t1 (4;11) + t3 (5;10) 901t1 (4;11) 501t1 (5;1) + t2 (5;6) 309t2 (5;4) + t3 (5;10) 908t1 (5;4) 902t2 (5;6/9) 308t3 (6;4)
Erklärt (und zeigt) den Unterschied	303t2 (4;4/6) 906t1 (5;0) + t3 (5;10) 602t2 (5;6) + t3 (6;3) 312t2 (6;2) 908t3 (6;3)	Durchführung ist gleich, Resultat ist anders	806t2 (4;2) + t3 (4;8) 607t2 (5;0) 603t1 (5;2) + t2 (5;7) + t3 (6;2) 606t2 (5;9) + t3 (6;4) 902t3 (6;0) 501t3 (6;1)

Neben denen, die einen Unterschied entweder bestätigen oder verneinen, aber nichts weiter dazu ausführen können, gibt es Kinder, die eher den Unterschied fokussieren und im Anschluss an die Verneinung der Frage nach der Gleichheit von Malen und Schreiben entweder zeigen, was den Unterschied ausmacht oder diesen (gegebenenfalls ergänzend) sogar erklären können. Andere Kinder haben im Blick, dass Malen und Schreiben irgendwie gleich sind, aber irgendwie auch nicht. Sie bestätigen zwar die Gleichheit, erklären oder zeigen anschließend aber, was beides unterscheidet. Bei einigen Kindern wird deutlich, dass es die Durchführung (oder auch das benötigte Material) ist, die das Malen und das Schreiben miteinander teilen, dass die Produkte aber erklärtermaßen verschieden sind.

Interessant ist, dass die Kinder, unabhängig davon, ob sie eingangs antworten, dass Malen und Schreiben das Gleiche ist oder nicht, mehrheitlich – mindestens im Ansatz – einen Unterschied der beiden Tätigkeiten vermitteln, wenngleich dies noch nicht immer verbal geschieht. Dabei kommt es sogar noch etwas häufiger vor, dass die Kinder antworten, Malen und Schreiben sei das Gleiche und anschließend aber einen Unterschied berichten.

4.1.3 Zusammenfassung der Unterscheidung von Malen und Schreiben

Die Ergebnisse der Mal- und Schreibaufforderungen zeigen, dass die untersuchten Kinder fast ausnahmslos über alle Messzeitpunkte hinweg das Malen und das Schreiben unterscheiden. Die Verbalisierung dieser Unterscheidung fällt ihnen zwar nicht ganz so leicht, gelingt vielen aber – zumindest ansatzweise – auch bereits. Dabei gibt es Kinder, die ausdrücken können, dass Malen nicht dasselbe ist wie Schreiben und was beides voneinander unterscheidet. Und es gibt Kinder, die erklären, dass man beim Malen und beim Schreiben zwar dasselbe tut (nämlich mit einem Stift etwas auf einem Papier hinterlassen), dass das, was man produziert, aber unterschiedlich ist.

Ein eindeutiger Entwicklungstrend ist nicht zu verzeichnen. Die Kinder, die einen Unterschied erklären können, sind zwar tendenziell, aber nicht durchgängig die älteren. Und es gibt sowohl Kinder, die sich von einer Bestätigung der Gleichheit zu einer Ablehnung dessen entwickeln, als auch Kinder, die dies andersherum tun.

Trotz der eindeutigen Unterscheidung auf produktiver Ebene und der fortgeschrittenen Unterscheidung auf verbaler Ebene, kommt es in der spontanen Verwendung domänenspezifischer Bezeichnungen im Produktionsprozess wiederholt zu Verwechselungen. Die Bezeichnung malen scheint ihnen geläufiger zu sein, denn es kommt sehr viel häufiger vor, dass sie im Schreibprozess äußern, dass sie gerade malen (z.B. *einen Buchstaben groß malen*), als anders herum.

4.2 Die Nutzung konventioneller Merkmale des Zielschriftsystems

Inwiefern lassen sich aus den kindlichen Schreibprodukten Wissen um Merkmale des Zielschriftsystems ableiten? Welche Aspekte der äußeren Form der Schriftzeichen und Schriftzüge ihres Zielschriftsystems kennen und nutzen Kinder in der Produktion von Schrift? Um diese Fragen zu beantworten, wurde die Umsetzung der Schreibaufgaben der Gesamtstichprobe im Hinblick auf folgende Aspekte analysiert: Vermeidung von Ziffern, Linearität, Anordnung in einer Zeile und Schreibrichtung.

4.2.1 Vermeidung von Ziffern

Insbesondere für den eigenen Namen, aber auch für die Schriftzüge Schmetterling und Bär verwenden die Kinder nur in wenigen Ausnahmen Ziffern für die Darstellung ihrer Schriftzüge (siehe Tabelle 16). Lediglich für die Kondition *Bär* (vier Mal) und für die Kondition *Schmetterling* (zwei Mal) kommt es vor, dass Ziffern im Schriftzug überwiegen. Die Unterschiede in der absoluten Häufigkeit der Schriftzüge ohne Ziffern zwischen *Name* einerseits und *Schmetterling* und *Bär* andererseits erklärt sich durch die Anzahl der fehlenden Werte (gemalt, verweigert, nicht gefragt). Insgesamt sind die Differenzen zwischen den Schriftzügen der drei Schreibaufgaben sehr gering, wird der Anteil der Vermeidung von Ziffern ins Verhältnis zu den in Bezug auf dieses Merkmal beurteilbaren Schriftzügen gesetzt. Für den Schriftzug des eigenen Namens machen die gültigen Prozente der Schriftzüge ohne Ziffern 97,50% (t1), 100,00% (t2) und 97,44% (t3) der beurteilbaren Schriftzüge aus, für *Schmetterling* 92,59% (t1), 96,77% (t2) und 96,55% (t3) und für *Bär* 96,55% (t1), 96,88% (t2) und 92,86% (t3).

Tabelle 16: Vermeidung von Ziffern im Schriftzug, Gesamtstichprobe (N = 41)

Vermeidung von Ziffern		t1	t2	t3
Name	keine Ziffern	39	40	38
	Ziffern, mehr Buchst.	1	0	1
	Ziffern, mehr Ziffern	0	0	0
	gemalt	0	0	0
	verweigert	1	1	0
	nicht gefragt	0	0	2
Schmetterling	keine Ziffern	25	30	28
	Ziffern, mehr Buchst.	1	1	0
	Ziffern, mehr Ziffern	1	0	1
	gemalt	2	0	0
	verweigert	12	10	12
	nicht gefragt	0	0	0
Bär	keine Ziffern	28	31	26
	Ziffern, mehr Buchst.	0	0	0
	Ziffern, mehr Ziffern	1	1	2
	gemalt	1	0	0
	verweigert	6	8	12
	nicht gefragt	5	1	1

4.2.2 Linearität

Tabelle 17 gibt einen Überblick über die Ausrichtung des Schriftzuges auf dem Blatt Papier. Die anfänglich gelegentlich willkürliche Ausrichtung der einzelnen Zeichen zueinander nimmt über die Messzeitpunkte hinweg ab und verschwindet für den Schriftzug des eigenen Namens bereits zum Messzeitpunkt zwei vollständig, wo zum dritten Messzeitpunkt ausschließlich die linear horizontale Ausrichtung des Schriftzuges zu verzeichnen ist. Auch für *Schmetterling* und *Bär* zeigt sich ein Anstieg der linearen Ausrichtung. Die gültigen Prozente der linear horizontal ausgerichteten Schriftzüge machen für die Aufgabe *Name* 78,95% (t1), 97,37% (t2) und 100,00% (t3) aus. Für die Aufgaben *Schmetterling* und *Bär* ist der Anteil der gültigen Prozente der konventionellen Ausrichtung des Schriftzuges etwas geringer, aber dennoch weit über der Hälfte und ansteigend: *Schmetterling* 72,00% (t1), 83,33% (t2) und 82,14% (t3), *Bär* 75,00% (t1), 86,67% (t2) und 88,89% (t3).

Tabelle 17: Ausrichtung des Schriftzuges – Linearität, Gesamtstichprobe (N = 41)

Schriftausrichtung (Linearität)		t1	t2	t3
Name	horizontal	30	37	38
	vertikal	1	0	0
	diagonal	2	1	0
	willkürlich	5	0	0
	nicht beurteilbar	2	2	1
	verweigert	1	1	0
	nicht gefragt	0	0	2
Schmetterling	horizontal	18	25	23
	vertikal	0	0	0
	diagonal	0	0	2
	willkürlich	7	5	3
	nicht beurteilbar	4	1	1
	verweigert	12	10	12
	nicht gefragt	0	0	0
Bär	horizontal	21	26	24
	vertikal	1	0	0
	diagonal	1	3	0
	willkürlich	5	1	3
	nicht beurteilbar	2	2	1
	verweigert	6	8	12
	nicht gefragt	5	1	1

nicht beurteilbar: ein Zeichen/gemalt

4.2.3 Anordnung in einer Zeile

Ein weiteres in den Daten beobachtetes Merkmal konventioneller Schrift ist ihre Anordnung in einer Zeile. Für alle drei erfragten Wörter, aber wiederum besonders ausgeprägt für den eigenen Namen, zeigt sich, dass bereits zum ersten Messzeitpunkt ein Großteil der Kinder die Zeichen ihrer Schriftzüge in einer Zeile anordnet und dieser Anteil über die Messzeitpunkte ansteigt (siehe Tabelle 18).

Für den eigenen Namen machen die gültigen Prozente der Schriftzüge, die in einer Zeile realisiert wurden, 84,21% (t1), 100,00% (t2) und 97,37% (t3) aus. Für *Schmetterling* sind es 60,00% (t1), 80,00% (t2) und 85,71% (t3) und für *Bär* 82,14% (t1), 86,67% (t2) und 88,89% (t3).

Tabelle 18: Anordnung des Schriftzuges in Zeilen, Gesamtstichprobe (N = 41)

Verwendung von Zeilen		t1	t2	t3
Name	eine Zeile	32	38	37
	mehrere Zeilen	1	0	1
	keine Zeilen	5	0	0
	nicht beurteilbar	2	2	1
	verweigert	1	1	0
	nicht gefragt	0	0	2
Schmetterling	eine Zeile	15	24	24
	mehrere Zeilen	4	1	1
	keine Zeilen	6	5	3
	nicht beurteilbar	4	1	1
	verweigert	12	10	12
	nicht gefragt	0	0	0
Bär	eine Zeile	23	26	24
	mehrere Zeilen	2	3	0
	keine Zeilen	3	1	3
	nicht beurteilbar	2	2	1
	verweigert	6	8	12
	nicht gefragt	5	1	1

nicht beurteilbar: ein Zeichen/gemalt

4.2.4 Schreibrichtung

Betrachtet man ergänzend zum Schreibprodukt auch den Schreibprozess, so wird deutlich, dass die große Mehrheit der Schriftzüge von links nach rechts entsteht, wobei wieder ein Anstieg über die Messzeitpunkte hinweg zu verzeichnen ist. Tabelle 19 zeigt die unterschiedlichen Schreibrichtungen, die die Kinder im Entstehungsprozess ihrer Schriftzüge veräußert haben. Auch die unserer Konvention entgegengesetzte Schreibrichtung von rechts nach links – im Volksmund als *spiegelverkehrt* bezeichnet – spielt in allen Konditionen eine Rolle. Dass gar keine Richtung im Schreibprozess zu erkennen ist, kommt zwar insgesamt nur selten vor, aber lediglich beim Schriftzug des eigenen Namens ist diesbezüglich eine eindeutige Entwicklung zu sehen: Hier verschwindet dieses Merkmal bereits zum zweiten Messzeitpunkt vollständig.

Die gültigen Prozente der konventionellen Umsetzung der Schreibrichtung betragen für die Aufgabe *Name* 75,68% (t1), 81,58% (t2) und 94,74% (t3). Für *Schmetterling* sind es 60,87% (t1), 70,00% (t2) und 82,14% (t3) und für *Bär* 59,26% (t1), 73,33% (t2) und 88,89% (t3).

Tabelle 19: Schreibrichtung im Entstehungsprozess, Gesamtstichprobe (N = 41)

Schreibrichtung		t1	t2	t3
Name	links > rechts	28	31	36
	rechts > links	1	5	2
	oben > unten, unten > oben	1	0	0
	hin + her (keine einheitliche Richtung) horizontal	2	2	0
	hin + her (keine einheitliche Richtung) vertikal	0	0	0
	keine Richtung (kreuz und quer)	5	0	0
	nicht beurteilbar (ein Zeichen, gemalt)	2	2	1
	verweigert	1	1	0
	nicht gefragt	1	0	2
Schmetterling	links > rechts	14	21	23
	rechts > links	2	3	1
	oben > unten, unten > oben	0	0	1
	hin + her (keine einheitliche Richtung) horizontal	2	1	0
	hin + her (keine einheitliche Richtung) vertikal	0	0	0
	keine Richtung (kreuz und quer)	5	5	3
	nicht beurteilbar (ein Zeichen, gemalt)	4	1	1
	verweigert	12	10	12
	nicht gefragt	2	0	0
Bär	links > rechts	16	22	24
	rechts > links	2	5	1
	oben > unten, unten > oben	1	0	0
	hin + her (keine einheitliche Richtung) horizontal	4	2	0
	hin + her (keine einheitliche Richtung) vertikal	0	0	0
	keine Richtung (kreuz und quer)	4	1	2
	nicht beurteilbar (ein Zeichen, gemalt)	2	2	1
	verweigert	6	8	12
	nicht gefragt	6	1	1

4.2.5 Zusammenfassung der Nutzung konventioneller Merkmale des Zielschriftsystems

Die untersuchten Kinder zeigen mit großer Mehrheit, dass sie etliche konventionelle Merkmale ihres Zielschriftsystems erfasst haben und diese für ihre eigene Produktion von Schriftzügen heranziehen. Alle vier untersuchten Aspekte sind bereits zum ersten Messzeitpunkt sehr häufig zu beobachten und nehmen über die Messzeitpunkte weiterhin zu. Die Kinder verwenden mehrheitlich keine Ziffern zum Verschriften der Wörter, ordnen ihren Schriftzug horizontal linear sowie in einer Zeile auf dem Papier an und schreiben von links nach rechts, so wie es die deutsche Schriftsprache verlangt.

Durchgängig zeigt sich dabei eine etwas stärkere Nutzung der Merkmale für den Schriftzug des eigenen Namens, besonders stark ausgeprägt für die Linearität. Die Vermeidung von Ziffern ist über alle Messzeitpunkte hinweg und bei allen drei Aufgaben bei über 90% der Kinder vorzufinden.

4.3 Das Schriftbild

Was genau produzieren Kinder, wenn sie aufgefordert werden, etwas zu schreiben? Wie sieht das Schriftbild aus? Im Folgenden wird zunächst ein Vorschlag für die Klassifikation unterschiedlicher Arten, das Schriftbild darzustellen, vorgestellt und anschließend die Entwicklung des Schriftbildes anhand der Verteilung der Schriftbildkategorien über die drei Messzeitpunkte analysiert. Abschließend wird den Fragen nachgegangen, ob es einen Zusammenhang von visuomotorischen Fertigkeiten und der Darstellung des Schriftbildes gibt sowie in welchem Verhältnis die Größe des Schriftbildes zum Referenzobjekt steht.

4.3.1 Darstellungsweisen des Schriftbildes

Auf der Grundlage einer anfänglichen Sichtung sämtlicher Daten der Gesamtstichprobe und im Zuge der intensiven Auseinandersetzung mit dem Videomaterial der Schreibprozesse während der Analyse der ersten Schreibaufgaben wurden die Kategorien zur Erfassung und Beschreibung des Schriftbildes direkt am empirischen Material entwickelt. Im Laufe der fortschreitenden Analyse wurde das Kategoriensystem verfeinert und ausdifferenziert und schließlich auf das gesamte Material angewendet, wobei spätere Ausdifferenzierungen entlang der an den Daten gewonnenen Erkenntnisse dazu führten, dass entstandene Veränderungen abermals für das gesamte Material überprüft werden mussten, um dieses den neuen Kategorien zuzuordnen. So festigte sich in den eingehenderen qualitativen Analysen der Daten der Fallbeispiele die Erkenntnis, dass einige Schriftzüge eher aus der Erinnerung an das Schriftbild rekonstruiert, während andere entlang der Laute konstruiert werden.[57] Diese wichtige Einsicht in den Schreiblernprozess sollte als bedeutsame Unterscheidung in das Kategoriensystem Eingang finden, um das Vorkommen analysieren zu können. Die einstige Kategorie *Orientierung am Zielwort* mit den Subkategorien *Orientierung am Zielwort, Lautschrift* und *korrekte Schreibweise* wurde daher aufgesplittet in die Kategorie *Orientierung am Zielwort I: Schriftbildorientierung* mit den Subkategorien *Zielwortorientierung Schriftbild, unsicher* und *korrektes Schriftbild* und die Kategorie *Orientierung am Zielwort II: Wortlautorientierung* mit den Subkategorien *Zielwortorientierung*

57 Dieser Aspekt wird im Zuge der Beschreibung der betreffenden Kategorien weiter unten verdeutlicht.

Wortlaut, unsicher und *kompletter Wortlaut*. Aufgrund theoretischer Überlegungen wurden die gefundenen Kategorien zu Oberkategorien zusammengefasst, wie aus dem vorausgegangenen Beispiel bereits hervorging, und im Hinblick auf die Herausbildung einer immer stärkeren Annäherung an das Zielschriftsystem in eine Hierarchie oder Rangfolge gebracht. Für alle Kategorien gilt, dass die Schriftzüge in dem Sinne eher konservativ zugeordnet wurden, dass sie im Zweifel (bei nicht ganz eindeutiger Interpretationslage durch unsichere Hinweise) eher niedriger eingestuft wurden, um die sich entwickelnden Kompetenzen der Kinder nicht zu überschätzen. Eine Übersicht über das entstandene Kategoriensystem zur Darstellung des Schriftbildes gibt Tabelle 20.

In die Entwicklung des Kategoriensystems sind die gesamten Daten (aus den Schreibaufgaben der Gesamtstichprobe sowie den ergänzenden aufgeforderten oder auch spontanen Schriftproben der Fallbeispiele) eingeflossen, die Eingabe der Daten in die Datenmaske zum Zwecke statistischer Analysen beschränkt sich allerdings auf die drei an der Gesamtstichprobe erhobenen, evozierten Schreibaufgaben *Name*, *Schmetterling* und *Bär*.

Tabelle 20: Kategoriensystem: Darstellungsweisen des Schriftbildes

Undifferenzierte Zeichen	
1	Zickzacklinien
2	Isolierte Zeichen
Differenzierte Zeichen	
3	Buchstabenartige Zeichen
4	Buchstabenartige Zeichen und willkürliche Buchstaben
Willkürliche Buchstaben	
5	Willkürliche Buchstaben und buchstabenartige Zeichen
6	Willkürliche Buchstaben ohne Bezug zum Zielwort
Orientierung am Zielwort I: Schriftbildorientierung	
7	Zielwortorientierung Schriftbild, unsicher
8	Korrektes Schriftbild
Orientierung am Zielwort II: Wortlautorientierung	
9	Zielwortorientierung Wortlaut, unsicher
10	Kompletter Wortlaut

Diese Einteilung der Darstellungsweisen ist als erste Systematisierung und als eine Möglichkeit zur differenzierten Beschreibung des Schriftbildes zu verstehen.[58] Die Hierarchie oder Rangfolge der Kategorien suggeriert eine Entwicklungsfolge, die allerdings empirisch erst überprüft werden muss.[59] Eine erste Beantwortung wird mithilfe der anschließenden Analysen der vorliegenden Daten vorgenommen.

Die Kategorien werden im Folgenden beschrieben und zur Illustration mit typischen Beispielen aus dem Datenmaterial versehen.[60]

Undifferenzierte Zeichen

In den beiden Subkategorien der *undifferenzierten Zeichen* unterscheiden die Kinder die einzelnen Schriftzeichen nicht voneinander und differenzieren damit auch verschiedene Schriftzüge in der Regel noch nicht gezielt.

1) Zickzacklinien

Als *Zickzacklinien* zusammengefasst finden sich hier Kritzellinien, Wellen- oder Zickzacklinien, die mehrere Zacken oder Wellen ohne Absetzen miteinander verbinden und daher als Linie bezeichnet werden. Entscheidend ist dabei, dass die Zeichen zusammenhängend sind. Selten gibt es auch Kritzelzüge, die nicht in gerader Linienform (sondern z.B. im Kreis) angeordnet wurden. Es werden keine einzelnen Zeichen unterschieden. Es kommt allerdings manchmal vor, dass mehrere kürzere Kritzel- oder Zickzackabschnitte im Rahmen einer Schreibaufforderung miteinander kombiniert werden.

Abbildung 11:
Zickzacklinien: Schriftzug ‚Schmetterling'

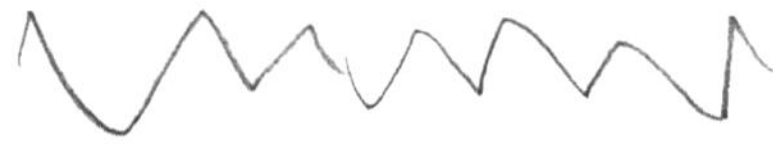

Abbildung 12:
Zickzacklinien: Schriftzug ‚Bär'

58 Im Zuge der Kodierung der Daten gab es zusätzlich die Kategorien *gemalt*, *verweigert* und *nicht gefragt*, die allerdings aus dem Kategoriensystem ausgeklammert wurden, da sie zur Beschreibung des Schriftbildes inhaltlich nicht relevant sind. Als Reaktion auf die Schreibaufforderung sind sie dennoch wichtig zu erfassen und zu berichten, werden aber als unterschiedliche Arten fehlender Werte behandelt (da damit kein Schriftbild vorhanden ist).

59 Außerdem gilt es zu beachten, dass die Frage nach der Angemessenheit aufeinander folgender bzw. einander ablösender Entwicklungsphasen nicht abschließend geklärt ist (siehe Kapitel 2.3.2 und 2.3.3).

60 Für die Beispielillustrationen wurde ein dem Schriftzug entsprechender Ausschnitt aus dem Aufgabenblatt herausgelöst, der zum Zwecke der Erkennbarkeit sowie einer optisch ansprechenden Anordnung in der Originalgröße verändert wurde. Daher lassen die ausgewählten Schreibprodukte keinen Rückschluss auf die Größe des Schriftzuges zu, weder proportional zum Blatt Papier gesehen, noch im Vergleich zu anderen Schriftzügen.

2) Isolierte Zeichen

Die Schriftzüge aus der Kategorie der *isolierten Zeichen* werden mit mehr oder weniger gleichförmigen, aber diskreten, nicht zusammenhängenden Zeichen dargestellt. Die monotonen Einheiten lassen keine (beabsichtigte) Unterscheidung untereinander erkennen, sie sind identisch oder zufällig ähnlich und scheinen eher hingekritzelt als sorgfältig ausgeführt. Diese Schriftzüge zeichnen sich dadurch aus, dass durch isolierte Zeichen die der Druckschrift entsprechenden Abstände oder Lücken visualisiert werden.

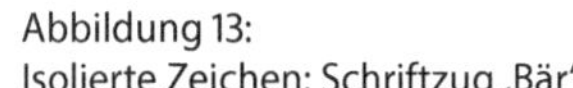

Abbildung 13:
Isolierte Zeichen: Schriftzug ‚Bär'

Abbildung 14:
Isolierte Zeichen: Schriftzug ‚Justin'

Differenzierte Zeichen

Das Schriftbild der als *differenzierte Zeichen* zusammengefassten Schriftzüge ist charakterisiert durch eine gezielte Binnendifferenzierung. Die einzelnen Zeichen werden hier eindeutig voneinander unterschieden.

3) Buchstabenartige Zeichen

Zur Differenzierung werden in der Kategorie *buchstabenartige Zeichen* die einzelnen Markierungen nicht hingekritzelt, sondern (in der Regel sorgfältig) konstruiert. Die Schriftzüge umfassen ausschließlich buchstabenähnliche Zeichen, die erfunden oder den konventionellen Buchstaben nachempfunden, aber noch nicht korrekt umgesetzt (z.B. missglückt, unfertig oder falsch erinnert) sind. Auch spiegelverkehrte Buchstaben sowie Ziffern sind hier zu finden.

Abbildung 15:
Buchstabenartige Zeichen: Schriftzug ‚Irgendetwas'

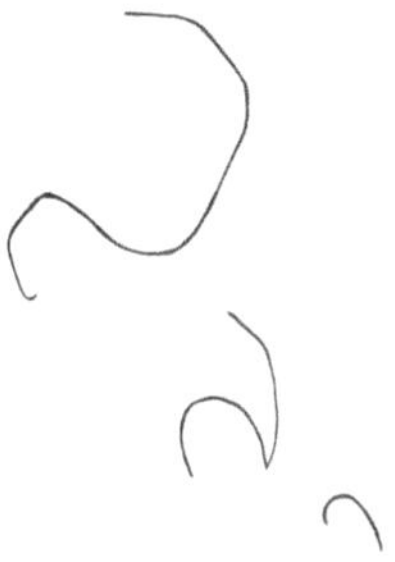

Abbildung 16:
Buchstabenartige Zeichen: Schriftzug ‚Schmetterling'

4) Buchstabenartige Zeichen und willkürliche Buchstaben

Erste konventionelle – also korrekt geschriebene – Buchstaben werden in den Schriftzügen der Kategorie *buchstabenartige Zeichen und willkürliche Buchstaben* zur Binnendifferenzierung hinzugezogen, die unkonventionellen, buchstabenartigen Zeichen überwiegen aber.

Abbildung 17:
Buchstabenartige Zeichen + willkürliche Buchstaben: Schriftzug ‚Schmetterling'

Abbildung 18:
Buchstabenartige Zeichen + willkürliche Buchstaben: Schriftzug ‚Bär'

Willkürliche Buchstaben

Die Schriftzüge, die der Kategorie *willkürliche Buchstaben* zugeordnet sind, bestehen überwiegend oder ausschließlich aus konventionellen Buchstaben, die dem Zielschriftsystem entspringen, aber (mehrheitlich) nichts mit dem Wortlaut des geschriebenen Wortes gemein haben.

5) Willkürliche Buchstaben und buchstabenartige Zeichen

In der Gruppe dieser Schriftzüge überwiegen die konventionellen Buchstaben, sind aber gemischt mit noch nicht korrekt umgesetzten Buchstaben oder erfundenen buchstabenartigen Zeichen.

Abbildung 19:
Willkürliche Buchstaben + buchstabenartige Zeichen: Schriftzug ‚Bär'

Abbildung 20:
Willkürliche Buchstaben + buchstabenartige Zeichen: Schriftzug ‚Schmetterling'

6) Willkürliche Buchstaben ohne Bezug zum Zielwort

Ausschließlich konventionelle, korrekt geschriebene Buchstaben finden Eingang in das Schriftbild der Kategorie *willkürliche Buchstaben ohne Bezug zum Zielwort.* Sie weisen allerdings (zumindest mehrheitlich) keinen Bezug zum Zielwort auf und sind in diesem Sinne arbiträr. Höchstens einzelne darunter sind spiegelverkehrt. Es ist zwar nicht ausgeschlossen, dass einige geschriebene Buchstaben auch in der Schreibweise des Zielwortes vorkommen, es ist aber keinerlei Verbindung in der Gesamterscheinung zur äußeren Form oder auch zum Wortlaut des betreffenden Wortes zu erkennen. Im Gegenteil kommt es sogar vor, dass die willkürlichen Buchstaben im Schreibprozess oder im Nachhinein mit ihrem Buchstabennamen benannt werden, ohne dass das Kind sich daran stört, dass dies einen Wiederspruch zum Wortlaut des geschriebenen Wortes darstellt.

> Berkay, MZP 2 (4;4 Jahre), Zeilen 452-457:
>
> *Kind: Ein ‚o' (O) mal ich da nur.*
>
> *Int.: Ein ‚o' (O)? Von Kelebek? [= Schmetterling auf Türkisch]*
>
> *Kind: [schreibt mit schwarz O unter den Schriftzug ‚Schmetterling' (RRRR)] .. Und fertich. [legt den Stift hin]*
>
> *Int.: Hat das nur ein'?*
>
> *Kind: Ja.*
>
> Berkay, MZP 3 (4;10 Jahre), Zeilen 542-544:
>
> *Kind: Da, da steht ‚r' (R) ‚e' (E) ‚r' (R) ‚e' (E).*
>
> *Int.: .. Klasse. .. Heißt das Schmetterling? .. Hast du da ‚Schmetterling' geschrieben?*
>
> *Kind: Ja.*
>
> Destina, MZP 2 (5;6 Jahre), Zeilen 372-375:
>
> *Kind: [schreibt D] Mh .. ‚a' (A) [schreibt A] [4 sec.] ‚de' (D) [schreibt D] [3 sec.] und ‚te' (T) [schreibt T] [3 sec.]-*
>
> *Int: Klasse! Steht da jetzt ‚Schmetterling'?*
>
> *Kind.: Mhm.*

Abbildung 21:
Willkürliche Buchstaben: Schriftzug ‚Schmetterling'

Abbildung 22:
Willkürliche Buchstaben: Schriftzug ‚Bär'

Orientierung am Zielwort I: Schriftbildorientierung

In den Darstellungsweisen der Kategorien *Orientierung am Zielwort I* ist eindeutig eine Orientierung am Schriftbild, also am Gesamterscheinungsbild des Wortes, zu erkennen. Die Schriftzüge sind lautlos angefertigt, bzw. ohne jegliches Lautieren der Phoneme des Zielwortes, bei dem das Schriftbild durch eine Verschriftung der Laute konstruiert würde. Somit wird im Schreibprozess keine Verbindung zum Wortlaut des erfragten Wortes hergestellt. Auch die Buchstabennamen der Buchstaben werden (selbst auf vereinzelte Nachfrage hin) in der Regel nicht genannt. Oftmals wird der Buchstabenname mit Bezeichnungen wie *der*, *das*, *den*

Buchstaben, ein paar von meiner Schwester oder *so eins* umgangen. In den Ausnahmen, in denen die (oder einzelne) Buchstabennamen verbalisiert werden, geschieht dies nicht in einem lautierend-konstruierenden Prozess, in dem die Laute zu Silben oder dem Wortlaut zusammengezogen würden, sondern als Benennung der einzelnen Buchstabennamen im Sinne einer Ankündigung oder Kontrolle der Reihenfolge, wie das folgende Beispielzitat verdeutlicht.

> Berkay, MZP 3 (4;10 Jahre), Zeilen 327-332:
>
> *Kind: [schreibt B E] [12 sec.] Ich halte immer meinen Namen in den Kopf.*
>
> *Int.: Mhm. .. Klasse.*
>
> *Kind: Und r (R), jetzt [schreibt R, schaut nach draußen zu den spielenden Kindern, beginnt K] [17 sec.] ey, warte mal [korrigiert den oberen diagonalen Strich am K und beendet K] [5 sec.]. Und jetzt das a (A) [schreibt A] [10 sec.]. Und jetzt kommt das Ypsilon (Y). [schreibt Y, schiebt das Blatt zu Int.]*

7) Zielwortorientierung Schriftbild, unsicher

In den hier zusammengefassten Schriftzügen ist die Orientierung am Schriftbild des evozierten Wortes noch unvollständig oder unsicher. Die Schreibprodukte weisen eine annähernd korrekte Schreibweise auf, die dennoch nicht ganz konventionell ist. Zum Beispiel kommen Buchstabendreher oder einzelne ausgelassene Buchstaben vor, ohne dass sie bemerkt werden. Auch spiegelverkehrte Schreibungen treten auf und einige buchstabenartige Zeichen, wenn diese an den korrekten, für das Wort erforderlichen Buchstaben orientiert sind und es darüber hinaus keine wortfremden Buchstaben gibt. Manchmal schleichen sich falsche Buchstaben bei ansonsten korrekter Abfolge ein (wie MEME für *Mama* und POPO für *Papa*) oder eine falsche Reihenfolge bei korrekten Buchstaben (wie AMAM für *Mama*).

> Melinda, MZP 3 (6;0 Jahre), direkt im Anschluss an den eigenen Namen, Zeilen 64-69:
>
> *Int.: Guck mal, ich hab hier noch ein ganz weißes Blatt. Kannst du vielleicht ‚Mama' schreiben? Ja? Probier mal, zeig mal. [schreibt mit rechts M] [5 sec.]*
>
> *Kind: Das hat das Gleiche. [zeigt auf das M]*
>
> *Int.: Das Gleiche wie was? [Kind schreibt weiter EME] [7 sec.] Du, das Gleiche wie was? Wie wo?*
>
> *Kind: [liest vor] Ma-ma. [fährt dabei mit dem linken Zeigefinger über den Schriftzug MEME]*

Dieser Kategorie wurde nur dann zugeordnet, wenn viele Elemente des Schriftbildes des Zielwortes zu erkennen waren, da eine Kongruenz einzelner (unbenannter) Buchstaben mit dem Schriftbild eine zufällige Übereinstimmung nicht ausschließen lassen würde.

Abbildung 23:
Zielwortorientierung Schriftbild, unsicher: Schriftzug ‚Baran'

Abbildung 24:
Zielwortorientierung Schriftbild, unsicher: Schriftzug ‚Bela'

Abbildung 25:
Zielwortorientierung Schriftbild, unsicher: Schriftzug ‚Emel'

8) Korrektes Schriftbild

Die Schriftzüge der Kategorie *korrektes Schriftbild* sind korrekt geschrieben, aber nicht lautiert. Die Schriftproduktion geschieht memoriert und mehr oder weniger automatisiert. Äußerlich ist das korrekte Schriftbild nicht zu unterscheiden von einer korrekten Schreibweise auf Grundlage umfangreichen Buchstaben- oder gar orthographischen Wissens. Auch das fehlende Lautieren ist dafür nicht dienlich, denn jeder fortgeschrittene kompetente Schreiber schreibt die allermeisten Wörter automatisiert oder gegebenenfalls mit Pausen des Überlegens, aber nicht lautierend. Hier sind Kontextinformationen notwendig, um diese anfängliche Reproduktion des Schriftbildes (einiger weniger Wörter) vom generellen automatisierten Schreibprozess zahlreicher Wörter zu differenzieren. Eine grundlegende Kontextinformation im Fall der vorliegenden Daten ist das Wissen darum, dass keines der Kinder bereits systematisches Regelwissen der deutschen Orthographie vermittelt bekommen hat. Weitere unmittelbarere Kontextinformationen liefern die Kommentare während des Schreibprozesses des konkreten Wortes und die Beobachtungen anderer Schreibungen desselben Kindes.

An den kindlichen Kommentaren ist manchmal offensichtlich zu erkennen, dass die Verschriftung scheinbar ohne das Verständnis der Laute der einzelnen Buchstaben geschieht.

Melinda, MZP 1 (5;1 Jahre), Zeilen 111-130:

Int.: Kannst du Mama schreiben?

Kind: Ja.

Int.: Willst des ma machen?

Kind: Mhm. [schreibt mit links M] Mama?

Int.: Mhm [Kind schreibt A M A] [5 sec.] Supa. Und kannst du noch <u>mehr</u> schreiben?

Kind: Papa?

Int.: Kannst du Papa schreiben?

Kind: Mhm.

Int.: Mhm. [Kind schreibt mit links P A P A direkt darunter]

Kind: Gleiche Mahm [zeigt auf die beiden Schriftzüge].

Int.: Klasse.

Kind: Ist das gleiche Mahm?

Int.: Der gleiche Name?

Kind: Ja.

Int.: Welches denn?

Kind: Guck, guck. Da und da [zeigt auf erstes M von Mama und erstes P von Papa] und da. Guck, guck mal, das kommt da und das kommt da [zeigt zuerst jeweils auf das erste A von Mama und Papa und anschließend jeweils auf das zweite A von Mama und Papa]. Und die beiden kommt da. [zeigt das zweite und das erste P von Papa]

Int.: Stimmt.

Die Verwendung derselben Buchstaben, z.B. des eigenen Namens, in einem anderen Kontext, ohne dass das Kind sich daran stört, dass sie in dem anderen verlangten Wortlaut nicht vorkommen, lässt darauf schließen, dass die Buchstaben noch nicht mit den Lauten verknüpft werden. Oder die Buchstaben werden im Rahmen des Namens schon den korrekten Lauten oder Buchstabennamen zugeordnet, aber noch ausschließlich kontextgebunden konventionell verwendet, so dass der Laut eines Buchstabens noch nicht kontextübergreifend zur Konstruktion eines (unbekannten) Wortes verwendet und nicht zur Auswahl möglicher zu verwendender Grapheme herangezogen wird. Daher scheint es eher, als ob das Schriftbild als Ganzes auswendig gelernt und/oder abgeschrieben wird. Auch dieser Moment des Abschreibens in der Schriftproduktion oder im Aneignungsprozess wird aus kindlichen Kommentaren deutlich.

Lisa, MZP 1 (5;2 Jahre), Zeilen 21-32:

Schreibt lautlos vier Schriftzüge.

Int: (…) Was hast du da jetzt alles geschrieben?

Kind: ‚Lisa'. [deutet auf den zuletzt geschriebenen Schriftzug LISA]

Int.: Mhm.

Kind: ‚Tom' .. ‚Mama' .. ‚Tim'. [zeigt dabei die obere Zeile von links nach rechts: Schriftzug TOM, Schriftzug MAMA, Schriftzug TIM]

Int.: Toll! .. Wer ist denn Tom?

Kind: Da gibst's so'n Film ..

Int.: Mhm.

Kind: Und ein Dinosaurier heißt Tom ...

Int.: Mhm.

Kind: Denn hab ich da oben raufgeguckt und denn hab ich immer des geschrieben.

Int.: Was auf dem auf der Hülle von der C von dem Film steht? Toll!

Baran, MZP 3 (6;3 Jahre), Zeilen: 396-404:

Int.: (...) Supa. Kannst du mir dann jetzt auf die Rückseite noch ‚Bär' schreiben? [dreht das Blatt um]

Kind: ‚Bär'. [singend: dreht sich zur Tür um, an der ein Plakat mit dem Alphabet hängt (Tiere halten die Anfangsbuchstaben als Groß- und Kleinbuchstaben hoch und jedes Tier ist darunter außerdem mit seiner Bezeichnung ausgeschrieben, so auch Bär für B/b), schreibt B, dreht sich zurück zum Plakat, schreibt einen senkrechten Strich, dreht sich wieder zurück, macht ein ä aus dem Strich, dreht sich wieder zum Plakat, setzt an zum Schreiben, dreht sich doch noch einmal zum Plakat zurück, schreibt r (kleiner halber Bogen)] Yes, ‚Bär'.[61]

Aufgrund des Wissens um die fehlende systematische Anleitung von schriftbezogenem Regelwissen, das dem kompetenten Schreiber als Grundlage dient, die korrekte Schreibung auf (nahezu) alle Wörter auszuweiten und ihn vom anfänglichen Schreiber unterscheidet, dessen Übertragungsmöglichkeiten noch nicht vorhanden oder nur sehr begrenzt sind, wurden alle Schreibprodukte, die ein korrektes Schriftbild aufweisen und lautlos (also nicht lautierend) geschrieben wurden, dieser Kategorie zugeordnet. Möglicherweise wurden damit die Fähigkeiten einiger fortgeschrittener Kinder unterschätzt, bei denen die Kontextinformationen zeigen, dass sie über die Kenntnis einzelner Buchstabennamen hinaus bereits weiterreichende Einsicht in die Verbindung konkreter Grapheme und deren Laute haben sowie ihre Kenntnisse der Buchstabenlaute in einem lautierenden Prozess (mindestens ansatzweise) auch bereits auf andere Schreibungen übertragen können. Dennoch wären die Schriftzüge sinnvollerweise weder einer der beiden folgenden Kategorien zuzuordnen, noch als Zeugnis eines generellen automatisierten Schreibprozesses zu verstehen.

---

61 Das entstandene Schriftbild gehört eindeutig der Kategorie *korrektes Schriftbild* an. Im Rahmen der Erfassung der kindlichen Reaktionen auf die Schreibaufforderungen *Name, Schmetterling* und *Bär* (Gesamtstichprobe) wurde es allerdings als fehlender Wert eingegeben, da die Voraussetzung der Umsetzung nicht mit denen der anderen Kinder vergleichbar war und die Einschätzung der kindlichen Fähigkeiten, ein unbekanntes Wort zu schreiben, nicht vorgenommen werden konnte.

Abbildung 26:
Korrektes Schriftbild: Schriftzug ‚Celina'

Abbildung 27:
Korrektes Schriftbild: Schriftzug ‚Eren'

Orientierung am Zielwort II: Wortlautorientierung
Die *Orientierung am Zielwort II*, die in der Darstellungsart dieser Schriftzüge – wenn auch mehr oder weniger stark ausgeprägt – zu erkennen ist, richtet sich nicht nach dem Schriftbild als Gesamterscheinung, sondern nach dessen Wortlaut. Im Schreibprozess wird hier also, im Gegensatz zu den Schriftzügen der vorigen Kategorie, ein Lautieren der Phoneme oder Silben des Zielwortes mit (mindestens anteiliger) Übersetzung in entsprechende Grapheme umgesetzt.

9) Zielwortorientierung Wortlaut, unsicher
Die unter *Zielwortorientierung Wortlaut, unsicher* zusammengefassten Schriftzüge werden anhand ihrer Laute konstruiert, allerdings noch nicht vollständig. Die unvollständigen Schreibungen sind charakterisiert dadurch, dass beispielsweise ein korrekter Buchstabe (Laut) eine gesamte Silbe bzw. seinen gesamten Buchstabennamen repräsentiert oder dass der Anlaut oder Anteile des Wortes korrekt lautiert und umgesetzt werden, während der Rest entweder willkürlich oder gar nicht fortgesetzt werden. Folglich werden teilweise willkürliche, also falsche Buchstaben für einen korrekt lautierten Teil des Wortes verwendet, wenn die Verschriftung des verlangten und erkannten Lautes unbekannt ist. Oder die nicht bekannten Grapheme werden gar nicht umgesetzt, womit der Schreibprozess dann als explizit unfertig abgebrochen wird. Möglicherweise wird der Wortlaut auch korrekt lautiert, aber in falscher Reihenfolge realisiert. Und es werden auch noch nicht immer alle Einzellaute identifiziert.

Berkay, MZP 2 (4;4 Jahre), Zeilen 101-117: (Anne schreiben)

Int.: Kannst du das auch schreiben?

Kind: An n. Das n (N) kann ich schon. [setzt unter dem ersten Schriftzug an] … Is das ein en (N)? [zeigt auf das zuerst geschriebene M]

Int.: Mhm.

Kind: [schreibt mit rot N in die Zeile unter den Schriftzug ‚Mama'] [4 sec.] So geht das.

Int.: Supa!

Kind: .. [flüstert] /aa/. A. Das a (A). [schreibt A] .. [flüstert] /M a-ma/.

Int.: Was schreibst du? Schreibst du ‚Mama' oder schreibst du ‚Anne'?

Kind: Äh, An-ne.

Int.: Mhm. Supa. .. Und fehlt da noch?

Kind: Hä?

Int.: Und fehlt da noch was oder is das schon fertich?

Kind: Äh, ich glaube, da fehlt nur noch eins.

Int.: Mhm.

Kind: [schreibt P, nimmt beide Hände vom Blatt] [7 sec.]

Int.: Fertich? Supa. (...)

Abbildung 28:
Zielwortorientierung Wortlaut, unsicher: Schriftzug ‚Telefon' (gesprochen ‚Telifon')

Abbildung 29:
Zielwortorientierung Wortlaut, unsicher: Schriftzug ‚Bär'

10) Kompletter Wortlaut

Auch in der Kategorie *kompletter Wortlaut* werden die Schriftzüge anhand der Laute konstruiert, in diesem Fall handelt es sich dabei um die vollständige Lautschrift. Es wird also jeder gehörte Laut des Wortes verschriftet, und zwar ebenso wie er gehört wird. Oder das Kind nutzt einen ihm bekannten Buchstaben (Graphem), der die größtmögliche Ähnlichkeit zum gesuchten Laut des erhörten Wortlautes aufweist. Durch mögliche Dehnungen im Lautierprozess, durch das vom Kind eventuell etwas abweichende Erhören eines Lautes sowie durch eine dialektbedingte oder umgangssprachliche Aussprache des Wortlautes kommt es dabei zu einer mehr oder weniger stark von der konventionellen Schreibweise (bzw. Lautung) abweichenden Schreibung. Wenn der Wortlaut allerdings mit der Schreibweise übereinstimmt, kann das Schriftbild auch bereits korrekt konstruiert werden, wie das folgende Beispiel zeigt. Hier wird deutlich, dass der Schriftzug *Mama* konstruiert und nicht, wie bei den meisten deutschen Kindern vorgeschrieben und memoriert reproduziert wird. Der türkische Junge nennt seine Mutter *anne* (= Türkisch für Mama).

Eren, MZP3 (6;8 Jahre), Zeilen 118-120:

Int.: (...) Kannste denn auch Mama schreiben? [3 sec.] [räuspert sich]

Kind: Mamaaa .. ja. [schreibt M A] [flüstert] /Ma/ [schreibt M A] [11 sec.]

Abbildung 30:
Kompletter Wortlaut: Schriftzug ‚Schmetterling'

Abbildung 31:
Kompletter Wortlaut: Schriftzug ‚Bär'

Abbildung 32:
Kompletter Wortlaut: Schriftzug ‚Mann'

Abbildung 33 gibt abschließend einen Überblick über die Verteilung der Schreibprodukte auf die Kategorien der Darstellungsweisen des Schriftbildes über alle Messzeitpunkte und Schreibaufforderungen hinweg, um die empirische Relevanz der vorgestellten Kategorien zu veranschaulichen. Da für diesen ersten Einblick alle Schriftzüge zusammengenommen wurden, beziehen sich die Häufigkeiten (n = 369) nicht auf die Kinder, sondern auf die insgesamt entstandenen Resultate der Schreibaufforderungen – bzw. die Reaktionen darauf.

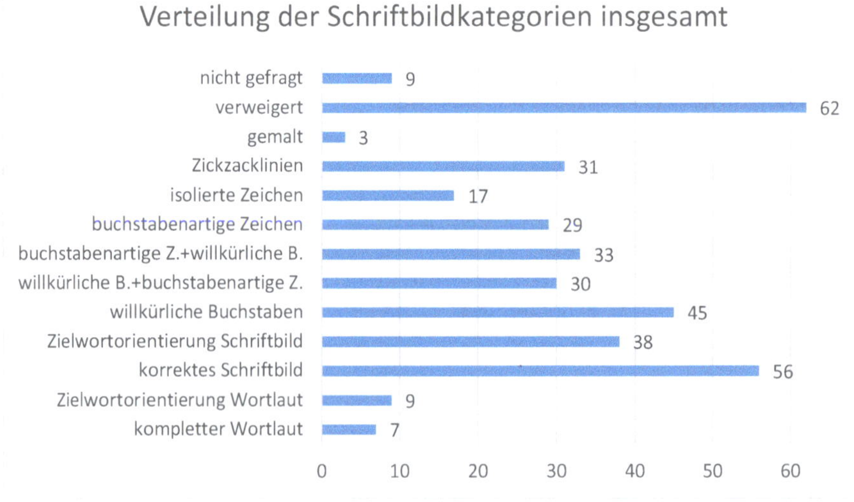

Abbildung 33:
Übersicht der Verteilung der Schriftbildkategorien insgesamt, Gesamtstichprobe (N = 41 x3 x3)

Auf eine detaillierte Darstellung dieser Verteilung wird hier verzichtet, da es sich durch die Messwiederholungen um jeweils drei Schriftzüge pro Aufgabe von demselben Kind handelt. Stattdessen wird im Folgenden die Verteilung der Schreibprodukte aus den drei Schreibaufgaben auf die Kategorien getrennt voneinander und pro Messzeitpunkt dargestellt und damit gleichzeitig die Analyse der Entwicklung über ein Jahr hinweg vorgenommen.

4.3.2 Die Entwicklung des Schriftbildes

Wie sind die Schriftzüge der drei Aufgaben auf die einzelnen Kategorien verteilt? Welche Entwicklungstendenzen sind über die drei Messzeitpunkte zu erkennen? Und wie unterscheiden sich die drei Aufgaben dabei voneinander?

Die Verteilung der Kategorien und die Entwicklung des Schriftbildes werden zunächst pro Aufgabe beschrieben und anschließend, der Übersichtlichkeit halber in Oberkategorien zusammengefasst, vergleichend betrachtet.

Über alle drei Messzeitpunkte hinweg finden die Kategorien *gemalt*, *Zielwortorientierung Wortlaut, unsicher* und *kompletter Wortlaut* keine Verwendung in der Umsetzung der Schreibaufgabe *eigener Name* (siehe Abbildung 34). Den größten Anteil in der Darstellung des eigenen Namens weist schon zu Beginn der Untersuchung die Kategorie *korrektes Schriftbild* auf und verzeichnet über den Untersuchungszeitraum eines Jahres weiterhin einen deutlichen Anstieg von anfänglich 13 über 18 hin zu 25 Schriftzügen. Zu MZP 3 schreibt die Mehrheit der Kinder den eigenen Namen korrekt und weitere zwölf Kinder orientieren sich bei der Widergabe am Schriftbild ihres Namens, jedoch noch unsicher. Die übrigen Kategorien spielen hier so gut wie keine Rolle mehr. Zu MZP 1+2 dagegen sind die Darstellungsweisen noch stärker gemischt, insbesondere zu MZP 1 werden sowohl undifferenzierte als auch differenzierte Zeichen zur Darstellung des eigenen Namens verwendet.

Was aus der Darstellung der Häufigkeiten der Kategorien nicht hervorgeht, sind die Schriftzüge innerhalb der Kategorie *Zielwortorientierung Schriftbild, unsicher*, die noch nicht ausschließlich konventionelle Buchstaben, sondern auch buchstabenähnliche Zeichen des Zielwortes enthalten und daher möglicherweise als Einstieg in die Kategorie zu verstehen sind. Diese Schriftzüge mit ihren buchstabenartigen Zeichen, die sich ganz konkret an den Buchstaben des eigenen Namens orientieren, aber noch nicht konventionell (auch nicht spiegelverkehrt) geschrieben sind, verdeutlichen in besonderem Maße die Orientierung am Schriftbild, also an der äußeren Erscheinung des Zielwortes. Über die Messzeitpunkte hinweg gibt es von den zusammengezogen 38 Schriftzügen der Kategorie *Zielwortorientierung Schriftbild, unsicher* insgesamt zwölf Schriftzüge (vier zu t1, drei zu t2 und fünf zu t3), die diese Merkmale aufweisen.

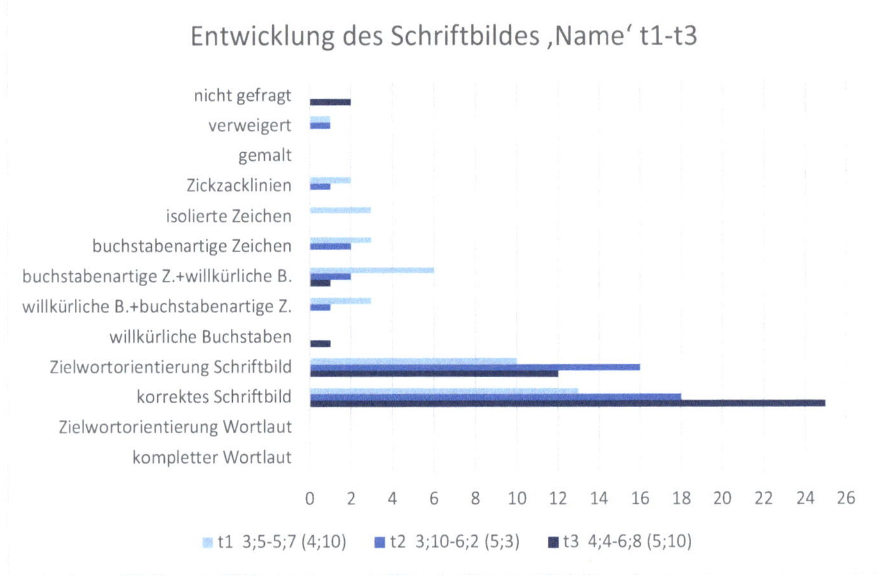

Abbildung 34:
Verteilung der Kategorien und Entwicklung des Schriftbildes ‚Name' t1-t3, Gesamtstichprobe (N = 41)

Im Gegensatz zum *eigenen Namen* ist der Anteil der Verweigerungen der Schreibaufforderung bei der Aufgabe *Schmetterling* (ebenso wie bei der Aufgabe *Bär*) sehr hoch, wie aus den Ergebnissen zur Nutzung konventioneller Merkmale (Kapitel 4.2) bereits hervorging. Abbildung 35 zeigt, dass die Kinder für die Darstellung des Schriftzuges *Schmetterling* zum ersten Messzeitpunkt häufig die undifferenzierten Zeichen der Kategorien *Zickzacklinien* und *isolierte Zeichen* oder die differenzierten Zeichen der Kategorien *buchstabenartige Zeichen* und *buchstabenartige Zeichen und willkürliche Buchstaben* wählen. In der zweiten und dritten Erhebung sind die Kategorien *willkürliche Buchstaben und buchstabenartige Zeichen* sowie *willkürliche Buchstaben* besonders häufig vertreten. Sowohl zu Messzeitpunkt zwei als auch am Ende der Untersuchung kommen vereinzelt sogar schon Schreibungen vor, die sich entweder ansatzweise oder gar vollständig am Wortlaut *Schmetterling* orientieren.

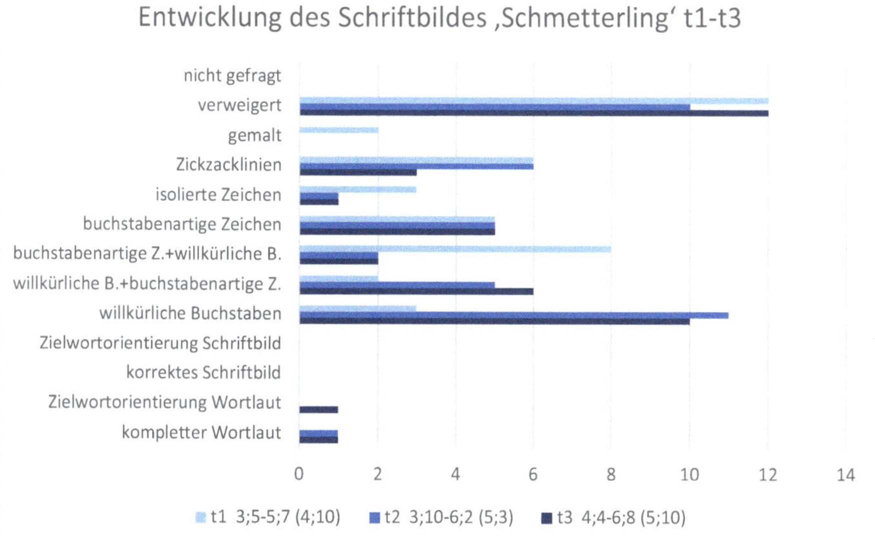

Abbildung 35:
Verteilung der Kategorien und Entwicklung des Schriftbildes ,Schmetterling' t1-t3, Gesamtstichprobe (N = 41)

Für die Darstellung des Schriftzuges *Bär* nutzen die Kinder, sehr ähnlich wie bei der Aufgabe *Schmetterling*, zu Beginn überwiegend Darstellungsarten der Oberkategorien *undifferenzierte Zeichen* und *differenzierte Zeichen*, wie Abbildung 36 zu entnehmen ist. Die Kategorie *buchstabenartige Zeichen und willkürliche Buchstaben* weist zu Messzeitpunkt eins den höchsten Wert auf. Zu MZP 2 und 3 ist es die Kategorie *willkürliche Buchstaben*, die am häufigsten vertreten ist. Bemerkenswert ist hier, dass bereits in der ersten Erhebung wortlautorientierte Verschriftungen der Aufgabe *Bär* beobachtet werden können. In der ersten Erhebung versuchen zwei Kinder, *Bär* basierend auf den Lauten zu konstruieren, mit einer noch unvollständigen Verschriftung. Zu Messzeitpunkt zwei und drei steigen die Orientierungen am Wortlaut auf jeweils drei unsichere Versuche an und werden um eine (t2) bzw. vier (t3) Verschriftungen der kompletten Lautschrift ergänzt.

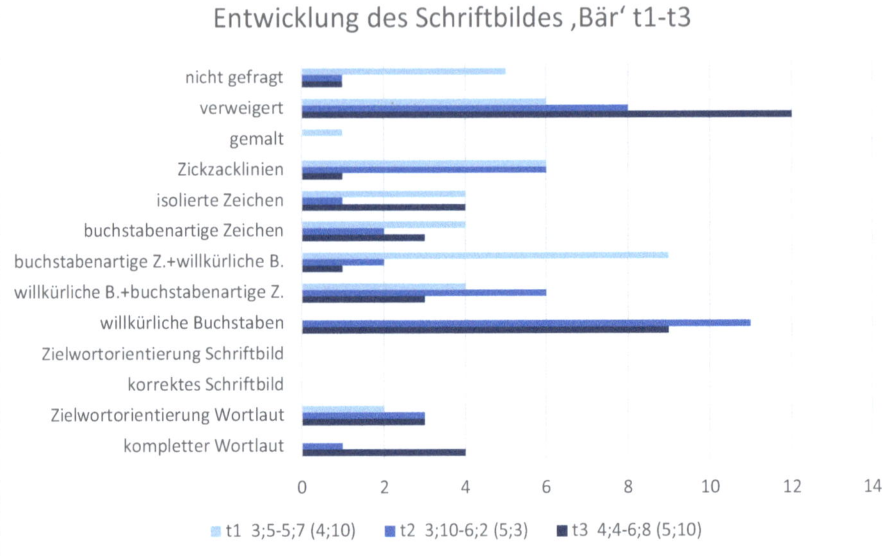

Abbildung 36:
Verteilung der Kategorien und Entwicklung des Schriftbildes ‚Bär' t1-t3, Gesamtstichprobe (N = 41)

In der Verteilung der Schriftzüge auf die Oberkategorien über die Messzeitpunkte zeigt sich, besonders deutlich für die Schriftzüge des eigenen Namens, eine Abnahme der undifferenzierten sowie der differenzierten Zeichen in der Schriftproduktion (siehe Abbildung 37). Während diese beiden grün dargestellten Kategorien im Schriftbild *Name* zum Messzeitpunkt drei quasi verschwinden, minimieren sie sich für die anderen beiden Aufgaben etwas weniger ausgeprägt, zeigen aber denselben Trend an. Insgesamt zeichnet sich eine Entwicklung hin zur Nutzung konventioneller Buchstaben für die Produktion der Schriftzüge ab (im Diagramm zusammenfassend als blaue Abschnitte zu erkennen), die insbesondere in den Aufgaben *Schmetterling* und *Bär* häufig willkürliche Buchstaben sind. Über eine solche arbiträre Nutzung konventioneller Buchstaben hinaus, ist in allen drei Konditionen aber bereits die Ausbildung und Zunahme einer Orientierung am Zielwort zu beobachten. Diese Orientierung am Zielwort unterscheidet sich allerdings für die drei Aufgaben: Während das Resultat der Aufforderung, den eigenen Namen zu schreiben mehrheitlich und stark ansteigend mit einer Orientierung am Schriftbild umgesetzt wird, kommt diese in den beiden Schreibaufforderungen *Schmetterling* und *Bär* gar nicht vor. Hier ist wiederum bereits eine Orientierung am Wortlaut der erfragten Wörter zu beobachten, die in der Umsetzung der Schriftzüge des eigenen Namens dagegen nicht auftritt. Diese Wortlautorientierung zeigt sich – insbesondere bei der Darstellung des Schriftzuges *Schmetterling* – noch sehr vereinzelt, ist aber dennoch bereits zu beobachten und nimmt – gerade in der Kondition *Bär* – auch zu.

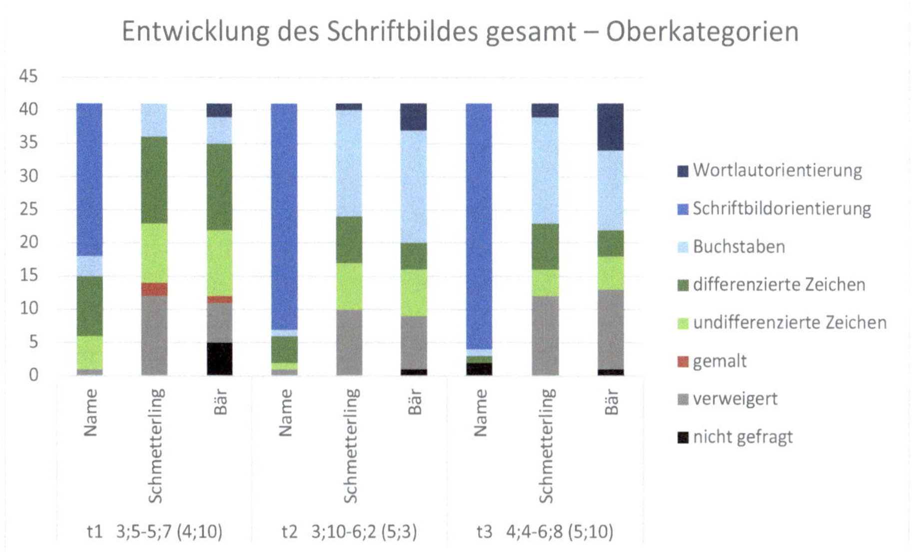

Abbildung 37:
Entwicklung des Schriftbildes der drei Aufgaben t1-t3 in Oberkategorien, Gesamtstichprobe (N = 41)

Die Überprüfung der gerichteten Hypothesen (siehe Kapitel 3.1) wurde mittels einer einseitigen statistischen Signifikanztestung vorgenommen.

Zur Überprüfung der beschriebenen Veränderung in der Verteilung der Darstellungsweisen des Schriftbildes wurde für jede der drei Aufgaben ein Friedman-Test gerechnet. Es zeigt sich für alle drei Konditionen eine statistisch signifikante Veränderung des Schriftbildes über die drei Messzeitpunkte hinweg (Name: $\chi^2(2) = 17.812$, $p < .001$, n = 37; Schmetterling: $\chi^2(2) = 7.536$, $p = .012$, n = 18; Bär: $\chi^2(2) = 15.180$, $p < .001$, n = 19). Um zu bestimmen, welche der Messzeitpunkte es sind, die sich statistisch signifikant voneinander unterscheiden, wurden pro Schriftbild drei Wilcoxon-Tests durchgeführt. Da multiple Signifikanzprüfungen die Wahrscheinlichkeit erhöhen, die Nullhypothese fälschlicherweise zu verwerfen (Alpha-Fehler-Kumulierung), wird je Schriftbild die Benjamini-Hochberg-Prozedur (Benjamini & Hochberg, 1995) angewandt, die schrittweise die *false discovery rate* in multiplen Signifikanzprüfungen kontrolliert. Sie resultiert bei einem übergeordneten 5%-Signifikanzniveau darin, dass p-Werte $\leq .023$ als statistisch signifikant eingestuft werden. Für alle drei Aufgaben ist der Unterschied zwischen t1 und t3 statistisch signifikant und deutet nach Cohens (1988) Effektstärkeeinteilung auf eine starke Verbesserung des Schriftbildes hin (Name t1-t3: $z = -3.949$, $p < .001$, $d_{Cohen} = 1.669$, n = 38; Schmetterling t1-t3: $z = -3.128$, $p = .001$, $d_{Cohen} = 1.868$, n = 21; Bär t1-t3: $z = -3.210$, $p < .001$, $d_{Cohen} = 1.887$, n = 22). Darüber hinaus ist die Verbesserung der Schriftbilder für den Namen und den Bären von t1 zu t2 mit einer großen Effektstärke (Name t1-t2: $z = -2.845$, $p = .002$, $d_{Cohen} = 1.024$, n = 39; Bär t1-t2: $z = -2.000$, $p = .023$, $d_{Cohen} = 0.894$, n = 25) und von t2 zu t3 mit einer mittleren bis großen Effektstärke (Name t2-t3: z = -2.282, p = .012, d_{Cohen} = 0.785, n = 38; Bär t2-t3: z = -2.027, p = .022, d_{Cohen} = 0.933, n = 23) statistisch signifikant. Trotz mittlerer Effektstärken konnte keine statistisch signifikante Verbesserung im Schriftbild von t1 zu t2 und von t2 zu t3 für das Schriftbild *Schmetterling* (Schmetterling t1-t2: z = -1.747, p = .041, d_{Cohen} = 0.782, n = 23; Schmetterling t2-t3: z = -1.537, p = .062, d_{Cohen} = 0.661, n = 24) aufgezeigt werden.

Um den Zusammenhang der Umsetzung des Schriftbildes mit dem Alter der Kinder einerseits und den Schriftbildaufgaben untereinander andererseits zu testen, wurden Rangkorrelationen nach Spearman berechnet. Der Zusammenhang von Alter und Schriftbild fällt für jede der drei Aufgaben leicht unterschiedlich aus. Das Alter korreliert über alle drei Messzeitpunkte statistisch signifikant positiv mit dem Schriftbild des eigenen Namens (t1: r_s = .618, p < .001, n = 40; t2: r_s = .489, p < .001, n = 40; t3: r_s = .319, p = .024, n = 39), wobei die Effektstärke über die Messzeitpunkte abnimmt – der Zusammenhang zu t1 entspricht nach Cohen (1988) einem starken Effekt, während er zu t2 als mittlerer Effekt und zu t3 ebenfalls, aber knapp, als mittlerer Effekt zu werten ist. Bezüglich des Schriftbilds *Schmetterling* ist nur die positive Korrelation mit dem Alter zu t2 statistisch signifikant (r_s = .376, p = .019, n = 31), die einem mittleren Effekt entspricht, jedoch nicht die niedrige positive Korrelation zu t1 und t3 (t1: r_s = .028, p = .443, n = 29; t3: r_s = .190, p = .162, n = 29). Die positive Korrelation zwischen Alter und Schriftbild *Bär* ist zu t1 niedrig und statistisch nicht signifikant (t1: r_s = .052, p = .394, n = 30), erreicht allerdings zu t2 und t3 mit jeweils mittlerer Effektstärke nach Cohen statistische Signifikanz (t2: r_s = .315, p = .040, n = 32; t3: r_s = .366, p = .028, n = 28).

Die Realisierungen der Schriftbilder der einzelnen Aufgaben korrelieren untereinander fast durchgängig statistisch signifikant miteinander, allerdings sind die Zusammenhänge unterschiedlich stark ausgeprägt. Während sich zu t1 ein Zusammenhang mittlerer Effektstärke der Schriftbilder *eigener Name* und *Bär* einerseits (r_s = .421, p = .010, n = 30) und mit *Schmetterling* andererseits zeigt (r_s = .367, p = .025, n = 29), sind die Korrelationen zu t2 nach Cohen als starker Effekt (Name-Schmetterling: r_s = .523, p = .002, n = 30) und knapp nicht stark (Name-Bär: r_s = .489, p = .003, n = 31) zu werten. Zu t3 gibt es dagegen keinen statistisch signifikanten Zusammenhang des Schriftbildes des eigenen Namens weder mit dem Schriftbild für Schmetterling (r_s = .185, p = .169, n = 29) noch für Bär (r_s = .163, p = .203, n = 28). Die Schriftbilder der beiden Aufgaben Schmetterling und Bär korrelieren durchgängig hoch bis sehr hoch miteinander (t1: r_s = .733, p < .001, n = 28; t2: r_s = .912, p < .001, n = 29; t3: r_s = .589, p < .001, n = 27).

Um zu testen, ob das Schriftbild für den Namen weniger stark mit den Schriftbildern für Schmetterling und Bär zusammenhängt als die Schriftbilder für Bär und Schmetterling untereinander, werden die Korrelationen nach einer Fishers z-Transformation je Messzeitpunkt auf statistisch signifikante Unterschiede hin überprüft. Auch hier wird zur Korrektur um die Alpha-Fehler-Kumulierung die Benjamini-Hochberg-Prozedur (Benjamini & Hochberg, 1995) angewandt, wodurch bei einem übergeordneten Signifikanzniveau von 5% p-Werte $\leq .027$ als statistisch signifikant betrachtet werden. Es zeigt sich, dass die Korrelationen zwischen dem Schriftbild für den Namen und den Schriftbildern für Schmetterling und Bär bei zwei Messzeitpunkten (t1 und t2) hinweg statistisch signifikant niedriger korrelieren als die Schriftbilder für Schmetterling und Bär untereinander (t1 $r_{\text{Name/Bär}}$ vs. $r_{\text{Schmetterling/Bär}}$: $z = -1.923$, $p = .027$; t1 $r_{\text{Name/Schmetterling}}$ vs. $r_{\text{Schmetterling/Bär}}$: $z = -2.283$, $p = .011$; t2 $r_{\text{Name/Bär}}$ vs. $r_{\text{Schmetterling/Bär}}$: $z = -4.264$, $p < .001$; t2 $r_{\text{Name/Schmetterling}}$ vs. $r_{\text{Schmetterling/Bär}}$: $z = -3.946$, $p < .001$). Die entsprechenden Korrelationen unterschieden sich bei t3 jedoch nicht statistisch signifikant voneinander (t3 $r_{\text{Name/Bär}}$ vs. $r_{\text{Schmetterling/Bär}}$: $z = -1.884$, $p = .030$; t3 $r_{\text{Name/Schmetterling}}$ vs. $r_{\text{Schmetterling/Bär}}$: $z = -1.774$, $p = .038$). Die Korrelationen zwischen dem Schriftbild für den Namen und einerseits dem Schriftbild für Schmetterling und andererseits dem Schriftbild für Bär unterschieden sich über alle drei Messzeitpunkte hinweg nicht statistisch signifikant voneinander (t1: $r_{\text{Name/Bär}}$ vs. $r_{\text{Name/Schmetterling}}$: $z = 0.407$, $p = .342$; t2: $r_{\text{Name/Bär}}$ vs. $r_{\text{Name/Schmetterling}}$: $z = -0.483$, $p = .315$; t3: $r_{\text{Name/Bär}}$ vs. $r_{\text{Name/Schmetterling}}$: $z = -0.121$, $p = .452$).

4.3.3 Zusammenhang von visuomotorischen Fertigkeiten und dem Schriftbild

Inwiefern hängen die Fertigkeiten der Kinder, geometrische Formen abzuzeichnen, mit ihrer Darstellung des Schriftbildes zusammen?

Zur Beantwortung dieser Frage wurden erneut Rangkorrelationen nach Spearman berechnet. Zwischen den Ergebnissen des FEW-2 und der Umsetzung des Schriftbildes für den eigenen Namen ergibt sich kein statistisch signifikanter Zusammenhang ($r_s = .213$, $p = .097$, $n = 28$). Die Korrelation mit dem Schriftbild *Bär* ist dagegen statistisch signifikant ($r_s = .601$, $p < .001$, $n = 28$). Dabei handelt es sich nach Cohen (1988) um einen starken Effekt. Auch die Korrelation von FEW-2 und der Umsetzung des Schriftbildes für *Schmetterling* ist statistisch signifikant ($r_s = .367$, $p = 0.025$, $n = 29$), was nach Cohen einem mittleren Effekt entspricht.

4.3.4 Beziehung von Objektgröße und Schriftzug

Welche Rolle spielt die Größe eines Objektes für dessen schriftliche Darstellung?

Dieser Frage wurde in der Analyse der vor-phonetischen Verschriftungen der Aufgaben *Schmetterling* und *Bär* nachgegangen. Für die Beurteilung der Beziehung von Objektgröße des Referenten des Zielwortes und Größe des produzierten Schriftzuges wurden jeweils die Schriftzüge der zwei Aufgaben eines Kindes aus einem Messzeitpunkt miteinander verglichen. Dabei wurden einerseits die Anzahl der einzelnen Zeichen eines Schriftzuges gezählt und andererseits die Länge des Schreibproduktes gemessen. Die Aufgabenpaare, bei denen mindestens einer der Schriftzüge bereits eine Zielwortorientierung aufweist (hier: Wortlautorientierung), wurden rausgerechnet, da die Anzahl sowohl der Silben als auch der einzelnen Laute bzw. Grapheme der beiden Wörter (bewusst) im Widerspruch zu ihrer Objektgröße stehen. Es wird davon ausgegangen, dass sich die Verschriftung bei phonetischen Schreibungen an den erforderlichen Lauten orientiert und eher keine anderen Informationen (wie möglicherweise die Objektgröße) hinzugezogen werden.

Die Anzahl der Kinder, die ihren Schriftzug *Bär* größer darstellten als *Schmetterling* und der Kinder, die ihn kleiner schrieben, liegt so nahe beieinander, dass hier nicht von einem bedeutsamen Unterschied gesprochen werden kann (siehe Tabelle 21). Das betrifft sowohl die Anzahl der Zeichen als auch die Länge des Schriftzuges in cm. Für beide Aspekte – Zeichenanzahl und gemessene Länge – sind zudem Schwankungen über die Messzeitpunkte zu verzeichnen, die wiederum nur sehr gering sind und keine eindeutige Entwicklung aufzeigen.

Tabelle 21: Schriftzuggrößen Schmetterling und Bär im Vergleich, Gesamtstichprobe (N = 41)

Schriftzuggröße Schmetterling – Bär		t1	t2	t3
Zeichenanzahl	B hat mehr Zeichen	10	6	8
	B hat gleich viele Zeichen	5	12	4
	B hat weniger Zeichen	9	8	9
	Wortlautorientierung	2	4	7
	nicht beurteilbar	15	11	13
Schriftzuglänge in cm	B ist länger	13	12	11
	B ist kürzer	11	14	10
	Wortlautorientierung	2	4	7
	nicht beurteilbar	15	11	13

nicht beurteilbar: mind. eins verweigert/nicht gefragt/gemalt

Da die Altersspanne der untersuchten Kinder recht groß ist, wurde der Vergleich der Schriftzuggrößen der Aufgaben *Schmetterling* und *Bär* noch einmal in Altersgruppen unterteilt analysiert. Aufgrund der sehr unterschiedlichen und teilweise zu geringen Zellbesetzung ist eine Aufteilung nach Altersgruppen in (zu Beginn der Erhebung) Drei-, Vier- und Fünfjährige nicht sinnvoll. Deshalb wurde die Gesamtstichprobe mit dem Median-Split in zwei nahezu gleichgroße Gruppen geteilt.[62] Die Kinder unterhalb des Medians stellen die erste Altersgruppe dar, die Kinder oberhalb und inklusive des Medians die zweite. Auch in diesen Untergruppen ergibt sich kein eindeutiges Bild (siehe Tabelle 22 und Tabelle 23), die

62 Der Median liegt bei 59 Monaten (bzw. 4;11 Jahren), was auf drei Kinder zutrifft.

Unterschiede sind aber dennoch geringfügig ausgeprägter. Obwohl die Altersspanne der jüngeren Untergruppe sehr viel größer ist als die der älteren, zeigt sich hier im ersten Messzeitpunkt, also bei den jüngsten Kindern der Erhebungen, der größte Unterschied zwischen den beiden Schriftzügen. Hier besteht die Tendenz, den Schriftzug *Bär* größer zu verschriften als den Schriftzug *Schmetterling*, was sowohl die Anzahl der Zeichen betrifft als auch die gemessene Länge. Es gibt fünf längere Schriftzüge *Bär* mehr als kürzere und vier mehr mit einer größeren Anzahl an Zeichen. Diese Differenz der größeren Schriftzüge *Bär* zu den kleineren kehrt sich zu t2 um, mit einem Abstand von je drei Schriftzügen. Zum dritten Messzeitpunkt gibt es in beiden Größenmaßen gleichviele Schriftzüge *Bär*, die größer dargestellt wurden als solche, die kleiner verschriftet wurden.

Tabelle 22: Schriftzuggrößen Schmetterling und Bär im Vergleich nach Altersgruppen I (n = 20)

Schriftzuggröße Schmetterling – Bär Altersgruppe I		t1 (3;5-4;10)	t2 (3;10-5;4)	t3 (4;4-5;11)
Zeichenanzahl	B hat mehr Zeichen	7	1	4
	B hat gleich viele Zeichen	3	8	2
	B hat weniger Zeichen	3	4	4
	Wortlautorientierung	1	1	2
	nicht beurteilbar	6	6	8
Schriftzuglänge in cm	B ist länger	9	5	5
	B ist kürzer	4	8	5
	Wortlautorientierung	1	1	2
	nicht beurteilbar	6	6	8

nicht beurteilbar: mind. eins verweigert/nicht gefragt/gemalt

Auch in der älteren Untergruppe ist der Unterschied zu t1 am stärksten, allerdings andersherum – hier sind die kleineren und kürzeren Schriftzüge *Bär* in der Überzahl – und mit einer Differenz von je drei für die beiden Größenmaße auch etwas geringer ausgeprägt. Zu t2 und t3 liegt die Differenz von größeren zu kleineren Schriftzügen durchgängig lediglich bei eins, das eine Mal in die eine, das andere Mal in die andere Richtung.

Tabelle 23: Schriftzuggrößen Schmetterling und Bär im Vergleich nach Altersgruppen II (n = 21)

Schriftzuggröße Schmetterling – Bär Altersgruppe II		t1 (4;11-5;7)	t2 (5;4-6;2)	t3 (5;10-6;8)
Zeichenanzahl	B hat mehr Zeichen	3	5	4
	B hat gleich viele Zeichen	2	4	2
	B hat weniger Zeichen	6	4	5
	Wortlautorientierung	1	3	5
	nicht beurteilbar	9	5	5
Schriftzuglänge in cm	B ist länger	4	7	6
	B ist kürzer	7	6	5
	Wortlautorientierung	1	3	5
	nicht beurteilbar	9	5	5

nicht beurteilbar: mind. eins verweigert/nicht gefragt/gemalt

4.3.5 Zusammenfassung der Ergebnisse des Schriftbildes

Das an den Daten entwickelte Kategoriensystem der Darstellungsweisen des Schriftbildes zeigt, dass sich die Schreibprodukte von Vorschulkindern - mit je zwei Spielarten - in *undifferenzierte Zeichen*, *differenzierte Zeichen*, *willkürliche Buchstaben*, *Schriftbildorientierung* und *Wortlautorientierung* differenzieren lassen. Dabei umfassen die Kategorien eins bis sechs Schreibprodukte, deren Zeichen eine steigende Ähnlichkeit zu den Schriftzeichen der Zielsprache aufweisen, aber arbiträr verwendet werden. In den Schriftzügen der Kategorien sieben bis zehn wird deutlich, dass die Kinder die Zeichen nicht willkürlich wählen, sondern sich Bemühen, dem Aussehen oder dem Klang des betreffenden Wortes nahezukommen.

Die Verteilung der Schriftzüge verändert sich über die drei Messzeitpunkte hinweg, also mit steigendem Alter der Kinder, zu immer ranghöheren Kategorien im Sinne einer Annäherung an das Zielschriftsystem. Insgesamt zeigt sich eine Abnahme der Verwendung von vorbuchstablichen Zeichen sowie eine Zunahme der Verwendung von konventionellen Buchstaben, die zum Teil bereits mit einer Annäherung an das konkrete Zielwort einhergeht.

Dabei ergeben sich interessante Unterschiede zwischen den Aufgaben: Das Schriftbild *Name* wird gar nicht gemalt und so gut wie gar nicht verweigert. Die Kategorie *Wortlautorientierung* kommt hier nicht vor (weder *unsicher* noch *kompletter Wortlaut*), dagegen wird das Schriftbild sehr häufig der Kategorie *Schriftbildorientierung* zugeordnet (sowohl *unsicher* als auch *korrektes Schriftbild*). Über die Messzeitpunkte hinweg verschwinden die Kategorien *undifferenzierte* und *differenzierte Zeichen* hier nahezu, im dritten Messzeitpunkt gehören fast alle Schreibprodukte einer der beiden Kategorien der *Schriftbildorientierung* an, mit sehr großem Anteil des *korrekten Schriftbildes*.

Schmetterling und *Bär* werden auch nur vereinzelt gemalt, aber sehr viel häufiger verweigert. Bezüglich der Zielwortorientierung zeigt sich hier ein umgekehrtes Muster: Die Unterkategorien der Gruppe *Schriftbildorientierung* kommen hier überhaupt nicht vor, dafür lassen sich aber bereits einige Schreibprozesse beobachten, dessen Resultat sich der Kategorie *Wortlautorientierung* zuordnen lässt. Insgesamt zeigt sich hier erwartungsgemäß ein heterogeneres und weniger fortgeschrittenes Bild. Die *undifferenzierten* und *differenzierten Zeichen* nehmen etwas weniger stark ab und zu Messzeitpunkt drei machen die Schriftzüge mit *willkürlichen Buchstaben* den größten Anteil aus. Die *Orientierung am Wortlaut* ist sogar bei dem sehr schwierigen Wort *Schmetterling* vereinzelt anzutreffen und etwas häufiger (sowie ansteigend) beim Schriftzug *Bär*.

Die Veränderung von t1 zu t3 ist in allen drei Konditionen signifikant. Der Zusammenhang Alter-*Name* ist ebenfalls zu allen drei Messzeitpunkten signifikant, nimmt aber an Bedeutung (Effektstärke) ab. Bei *Schmetterling* und *Bär* ist der Zusammenhang zum Alter nicht so eindeutig: Nur für *Schmetterling* zu t2 und nur bei einseitiger Signifikanzprüfung auch für *Bär* zu t2 und t3 zeigt sich eine Korrelation mit mittlerer Effektstärke.

Die Umsetzung der einzelnen Aufgaben hängt unterschiedlich stark miteinander zusammen: Die Korrelationen Schriftbild *Name* mit *Schmetterling* und *Bär* haben zu t1 und t2 einen mittleren und teilweise hohen Effekt, sind zu t3 aber nicht signifikant. Der Zusammenhang der Schriftbilder *Schmetterling* und *Bär* ist dagegen durchgängig als hoher bis sehr hoher Effekt zu werten.

Während zwischen den visuomotorischen Fertigkeiten und der Umsetzung des Schriftbildes *Name* kein signifikanter Zusammenhang besteht, zeigt sich zum Schriftbild *Schmetterling* eine Korrelation mittlerer Effektstärke und zum Schriftbild *Bär* ist die Effektstärke hoch.

Bezüglich der Beziehung von Objektgröße und dem Schriftbild lässt sich mit den Daten der vorliegenden Studie nicht feststellen, dass ein kurzes Wort mit einem großen Referenten die Kinder dazu veranlasst, den zugehörigen Schriftzug größer zu verschriften als den eines kleinen Objektes mit langer Bezeichnung. Es sind keine bedeutsamen Unterschiede zu erkennen zwischen der Anzahl von Kindern, die den Schriftzug *Bär* größer und denjenigen, die ihn kleiner schreiben als *Schmetterling*. Lediglich die jüngsten Kinder der Untersuchung (Altersgruppe I zu t1) zeigen die Tendenz, *Bär* kleiner zu schreiben als *Schmetterling*, sowohl bezogen auf die Anzahl der Zeichen als auch auf die Länge in cm.

4.4 Entwicklung von Schriftproduktion und Schriftsprachverständnis

Bislang wurden vornehmlich Ergebnisse aus den deskriptiv-quantitativen Analysen der vorliegenden Daten berichtet. Mithilfe der qualitativen Analysen des Audio- und Videomaterials der 16 Fallbeispiele wird nun der Blick etwas weiter in die Tiefe der Daten gelenkt, um ein umfassenderes Verständnis des Erwerbsprozesses zu erlangen. Die Detailanalysen dienten der Exploration, wie der Entwicklungsverlauf im Einzelnen beschrieben werden kann und was Entwicklungsverläufe möglicherweise über eine dahinterstehende Entwicklungslogik aussagen können. Was sind die Gemeinsamkeiten in der Entwicklung und worin unterscheiden sich Entwicklungsverläufe möglicherweise voneinander? Welche Gesichtspunkte spielen in der (Individual-)Entwicklung eine Rolle?

4.4.1 Herangehensweisen an Schrift im frühen Schrifterwerb: Entwicklung entlang zweier Dimensionen

Aus der qualitativen Analyse ergibt sich, dass die Kinder sich hinsichtlich zweier Aspekte, die in der Entwicklung von Schriftproduktion und Schriftsprachverständnis eine wesentliche Rolle spielen, untereinander unterscheiden. Entlang dieser Gesichtspunkte lassen sich die vorliegenden Entwicklungsverläufe systematisieren. Die zwei empirisch hergeleiteten Dimensionen des frühen Schriftspracherwerbs lassen sich als voneinander unterscheidbare Lernbereiche im Entwicklungsprozess beobachten: 1) die *Einsicht in die* äußeren *Merkmale von Schrift* und 2) die *Einsicht in die Verbindung von Phonem und Graphem.*[63] Sie haben sich als wesentliche interindividuelle Unterscheidungsmerkmale herauskristallisiert. Und zwar nicht nur, was die Ausprägung der beiden Dimensionen betrifft, sondern auch bezüglich der Zusammensetzung oder Gewichtung der jeweiligen kindlichen Kompetenzen in der einen und in der anderen Dimension. Es scheint unterschiedliche Herangehensweisen an das Sich-zu-eigen-Machen der Schriftsprache zu geben: Einige Kinder beschäftigen sich intensiver oder länger mit den äußeren Merkmalen der Schrift. Andere Kinder entdecken und erkunden früher den Zusammenhang vom Geschriebenen zum Gesprochenen.

Abbildung 38 visualisiert diese unterschiedlichen Herangehensweisen. Die Kinder werden anhand ihrer Kompetenzen in den zwei Dimensionen (zum Ende der Erhebung bzw. unter Berücksichtigung der drei Messzeitpunkte) im Lernraum Schrifterwerb bezogen auf ihre Schriftproduktion und ihr Schriftsprachverständnis verortet. Damit werden die beiden Dimensionen in Beziehung zueinander gesetzt. Die Grafik zeigt also das jeweilige erreichte Kompetenzniveau, stellt dabei eine Rangfolge dar und verdeutlicht gleichzeitig die interindividuellen Unterschiede, sowohl was das jeweils erreichte Niveau betrifft, als auch die individu-

63 Im Folgenden Kategorie A) und Kategorie B) genannt.

elle Gewichtung der zwei Dimensionen. Aus Platzgründen wird die Kodenummer der Kinder zur Darstellung herangezogen. Für eine Kontextualisierung sind sie aufgeschlüsselt nach Alter zum dritten Messzeitpunt, Geschlecht, Migrationshintergrund, Sprachstand (SSV), visuomotorischen Fertigkeiten (FEW-2) und den häuslichen Schreibaktivitäten.

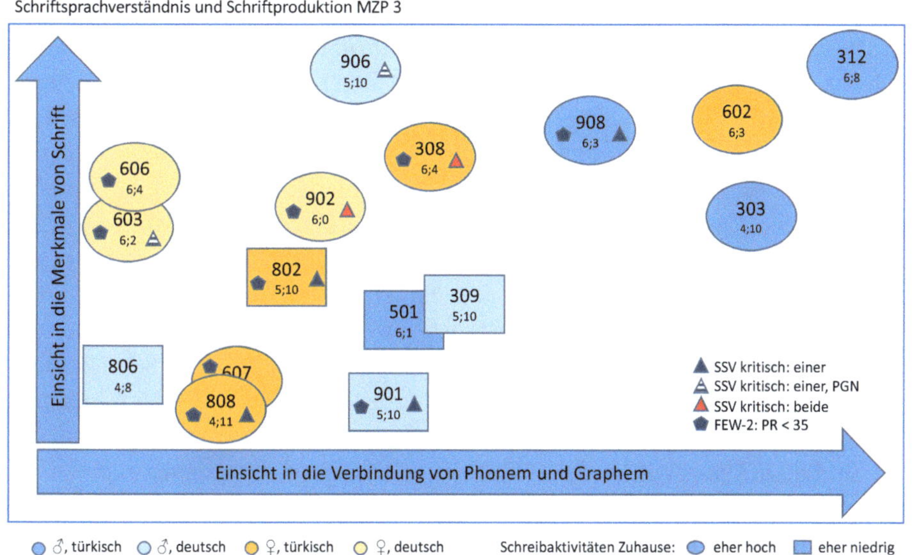

Abbildung 38:
Verortung der Fallbeispiele in Bezug auf ihre Schriftproduktion und ihr Schriftsprachverständnis zu t3

Im Sinne einer Typenbildung können die zwei Dimensionen als Merkmale in einem zweidimensionalen Merkmalsraum (Kelle & Kluge, 2010; Kuckartz, 2010) verstanden werden, die mit der Kombination ihrer unterschiedlichen, empirisch gefundenen Ausprägungen Typen von Schriftsprachlernern beschreiben lassen. Theoretisch wären hier Prototypen denkbar, die die idealtypischen Kombinationen der beiden Dimensionen repräsentierten: *der* äußere-*Merkmale-Lerner*, *der Laut-Zeichen-Lerner*, *der gleichzeitig-Lerner* und der *gar-nicht-Lerner*. Empirisch zeigt sich anhand der vorliegenden Stichprobe aber, dass der Merkmalsraum eher als ein Kontinuum zu verstehen ist, in dem sich eine Verortung oder Verteilung der Ausprägungen als Nuancen, als individuelle Lernschritte oder sich phasenweise verschiebende Schwerpunktsetzungen darstellt. Und in dem auch nicht alle denkbaren Kombinationen vorkommen (siehe unten).

Es wird deutlich, dass es Kinder gibt, die bereits vor der Schule, unangeleitet, eine weitreichende Einsicht sowohl in die äußeren Merkmale der Schrift als auch in die Verbindung von Phonem und Graphem gewinnen. Einige Kinder beginnen recht früh, ein Verständnis dieser Verbindung zu entwickeln, während ihre

Fertigkeiten im Nutzen der konventionellen Merkmale der Schrift noch gar nicht sonderlich weit fortgeschritten sind. Andere Kinder dagegen entwickeln zwar eine hohe Kompetenz in der Einsicht in die äußeren Merkmale der Schrift, während sie jedoch keinerlei Anzeichen für das Verständnis einer Phonem-Graphem-Korrespondenz zeigen.

Wie lassen sich die zwei Dimensionen nun näher beschreiben? Welche Kompetenzabstufungen zeigen die Kinder in ihrer vorschulischen Schreibentwicklung bezogen auf die beiden Dimensionen?

Die *Einsicht in die äußeren Merkmale der Schrift* bezieht sich auf die Charakteristika von Schreibprodukten und ihrer Herstellung – auf die Form und Anordnung von Schriftzeichen sowie auf die Richtung der Anfertigung von Schriftzügen – und damit eher auf die *Schriftproduktion.* Dabei wurde auch eine Einsicht in die Funktion von Geschriebenem beobachtet, die sich hier noch auf ein eher oberflächliches, äußeres Verständnis bezieht und oftmals in der Produktion in Erscheinung tritt. Bei der *Einsicht in die Verbindung von Phonem und Graphem* handelt es sich dagegen um ein Erfassen der Funktion der einzelnen Zeichen – um das Erkennen der Beziehung von gesprochener und geschriebener Sprache und das Erarbeiten eines Repertoires an Zeichen zur Konstruktion von Schrift – und damit eher um ein *Schriftsprachverständnis.* Tabelle 24 und Tabelle 25 geben eine Übersicht über die Ausprägungen (Unterkategorien) der zwei Dimensionen, die sich im Entwicklungsverlauf der 16 Fallbeispiele finden und zu denen sich die beobachteten Fähigkeiten und Fertigkeiten gruppieren lassen. Rechts ist aufgeführt, für wie viele der Kinder das jeweilige Kompetenzniveau zutrifft.

Tabelle 24: Ausprägungen und Verteilung der Dimension äußere Merkmale der Schrift

Ausprägung der Dimension A) Einsicht in die äußeren Merkmale von Schrift	**Anzahl Kinder**
1) Entwickeln eine geringe Einsicht in die Merkmale von Schrift → nutzen (und benennen) max. wenige Buchstaben, Schreibrichtung (und Anordnung) sind eher unkonventionell, mindestens nicht konsistent, schreiben den eigenen Namen noch nicht korrekt	4
2) Entwickeln eine mittlere Einsicht in die Merkmale von Schrift → nutzen (und benennen) < 15 Buchstaben, nutzen die konventionelle Schreibrichtung und Zeilenanordnung, schreiben mindestens den eigenen Namen korrekt	5
3) Entwickeln eine komplexe Einsicht in die Merkmale von Schrift → nutzen (und benennen) ≥ 15 Buchstaben, schreiben bereits mehrere Wörter korrekt	7

Tabelle 25: Ausprägungen und Verteilung der Dimension Verbindung von Phonem und Graphem

Ausprägung der Dimension B) Einsicht in die Verbindung von Phonem und Graphem	Anzahl Kinder
1) Zeigen durchgängig keine Einsicht in die Verbindung von Phonem und Graphem → kein Benennen, Lautieren, Zuordnen – weder im Schreibprozess noch im Nachhinein	3
2) Entwickeln eine erste vage Einsicht in die Verbindung von Phonem und Graphem → erste Silbe-/Laut-zu-Zeichen-Zuordnungen > zu arbiträren Zeichen, oft scheinbar willkürlich (unterschiedlich) und eher im Nachhinein, teils für Produktion	9
3) Entwickeln eine fortgeschrittene Einsicht in die Verbindung von Phonem und Graphem → konstruieren Teile von neuen Wörtern anhand von bekannten Buchstaben (oft eigener Name) > Anlaut oder wenige Buchstaben/Laute, bzw. teils falsch/unsicher	1
4) Entwickeln eine komplexe Einsicht in die Verbindung von Phonem und Graphem → konstruieren (neue) Wörter mehr oder weniger lautgetreu aus den erforderlichen Buchstaben > Lautschrift (oder noch teilweise unvollständig)	3

Dass die Kinder am Ende der Untersuchungszeit, mit 4;8 bis 6;8 Jahren, keinerlei Einsicht in die äußeren Merkmale der Schrift zeigen, kommt nicht vor: Vier Kinder entwickeln eine geringe Einsicht, fünf eine mittlere und sieben eine komplexe. Bei der Einsicht in die Verbindung von Phonem und Graphem verhält es sich etwas anders: Hier zeigen drei Kinder über die Messzeitpunkte hinweg keine Anzeichen einer Einsicht, die Mehrheit der Kinder entwickelt eine vage erste Einsicht, eins eine fortgeschrittene und drei bereits eine komplexe.

Im Anschluss wird für jedes Kind gezeigt, welche Reaktionen im Schreibprozess im Verlauf der drei Messzeitpunkte konkret beobachtet wurden, die zu der Einschätzung der kindlichen Kompetenzen führten. Daher wird hier davon abgesehen, die einzelnen Ausprägungen der Dimensionen näher zu beschreiben, als dies aus Tabelle 24 und Tabelle 25 hervorgeht. Die Kinder selbst sollen – durch ihre Äußerungen und Resultate – in den folgenden Ausführungen zur Veranschaulichung herangezogen werden.

4.4.2 Entwicklungsverläufe in den zwei Dimensionen

Wie äußern sich die konkreten Fähigkeiten, Fertigkeiten und Einsichten der Kinder in den beiden Dimensionen? Wie entwickeln sie sich über die Messzeitpunkte hinweg? Und wie ist das Verhältnis der Kompetenzen in der einen Dimension zur jeweils anderen Dimension?

Die Beschreibung dessen, was die Kinder im Einzelnen an schreibbezogenen Reaktionen im Schreibprozess zeigen, geschieht tabellarisch pro Dimension sortiert nach der Ausprägung, bis zu der sich das Kind über den Erhebungszeitraum von einem Jahr entwickelt hat. In Tabelle 27 bis Tabelle 33 sind die jeweiligen Kompetenzen (und der individuelle Entwicklungsverlauf) der Kinder in den drei bzw. vier Kategorien der beiden Dimensionen A) *Einsicht in die äußeren Merk-*

male von Schrift und B) *Einsicht in die Verbindung von Phonem und Graphem* dargestellt. Auch innerhalb einer Tabelle wurden die Kinder anhand ihrer Fähigkeiten und Fertigkeiten in eine Rangfolge gebracht und nach Kompetenzniveau absteigend geordnet. Insbesondere in der Kategorie B2 *entwickeln eine erste vage Einsicht in die Verbindung von Phonem und Graphem* war die Systematisierung entlang des Kompetenzniveaus schwierig, weil die Reaktionen der Kinder sehr ähnlich basal sind. Kriterien, die hier zur Entscheidung herangezogen wurden, sind z.B. ob die Zuordnung von Lauten/Silben zu konventionellen Buchstaben oder (noch) zu vorbuchstablichen Zeichen geschah und ob diese Zuordnung für die Produktion herangezogen oder (noch) im Nachhinein vollzogen wurde. Eine gezielte Veränderung des Schriftzuges im Nachhinein als Hinzufügen eines (in der Regel willkürlichen) Buchstabens oder Zeichens für eine Silbe (oder einen Laut) kann dabei als Ansatz der Nutzung der Verbindung von Phonem und Graphem für die Produktion verstanden werden. Um die individuelle Zusammensetzung der Fähigkeiten und Fertigkeiten in den beiden Dimensionen und damit die mögliche individuelle Diskrepanz der beiden Dimensionen noch einmal zu verdeutlichen, werden den detailliert aufgelisteten Kompetenzen der Kinder innerhalb der Subkategorie der einen Dimension, abschließend in einer ergänzenden Zeile jeweils die Subkategorie der anderen Dimension hinzugefügt. Vorangestellt ist zunächst eine Legende (Tabelle 26) für die Abkürzungen aller folgenden Tabellen der beiden Dimensionen.

Tabelle 26: Legende für die Abkürzungen der nachfolgenden sieben Tabellen der Dimensionen A und B

Legende für die nachfolgenden Tabellen der Entwicklungsverläufe in den Ausprägungen der Dimensionen (Tabelle 27 – Tabelle 33)	
B.	Buchstabe(n)
n+n B.	verwendete Buchstaben werden angegeben mit n Buchstaben aus eigenem Namen + n weitere Buchstaben
n benannt	Gibt an, wie viele der verwendeten Buchstaben benannt wurden
dt. /tk.	Deutsch /Türkisch
konstruiert	Schreibt lautierend, konstruiert anhand der Laute > wortlautorientiert
schreibt 1x korrekt	Bezieht sich immer auf die korrekte Verschriftung des eigenen Namens, mehr als 1x bezieht sich auf weitere Schriftzüge darüber hinaus
r>l (l>r)	von rechts nach links (andersherum) > nur aufgeführt bei: unkonventionell/ inkonsistent genutzt oder neu erlernt
P-G-K	Phonem-Graphem-Korrespondenz
schreibt - isoliert - b.artig - willkürlich - zielwortor. - korrekt - konstruiert korrekt	Verwendet Schriftzeichen gemäß der Schriftbildkategorien - isolierte Zeichen - buchstabenartige Zeichen - willkürliche Buchstaben - Zielwortorientierung, noch unsicher (entweder SB oder WL) - korrektes Schriftbild - kompletter Wortlaut
SB	Schriftbild
WL	Wortlaut

Tabelle 27: Dimension Merkmale der Schrift, 1) geringe Einsicht – Entwicklungsverläufe

A) EINSICHT IN DIE ÄUSSEREN MERKMALE DER SCHRIFT						
1) Entwickeln eine geringe Einsicht in die Merkmale von Schrift						
Kind	**MZP 1**		**MZP 2**		**MZP 3**	
Bela	3;9	Schreibt b.artig oder gar nicht; Keine konventionellen Merkmale (Schreibrichtung, Anordnung)	4;2	Schreibt zielwortorientiert (SB), gar nicht oder willkürlich; 4 B., unbenannt; keine konv. Schreibrichtung (überw. spiegelverkehrt + r>l, auch l>r)	4;8	Schreibt zielwortorientiert (SB), willkürlich oder gar nicht; 4+1B., unbenannt; Richtung noch unkonv. (spiegelv.+l>r oder willk.); Nutzt gezielt Buchstaben zum Schreiben
	B1) Zeigt durchgängig keine Einsicht in die Verbindung von Phonem und Graphem					
Eda	4;7	Schreibt b.artig oder Zickzacklinien; Richtung + Anordnung unkonv., unterschiedlich	5;0	Schreibt b.artig oder Zickzacklinien; Richtung unkonventionell, aber linear	5;7	Schreibt korrekt, b.artig (+ziffernartig)+willk. oder b.artig; 3 B., unbenannt; Richtung + Anordnung unkonv./unterschiedlich
	B2) Entwickelt eine erste vage Einsicht in die Verbindung von Phonem und Graphem					
Samuel	4;11	Schreibt isoliert, Zickzack oder gemischt; Nicht durchgängig konventionelle Schreibrichtung; Funktion: Satz/Brief	5;4	Schreibt willk., b.artig oder isoliert+Zickzack; 2 B., benennt 1 anderen; konventionelle Schreibrichtung	5;10	Schreibt b.artig+willk., b.artig oder isoliert; 3 B. (1 davon unsicher), unben., 2 aus MZP2 jetzt b.artig, Anlehnung an eig Name (Schriftbild); Richtung + Anordnung oft unkonv.
	B2) Entwickelt eine erste vage Einsicht in die Verbindung von Phonem und Graphem					
Sahra	3;11	Schreibt Kritzelgebilde; Keine konventionellen Merkmale (Anordnung, Schreibrichtung)	4;4	Schreibt buchstabenartig; Schreibrichtung + Anordnung unkonv.; identische Zeichen für fast alle Schriftzüge	4;11	Schreibt willkürlich, b.artig oder gemischt; oft 1 Zeichen, 4 f. alle Schriftzüge, Anlehnung an eig Name (SB); 2 B., unbenannt; nur teils konv. Merkmale; Funktion: (Quatsch-) Sätze
	B2) Entwickelt eine erste vage Einsicht in die Verbindung von Phonem und Graphem					

Die Kinder in der Kategorie A1) starten im ersten Messzeitpunkt in derselben Rangfolge, in der sie zum Ende der Erhebung aufgeführt sind, entwickeln sich bezüglich ihrer Einsicht in die Merkmale der Schrift also relativ gleichförmig weiter. Alle vier nutzen am dritten Messzeitpunkt noch wenige Buchstaben, die

Tabelle 28: Dimension Merkmale der Schrift, 2) mittlere Einsicht – Entwicklungsverläufe

A) EINSICHT IN DIE ÄUSSEREN MERKMALE DER SCHRIFT						
2) Entwickeln eine mittlere Einsicht in die Merkmale von Schrift						
Kind	**MZP 1**		**MZP 2**		**MZP 3**	
Berkay	3;10	Schreibt Kritzellinien, isoliert oder b.artig; Nur teils konvention. Merkmale (Richtung, Anordnung)	4;4 4;6	Schreibt 1x korrekt, zielwortor. (WL) oder willk.; 6+7 B., 10 benannt; Richtung + Anordnung konvent.	4;10	Schreibt 2x korrekt/ korrekt konstruiert, zielwortorient. (WL), willk. oder nicht; 6+7 B., 11 benannt
	B4) Entwickelt eine komplexe Einsicht in die Verbindung von Phonem und Graphem					
Lisa	5;2	Schreibt 4x korrekt, willkürlich oder willk.+buchst.art.; 4+5 B., unbenannt; Reproduziert Wörter als Ganzes	5;7	Schreibt 3x korrekt (+Anfang) oder willkürlich; 4+7 B., unbenannt; Wörter als Logogramm	6;2	Schreibt 5x korrekt (+2Anfang) oder willkürlich; Sonst identisch
	B1) Zeigt durchgängig keine Einsicht in die Verbindung von Phonem und Graphem					
Emel	4;11	Schreibt b.artig (aber zielwortor. SB, eig Name) oder gar nicht; 1 B., unbenannt; Richtung unkonv. (konsequent spiegelverk.+r>l)	5;5	Schreibt zielwortorient. (SB), willk., 1xmit überwiegend b.artig; 3+8 B. (+Ziffer=„Buchst."), unben.; unkonv. Richtung (konsequent spiegelverk.+r>l) und teils Anordnung	5;10	Schreibt 1x korrekt, zielwortor. (SB), willk.+gemischt, Zickzack oder isoliert; 3+13 B. (+Ziffer), unben.; Richtung selten unkonventionell; Funktion: Geschichte
	B2) Entwickelt eine erste vage Einsicht in die Verbindung von Phonem und Graphem					
Justin	4;9	Schreibt isoliert, b.artig oder gemalt (Abbild); Schreibrichtung nur teilweise konventionell	5;4	Schreibt zielwortorient. (SB), willk.+b.artig oder willk.; 6+1 B., +1unsicher, unbenannt; Richtung unkonv. (konsequent r>l)	5;10	Schreibt 1x korrekt, ansatzweise zielwortorient. (WL), willk.+b.artig oder willkürlich; 6+4 B., 1 benannt, konvent. Schreibrichtung
	B2) Entwickelt eine erste vage Einsicht in die Verbindung von Phonem und Graphem					
Ibrahim	5;1	Schreibt willkürlich+b. artig; 2+2 B. (+2Ziffern), benennt falsch; Schreibrichtung + Anordnung unkonventionell	5;6	Schreibt 1x korrekt, willk. oder b.artig+willk.; 6+3 B., 2 benannt (+7Ziffern, 6 benannt); Schreibrichtung+Anord. nicht konsequent konv.	6;1	Schreibt 1x korrekt, zielwortorientiert (SB) oder willkürlich; 6+3 B., 3 benannt, keine Ziffern; konventionelle Schreibrichtung
	B2) Entwickelt eine erste vage Einsicht in die Verbindung von Phonem und Graphem					

fast ausschließlich aus dem eigenen Namen stammen oder buchstabenähnliche Zeichen in Anlehnung an ihren Namen. Nur Eda schreibt ihren Namen korrekt und Bela spiegelverkehrt. Auch die Schreibrichtung und mehrheitlich ebenfalls die Anordnung (Linearität) sind noch nicht konventionell oder konsistent. Gerade Bela, der sich in der Kategorie A1) am weitesten entwickelt, zeigt durchgängig keine Einsicht in die Phonem-Graphem-Kompetenz (B1), die anderen entwickeln eine vage erste Einsicht. Vereinzelt zeigt sich ein Verständnis für die Funktion von Geschriebenem in der Produktion: Samuel schreibt einen Satz als Brief formuliert und Sahra verschriftet etliche Quatschsätze.

Die Kinder in der Kategorie A2) entwickeln sich von einem eher niedrigen Ausgangsniveau zu Messzeitpunkt eins hin zur Nutzung etlicher Buchstaben, von denen die Mehrheit aber nur wenige benennt, zur korrekten Schreibung des eigenen Namens und zur überwiegend konventionellen Anordnung (Linearität) sowie Schreibrichtung. Eine Ausnahme bildet Lisa, die hat schon zu Beginn der Untersuchung mit drei korrekten Wörtern über ihren eigenen Namen hinaus ein ähnlich hohes Niveau wie zu t3 und erweitert ihre Kenntnisse ausschließlich durch neue reproduzierte Schriftbilder (bzw. Anteile davon). Eine weitere Ausnahme ist Berkay, der zwar sehr niedrig startet, im dritten Messzeitpunkt aber bereits über seinen Namen hinaus korrekt oder zielwortorientiert konstruiert sowie fast alle seiner verwendeten Buchstaben benennt, was sich auch in der komplexen Einsicht in die Verbindung von Phonem und Graphem zeigt (B4). Bei Ibrahim spielen Ziffern eine große Rolle. Emel zeigt Einsicht in die Funktion von Geschriebenem, indem sie eine (kurze) Geschichte schreibt.

Tabelle 29: Dimension Merkmale der Schrift, 3) komplexe Einsicht – Entwicklungsverläufe

A) EINSICHT IN DIE ÄUSSEREN MERKMALE DER SCHRIFT						
3) Entwickeln eine komplexe Einsicht in die Merkmale von Schrift						
Kind	**MZP 1**		**MZP 2**		**MZP 3**	
Eren	5;7	Schreibt 2x korrekt oder ohne erkennbares Schriftbild; 3+1 B., 1 benannt (+4 weitere); Nutzt Buchstaben + Ziffern kontextgemäß	6;2	Schreibt 1x korrekt oder zielwortorientiert (WL); 3+8 B., 2 benannt (tk.), verwendet alle benötigten Buchstaben	6;8	Schreibt 6x korrekt/ korrekt konstruiert oder zielwortorientiert (WL); 3+12 B.,5 benannt; Demonstriert Schreibschrift
	B4) Entwickelt eine komplexe Einsicht in die Verbindung von Phonem und Graphem					
Lucas	5;0	Schreibt 3x korrekt oder Kritzellinien (teils mit willk.); 5+3 B., unbenannt, Anordnung und Richtung teils unkonventionell	5;5 5;7	Schreibt 3x korrekt oder willkürlich; 5+10 B., 6 benannt, 4 unsicher;	5;10	Schreibt 4x korrekt, zielwortorient. (Anfang: WL/SB?), willkürlich oder Kritzellinien; 5+21 Buchstaben, alle benannt; Funktion: Einladungskarte
	B2) Entwickelt eine erste vage Einsicht in die Verbindung von Phonem und Graphem					

Destina	5;1	Schreibt 3x korrekt, zielwortorientiert (SB), oder arbiträr unüberprüfbar („tk." in willk., b.artig, isoliert); 8+6 B., 1 benannt, 1 falsch	5;6	Schreibt 3x korrekt/korrekt konstruiert (+Anfang), zielwortor. (SB), willk., buchstabenartig oder gemischt (teils unüberprüfbar „tk."); 8+9 B., 7 benannt; erklärt/nutzt Unterschiede von dt.+tk. Buchst.; nutzt Buchstaben + Ziffern kontextgemäß; Klein- vs. Großbuchstaben	6;3	Schreibt 5x korrekt, zielwortorient. (WL), arbiträr unüberprüfbar („Kinderschrift", s. vorige); 8+11 B., 8 benannt; Funktion: Mitteilungen
B4) Entwickelt eine komplexe Einsicht in die Verbindung von Phonem und Graphem						
Baran	5;4	Schreibt zielwortorientiert (SB) oder gar nicht; 4 B., unbenannt	5;9	Schreibt 1xkorrekt/ zielwortorientiert (SB), willkürlich, willk.+b.artig oder zielwortor. (WL); 4+8 B., 4 benannt (1tk.)	6;3	Schreibt 4x korrekt, willk., b.artig+willk., oder zielwortorientiert (WL); 4+16 B., keine neu benannt
B3) Entwickelt eine fortgeschrittene Einsicht in die Verbindung von Phonem und Graphem						
Rüveyda	5;3	Schreibt 1x korrekt oder willkürlich; 7+3 B. (+Ziffer), unbenannt	5;10	Schreibt 2x korrekt (+Anfang), willkürlich, zielwortor. (SB) oder willk.+b.artig; 7+9 B. (+Ziffer), 1 benannt, 2 falsch; Funktion: Geschichte + Erinnern	6;4	Schreibt 3x korrekt, willk., zielwortorient. (SB), b.artig, b.artig+willk. oder Zickzack; 7+12 B., 1 benannt., 1 falsch, (+Ziffer=Fehler)
B2) Entwickelt eine erste vage Einsicht in die Verbindung von Phonem und Graphem						
Celina	5;4	Schreibt zielwortorientiert (SB), b.artig+willk. oder willk.+b.artig; 4+4 B., unbenannt	5;9	Schreibt 1xkorrekt, willkürlich oder willk.+b. artig; 6+9 (+Ziffer), unben.; „Zahl" + „Buchst." für Schriftzüge;	6;4	Schreibt 1xkorrekt unsicher/zielwortor. (SB), willk. oder willk.+b.artig; 6+11 B., 1 falsch benannt; unterscheidet und erklärt Buchst. und Ziffern kontextgemäß
B1) Zeigt durchgängig keine Einsicht in die Verbindung von Phonem und Graphem						
Melinda	5;1	Schreibt 3x korrekt, willk., b.artig+willk. oder nicht; 7+3 B., unbenannt; Erkennt Gemeinsamkeiten von Schriftzügen	5;6 5;9	Schreibt 3x korrekt, zielwortorientiert (SB), oder willkürlich; 7+6 B., unbenannt; Nutzt Buchstaben + Ziffern kontextgemäß	6;0	Schreibt 2x korrekt, zielwortorientiert (SB), willk. oder willk.+b.artig; 7+8 B., unbenannt; Fokussiert Form (Ähnlichkeit)+Funktion (Mitteilung) von Schrift
B2) Entwickelt eine erste vage Einsicht in die Verbindung von Phonem und Graphem						

Alle Kinder in der Kategorie A3) schreiben bereits zu Messzeitpunkt eins den eigenen Namen korrekt oder zielwortorientiert. Am Ende der Untersuchung schreiben sie mehrere Wörter mit korrektem Schriftbild und verwenden viele oder sehr viele Buchstaben, von denen vier der Kinder allerdings nur wenige oder gar keinen benennen. Interessant ist, dass auch in dieser Kategorie nach wie vor buchstabenartige Zeichen und Kritzellinien zur Darstellung des Schriftbildes herangezogen werden. Dies tut auch Destina, die in der Dimension B) bereits eine komplexe Einsicht entwickelt. Melinda, Rüveyda, Lucas und Destina zeigen einen Einblick in die Funktion von Geschriebenem, indem sie Mitteilungen, eine (kurze) Geschichte oder eine Einladungskarte schreiben.

Tabelle 30: Dimension Verbindung von Phonem und Graphem, 1) keine Anzeichen – Entwicklungsverläufe

B) EINSICHT IN DIE VERBINDUNG VON PHONEM UND GRAPHEM						
1) Zeigen durchgängig keine Einsicht in die Verbindung von Phonem und Graphem						
Kind	**MZP 1**		**MZP 2**		**MZP 3**	
Celina	5;4	Zeigt keine Anzeichen von P-G-K	5;9	Erste Einsicht: sucht vereinzelt Silben f. Verschriftung, 1x und unvollständig: kennt sie nicht und zeigt/betont, dass sie es nicht kann: b.artig+willkürlich	6;4	Zeigt keine Anzeichen von P-G-K
A3) Entwickelt eine komplexe Einsicht in die Merkmale von Schrift						
Lisa	5;2	Zeigt keine Anzeichen von P-G-K	5;7	Zeigt keine Anzeichen von P-G-K	6;2	Zeigt keine Anzeichen von P-G-K
A2) Entwickelt eine mittlere Einsicht in Merkmale von Schrift						
Bela	3;9	Zeigt keine Anzeichen von P-G-K	4;2	Zeigt keine Anzeichen von P-G-K	4;8	Zeigt keine Anzeichen von P-G-K
A1) Entwickelt eine geringe Einsicht in die Merkmale von Schrift						

Mit einer Ausnahme zu einem Messzeitpunkt zeigen die Kinder der Kategorie B1) durchgängig keinerlei Anzeichen für ein Verhalten, das auf die Einsicht in die Funktion der Schriftzeichen als Repräsentanten für die Laute der gesprochenen Sprache rückschließen ließe. Im zweiten Messzeitpunkt fragt Celina bei einem ihrer Schriftzüge nach einer Silbe zum Verschriften.

Tabelle 31: Dimension Verbindung von Phonem und Graphem, 2) vage Einsicht – Entwicklungsverläufe

B) EINSICHT IN DIE VERBINDUNG VON PHONEM UND GRAPHEM						
2) Entwickeln eine erste vage Einsicht in die Verbindung von Phonem und Graphem						
Kind	**MZP 1**		**MZP 2**		**MZP 3**	
Justin	4;9	Erste Einsicht: vereinzelt Silbe-Zeichen-Zuordnung für Produktion, plus Extra-Zeichen	5;4	Zeigt keine Anzeichen von P-G-K	5;10	Erste Einsicht: 1x Zuord.+ Veränd. im Nachhinein (Silbe-Buchst.), 1x erkennt korrekten Laut, falsche Position, weiter willk.; hört/ benennt falsche Laute
A2) Entwickelt eine mittlere Einsicht in die Merkmale von Schrift						
Rüveyda	5;3	Zeigt keine Anzeichen von P-G-K	5;10	Erste Einsicht: spricht teils WL in Silben, Umsetzung sporadisch (willk./b.artig, unvollst. oder mehr Zeichen; 1x konstruiert: Anlautsilbe korrekt für 2Silben [WL/ SB?], weiter b.artig + willk.); ordnet inhaltl. Abschnitte (Geschichte) graphischen Abschn. zu (b.artig)	6;4	Vage erste Einsicht: Spricht teils Wortlaute in Silben, Umsetzung sporadisch (1x Anlaut zu falschem Buchstaben)
A3) Entwickelt eine komplexe Einsicht in die Merkmale von Schrift						
Ibrahim	5;1	Rudimentäre Einsicht: ordnet vereinzelt Silbe einem Zeichen zu	5;6	Erste Einsicht: Silben und Abschnitte/Zeichen von Schriftzügen stehen in Verbindung, richtet die Produktion aber nicht danach	6;1	Erste Einsicht: Zuordnung und teils gezielte Veränderung im Nachhinein (Silbe zu Buchstabe), 1x erkennt dabei korrekten Laut, falsche Position stört nicht
A2) Entwickelt eine mittlere Einsicht in die Merkmale von Schrift						
Samuel (Ausnahme MZP3)	4;11	Erste Einsicht: Silbe-zu-Zeichen-Zuordnung für Produktion, nicht durchgängig, teils Extra-Zeichen	5;4	Erste Einsicht: teils Zuordnung (Silbe zu willk. oder SB-orientierten Buchst.)+ Veränderung im Nachhinein (konsistent+vollst.), teils ohne	5;10	Zeigt keine Anzeichen von P-G-K
A1) Entwickelt eine geringe Einsicht in die Merkmale von Schrift						
Lucas	5;0	Zeigt keine Anzeichen von P-G-K	5;5 5;7	Erste Einsicht: ordnet teilweise (vollst.) im Nachhinein Silben den willk. Buchstaben zu, 1x langgezogen und doppelt, damit es aufgeht	5;10	Zeigt keine Anzeichen von P-G-K; Versucht möglicherweise mit korrektem Anlaut zu konstruieren (1x, lautlos, plus willk., bricht ab) oder zu rekonstruieren (SB)?
A3) Entwickelt eine komplexe Einsicht in die Merkmale von Schrift						

Melinda	5;1	Zeigt keine Anzeichen von P-G-K	5;6 5;9	Erste Einsicht: probiert unterschiedliche Zuordnungen im Nachhinein, erkennt teils Widerspruch von Anzahl Silben-Zeichen (Buchstaben)	6;0	Erste Einsicht: Verbindung Silbe-Buchst. scheint recht willkürlich (unterschiedl.), vereinzelt für Produktion (Sätze in Silben zu Abschnitten v. Buchst.)
				A3) Entwickelt eine komplexe Einsicht in die Merkmale von Schrift		
Emel	4;11	Zeigt keine Anzeichen von P-G-K	5;5	Erste vage Einsicht: 1x Zuordnung im Nachhinein (Silben zu Zeichen; bemerkt Widerspruch von Anzahl Silben-Buchst., ergänzt mündl. einsilbiges Wort)	5;10	Erste Einsicht: spricht WL vereinzelt silbisch (Nachhinein), ordnet Kritzelzeilen/-zeichen teils im Nachhinein, teils bei Produktion Inhalt zu (teils Wörter, teils Silben > schreibt Geschichte)
				A2) Entwickelt eine mittlere Einsicht in die Merkmale von Schrift		
Eda	4;7	Erste Einsicht in P-G-K: Silbe-Zeichen-Zuordn. für Produktion, meist plus Extra-Zeichen, silbisches ‚Vorlesen' ohne Zuordnung	5;0	Zeigt keine Anzeichen von P-G-K	5;7	Zeigt quasi keine Anzeichen von P-G-K: 1x silbisches ‚Vorlesen' ohne konkrete Zuordnung
				A1) Entwickelt eine geringe Einsicht in die Merkmale von Schrift		
Sahra	3;11	Vage Einsicht: spricht teils Silben zu Abschnitten ihrer Kritzelgebilde, macht aber mehr Striche	4;4	Zeigt keine Anzeichen von P-G-K	4;11	Vage Einsicht: Zuordnung im Schreibprozess zu Buchst.-/Zeichenabschnitten scheint willk. (unterschiedl.), geht oft nicht auf
				A1) Entwickelt eine geringe Einsicht in die Merkmale von Schrift		

Eine erste Ahnung oder das erste Verständnis für die Verbindung von Laut und Zeichen der Kinder der Kategorie B2) äußert sich in verschiedenen Abstufungen über die drei Messzeitpunkte hinweg. Es kommt vor, dass Kinder den zu schreibenden Wortlaut in Silben aussprechen, aber keine Verbindung zur Produktion herstellen. Überwiegend nehmen die Kinder aber eine Zuordnung von Silben (teilweise auch Wörtern) zu Zeichen vor – allerdings nie durchgängig in allen Schriftzügen. Diese Zuordnung geschieht teilweise im Nachhinein und teilweise während der Produktion des betreffenden Zeichens. Sie kann zu willkürlichen Buchstaben, zu buchstabenartigen Zeichen oder auch Abschnitten von einem der beiden ebenso wie zu isolierten Zeichen oder Abschnitten von Kritzellinien beobachtet werden. Teilweise wird bei der Zuordnung im Nachhinein ein Zeichen ergänzt, weil sonst eine Silbe *leer* ausginge, teilweise werden einige Silben gedehnt ausgesprochen, der Wortlaut gedoppelt, oder inhaltlich etwas (in Silben) ergänzt, damit die Zuordnung alle vorhandenen Zeichen miteinschließt. Es kommt aber auch vor, dass sich die Kinder nicht an Extrazeichen stören, die über die silbische Zuordnung hinausgehen, sowohl bei der Produktion als auch im Nachhinein. Auch vereinzelte noch unsichere Anlautkonstruktionen werden bereits beobachtet.

Tabelle 32: Dimension Verbindung von Phonem und Graphem, 3) fortgeschrittene Einsicht – Entwicklungsverläufe

B) EINSICHT IN DIE VERBINDUNG VON PHONEM UND GRAPHEM						
3) Entwickeln eine fortgeschrittene Einsicht in die Verbindung von Phonem und Graphem						
Kind	**MZP 1**		**MZP 2**		**MZP 3**	
Baran	5;4	Erste Ahnung: sucht nach Silben zum Verschriften (ohne Umsetzung)	5;9	Fortgeschr. Einsicht: Verbindung von Laut+Buchstabe anhand des eigenen Namens > konstruiert Wort (Zeichen pro Silbe, nutzt Buchstabenname)	6;3	Fortgeschrittene Einsicht: Konstruktion neuer Wortteile (Anlaut) und Beurteilung von Schreibweisen als identisch weiterhin entlang der Buchst./Laute aus eig. Name
A3) Entwickelt eine komplexe Einsicht in die Merkmale von Schrift						

In der Kategorie B3) konstruiert Baran teilweise den Wortlaut und teilweise Anlaute mithilfe der Laute bzw. Buchstabennamen seines eigenen Namens.

Tabelle 33: Dimension Verbindung von Phonem und Graphem, 4) komplexe Einsicht – Entwicklungsverläufe

B) EINSICHT IN DIE VERBINDUNG VON PHONEM UND GRAPHEM						
4) Entwickeln eine komplexe Einsicht in die Verbindung von Phonem und Graphem						
Kind	**MZP 1**		**MZP 2**		**MZP 3**	
Eren	5;7	Zeigt keine Anzeichen von P-G-K	6;2	Einsicht sehr komplex: konstruiert durchgängig in vollständiger Lautschrift	6;8	Einsicht sehr komplex: konstruiert durchgängig in vollständiger Lautschrift, überprüft und korrigiert die Laute/Buchst. dabei
A3) Entwickelt eine komplexe Einsicht in die Merkmale der Schrift						
Berkay	3;10	Zeigt keine Anzeichen von P-G-K	4;4 4;6	Komplexe Einsicht: konstruiert orientiert am gesamten Wortlaut, Umsetzung (anteilig) falsch/unvollst.; +benennt teils Buchst. anderer Schriftzüge ohne Zusammenhang zum WL	4;10	Komplexe Einsicht: Umsetzung nun 1x korrekt, 1x gesamter Wortlaut, 1x Anlaut korrekt (+falsch +willk.); weiterhin Benennung willkürlicher Buchstaben in anderen Schriftzügen
A2) Entwickelt eine mittlere Einsicht in die Merkmale von Schrift						

Destina	5;1	Vage erste Einsicht: lautiert vereinzelt im Schreibprozess (allerdings dt., obwohl sie „tk." schreibt)	5;6	Fortgeschrittene Einsicht: konstruiert teilweise am WL (1x korrekt, 1x falsch); +benennt teils Buchst. anderer Schriftzüge ohne Zusammenhang zum WL	6;3	Einsicht komplex: konstruiert Wortlaut über Laute des eig Namen hinaus, Zuordnung im Nachhinein ist aber nicht eindeutig
A3) Entwickelt eine komplexe Einsicht in die Merkmale der Schrift						

Die Kinder der Kategorie B4) konstruieren den kompletten Wortlaut verschiedener Wörter, die über die Laute des eigenen Namens hinausgehen, teilweise noch unsicher, aber teilweise auch mit Überprüfung und Selbstkorrektur. Dabei starten sie ihre Entwicklung zu Messzeitpunkt eins auf einem sehr niedrigen Niveau, machen also einen besonders großen Entwicklungsschritt. Interessant ist, dass Berkay und Destina dabei teilweise die Buchstaben aus anderen Schriftzügen benennen, die sie willkürlich verschriftetet haben, ohne sich daran zu stören, dass die genannten Buchstaben im Wortlaut des betreffenden Wortes nicht vorkommen.

Zusammenfassend wird in Tabelle 34 ein Überblick darüber gegeben, wie die Verteilung der Kombination der Kompetenzniveaus in den beiden Dimensionen unter den 16 Fallbeispielen aussieht.

Tabelle 34: Verteilung der Kombinationen der Ausprägungen in den zwei Dimensionen

		B) Einsicht in die Verbindung von Phonem und Graphem			
		keine Anzeichen	vage	fortgeschritten	komplex
A) Einsicht in die Merkmale der Schrift	gering	1	3	-	-
	mittel	1	3	-	1
	komplex	1	3	1	2

Es wird – noch etwas deutlicher als bereits in der vorigen Abbildung 38 – ersichtlich, dass nicht alle Kombinationen auftreten. Keine Anzeichen von und die vage erste Einsicht in die Verbindung von Phonem und Graphem sind über alle Kompetenzniveaus der Dimension A zu finden. Die fortgeschrittene oder komplexe Einsicht in den Zusammenhang von Laut und Zeichen geht dagegen ausschließlich mit einer mindestens mittleren Einsicht in die äußeren Merkmale der Schrift einher.

Abschließend wird in Abbildung 39 die Entwicklung aller Fallbeispiele in den beiden Dimensionen graphisch veranschaulicht. Das Diagramm visualisiert und verbindet die dargestellten Entwicklungsverläufe in den Schritten der drei Messzeitpunkte und verdeutlicht noch einmal die zuvor beschriebenen Unterschiede über die einzelnen Messzeitpunkte hinweg. Wie in Abbildung 38 sind die beobachteten Lernschritte der Kinder mit der Logik einer Rangfolge im Merkmalsraum verortet.

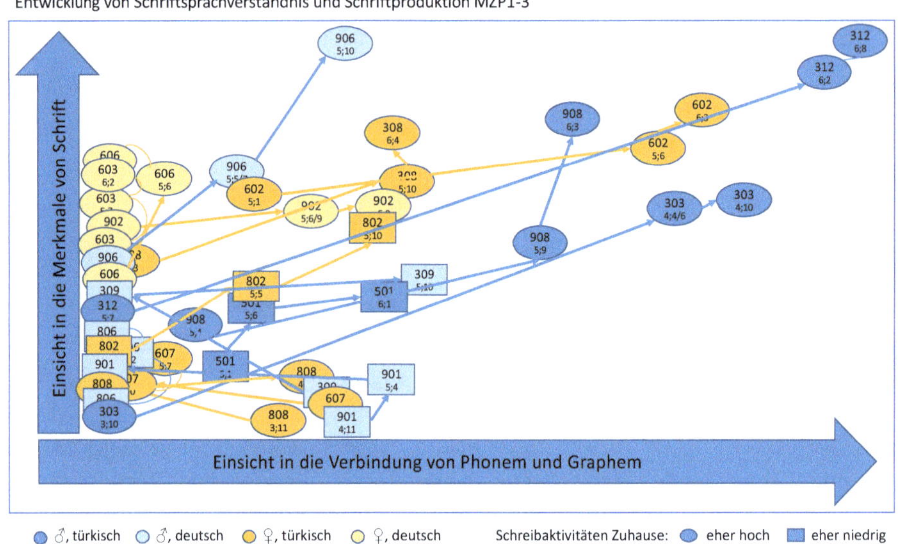

Abbildung 39:
Verortung der Entwicklungsschritte der Fallbeispiele t1-t3 für Schriftproduktion und Schriftsprachverständnis

Es zeigt sich, dass einige Kinder im untersuchten Jahr riesige Entwicklungsschritte in beiden Dimensionen machen, während sich bei anderen insgesamt bedeutend weniger verändert und das teilweise nur in einer der beiden Dimensionen.

Besonders große Fortschritte sind bei Eren (312), Berkay (303) und Baran (908) zu beobachten. Sie alle starten von einem niedrigen Level der vorschulischen Schriftsprachentwicklung und erreichen in beiden Dimensionen ein beachtliches Niveau. Destina (602) erreicht ein ebenso fortgeschrittenes Niveau in beiden Dimensionen, bringt aber schon etwas weiter entwickelte Fertigkeiten mit in die Untersuchung. Viele Kinder, wie z.B. Ibrahim (501), Emel (802) und Melinda (902), entwickeln sich in beiden Dimensionen weiter, machen aber insgesamt weniger große Entwicklungsschritte. Celina (606), Lisa (603) und Bela (806) zeigen im beobachteten Jahr ausschließlich in der Dimension *Einsicht in die äußeren Merkmale der Schrift* einen Kompetenzzuwachs. In der Dimension *Einsicht in die Verbindung von Phonem und Graphem* sind sowohl Vorwärts- als auch Rückwärtsbewegungen zu beobachten, wie am Beispiel von Samuel (901), Eda (607), Sahra (808) und Justin (309) deutlich wird. Dies zeichnet sich ausschließlich im unteren linken Bereich der Graphik ab, wenn also die kindlichen Fertigkeiten in den beiden Dimensionen noch vergleichsweise gering ausgeprägt sind.

Wer sind die Kinder, die ohne systematischen Unterricht in der vorschulischen Schreibentwicklung bereits sehr weit voranschreiten oder im Gegensatz dazu (in beiden Dimensionen) ein nicht so hohes Niveau erreichen? Den Grafiken (Abbildung 38 und Abbildung 39) sind, als erste erklärende Hinweise, Informationen über Alter, Geschlecht, kulturelle Herkunft, sprachliche sowie visuomotorische Fertigkeiten und häusliche Schreibaktivitäten der einzelnen Kinder zu entnehmen. Bemerkenswert ist, dass alle vier Kinder, die besonders gut abschneiden, türkischer Herkunft sind: Baran (908), Destina (602), Berkay (303) und Eren (312). Tendenziell befinden sich mehr Jungen im oberen rechten Diagrammbereich. Die Kinder, die ein hohes Kompetenzniveau in beiden Dimensionen erreichen, sind in der Regel bereits etwas älter. Einer der fortgeschrittenen Jungen (Berkay, 303) gehört dagegen zu den drei jüngsten Fallbeispielen und andersherum kann auch nicht bestätigt werden, dass die älteren Kinder generell besser abschneiden in den beiden Dimensionen. Ähnlich verhält es sich mit der häuslichen Schreibaktivität: Die Eltern der vier besonders weit entwickelten Kinder berichten alle ein ausgeprägtes Schreibinteresse ihrer Kinder. Andersherum zeigen aber weitaus nicht alle Kinder, deren Eltern dieses berichten, eine fortgeschrittene vorschulische Schreibentwicklung. Es gibt insgesamt nur sechs Kinder, die bezogen auf ihre sprachlichen und visuomotorischen Fertigkeiten keinerlei Auffälligkeiten zeigen: Bela (806), Ibrahim (501), Justin (309), Berkay (303), Destina (602) und Eren (312). Allerdings entwickelt nur die Hälfte von ihnen fortgeschrittene vorschulische Schriftsprachkompetenzen, während die anderen zum Ende der Beobachtungen im unteren linken Bereich des Merkmalsraumes anzusiedeln sind. Baran (908) dagegen gilt zwar nach dem Sprachscreening des SSV als Verdachtskind und weist unterdurchschnittliche visuomotorische Fertigkeiten auf, erreicht aber dennoch ein vergleichsweise hohes Kompetenzniveau in beiden Dimensionen der vorschulischen Schriftsprachentwicklung.

Die Frage nach den erklärenden Kontextfaktoren wird im abschließenden Kapitel der Ergebnisdarstellung (4.7) noch einmal aufgegriffen und vertieft, indem in diesem Sinne besonders interessante Fallbeispiele als Musterbeispiele für die zwei Extreme in Form von Entwicklungsportraits analysiert werden: Berkay (303), der noch besonders jung ist und in beiden Dimensionen zu Messzeitpunkt drei bereits ein mittleres oder hohes Niveau aufweist, und Lisa (603), die zwar zu den Älteren gehört, aber bis zum Ende keine Anzeichen von einer Einsicht in die Verbindung von Phonem und Graphem zeigt.

Zuvor soll noch auf einen weiteren Aspekt der Schreibentwicklung eingegangen werden: auf das explizit formulierte domänenspezifische Wissen der Kinder.

4.4.3 Zusammenfassung der Ergebnisse zur Entwicklung von Schriftproduktion und Schriftsprachverständnis

Es haben sich zwei Dimensionen herauskristallisiert, in denen sich die Fähigkeiten und Fertigkeiten sowie die Entwicklungsverläufe der Kinder untereinander unterscheiden: A) *Einsicht in die äußeren Merkmale von Schrift* mit drei Ausprägungen und B) *Einsicht in die Verbindung von Phonem und Graphem* mit vier Ausprägungen. Interindividuelle Unterschiede der kindlichen Kompetenzen zeigen sich dabei sowohl in der Ausprägung der beiden Dimensionen, als auch in deren Kombination oder Gewichtung. Einige der Kinder steigen sehr früh in die Erkundung des Zusammenhangs von Laut und Zeichen ein, während ihre Kenntnisse der äußeren Merkmale von Schrift noch wenig fortgeschritten sind. Andere dagegen fokussieren lange die äußeren Merkmale von Schrift und machen hier Fortschritte, während sie durchgängig keine Anzeichen einer Einsicht in die Verbindung von Phonem und Graphem zeigen. Dies verdeutlicht unterschiedliche Herangehensweisen an die Erkundung und Aneignung von Schriftsprache. Einige Kinder machen dabei im untersuchten Jahr große Entwicklungsschritte in beiden Dimensionen, andere weniger große in einer oder gar beiden Dimensionen. Dabei lassen sich für die Dimension *Einsicht in die Verbindung von Phonem und Graphem* neben den Vorwärts- auch Rückwärtsbewegungen beobachten, die sich allerdings nur zeigen, wenn das Kompetenzniveau der Kinder noch sehr niedrig ist.

Nicht jede Kombination der Ausprägungen zeigt sich im Material: Keine und eine erste vage Einsicht in die Verbindung von Phonem und Graphem geht mit allen drei Kompetenzniveaus der Dimension *Einsicht in die äußeren Merkmale von Schrift* einher, die fortgeschrittene und komplexe Einsicht in die Phonem-Graphem-Korrespondenz zeigt sich dagegen nur in Verbindung mit einer mindestens mittleren Einsicht in die äußeren Merkmale. Dies spricht dafür, dass es sich um verschiedene Entwicklungsbereiche handelt, die sich getrennt voneinander beobachten lassen und die zwar zusammenhängen, sich aber nicht zwangsläufig gegenseitig bedingen.

Außerdem wird deutlich, dass nahezu alle Kinder zu allen Messzeitpunkten die verschiedenen beobachteten Schriftzüge mit unterschiedlichen Darstellungsweisen des Schriftbildes aus weiter und weniger weit fortgeschrittenen Kategorien produzieren. Sowohl bei Kindern, die bereits eine komplexe Einsicht in die äußeren Merkmale von Schrift entwickelt haben, lässt sich diese gleichzeitige Verwendung verschiedener Schriftbildkategorien beobachten, als auch vereinzelt in Kombination mit einer komplexen Einsicht in die Verbindung von Phonem und Graphem.

Die genauere Betrachtung der kindlichen Reaktionen in der Kategorie B2) zeigt darüber hinaus, dass eine erste konkrete Zuordnung von Laut und Zeichen über die Silbe zu gehen scheint, die aber nicht konsequent für alle Schriftzüge und auch nicht zwangsläufig für einen kompletten Schriftzug angewendet wird. Vereinzelt äußert sich die Zuordnung auch in der Verbindung von einem Wort (bzw. Inhalt) und einzelnen Zeichen oder Kritzelabschnitten sowie in der Vermischung von Wörtern und Silben im Zuordnungsprozess.

Die ersten Buchstaben, die die Kinder verwenden, stammen aus ihrem eigenen Namen (bzw. weisen als buchstabenartige Zeichen eine Ähnlichkeit zu diesen auf). Auch die ersten Verbindungen von konkreten Buchstaben und ihrem zugehörigen Laut manifestieren sich in den Buchstaben des eigenen Namens.

4.5 Verbalisierung domänenspezifischer Konzepte

4.5.1 Aspekte der Verbalisierung domänenspezifischer Konzepte

Wie erklären Vorschulkinder, was *schreiben* und *Schrift* für sie bedeutet? Welche Aspekte sind für sie zentral in der Verbalisierung ihrer domänenspezifischen Konzepte?

An dieser Stelle geht es darum, eine Übersicht darüber zu geben, was sich Kinder im Vorschulalter unter Schrift und Schreiben vorstellen bzw. insbesondere, wie sie ihre domänenspezifischen Konzepte verbal explizieren. Dabei wird kein Entwicklungsverlauf in den Verbalisierungen dargestellt, die Altersangaben an den von den Kindern beigesteuerten Inhalten (Kodes), geben aber einen Einblick, in welchem Alter der jeweilige Aspekt im Material vorkommt. Zunächst werden die Kategorien (in 11pt) mit ihren Unterkategorien (in 10 oder 9,7pt) und Kodes (in 9,5pt) aufgeführt und anschließend zusammenfassend visualisiert. Die Kategorien wurden im Sinne der Konzeptualisierung orientiert an den markantesten Merkmalen mit einer zusammenfassend-interpretativen Aussage überschrieben (kursiv).

Schreiben ist...

Schreiben ist ressourcenabhängig

- Prozess, Voraussetzungen
  - Schreiber
    - Konkrete Erwachsene/Große können schreiben
      - 806t1 (3;9), 303t1 (3;10), 607t1 (4;7), 901t1 (4;11), 906t1 (5;0), 602t1 (5;1)
    - Große können schreiben, Kleine/Babys nicht
      - Katzen auch nicht, weil sie keine Finger haben 308t2 (5;10)
      - Ohne Begründung 808t2 (4;4), 806t3 (4;8), 902t1 (5;1), 606t1 (5;4)
      - Junge Kinder können das noch nicht/haben es noch nicht gelernt 303t3 (4;10), 603t2 (5;7), 902t2+t3 (5;6/9, 6;0), 501t3 (6;1), 908t3 (6;3), 312t3 (6;8)

    - Kleine nicht, weil sie noch nicht zur Schule/Hort gehen 806t2 (4;2), 901t3 (5;10)
    - Kleine/Babys sind nicht alt genug/zu klein 303t2 (4;4/6), 808t3 (4;11), 901t2 (5;4), 501t2 (5;6), 312t1 (5;7), 908t2 (5;9), 308t2 (5;10), 603t3 (6;2)
    - Babys nicht, weil sie nicht malen/nur kritzeln können 501t1 (5;1), 309t2 (5;4), 607t3 (5;7), 906t2+t3 (5;5/7, 5;10), 802t3 (5;10)
    - Kann selbst nur den eigenen Namen, aber alles malen 802t1 (4;11)
    - Kleine können den Stift noch nicht gut halten 606t2+t3 (5;9, 6;4)
    - Babys nicht, weil sie nichts wissen 309t3 (5;10)
    - Große sind alt/groß genug (4J.) 303t2 (4;4/6), 808t3 (4;11), 908t2 (5;9), 308t2 (5;10), (5-100J.) 906t3 (5;10)
    - Große haben es gelernt 602t2+t3 (5;6, 6;3)
  - Jeder kann schreiben
    - Alle Menschen (alle Erwachsenen, alle Kinder) 808t1 (3;11), 309t1 (4;9), 607t2 (5;0), 603t1 (5;2), 908t1 (5;4), 802t2 (5;5), 308t3 (6;4)
    - Jeder kann schreiben lernen 303t2 (4;4/6)
  - Nicht jeder kann schreiben
    - Weiß nicht, wer nicht schreiben kann, kennt die Personen nicht 602t1 (5;1)
    - Bestimmt können alle schreiben, kennt sie nur nicht 906t1 (5;0)
  - Keiner kann schreiben
    - Man kann schreiben nicht lernen 308t1 (5;3)
- Material
  - Zum Schreiben braucht man Schreibmaterial
    - Stift (Stifte, Filzer, Kugelschreiber, Bleistift) 806t2+t3 (4;2, 4;8), 309 t1+t2+t3 (4;9, 5;4, 5;10), 802t1 (4;11), 901t1+t2+t3 (4;11, 5;4, 5;10), 607t2+t3 (5;0, 5;7), 906t1 (5;0), 501t1+t2+t3 (5;1, 5;6, 6;1), 602t1+t3 (5;1, 6;3), 603t1+t2+t3 (5;2, 5;7, 6;2), 606t1+t2+t3 (5;4, 5;9, 6;4), 902t2+t3 (5;6/9, 6;0), 908t2+t3 (5;9, 6;3), 308t2 (5;10), 312t3 (6;8)
    - Blatt (Blätter, Papier) 802t1 (4;11), 906t1+t2 (5;0, 5;5/7), 501t1+t2+t3 (5;1, 5;6, 6;1), 602t1+t3 (5;1, 6;3), 309t2+t3 (5;4, 5;10), 901t2 (5;4), 603t2+t3 (5;7, 6;2), 908t3 (6;3)
    - Anspitzer 902t3 (6;0), 603t3 (6;2)
    - Radiergummi 901t3 (5;10), 902t3 (6;0)
    - Lineal 902t3 (6;0)
    - Stempel 901t1 (4;11)
    - Kreide, Fingerfarben, Farben, die man sich aussucht 808t2 (4;4), 606t1 (5;4), 607t3 (5;7)
    - Mappe 308t2 (5;10)
    - Untermatte/Unterlage 501t2 (5;6), 309t3 (5;10)
    - Handy 906t2 (5;5/7)
  - Es gibt spezielles Schreibmaterial
    - Zum Schreiben braucht man einen ‚Schreibstift' 806t1 (3;9)
    - Ein Stift (schreiben) vs. verschiedene (malen) 602t2 (5;6)
    - Bleistift vs. Buntstifte 806t1 (3;9), 802t3 (5;10)
- Fertigkeiten

    - Zum Schreiben braucht man gar nichts, man muss nur lernen 303t2 (4;4/6)
    - Stifthaltung als Voraussetzung
    - Faust vs. Finger 606t2+t3 (5;9, 6;4)
  - Man kann schreiben, wann/wo man möchte 808t1 (3;11), 607t3 (5;7), 908t3 (6;3), 308t3 (6;4)

Schreiben ist an Schriftzeichen/Schriftart gebunden

- Prozess, äußere Form
    - Schreiben geht mit Buchstaben 309t1 (4;9), 603t1 (5;2), Buchstaben machen 802t2 (5;5)
      - Geht mit Zahlen (= Schriftzeichen/Buchstaben) 607t1+t2+t3 (4;7, 5;0, 5;7), 308t3 (6;4), auch Buchstabe, Wörter 606t2 (5;9)
    - Große schreiben anders als Kleine
      - Kleinbuchstaben vs. Großbuchstaben 602t2 (5;6)
      - Schreibschrift 312t3 (6;8)
    - Schreiben ist klein 602t2 (5;6), langsam 602t3 (6;3), schnell 802t3 (5;10), 308t3 (6;4)
    - Schriftzug/Schrift an Inhalt (Größe) gebunden 808t2 (4;4), zeigt 308t3 (6;4)
    - Groß schreiben für bessere Lesbarkeit 806t1 (3;9)
    - Man kann die Schriftart variieren/verzieren
      - Man kann in Kaugummischrift schreiben 501t3 (6;1)

Schreiben ist ‚Malen' oder auch ‚Schreiben' machen

- Durchführung > Schreibprozess
  - ‚Schreiben ist Malen' 806t3 (4;8), 309t2+t3 (5;4, 5;10), 501t2 (5;6), 603t3 (6;2), 908t2 (5;9)
    - Dasselbe in Durchführung 901t2+t3 (5;4, 5;10), 802t2 (5;5), 908t2 (5;9)
      - Zeigt aber Unterschied 309t2+t3 (5;4, 5;10)
      - Menschen malen heißt auch Malen 309t3 (5;10)
    - Durchführung (auch: Material, Inhalt) gleich, Resultat nicht
      - Bei beidem muss man malen, aber es ist trotzdem nicht gleich 806t3 (4;8)
      - Nur Schreiben kann man lesen 806t3 (4;8)
      - Sieht nicht gleich aus – Objekt vs. Buchstaben 603t1+t2 (5;2, 5;7), 606t3 (6;4)
      - Mit Stift in der Hand entweder Objekt malen oder Name/Objekt schreiben 606t2 (5;9)
      - Blatt/Stifte holen (überlegen) und entweder schreiben oder malen 806t2 (4;2), 902t3 (6;0), 501t3 (6;1), 606t3 (6;4)
      - Man macht und braucht genau dasselbe, die Produkte sind aber unterscheidbar 603t3 (6;2)
      - Nur zum Malen benutzt man eine Malunterlage 603t1 (5;2)

        - Das was man malt, kann man auch schreiben, für beides Stifte, macht dasselbe und doch irgendwie nicht Gleich 607t2 (5;0)
    - Schreiben ist Buchstaben malen 501t2 (5;6), 603t1+t2 (5;2, 5;7)
        - Schreiben ist Zahlen malen 501t1 (5;1)
- Schreiben ist Schreiben 602t2 (5;6)
    - Schreiben bedeutet, dass man schreibt 606t2 (5;9), 802t3 (5;10)
    - Beim Schreiben muss man schreiben/wenn man schreibt, dann schreibt man einfach 806t2 (4;2), 908t1 (5;4), 606t2+t3 (5;9, 6;4), 802t3 (5;10), 501t3 (6;1)

Schreiben ist (vornehmlich) Verschriften von Namen und Objekten

- Inhalt von Schriftzügen/Geschriebenem
    - Personennamen
        - Man kann konkrete Namen schreiben: Familie, Familienbezeichnungen, Freunde/Bekannte 303t1+t2 (3;10, 4;4/6), 806t2+t3 (4;2, 4;8), 808t2 (4;4), 607t1+t3 (4;7, 5;7), 901t1+t2+t3 (4;11, 5;4, 5;10), 802t1+t3 (4;11, 5;10), 906t1+t2 (5;0, 5;5/7), 603t1+t2+t3 (5;2, 5;7, 6;2), 606t1+t2 (5;4, 5;9), 309t2+t3 (5;4, 5;10), 908t1+t2 (5;4, 5;9), 501t2+t3 (5;6, 6;1), 902t2 (5;6/9), 312t1 (5;7), 602t3 (6;3), 308t3 (6;4)
        - Man kann konkreten Nachnamen schreiben 802t2 (5;5), 902t2 (5;6/9)
        - Man kann bekannte Namen schreiben: Mesut Özil, Messi, Cristiano Ronaldo, Ronaldinho, alle Fußballer 908t3 (6;3)
        - Man kann alle Namen schreiben 303t3 (4;10), 308t2 (5;10), 312t2 (6;2)
    - Objekte
        - Man kann Lebewesen (Tiere, Pflanzen, Menschen: Kind, Mädchen) schreiben 806t3 (4;8), 309t2 (5;4), 906t2 (5;5/7), 501t3 (6;1), 603t3 (6;2), 602t3 (6;3), 308t3 (6;4)
        - Man kann Gegenstände schreiben: Haus, Kerze, Stifte, Mülltonne, Holz, Schlüssel, Luft, (Mause)Loch 806t3 (4;8), 309t3 (5;10), 603t3 (6;2), 308t3 (6;4)
        - Man kann Technikgeräte/Fahrzeuge schreiben: Telefon, Auto, Fahrrad, Motorrad 303t2 (4;4/6), 908t1+t2 (5;4, 5;9), 501t3 (6;1)
        - Man kann Essen/Trinken schreiben 806t3 (4;8), 309t2+t3 (5;4, 5;10), 906t2 (5;5/7), 501t3 (6;1)
        - Man kann Deutschland schreiben 602t1 (5;1)
        - Man kann Quatsch schreiben: Krickelkrackel, Pipi 303t2 (4;4/6)
    - Soziale Routinen
        - Man kann Hallo schreiben 308t2 (5;10)
        - Man kann Danke und Bitte schreiben 603t2 (5;7)
        - Man kann ‚Grüße von Samuel' schreiben 901t1 (4;11)
        - Man kann Geburtstag schreiben 902t2 (5;6/9)
    - Man kann alles/viel schreiben
        - Gibt Beispiele 806t3 (4;8), 602t1+t3 (5;1, 6;3), 908t1+t2+t3 (5;4, 5;9, 6;3), 906t2 (5;5/7), 603t2 (5;7), 308t2 (5;10), 802t3 (5;10), 501t3 (6;1)
        - Gibt keine Beispiele, produziert aber Wörter (Namen, Objekte) 312t3 (6;8)
        - Weiß nicht genau was alles 802t2 (5;5), 906t3 (5;10)

    - Man kann etwas Schwieriges schreiben 308t3 (6;4)
    - Man kann Zahlen schreiben 908t1+t3 (5;4, 6;3)
      - Zahlen schreiben und schreiben ist etwas anderes: Zahlen für Haus- oder Telefonnummer 606t3 (6;4)
      - Man kann Plus schreiben, Zahlen addieren ist auch schreiben 908t3 (6;3)
    - Man kann Buchstaben/Schriftzeichen schreiben
      - Allgemein ‚Buchstaben' 501t2 (5;6)
      - Einzelne, konkrete Buchstaben 309t1 (4;9)
      - Man kann eine Zahl und ein Kreis schreiben 607t2 (5;0)
    - Man kann (unbekannte) Wörter schreiben 906t2 (5;5/7)
    - Nennt/weiß keinen konkreten Inhalt 808t1 (3;11), 501t1 (5;1), 902t1 (5;4), 902t3 (6;0), weil sie nicht lesen kann

Schreiben ist Produzieren von Namen/Schriftzügen

- Wesen von Schreiben/Schrift
  - Schreiben ist Namen schreiben
    - ‚Schreiben ist/heißt Name(n) (schreiben, machen)' 808t2 (4;4), 501t3 (6;1), 908t2 (5;9), 312t2 (6;2)
    - Man kann Namen schreiben (weiß/nennt nichts weiter) 303t1 (3;10), 806t2 (4;2), 802t1 (4;11), 906t1 (5;0), 901t2 (5;4), 606t1 (5;4)
    - Man kann ausschließlich Namen schreiben 806t1 (3;9), 808t2 (4;4)
      - Schmetterling/Bär geht nicht, die haben keinen Namen 806t1 (3;9)
      - Bär (Schmetterling) schreiben = Name vom Bär (Schmetterling) schreiben 303t1 (3;10), 607t2 (5;0), 501t2 (5;6)
    - Schreiben braucht man zum Namen Schreiben 303t3 (4;10)
    - Objekte/irgendetwas/einfach malen, Namen schreiben 303t3 (4;10), 312t2 (6;2)
  - Schriftzüge = Wörter, Namen 906t2 (5;5/7)
  - Wörter produzieren (eigene Schreibprodukte) heißt schreiben
    - Eigene Schreibprodukte herstellen = schreiben 312t3 (6;8)
    - Man kann sich Wörter ausdenken (willk. schreiben) 906t2 (5;5/7), ‚andere' Wörter, die Int./Erwachsene nicht lesen können 606t2 (5;9)
  - Schreiben ist nur für Lesen 303t2 (4;4/6)

Schreiben ist etwas Eigenständiges

- Unterschied Malen – Schreiben
  - Betont Unterschied
    - beides ist anders, passt nicht zusammen 906t1 (5;0)
    - Schreiben ist gar kein Malen und Malen ist gar kein Schreiben 906t3 (5;10)
  - Erklärt Unterschied
    - Malen ist einfach nur malen vs. Schreiben ist nur für Lesen 303t2 (4;4/6)

    - Beim Schreiben sind die Buchstaben anders, beim Malen ist es viel viel anders 906t3 (5;10)
    - Schreiben ist kleiner/langsamer als Malen 602t2+t3 (5;6, 6;3)
    - ‚Schreiben is Name', zeigt Malprodukt 312t2 (6;2)
    - Schreiben mit einem Stift, Malen mit mehreren 602t2 (5;6)
    - Objekte in bunt vs. Buchstaben/Namen mit Bleistift 908t3 (6;3)
    - M = S, erklärt aber
    - Malen vs. Namen schreiben 303t3 (4;10)
    - Objekt vs. Buchstaben 501t2 (5;6)
    - Wenn man schreibt, macht man Arbeit, wenn man malt, kannst alles malen 908t1 (5;4)
    - Schreiben mit ‚Schreibstift' (Bleistift), malen mit Buntstiften 806t1 (3;9)
    - Schreiben kann man schneller als Malen 308t3 (6;4)
    - Wenn man malt (Objekt), dann muss man den Namen schreiben 802t1 (4;11)
  - Zeigt Unterschied
    - Buchstaben vs. Farbe/Form 902t1 (5;1)
    - Buchstaben vs. Objekt, figurativ 602t1 (5;1), 606t1 (5;4)
    - Selber Inhalt: Kritzellinie vs. Objekt, figurativ 906t1 (5;0)
    - Schriftzug/Name vs. gemaltes/gekritzeltes Objekt 312t1+t3 (5;7, 6;8)
    - M = S, zeigt aber:
    - Man macht nicht dasselbe, Selber Inhalt: Kritzellinie vs. Objekt, figurativ 607t1 (4;7)
    - Zeichen (=Name) vs. zusammenhängendes Gebilde 901t1 (4;11)
    - Kritzellinie vs. Objekt, figurativ 802t3 (5;10)
    - Buchstabenartige Zeichen vs. Objekt, figurativ 501t1 (5;1)
    - Buchstaben vs. Objekt, figurativ 309t2+t3 (5;4, 5;10)
    - Wort vs. Objekt, figurativ 902t2 (5;6/9)
    - Zahlen addieren ist nicht Schreiben 901t3 (5;10)

Schreiben und Lernen hängen eng zusammen

- Lernaspekte
    - Schreiben erfordert Nachdenken, Konzentration
      - Man braucht Ruhe, sonst macht man es falsch 501t2 (5;6)
      - Man muss sich ganz konzentrieren 902t2 (5;6/9)
      - Wenn man nicht weiß (was/wie man schreibt), muss man nachdenken 308t3 (6;4)
      - Man muss gut nachdenken, schreiben, überlegen, zuhören 308t3 (6;4)
      - Schreiben ist Arbeit (wenn man schreibt, macht man Arbeit) 908t1 (5;4)
      - Wenn man schwer malt/schreibt, ist das Resultat schön (beides) 602t2 (5;6)

        - Zum Schreiben muss man stolz sein 303t3 (4;10)
    - Schreiben lernt man
        - Schreiben ist/bedeutet lernen 303t2 (4;4/6), 902t3 (6;0)
        - Man kann lernen, was man will 303t2 (4;4/6)
    - Schreiben muss man lernen/üben/vorgemacht bekommen 303t3 (4;10), 808t3 (4;11), 602t1 (5;1), 908t1 (5;4), 902t2+t3 (5;6/9, 6;0), 308t3 (6;4)
        - schreiben lernen = vorgemalt bekommen – nachmalen 501t1 (5;1), 603t2 (5;7), oder vorschreiben – nachschreiben 606t2 (5;9)
        - wenn man nicht weiß, was man da schreibt (oder wie), dann sagt es einem die Mutter 606t2 (5;9)
        - Schreiben lernt man in der Schule 806t2 (4;2), 901t3 (5;10), 602t3 (6;3), 908t3 (6;3), 308t3 (6;4)
        - Schreiben lernt man von den Eltern 808t3 (4;11), 312t3 (6;8)
        - In der Vorschule (letztes Kita-Jahr) wird geschrieben 308t2 (5;10)
        - Schreiben kann man nicht lernen 308t1 (5;3)
- Voraussetzung für weitere Lernbereiche
    - Schreiben braucht man für die Schule (zweite Klasse) 303t2 (4;4/6), 908t3 (6;3) und die Universität 602t3 (6;3)
    - Schreiben braucht man zum Lernen 802t2+3 (5;5, 5;10)
        - Wenn man lernt, dann schreibt man, dann ist man gut 802t3 (5;10)
        - Schreiben braucht man, damit man lernt, wie (wenn?) man in die Schule kommt 606t2 (5;9)
        - Bei den Hausaufgaben muss man schreiben 308t2 (5;10), 603t3 (6;2)
        - Schreiben braucht man für die Arbeit 802t2 (5;5)
        - Schreiben braucht man zum Lesen 603t2+t3 (5;7, 6;2)
        - Wenn man schreiben kann, kann man auch lesen (Bücher vorlesen) 603t2+t3 (5;7, 6;2)
        - Schreiben braucht man zum Malen, das was man malt, kann man auch schreiben 607t2 (5;0), um was zu schreiben, zu malen oder so was 802t3 (5;10)
        - Schreiben braucht man für das, was man schreiben muss 908t2 (5;9)
- Es gibt richtig/falsch
        - Man braucht Ruhe, sonst macht man es falsch 501t2 (5;6)
        - Man kann richtig und falsch schreiben 308t2 (5;10)

Schreiben ist Festhalten/Transportieren v. Kommunikationsinhalten

- Funktion von Schreiben/Geschriebenem
    - Schreiben, um Mitteilungen zu machen
        - Brief/Postkarten/Post
            - zeigt: Nachricht/Mitteilung an nicht Anwesende 901t1 (4;11)
            - Urlaubspostkarte an nicht Anwesende 602t2 (5;6)
            - Geburtstagskarte: Wenn man ein Geschenk schenken/schicken will, schreibt man 902t2 (5;6/9)
            - In einen Brief kann man was reinschreiben 303t2 (4;4/6)
            - Schreiben braucht man für Post (Brief) 312t3 (6;8)
            - Auf einen Brief schreibt man was drauf, damit man weiß, was drinnen

ist 312t3 (6;8)

- Einladungskarte
    - Einladungskarte zum Geburtstag 906t3 (5;10)
    - Zeigt: Party-Ankündigung (Einladung) 808t3 (4;11)
- Zeigt: Mitteilung/Erklärung an Int. 902t3 (6;0), 602t3 (6;3)
- Nachricht mit dem Handy 902t2 (5;6/9)
    - Nachricht/Warnung an jemand 906t2 (5;5/7)
- Damit jemand weiß, was man möchte 906t2 (5;5/7)

- Schreiben, um Geschichten zu transportieren
    - Zeigt: Man kann Geschichten schreiben (nacherzählt) 308t2 (5;10), (ausgedacht) 802t3 (5;10)
    - Zeigt: Buch = Bild und Schrift; das Geschriebene ist ‚für Lesen' 802t3 (5;10)
- Schreiben als Erinnerungshilfe
    - Einkaufszettel 802t1 (4;11), 309t2+t3 (5;4, 5;10), 902t2 (5;6/9), 602t2+t3 (5;6, 6;3), was man braucht 308t2 (5;10), 501t3 (6;1)
    - Damit man weiß/nicht vergisst, was man machen muss/will 602t2 (5;6), 906t3 (5;10)
    - Dinge, die man nicht vergessen soll 602t3 (6;3)
- Schreiben, um Informationen zu geben/erhalten
    - Informationsweitergabe
        - Einverständnis und Telefonnummern für Teilnahme an Aktion 901t3 (5;10)
        - Man schreibt, wenn ein Notfall ist, weiß aber nicht was 606t3 (6;4)
    - Informationsbeschaffung
        - Straße ins Navigationsgerät schreiben/hindrücken, wenn man den Weg nicht weiß 308t3 (6;4)
    - Besitzmarkierung
        - Name drauf, um Geschenktes als eigen zu kennzeichnen 808t2 (4;4)
        - (Name) Schreiben braucht man, damit keiner daran geht 808t2 (4;4)

Schreiben/Schrift als Artefakt

- Schreibprodukt
    - Produkt kann man aufhängen/verschenken 309t2 (5;4), 607t3 (5;7), 308t2 (5;10)
        - Schreiben, um anderen eine Freude zu machen 309t2 (5;4)
    - Man kann lesen, was man geschrieben hat 308t2 (5;10)

Aus den codierten und kategorisierten Ausführungen der Kinder wird deutlich, dass das Verständnis von Schreiben und Schrift zwar oftmals an konkrete Begebenheiten gebunden ist, aber auch von Vorschulkindern bereits in gewisser Weise davon abstrahiert und generalisiert werden kann. Schreiben können konkrete

Personen aus dem Umfeld, Schreiben tut man mit konkreten Materialien, man kann Personen- und Objektnamen schreiben, Schreiben macht man und braucht man in konkreten Situationen, mit Schreibprodukten kann man etwas machen. Eine von der konventionellen Bedeutung etwas abweichende, einschränkende Bindung an einen ganz konkreten Inhalt ist die Aussage zur Beschreibung des Wesens von Schreiben: *Schreiben ist Namen schreiben*. Auf den Antworten von elf Kindern (mindestens zu einem der drei Messzeitpunkte) gründet diese Aussage, die einige von ihnen explizit so formulieren. Von fünf von ihnen wird sie sogar dahingehend weiter eingrenzt, dass man ausschließlich Namen schreiben kann. So sagt Bela (806) zu Messzeitpunkt eins z.B. Schmetterling und Bär könne man deshalb nicht schreiben, weil sie keinen Namen haben. Etliche der Kinder können aber auch bereits verallgemeinern, dass Erwachsene und große Kinder schreiben können, kleine Kinder dagegen nicht und dies oftmals sogar begründen. Destina (602) und Eren (312) erklären, dass Große anders schreiben können als Kleine, nämlich in Klein- vs. Großbuchstaben bzw. in Schreibschrift. Auch die Kategorie *Lernaspekte*, die insofern besonders bedeutsam ist, als sie nicht durch eine explizite Frage im Leitfaden evoziert wurde, belegt weitreichendere, abstraktere Momente, die die Kinder zur Beschreibung des Schreibens heranziehen. Schreiben erfordert es, nachzudenken und sich zu konzentrieren, Schreiben muss man lernen, Schreiben ist seinerseits wiederum die Voraussetzung für weitere Lernbereiche und es gibt Konventionen, gemäß derer man entweder richtig oder falsch schreiben kann. Den Aspekt der Konzentration beschreibt Baran (908) sehr anschaulich, indem er zu Messzeitpunkt eins sagt *wenn man schreibt, macht man Arbeit*. Dass man Schreiben lernen bzw. üben oder vorgemacht bekommen muss, thematisieren insgesamt zwölf der Kinder, dies geschieht z.B. mit Hilfe der Eltern oder in der Schule. Auch für das Schreiben als Voraussetzung für weiteres Lernen spielen die Schule oder assoziierte Bereiche eine große Rolle wie Hausaufgaben, Lesen, die Universität oder die Arbeit.

Interessant ist ferner die Aussage *Schreiben ist Malen*, manchmal konkretisiert mit *Schreiben ist Buchstaben malen*, in deren Ausführung oftmals die oben (Kapitel 4.1) bereits beschriebene Erklärung ergänzt wird, dass die Durchführung (oder auch das Material bzw. der Inhalt) gleich ist, das Resultat aber nicht. Die Aussagen von elf Kindern fanden hier Eingang, was für eine ziemlich hohe Zustimmung spricht – zumindest zu dem einen oder anderen Zeitpunkt während des Untersuchungsjahrs. Die Unterscheidung von Malen und Schreiben können allerdings auch bereits neun Kinder erklären. In diesem Zuge werden die Beobachtungen erstaunlich präzise expliziert: Berkay (303) sagt zu Messzeitpunkt zwei *Schreiben ist nur für Lesen*, Destina (602) äußert zu Messzeitpunkt zwei und drei, dass Schreiben kleiner bzw. langsamer ist als Malen und Rüveyda (308) zu Messzeitpunkt drei dagegen, dass man schneller schreiben kann als malen. Einige Kinder erklären, dass man mit vielen oder bunten Stiften malt, aber nur mit einem Stift, teils näher ausgeführt als Bleistift oder *Schreibstift*, schreibt.

Außerdem zeigen die Kinder in ihren Verbalisierungen einen Einblick in die Funktion von Schreiben bzw. Geschriebenem. Sie können etliches nennen, wozu man das Schreiben benötigt: z.B. um Briefe zu schreiben, Dinge zu notieren, die man nicht vergessen will (hier ist der Einkaufszettel besonders prominent) oder zur Besitzmarkierung (in Form des Namens). Auch digitale Medien werden mit dem Schreiben in Verbindung gebracht, denn man braucht das Schreiben ebenfalls dafür, um jemandem eine Nachricht auf dem Handy zukommen zu lassen oder mit dem Navigationsgerät einen unbekannten Weg herauszufinden.

Darüber hinaus findet der Aspekt der Ästhetik Eingang in die kindlichen Erklärungen: Das Schreibprodukt ist etwas, das man aufhängen oder mit dem man jemandem eine Freude machen kann.

4.5.2 Zusammenfassung der Ergebnisse zur Verbalisierung domänenspezifischer Konzepte

Das Schaubild (Abbildung 40) setzt die Kategorien zueinander in Beziehung, fasst die wesentlichen Merkmale zusammen und bietet aufgrund der relativen Größe (der Ellipsen und Spiegelpunkte) einen Anhaltspunkt ihrer Gewichtung in den kindlichen Äußerungen.

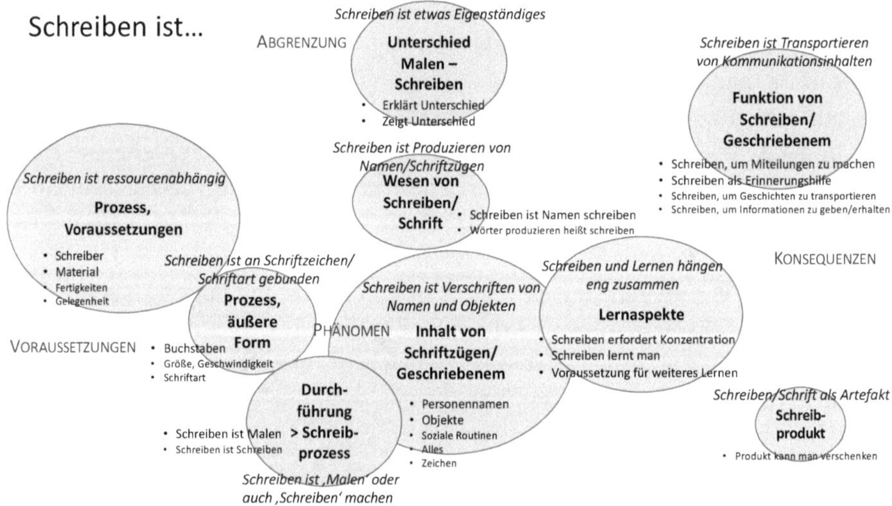

Abbildung 40:
Zusammenfassende Übersicht der Kategorien ‚Schreiben ist ...'

Die Kinder tätigen Aussagen, die hinsichtlich der Gesichtspunkte *Phänomen*, *Voraussetzungen*, *Abgrenzung* und *Konsequenzen* zueinander in Beziehung gebracht wurden. Die gewichtigsten Aspekte in den kindlichen Verbalisierungen der Vorstellungen von Schreiben und Schrift sind *Voraussetzungen für den Schreibprozess* einerseits, mit dem Schwerpunkt auf dem Schreiber und den Materialien, sowie der *Inhalt von Geschriebenem* andererseits, der insbesondere als Personennamen oder Objektbezeichnungen, aber auch soziale Routinen und Zeichen konkretisiert wird. Hier führen die Kinder die meisten Aussagen an. Gefolgt von Angaben zum *Aspekt des Lernens*, mit ähnlicher Gewichtung der Ausführungen dazu, dass Schreiben Konzentration erfordert, dass man es lernt und es für weiteres Lernen benötigt. Auch die Kommentare zur *Funktion von Geschriebenem*, zum *Unterschied zwischen Malen und Schreiben* und zur Beschreibung des *Schreibprozesses*, sowie etwas nachgeordnet zum *Wesen von Schreiben*, zur äußeren Form und zum *Schreibprodukt* sind Gesichtspunkte kindlicher Beschreibungen von Schreiben und Schrift.

Kinder verstehen Schreiben als etwas, das abhängig ist von Ressourcen, das an Schriftzeichen oder eine Schriftart gebunden ist, das durch den Prozess der Durchführung erklärt werden kann (nämlich Malen oder auch Schreiben umsetzen), dessen Inhalt in erster Linie Namen- und Objektbezeichnungen ausdrückt, dessen Wesen es ist, Namen oder Schriftzüge zu produzieren, das in Abgrenzung zur Domäne des Malens definiert werden kann, das eng mit dem Aspekt des Lernens verbunden ist, das als Festhalten oder Transportieren von Kommunikationsinhalten fungiert und das als künstlerisches Produkt behandelt werden kann.

4.6 Exkurs: Aspekte der Zweisprachigkeit

In den Daten der bilingual aufwachsenden Kinder zeigen sich einige wenige, aber interessante Einblicke in den Umgang mit ihrer Zweisprachigkeit, die hier als ein kurzer ergänzender Einschub berichtet werden.

Den Input eines Kindes während der ersten Erhebung aufgreifend, wurden die Kinder mit türkischem Migrationshintergrund ab dem zweiten Messzeitpunkt bei einigen Wörtern nach Beendigung des deutschen Schriftzuges gefragt, ob sie es auch auf Türkisch schreiben könnten. Je nach Situation waren dies einige oder alle der drei Wortpaare *Mama – anne*, *Papa – baba* und *Schmetterling – kelebek*.[64]

Die Analyse macht deutlich, dass die bilingualen Kinder ihre beiden Sprachen auch auf der schriftlichen Ebene unterscheiden: Sie demonstrieren mit nur wenigen Ausnahmen (für einzelne Wörter), dass die Übersetzung des betreffenden Wortes eine andere Schreibweise verlangt als der zuvor umgesetzte Schriftzug. Dies zeigen sie, indem sie das eine Wort schreiben, das andere aber nicht schreiben können oder – sehr viel häufiger noch – unterschiedliche Schriftzüge für die

64 Als flexible Ergänzung in der konkreten Erhebungssituation, wurden diese Schreibaufforderungen nur dann (überhaupt, anteilig oder vollständig) durchgeführt, wenn die Bereitschaft und die Konzentration des Kindes dieses zuließen. Priorität hatte die Durchführung der regulären Schreibaufgaben Schmetterling und Bär. Jedes der neun türkischen Kinder wurde aber mindestens an einem Messzeitpunkt zu mindestens zwei der türkischen Wörter befragt.

zwei Schreibaufforderungen produzieren (für eine Übersicht der Reaktionen siehe Anhang). In zwei Fällen wird aus dem Schreibprozess ersichtlich, dass die Entscheidung dafür, dass *Papa* und *baba* gleich geschrieben würden, eine bewusste ist, die sich an der Ähnlichkeit der Phoneme /p/ und /b/ orientiert. Weitere interessante Einblicke in den Umgang mit und das Wissen über ihre zwei Sprachen liefern die Ergebnisse zweier Fallbeispiele.

Destina (602) ist diejenige, die das Thema der türkischen Übersetzung in die Erhebungen einbringt. Sie nutzt ihre Mehrsprachigkeit dabei zunächst scheinbar als eine Ressource, die ihr dazu verhilft, sich aus der Zone der Beurteilbarkeit hinaus zu bewegen, indem sie vorgibt, *Schmetterling auf Türkisch* zu schreiben (und auch bestätigt, dass es auf Deutsch anders geschrieben würde), dabei aber den türkischen Wortlaut durchgängig nicht erwähnt. Sie weiß, dass die Interviewerin deutschsprachig ist. In der zweiten Erhebung nutzt sie diese Strategie ebenfalls, um *Mama auf Türkisch* zu schreiben, wobei sie mit der Verschriftung von *Mama* beginnt, sich bei der Interviewerin danach erkundigt, wie ein *Ma* geht, nach einem selbstständigen Ausprobieren unzufrieden wirkt und den vollendeten Schriftzug schließlich als *Mama auf Türkisch* bezeichnet. In der dritten Erhebung verwendet sie nicht mehr das Türkische als eine Art Geheimsprache, sondern führt den Begriff *Kinderschrift* ein – zu diesem Zeitpunkt hatte die Interviewerin die türkischen Wörter *anne* und *baba* ihr gegenüber bereits verwendet. Besonders spannend in ihrem Gebrauch des *Türkischen* ist, dass Destina dabei vor allem in der zweiten Erhebung gezielt typische Merkmale des türkischen Alphabets einsetzt und auch verbal eine explizite Unterscheidung der beiden Schriftsprachen vornehmen kann.

> Destina, MZP 2 (5;6 Jahre), bei der Aufgabe Schmetterling schreiben, Zeilen 101-113:
>
> *Int.: Wie ist denn .. was ist denn eigentlich anders bei Türkisch als bei Deutsch?*
>
> *Kind: Bei Türkis gibt es andere Zahle [stockt] .. bei Türkis gibt es andere Bustaben...*
>
> *Int.: [gleichzeitig] Mhm.*
>
> *Kind: Als .. bei Türkis gibt es auch so deutse Bu .. Bustaben wie jetzt hier...*
>
> *Int.: [unterbricht] Mhm.*
>
> *Kind: Aber manse sind geändert...*
>
> *Int.: [unterbricht] Mhm.*
>
> *Kind: Ypsilon (Y) gibt es nis. Und Iks (X) gibt es nis. Aber dafür gibt es .. ein smalts ‚en' (N) oder ein smalts ‚sätt' (Z).*
>
> *Int.: Ein schmal .. ‚zätt' (Z)? Und ein schmal ‚en' (N)? .. Mhm .. kannst du mir das auch zeigen?*
>
> *Kind: Eh, das hab is jetzt gerade nis in mein Kopf.*

Sie zeigt dann in den folgenden Schreibprozessen doch ein schmales N (kleiner geschrieben), ergänzt ein schmales A und ein schmales D und nutzt Ä und Ü zur Verschriftung türkischer Wörter, aber nicht für deutsche. Dabei benennt sie das *„U mit Punkt"* (Z. 417-419).

Abbildung 41:
Destina MZP 2, Schriftzug „Mama auf Türkisch"

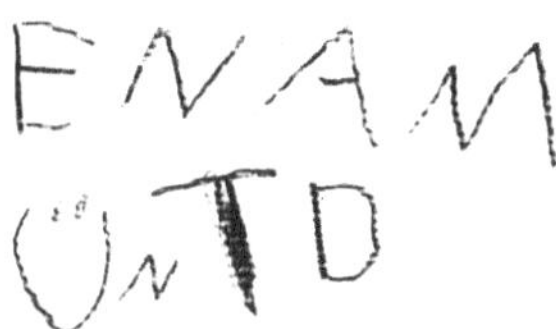

Abbildung 42:
Destina MZP 2, Schriftzüge „Bär auf Deutsch" (oben) und „Bär auf Türkisch" (unten)

Das Prinzip *im Türkischen gibt es auch deutsche Buchstaben, aber es gibt auch einige Buchstaben, die anders sind und andere gibt es nicht* ist richtig, die Beispiele, die Destina anführt, sind allerdings überwiegend falsch bzw. ausgedacht.[65] Das Ä beispielsweise, das sie zur Produktion verwendet, gibt es zwar nicht, aber durch die häufige Verwendung von Ö und Ü prägen Umlaut-Punkte das türkische Schriftbild und bilden damit durchaus ein korrektes, typisches Merkmal geschriebener türkischer Sprache. In der dritten Erhebung deklariert sie die buchstabenähnlichen und isolierten Zeichen ihrer Schriftzüge *anne* und *baba* als türkische Buchstaben und erklärt, dass türkische Buchstaben anders sind als deutsche, weil türkische Wörter anders sind.

Eren (312) – sowie vereinzelt und etwas weniger eindeutig auch Baran (908) – nutzt seine Bilingualität in anderer Hinsicht als Ressource, indem er das Zeichenrepertoire beider Sprachen als Erweiterung der zur Verfügung stehenden Phonem-Graphem-Verbindungen für Verschriftungen heranzieht.

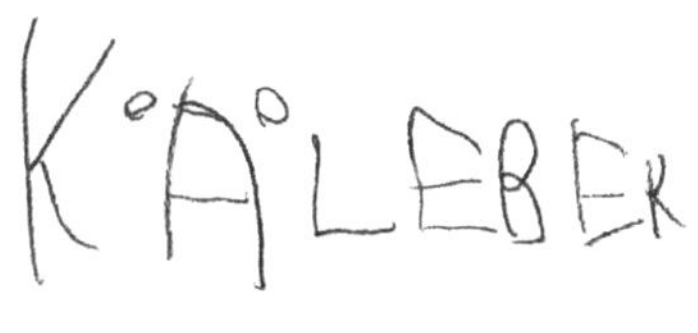

Abbildung 43:
Eren MZP 3, Schriftzug ‚kelebek'

Abbildung 44:
Eren MZP 3, Schriftzug ‚Bär'

65 Das deutsche Alphabet verwendet alle 26 Buchstaben des lateinischen Grundalphabets plus vier Sonderzeichen: Ä, Ö, ß, Ü (Dudenredaktion, 2009). Im türkischen Alphabet finden 23 Buchstaben des lateinischen Grundalphabets Verwendung (Q, W und X nicht). Darüber hinaus gibt es sechs Erweiterungen: Ç, Ğ, İ/ı, Ö, Ş, Ü (Spies & Emircan, 1997).

Abbildung 45:
Eren MZP 3, Schriftzug ‚Pferd'

Wie zuvor erwähnt, existiert das Ä im türkischen Alphabet nicht. Das deutsche Ä [ɛ] gibt aber ziemlich präzise den Laut wieder, der im türkischen Schriftzug kelebek durch das erste E verschriftet ist. Hier nutzt Eren also einen Buchstaben des deutschen Alphabets, um einen türkischen Laut zu verschriften. Das Y findet im Deutschen nur selten Verwendung. Im Türkischen wird es dagegen häufig genutzt und gibt regelmäßig den Laut [j] wie im deutschen Wort Junge wieder. Durch die Dehnung auf zwei Silben bei der Lautanalyse der beiden einsilbigen Wörter Bär und Pferd scheint Eren dieses Phonem im deutschen Wortlaut zu hören und zieht hier andersherum einen Buchstaben des türkischen Alphabets zur Verschriftung deutscher Schriftzüge heran. Dasselbe tut er, wenn er im zweiten (ebenso wie im dritten) Messzeitpunkt *Schmetterling* lautgetreu, aber mit einem einfachen S schreibt (siehe Abbildung 30 für das Beispiel aus MZP 2), das im Türkischen, wenn es mit einer Cedille darunter geschrieben wird, den Laut [ʃ] wie im deutschen Wort schnell wiedergibt. Das Ş [ʃ] kommt in Erens Nachnamen vor, den er in Messzeitpunkt drei korrekt schreiben kann, allerdings lässt er auch hier die Cedille unter dem S weg.

4.7 Entwicklungsportraits ausgewählter Einzelfälle

Um interindividuelle Unterschiede in der Schreibentwicklung besser verstehen zu können, wird im Folgenden der Entwicklungsverlauf zweier Kinder ausführlich besprochen und einander gegenübergestellt. Unter stärkerer Berücksichtigung der Kontextfaktoren wird diese exemplarische Darstellung zweier Entwicklungsportraits vorgenommen, die in unterschiedlicher Hinsicht bemerkenswert sind. Berkay (303) ist noch besonders jung – er ist der Zweitjüngste der Stichprobe – und entwickelt im Verlauf der Erhebung trotzdem als einer der wenigen bereits in beiden Dimensionen des Schriftspracherwerbs ein hohes Niveau. Lisa (603) gehört dagegen zu den Älteren, die kurz nach der Erhebung in die erste Klasse eingeschult werden, zeigt aber bis zum Ende der Untersuchung keine Anzeichen von einer Einsicht in die Verbindung von Phonem und Graphem.

4.7.1 Entwicklungsportrait Lisa

Lisa ist während des Erhebungszeitraums 5;2 (t1), 5;7 (t2) und 6;2 Jahre (t3) alt. Ihre Eltern haben beide keinen Migrationshintergrund. Der familiäre Bildungshintergrund ist mittel (ihre Mutter hat einen Realschulabschluss, der Vater ebenfalls, absolviert aber zum Zeitpunkt des Interviews ein Studium zum Dipl.-Ing.). Lisa hat eine große Schwester, die in die Grundschule geht. Im Sprachscreening (SSV) ist sie auffällig: Da sie im Untertest Phonologisches Gedächtnis für Nichtwörter den kritischen Wert nicht erreicht, gilt sie als Verdachtskind. Im Abmaltest (FEW-2) weist sie zu MZP3 einen Prozentrang von 25 auf.

Schriftbezogenes Verhalten/Interesse Zuhause: Abends bekommt Lisa etwas vorgelesen. Sie schreibt öfters Zuhause, zum Zeitpunkt des Interviews verstärkt ihren eigenen Namen und hat Interesse an Schreiben und Buchstaben. Ihre Mutter soll ihr etwas vorschreiben - einzelne Wörter (insbesondere die Namen der Familie), aber auch Postkarten - und sie erfragt die Bedeutung von Geschriebenem (z.B. Untertitel). Gezielt geübt wird eher nicht, sie bearbeitet aber gerne sogenannte Vorschulhefte.

Schreibvorbilder Zuhause: Lisas große Schwester macht die Hausaufgaben alleine (braucht Ruhe), Lisa schaut nicht dabei zu und hat auch kein Interesse daran. Die Mutter schreibt viel mit der Hand (z.B. Einkaufszettel oder Dinge, die zu erledigen sind) und heftet Notizen an Türen und Wände, am Computer schreibt sie nur sehr wenig. Gemeinsam erstellen sie in der Familie einen Essensplan und hängen ihn auf. Der Vater ist selten Zuhause und rechnet eher mit den Kindern.

Schriftbezogenes Verhalten/Interesse Kita: In der Kita ist Lisa phasenweise sehr interessiert an Schrift und Schreibaktivitäten, zum Interviewzeitpunkt gerade nicht. Die Phase intensiver Beschäftigung mit Buchstaben war bei Lisa sehr ausgeprägt: Erfragen, abmalen, nachschreiben, selbst schreiben, ausschneiden und Bilder mit Buchstaben kleben gehörten zu ihren Aktivitäten. Sie kam von sich aus, bat die Erzieherin, ihr etwas vorzuschreiben und schrieb mehr als nur ihren Namen: z.B. die Namen der Familie für Gebasteltes oder auch Karten.

Schreibförderung/Anregungen Kita: Eine gezielte Förderung von Schreibaktivitäten findet in Lisas Kita nur für die Schulkinder statt, Lisa nimmt während der Messzeitpunkte zwei und drei daran teil. Es wird mit Arbeitsblättern gearbeitet (z.B. Linien nachzeichnen) und der eigene Name geübt. Ansonsten wird gezieltes Schreiben ausschließlich bei Nachfrage aufgegriffen. Eine Ausnahme bildet die regelmäßige Konfrontation mit dem eigenen Namen, der auf jedes selbstproduzierte Bild geschrieben werden soll. Das machen die Kinder alleine, bekommen zwar Hilfe, aber insbesondere die Kleinen werden nicht korrigiert. Als dauerhaftes Angebot gibt es eine *Schreibwerkstatt*: ein Schreibtisch mit Buchstaben und Materialien (Magnetbuchstaben, Buchstabenpuzzle, Abbildung vom Alphabet, chinesische Schriftzeichen, Stempelkissen, Arbeitsblätter, etc.). An einer Treppe sind die Zahlen aufsteigend an der jeweils entsprechenden Treppenstufe angebracht.

Schreibvorbilder Kita: Die Erzieherinnen notieren in jedem Morgenkreis die Namen der Kinder (Anwesenheitsliste), sonst bekommen die Kinder eher nicht mit, dass Erwachsene in der Kita schreiben.

Messzeitpunkt 1
Schreibt Bekanntes[66] memoriert korrekt (vier Namen, mit einer Korrektur) (Abbildung 46, Abbildung 47 und Abbildung 49), probiert Unbekanntes (Abbildung 50 und Abbildung 51) und Ausgedachtes (Abbildung 49) *irgendwie* mit willkürlichen Buchstaben, teilweise kombiniert mit wenigen buchstabenartigen Zeichen, Ausnahme: bricht Papa ab, weil sie nicht weiter weiß (Abbildung 48). Nutzt 4 (von 4)+5 Buchstaben,[67] ohne Benennung. Differenziert alle Schriftzüge untereinander und zu Gemaltem.

Scheint auf das Schreibprodukt oder den Schreibprozess zu fokussieren: Schreiben geht *irgendwie mit Buchstaben*. Zeigt aber noch keinerlei Einsicht in die Verbindung von Laut und Zeichen (P-G-K). Scheint Buchstaben und Wörter eher als Bild (als Ganzes) zu reproduzieren (Filmfigur abgeschrieben, *Buchstaben malen*).

Jeder kann schreiben, man braucht dafür Schreibmaterialien, zum Malen auch. Man kann Namen schreiben.

Malen ist das Gleiche wie schreiben. ABER: Wenn man malt benutzt man eine Malunterlage, zum Schreiben nimmt man Stifte und schreibt. Beim Schreiben macht man fast das Gleiche wie beim Malen, Malen sieht aber nicht gleich aus wie die Zahl, die Buchstaben. >> Malen ist irgendwas malen (z.B. Elefant), Schreiben ist Buchstaben malen.

Benutzt *Zahl* für *Buchstabe*, korrigiert sich.

---

66 Es wird hier differenziert zwischen *Bekanntem*, ‚*Bekanntem*', *Unbekanntem* und *Ausgedachtem*.
Bekanntes: Das Kind gibt an, es schreiben zu können (bejaht die Schreibaufforderung, setzt sie ohne Einwände direkt um oder bringt den Inhalt selbst ein) und zeigt dieses (mindestens ansatzweise) auch im Produkt oder Schreibprozess. ‚*Bekanntes*': Das Kind gibt an, es schreiben zu können (bejaht die Schreibaufforderung, setzt sie ohne Einwände direkt um oder bringt den Inhalt selbst ein), zeigt aber in Produkt und Schreibprozess weder Ansätze des Schriftbildes noch Ansätze des Wortlautes. *Unbekanntes*: Das Kind gibt an, es nicht schreiben zu können. *Ausgedachtes*: Das Kind bringt etwas ein (kennt es also vermeintlich), ohne den Wortlaut zu nennen oder produziert einen Schriftzug, von dem es nicht weiß, was es geschrieben hat (oder/aber ggf. im Nachhinein deutet).

67 Mit der Angabe n (von n)+ n Buchstaben werden wieder die Buchstaben des eigenen Namens gesondert angegeben. Die erste Ziffer bezeichnet die verwendeten Buchstaben des eigenen Namens, in der Klammer ist die korrekte Anzahl der Buchstaben des Namens angegeben und nach der Klammer folgen weitere Buchstaben.

Abbildung 46:
Lisa MZP 1, Schriftzug ‚Lisa‘

Abbildung 47:
Lisa MZP 1, Schriftzüge ‚Tom‘, ‚Mama‘, ‚Tim‘, ‚Lisa‘

Abbildung 48:
Lisa MZP 1, Schriftzug ‚Papa‘

Abbildung 49:
Lisa MZP 1, Schriftzüge ‚Tim‘, ‚Irgendetwas‘, ‚Lisa‘

Abbildung 50:
Lisa MZP 1, Schriftzug ‚Schmetterling‘

Abbildung 51:
Lisa MZP 1, Schriftzug ‚Bär‘

Messzeitpunkt 2

Schreibt Bekanntes memoriert korrekt (drei Namen, einen Anfang) (Abbildung 52 und Abbildung 53) und probiert Unbekanntes willkürlich (Abbildung 55 und Abbildung 56), 1x anteilig memoriert korrekt, Rest willkürlich (Schriftbildorientierung, unsicher) (Abbildung 54). Nutzt 4 (von 4)+7 Buchstaben (plus i), ohne Benennung. Differenziert alle Schriftzüge untereinander und zu Gemaltem.

Zeigt noch keinerlei Einsicht in die Verbindung von Laut und Zeichen (P-G-K). Scheint Buchstaben und Wörter eher als Bild (als Ganzes) zu reproduzieren (*Buchstaben malen/abmalen*).

Nicht jeder kann schreiben, Schreiben muss man erst lernen. Schreiben Lernen: vorgemalt bekommen – nachmalen. Wenn man schreiben kann, kann man auch lesen

Zum Schreiben braucht man Schreibmaterialien. Man kann Namen, Danke und Bitte (und mehr) schreiben. Schreiben braucht man zum Lesen;

Malen ist das Gleiche wie Schreiben, man macht genau das Gleiche. Malen ist „Mit'n Stift malen." (Z. 122), z.B. Haus, Blume, Mensch, Piratenschiff, Schreiben ist „Buchstaben malen" (Z. 131), weiß nicht was man schreiben kann. > gewisse Unsicherheit in der Erklärung/Beschreibung und/oder dem Verständnis der Fragen.

Benennt *Buchstaben* mit *Wörter*.

Abbildung 52:
Lisa MZP 2, Schriftzug ‚Lisa'

Abbildung 53:
Lisa MZP 2, Schriftzüge ‚Tim', ‚Anfang Kathy', ‚Mama'

Abbildung 54:
Lisa MZP 2, Schriftzug ‚Papa'

Abbildung 55:
Lisa MZP 2, Schriftzug ‚Schmetterling'

Abbildung 56:
Lisa MZP 2, Schriftzug ‚Bär'

Messzeitpunkt 3
Schreibt Bekanntes memoriert korrekt (fünf Namen, zwei Anfänge) (Abbildung 57, Abbildung 58, Abbildung 59 und Abbildung 60) und probiert Unbekanntes willkürlich (Abbildung 61 und Abbildung 62) oder schriftbildorientiert, unsicher (Abbildung 60). Nutzt 4 (von 4)+7 Buchstaben, ohne Benennung. Differenziert alle Schriftzüge untereinander und zu Gemaltem.

Zeigt nach wie vor keinerlei Einsicht in die Verbindung von Laut und Zeichen (P-G-K). Scheint Buchstaben und Wörter eher als Bild (als Ganzes) zu reproduzieren, einige korrekt, andere unsicher/unvollständig.

Nicht jeder kann schreiben: Babys nicht, weil sie noch Babys sind.

Zum Schreiben braucht man Schreibmaterialien. Man kann Namen und Objekte schreiben.

Weiß nicht, was schreiben ist. Schreiben braucht man zum Lesen und zum Hausaufgaben Machen; wenn man schreibt kann man jemandem (z.B. Bücher) vorlesen.

Malen ist das Gleiche wie Schreiben, man macht genau dasselbe. Wenn man schreiben will, muss man malen. Benennt den Unterschied im Nachhinein konsistent anhand ihrer Produkte, bestätigt aber, dabei dasselbe gemacht zu haben. Man braucht dieselben Dinge zum Malen und Schreiben.

Abbildung 57:
Lisa MZP 3, Schriftzug ‚Lisa'

Abbildung 58:
Lisa MZP 3, Schriftzug ‚Mama'

Abbildung 59:
Lisa MZP 3, Schriftzüge ‚Papa', ‚Tim'

Abbildung 60:
Lisa MZP 3, Schriftzüge ‚Oma', ‚Kathy', ‚Tom'

Abbildung 61:
Lisa MZP 3, Schriftzug ‚Schmetterling'

Abbildung 62:
Lisa MZP 3, Schriftzug ‚Bär'

4.7.2 Entwicklungsportrait Berkay

Berkay ist in der Erhebungszeit 3;10 (t1), 4;4 (t2, bzw. 4;6 in der Nacherhebung) und 4;10 Jahre (t3) alt. Beide Eltern haben einen türkischen Migrationshintergrund. Der familiäre Bildungshintergrund gemessen an der Mutter ist niedrig, sie hat einen Hauptschulabschluss, sein Vater absolvierte allerdings ein Studium (Fernuni). Berkay ist der mittlere von drei Brüdern, sein großer Bruder wechselt in der Erhebungsphase vom Kindergarten in die Grundschule. Beim SSV (Sprachscreening) ist Berkay unauffällig und im Abmaltest (FEW-2) erzielt er zu Messzeitpunkt drei einen Prozentrang von 63.

Schriftbezogenes Verhalten/Interesse Zuhause: Zuhause ist eher selten Zeit zum Vorlesen, Berkay kommt von sich aus selten und fordert es ein (wenn, dann lesen sie deutsche Bücher). Er schreibt Zuhause seinen Namen, Buchstaben und buchstabiert auch. Er fragt oft, wie etwas geschrieben wird: deutsche Buchstaben, kaum Wörter. Manchmal fragt er, was etwas Geschriebenes bedeutet (Untertitel, Zeitung, etc.). Es werden Zuhause keine gezielten oder gemeinsamen Schreibaktivitäten durchgeführt, auch den eigenen Namen lernte er nicht Zuhause.

Schreibvorbilder Zuhause: Sein Vater arbeitet sehr viel am Computer – dabei schauen die Söhne mal zu, lassen ihn aber in Ruhe. Mit der Hand schreiben die Eltern gar nicht. Berkay schaut interessiert zu, wenn sein großer Bruder Hausaufgaben macht oder im Internet spielt.

Schriftbezogenes Verhalten/Interesse Kita: Berkay macht die Lerneinheit zum eigenen Namen (siehe unten) in der Kita sehr gerne und aktiv mit, hat Interesse an Buchstaben und ist sehr aufnahmefähig. Ihm fiel das Lernen seines Namens leicht. Er erkennt, schreibt und benennt seine Buchstaben richtig, kennt auch die der Mitlernenden, weiß, wem welcher *gehört* und kann die einzelnen Buchstaben einiger Schriftzüge buchstabierend vorlesen, aber das Resultat nicht zusammensetzen. Im Gruppengeschehen zeigt er kein Interesse an Schrift oder Schreiben, fragt nicht nach Schriftzeichen, Schreibinput oder Wörtern und nutzt die Moosgummibuchstaben eher zum Werfen. Türkische Wörter spielen in der Gruppe generell keine Rolle, werden nicht erfragt. Berkay mag gerne vorgelesen bekommen, merkt sich Inhalte und antwortet gut.

Schreibförderung/Anregungen Kita: In seiner Kindergartengruppe wird eine *Lerneinheit Namen und eigene Buchstaben lernen* mit den Mittleren, also den 4-Jährigen im Jahr vor dem Vorschuljahr, durchgeführt. Dabei werden die einzelnen Buchstaben auf A4-Blättern betrachtet, besprochen und die Namen daraus in der Gruppe aufgehängt. Anschließend bekommt jedes beteiligte Kind die Buchstaben seines Namens auf Memory-Kärtchen. Es wird diskutiert, von wem der jeweilige Buchstabe ist, mit dem Ziel, sie zu benennen und zuzuordnen. Den Namen zu schreiben wird gezielt geübt, darüber hinaus aber nichts. Im Kita-Alltag werden bewusst keine Spiele angeboten, in denen geschrieben wird, Schreiben soll in der Schule losgehen. Es gibt keine Stempel oder Magnetbuchstaben, lediglich große Moosgummibuchstaben zum Puzzeln. Nur wenn Kinder von alleine kommen, wird ihr Interesse aufgegriffen und auf Nachfrage etwas vorgeschrieben.

Schreibvorbilder Kita: Es gibt keine bewussten Schreibvorbilder z.B. an den Wänden. Die Erzieherin selbst schreibt in der Gruppe, einige schauen interessiert zu und kommentieren oder schauen Buchstaben ab, Berkay nicht.

Messzeitpunkt 1

Schreibt Unbekanntes mit Kritzellinien (Abbildung 63) oder isoliert (Abbildung 64) und ‚Bekanntes' buchstabenartig (Abbildung 65). Nutzt und benennt noch keinerlei Buchstaben, aber erkennt visuelle Ähnlichkeit zu seinem Namen in einem Schriftzug. Bestätigt seine produzierten Schriftzüge. Unterscheidet seine Schriftzüge untereinander und zu Gemaltem.

Zeigt keinerlei Einsicht in die Verbindung von Laut und Zeichen. Nutzt nur teilweise konventionelle Merkmale der Schrift (Richtung, Linearität, Zeilen): Unbekanntes ohne (erkennbare) Anwendung konventioneller Merkmale der Schrift, ‚Bekanntes' nach konventionellen Merkmalen der Schrift. Zieht externe Hilfe heran: Möchte, dass Int. seinen Namen schreibt (und B malt).

Eltern können schreiben. Man kann Namen schreiben, Bär schreiben = Name von Bär schreiben. Weiß nicht, was man zum Schreiben braucht.

Abbildung 63:
Berkay MZP 1, Schriftzug ‚Berkay'

Abbildung 64:
Berkay MZP 1, Schriftzug ‚Schmetterling'

Abbildung 65:
Berkay MZP 1, Schriftzug ‚Bär'

Messzeitpunkt 2
Schreibt Bekanntes memoriert korrekt mit Selbstkorrektur (eig. Name) (Abbildung 66, Abbildung 74 und Abbildung 75) oder konstruiert es zielwortorientiert (Wortlaut, unsicher) (Abbildung 67, Abbildung 69, Abbildung 70, Abbildung 71 und Abbildung 72), Unbekanntes (Abbildung 68) und Ausgedachtes (Abbildung 73) probiert/schreibt er willkürlich. Nutzt 6 (von 6)+7 Buchstaben, benennt 10 davon und konstruiert mit einem weiteren. Differenziert alle Schriftzüge untereinander und zu Gemaltem sowie deutsche und türkische Bezeichnungen desselben Objektes auf schriftlicher Ebene (Mama/anne, S/K). Reflektiert seinen eigenen Lernfortschritt (Buchstabenreihenfolge seines Namens, die er zuvor vertauscht hatte).

Zeigt fortgeschrittene Einsicht in P-G-K: Konstruiert nach Lauten oder Silben, orientiert am gesamten Wortlaut, Umsetzung ist allerdings noch schwierig: mindestens anteilig falsch oder unvollständig (falsche Reihenfolge, fehlende Laute/Buchst., willk. zu Ende). *Liest* teils (aufgefordert) mit Silben- oder Lautzuordnung, die nicht immer ganz aufgeht und schreibt teilweise auch willkürlich, mit Benennung der Buchstaben ohne Zusammenhang (oder Widerspruch) zum Wortlaut.

Korrigiert sich selbst bei Bekanntem: Bemerkt Fehler in Reihenfolge, baut darum herum auf, und korrigiert falschen Buchstaben. Holt sich externe Hilfe bei Unbekanntem: Erfragt einige Buchstaben/Fortgang oder versichert sich. Schreibt teilweise aus Platzmangel um die Ecke und groß, damit man es besser sehen kann.

Jeder kann schreiben. Sein kleiner Bruder aber nicht, weil der erst zwei ist. Er selbst ja, weil er schon vier ist. Jeder kann schreiben lernen. Man kann Namen (Int., Papa) und Objekte (Telefon) schreiben.

Zum Schreiben braucht man gar nichts, man muss nur Lernen. Schreiben bedeutet Lernen. Man kann lernen, was man will. Schreiben braucht man für die Schule. Ein Brief ist ein gefaltetes Blatt. In einen Brief kann man was reinschreiben.

Malen und Schreiben ist nicht das Gleiche. Schreiben ist nur für Lesen. Malen ist einfach nur Malen.

Verwechselt *malen* und *schreiben*: Verwendet teilweise *malen* für *schreiben*.

Abbildung 66:
Berkay MZP 2, Schriftzug ‚Berkay'

Abbildung 67:
Berkay MZP 2, Schriftzüge ‚Mama' (oben), ‚anne' (unten)

Abbildung 68:
Berkay MZP 2, Schriftzüge ‚Schmetterling' (oben), ‚kelebek' (unten)

Abbildung 69:
Berkay MZP 2, Schriftzug ‚Bär'

Abbildung 70:
Berkay MZP 2 Nacherhebung, Schriftzug ‚Rita'

Abbildung 71:
Berkay MZP 2 Nacherhebung, Schriftzug ‚Telifon'

Abbildung 72:
Berkay MZP 2 Nacherhebung, Schriftzug ‚Mama'

Abbildung 73:
Berkay MZP 2 Nacherhebung, Schriftzug ‚Irgendetwas'

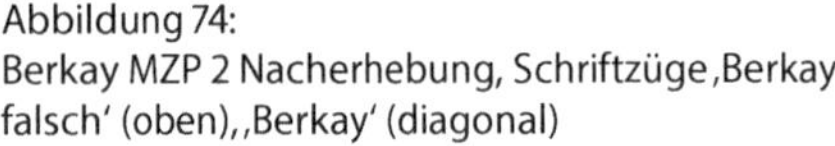
Abbildung 74:
Berkay MZP 2 Nacherhebung, Schriftzüge ‚Berkay falsch' (oben), ‚Berkay' (diagonal)

Abbildung 75:
Berkay MZP 2 Nacherhebung, Schriftzug ‚Berkay'

Messzeitpunkt 3
Schreibt Bekanntes memoriert korrekt (eig. Name) (Abbildung 76) oder konstruiert es zielwortorientiert (Wortlaut) (Abbildung 79), teils unsicher (Abbildung 77), Unbekanntes konstruiert er zielwortorientiert (Wortlaut) (Abbildung 77), probiert es willkürlich (Abbildung 78) oder gar nicht. Nutzt 6 (von 6)+1 (+6 voriger MZP) Buchstaben, benennt 5 (+6) davon. Differenziert alle Schriftzüge untereinander und zu Gemaltem sowie deutsche und türkische Bezeichnungen desselben Objektes auf schriftlicher Ebene (Mama/anne).

Zeigt komplexe Einsicht in P-G-K: Konstruiert nach Lauten oder Silben, orientiert am gesamten Wortlaut, 1x korrekt, 1x Anlaut korrekt, dann falsch, dann willkürlich, 1x kompletter Wortlaut. Spricht die vollständig konstruierten Wörter im Nachhinein kontrollierend/vergewissernd als Ganzes. Schreibt teilweise auch willkürlich, mit Benennung der Buchstaben ohne Zusammenhang (oder Widerspruch) zum Wortlaut. Holt sich externe Hilfe bei Unbekanntem: Erfragt teilweise Buchstaben bei Int. oder versichert sich.

Jeder kann schreiben, außer Dreijährige, die können das noch nicht. Man kann Namen schreiben (Familie, Freunde). Man kann alle Namen schreiben. Schreiben braucht man zum Namen Schreiben. Zum Schreiben muss man stolz sein. Man muss Schreiben lernen.

Schreiben und Malen ist das Gleiche. Beim Malen muss man malen. Beim Schreiben muss man Namen schreiben. Bleibt dabei: Schreiben und Malen ist das Gleiche. Bestätigt den Unterschied M-S konsistent anhand seiner Produkte.

Abbildung 76:
Berkay MZP 3, Schriftzug ‚Berkay'

Abbildung 77:
Berkay MZP 3, Schriftzüge ‚Mama', ‚anne'

Abbildung 78:
Berkay MZP 3, Schriftzug ‚Schmetterling'

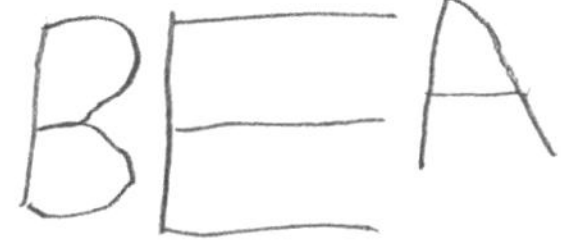

Abbildung 79:
Berkay MZP 3, Schriftzug ‚Bär'

4.7.3 Zusammenfassung der Darstellung der Entwicklungsportraits

Lisa und Berkay unterscheiden sich sehr deutlich in ihrem Entwicklungsverlauf voneinander. Lisa verwendet von Beginn der Beobachtungen an unter Beachtung der konventionellen Merkmale Linearität, Schreibrichtung, Anordnung in einer Zeile und Vermeidung von Ziffern, fast ausschließlich konventionelle Buchstaben für ihre Schriftzüge. Zu Messzeitpunkt eins nutzt sie bereits fünf über die ihres eigenen Namens hinaus und schreibt ihren Namen sowie weitere Namen aus ihrem direkten Umfeld korrekt. Weiteres schreibt sie willkürlich. Das bleibt prinzipiell über die gesamte Erhebungsphase so bestehen. Sie lernt zwei neue Buchstaben und weitere Namen, von denen sie einige noch nicht vollständig erinnert und daher willkürlich beendet. Ihre Einsicht in die äußeren Merkmale der Schrift ist damit durchgängig als mittel eingestuft. Auffällig ist, dass sie über die gesamte Erhebungszeit hinweg keinen einzigen Buchstaben benennt und keinerlei Einsicht in die Verbindung von Phonem und Graphem zeigt. Sie reproduziert die Schriftbilder der gelernten Namen, teils wie gesagt noch unsicher. Das geht aus ihren Verbalisierungen sehr deutlich hervor: Sie beschreibt das Schreiben als *malen* oder als *Buchstaben malen*, präzisiert, dass Schreiben und Malen in der Durchführung gleich sind, sich aber im Resultat unterscheiden und erklärt, dass man das Schreiben lernt, indem jemand einem etwas vorschreibt, das man dann abschreiben kann. Dabei ist sie durchgängig etwas unsicher mit den konkreten Bezeichnungen.

Berkay dagegen beginnt den beobachteten Entwicklungsverlauf auf einem sehr niedrigen Niveau, ist allerdings auch ein Jahr und vier Monate jünger. Im ersten Messzeitpunkt stellt er seine Schriftzüge entweder als Kritzelzüge, mit (einem) isolierten Zeichen oder buchstabenartigen Zeichen dar. Dabei beachtet er nur teilweise die konventionellen Merkmale wie Linearität und Schreibrichtung. Zum zweiten Erhebungszeitraum macht er einen riesigen Entwicklungssprung: Er schreibt nun seinen Namen korrekt und reflektiert dabei sogar seinen eigenen Lernfortschritt. Weiteres konstruiert er zielwortorientiert, hier noch unsicher, im dritten Messzeitpunkt dann sicherer, aber beide Male bereits am gesamten Wortlaut orientiert. In beiden Messzeitpunkten schreibt er darüber hinaus Schriftzüge mit willkürlichen Buchstaben, die er benennt, ohne sich daran zu stören, dass dieses im Widerspruch zum Wortlaut des betreffenden Schriftzuges steht. Insgesamt nutzt er sieben Buchstaben über die seines eigenen Namens hinaus und benennt elf. Seine Einsicht in die Verbindung von Phonem und Graphem, die zum ersten Messzeitpunkt noch nicht vorhanden ist, kann in der zweiten Erhebung als fortgeschritten und in der dritten als komplex bezeichnet werden. Berkay selbst betont den Aspekt des Lernens auch in den Verbalisierungen seiner Vorstellungen von Schreiben und Schrift in Messzeitpunkt zwei und drei: *Schreiben bedeutet lernen.*

Auch der Entwicklungskontext der beiden Kinder ist recht unterschiedlich. Lisa ist im SSV als Verdachtskind eingestuft, dabei ist es gerade der Untertest zum phonologischen Arbeitsgedächtnis (zur Bedeutung siehe 2.3.5), in dem sie den kritischen Wert unterschreitet. Auch im Abzeichentest weist sie mit Prozentrang 25 vergleichsweise niedrige Werte auf. Berkay dagegen ist im SSV unauffällig und seine Leistungen im Abzeichentest liegen in der oberen Hälfte. Beide haben ein großes Geschwisterkind, das in die Grundschule geht (bzw. nach der ersten Erhebung dorthin wechselt). Zuhause haben beide recht viele Schreibanregungen, die bei Lisa möglicherweise etwas überwiegen, insbesondere was gemeinsame Schreibaktivitäten und handschriftliche Vorbilder betrifft. Auffällig ist, dass Berkays Vater das Buchstabieren und Erfragen einzelner Buchstaben für Schriftzüge als Beschreibung von Berkays Schreibinteresse erwähnt, während es bei Lisa – zu Hause wie in der Kita – durch das Vorschreiben und Abschreiben charakterisiert ist. Der bedeutendste Unterschied liegt aber vermutlich in der Schreibanregung bzw. gezielten Schreibförderung der Kitas der beiden Kinder. Beide Einrichtungen haben – im Vergleich zu den übrigen teilnehmenden Kitas – insgesamt eine umfangreiche Schreibanregung. In der Kita von Lisa gibt es kein konkretes Schreibangebot, mit den Vorschulkindern – zu denen Lisa in Messzeitpunkt zwei und drei gehört – werden aber Arbeitsblätter mit graphomotorischen Übungen gemacht und der eigene Name gezielt geübt. Abgesehen davon, dass jedes Kind nach Beendigung einer Zeichnung selbstständig seinen Namen darauf schreiben soll, werden Schreibaktivitäten ausschließlich auf Nachfrage umgesetzt. Allerdings gibt es ein dauerhaftes offenes Angebot in Form einer *Schreibwerkstatt*, die mit einer Vielzahl unterschiedlicher Materialien rund um die Schrift und das Schreiben ausgestattet ist. In Berkays Kita spielt das Schreiben im Alltag eine weit geringere Rolle. Hier wird betont, dass das Schreiben erst in der Schule beginnen soll und daher keine bewussten Schriftanregungen oder Schreibspiele angeboten werden. Dafür gibt es aber für die Vierjährigen – denen Berkay zu Messzeitpunkt zwei und drei angehört – eine intensive *Lerneinheit eigener Name*, in der sich die Kinder angeleitet mit den Buchstaben, den Lauten, der Reihenfolge oder Zusammensetzung des eigenen Namens sowie derer der anderen beteiligten Kinder auseinandersetzen.

5. Diskussion

Die Diskussion wird entsprechend der inhaltlichen Bereiche der Ergebnisdarstellung untergliedert und es findet in diesem Kapitel zunächst eine Einordnung und Interpretation der einzelnen Ergebnisse statt, die im darauffolgenden Fazit (Kapitel 6.1) zusammengeführt werden.

5.1 Unterscheidung von Malen und Schreiben

Nahezu alle Kinder unterscheiden – bereits ab dem ersten Messzeitpunkt und durchgängig – die beiden Domänen Malen und Schreiben voneinander, wenn es darum geht, ein Objekt zu malen und anschließend zu schreiben. Dies zeigen sie mit ihren unterschiedlichen Reaktionen auf die Mal- bzw. die Schreibaufforderungen, indem sie im Erscheinungsbild eindeutig unterscheidbare Resultate produzieren, oder aber die eine der beiden Aufforderungen mit der Aussage verweigern, es nicht zu können, während sie der anderen nachkommen. Hier ist bei den untersuchten drei- bis sechsjährigen Kindern keine Entwicklung mehr zu beobachten.

Der Befund steht in Einklang mit den Ergebnissen internationaler Studien, die zeigen konnten, dass nicht nur die Entwicklung einer rezeptiven Unterscheidung der beiden Domänen mit drei Jahren bereits abgeschlossen ist (Lavine, 1977), sondern auch auf produktiver Ebene eine Unterscheidung von bildlicher und schriftlicher Darstellung sehr früh – mitunter ab zwei Jahren – zu beobachten ist (Brenneman et al., 1996; Otake et al., 2017; Treiman & Yin, 2011), insbesondere, wenn die Aufforderung die konkrete Gegenüberstellung von Malen und Schreiben desselben Objektes zum Gegenstand hat (Dockrell & Teubal, 2007).

Aussagen über eine verbale Differenzierung konnten in der Literatur nicht gefunden werden. Die vorliegenden Ergebnisse zeigen, dass Vorschulkinder bereits erstaunlich gut in der Lage sind, eine Unterscheidung der beiden Domänen auf verbaler Ebene vorzunehmen, auch wenn sich die Kinder hier sehr viel stärker voneinander unterscheiden als in der Produktion. Außerdem nimmt das Zeigen des Unterschieds (also die produktive Ebene) auch in der mündlichen Auseinandersetzung mit einem Interaktionspartner eine große – mindestens unterstützende – Rolle zur Verständigung ein. Aus entwicklungspsychologischer Sicht sind die gefundenen Unterschiede auf der produktiven und der verbalen Ebene plausibel, da implizites Wissen einer Explikation und Verbalisierung vorausgeht, wie sich beispielsweise in der Entwicklung metalinguistischer Bewusstheit zeigt (Karmiloff-Smith, 1992). Auch die bimodale Kommunikation in Form einer gegenseitigen Unterstützung von Verbalisierung und Visualisierung konnte im Vorschulalter beispielsweise an Kinderzeichnungen beobachtet werden (Balakrishnan et al., 2012; Drexler, Balakrishnan & Billmann-Mahecha, 2012).

Interessant ist, *dass* Kinder bereits im Vorschulalter in der Lage sind, den Unterschied zu artikulieren und welche Antwortmuster sie dabei zeigen. Es gibt Kinder, die bekräftigen, dass Malen das Gleiche ist wie Schreiben, und Kinder, die verneinen, dass dies der Fall ist, obwohl nahezu alle in der Produktion einen eindeutigen Unterschied zeigen. Unter den Antworten der Kinder, die den Unterschied betonen, gibt es solche, die diesen nicht weiter ausführen können, solche, die ihn zeigen und solche, die ihn erklären (und ggf. zusätzlich zeigen). Der Blick auf die Kinder, die die Gleichheit der beiden Tätigkeiten betonen, verdeutlicht, dass der Fokus bei ihrer Herangehensweise ein anderer zu sein scheint. Alle Kinder, die über die Bestätigung der Gleichheit hinaus etwas explizieren können, zeigen oder erklären einen Unterschied (bzw. deuten diesen an). Dies lässt die Frage aufkommen, was genau für die Kinder die bestätigte Gleichheit ausmacht. Eine Möglichkeit ist, dass die Kinder das Konstrukt (oder auch die Formulierung) *das Gleiche sein* noch nicht vollständig verstehen. Es gibt Kinder, die bekräftigen, dass Malen und Schreiben das Gleiche ist und dass man genau das Gleiche tut, ohne dies näher präzisieren zu können. Hier könnte der Erklärungsansatz zutreffen. Auch für die Antworten der Kinder, die zwar die Gleichheit bestätigen, anschließend aber einen Unterschied erklären oder zeigen, wäre diese Erklärung eine Option. Aus den Aussagen der Kinder, die die Ähnlichkeit genauer benennen können, wird allerdings deutlich, dass es sich hierbei z.B. um die Durchführung oder die Materialien handelt. Sie fokussieren die Ähnlichkeit in der Umsetzung der beiden Tätigkeiten – man produziert mit einem Stift graphische Spuren auf einem Blatt Papier – und betonen dabei aber den Unterschied im Resultat. Malen und Schreiben ist also nicht insgesamt das Gleiche, sie teilen jedoch gewisse Merkmale. Formulierungen in der Verbalisierung domänenspezifischer Konzepte wie *Schreiben ist malen* oder *Schreiben ist Buchstaben malen*, sowie die Verwendung des Begriffs *Malen* für den Prozess des Schreibens, weisen darauf hin, dass die Bezeichnung *Malen*, die die Kinder zur Beschreibung des Schreibprozesses verwenden, nicht identisch ist mit dem Zeichnen von Bildern. Denn manche Kinder beschreiben nach der Bestätigung der Gleichheit genau diesen Unterschied (z.B. *Malen vs. Namen schreiben* oder *Objekt vs. Buchstabe*), nahezu alle verstehen die Aufforderungen ein Objekt zu malen und zu schreiben als verschiedene Aufgaben und produzieren daraufhin unterscheidbare Resultate bzw. reagieren unterschiedlich. Außerdem bestätigten alle Kinder, die im Anschluss an den Produktionsprozess (sowie in der Situation, in der sie gerade bestätigten, dass Malen und Schreiben das Gleiche sei und man das Gleiche mache) zu ihren eigenen Resultaten befragt wurden, konsistent den produzierten Unterschied, indem sie korrekt beantworteten, wo sie gemalt und wo sie geschrieben hatten. Einerseits scheint es eine Unsicherheit mit den konkreten Begrifflichkeiten zu sein, die sich in einer inkonsistenten Verwendung sowie in Selbstkorrekturen niederschlägt. Andererseits scheint der Begriff des *Malens* der geläufigere Ausdruck für die Beschreibung graphischer Tätigkeiten zu sein – eine Verwechslung oder

Verwendung des Begriffs *Schreiben* für den Prozess des Malens kommt mit einer Ausnahme, bei der das Mädchen sich anschließend korrigiert, nicht vor.

Ob es ein Ausdruck für eine weiter fortgeschrittene Entwicklung ist, den Unterschied zu erkennen und ihn auch erklären zu können oder eine differenzierte Aussage dazu machen zu können, dass Malen und Schreiben zwar in der Durchführung gleich sind, sich aber darin unterscheiden, dass man ein unterschiedliches Resultat produziert, ist anhand der vorliegenden Daten schwer zu beurteilen. Die erste Variante ist die konventionellere. Den konkreten Unterschied der beiden Domänen haben aber beide Vertreter erfasst und können diesen auch benennen. Während die Kinder also das Malen und das Schreiben auf produktiver Ebene unterscheiden und sofern sie etwas zum Vergleich der beiden Domänen ausführen können, die Unterschiedlichkeit der beiden Bereiche beschreiben oder andeuten, gibt es scheinbar solche Kinder, die dabei das Resultat fokussieren und solche, die die Durchführung der Tätigkeit im Blick haben.

Da kein eindeutiger Entwicklungstrend festzustellen ist, liegt die Schlussfolgerung nahe, dass es sich nicht um einen Reifungsprozess, bzw. um das bloße Fortschreiten z.B. kognitiver und sprachlicher Fähigkeiten handelt, die die Kinder dazu befähigte, zuerst die Ähnlichkeit und dann die Unterschiedlichkeit zu betonen bzw. gerade andersherum. Das Sample ist zwar recht klein, aber mit den Aussagen von sechszehn Kindern zu drei Messzeitpunkten auch nicht zu vernachlässigen. Was genau aber den interindividuellen Unterschied in der Verbalisierung der Unterscheidung von Malen und Schreiben ausmacht, bleibt offen. Weitere Untersuchungen sind notwendig, um zu klären, ob es z.B. an den sprachlichen Fähigkeiten liegt, sich differenziert auszudrücken oder an den Fähigkeiten, sein implizites Wissen zugänglich zu machen und zu verbalisieren.

5.2 Die Nutzung konventioneller Merkmale des Zielschriftsystems

Die Daten zeigen sehr eindrücklich, dass Vorschulkinder verschiedene Charakteristika der Schriftsprache, die sie umgibt, entdecken und diese für die eigene Schriftproduktion nutzen. Die große Mehrheit der beobachteten Kinder beachtet alle vier untersuchten Aspekte: die Linearität, die Anordnung in einer Zeile, die Schreibrichtung und die Vermeidung von Ziffern. Dabei zeichnet sich eine Entwicklung hin zu einer immer stärkeren Verwendung von konventionellen äußeren (Form-)Merkmalen der Schrift ab. Die Ergebnisse internationaler Studien lassen sich auch für Kinder bestätigen, die mit der deutschen Schriftsprache aufwachsen. Besonders häufig wird die Linearität und die konventionelle Schreibrichtung berichtet (z.B. Brenneman et al., 1996; Rowe & Wilson, 2015; Tolchinsky-Landsmann & Levin, 1985). Auch die Unterscheidung von Ziffern und Buchstaben wird als ein Merkmal beschrieben, das bereits von Vorschulkindern für die Produktion von Schriftzügen herangezogen wird (Dockrell & Teubal, 2007).

Zudem spiegeln sich auch die Befunde, dass die Beachtung konventioneller Merkmale der Schrift besonders relevant für die Verschriftung des eigenen Namens ist, in den vorliegenden Ergebnissen wieder. Die besondere Rolle des eigenen Namens wird in der Literatur im Zusammenhang mit einem im konventionellen Sinn fortgeschrittenen Level des Schriftbildes beschrieben, wo z.B. die Linearität (neben der Verwendung einzelner diskreter Zeichen) als Charakteristikum mit einfließt (Levin et al., 2005; Tolchinsky-Landsmann & Levin, 1985). Anders als in der vorliegenden Studie wurden dabei die einzelnen Merkmale aber nicht gesondert im Hinblick auf einen Vergleich der Umsetzung des eigenen Namens mit anderen Schreibaufforderungen untersucht.

5.3 Das Schriftbild

Es wurde ein empirisch fundiertes Kategoriensystem vorgelegt, das die Darstellungsweisen des Schriftbildes differenziert zu erfassen und beschreiben vermag. Es umfasst dabei die gesamte vorschulische Spanne der frühen Schreibaktivitäten von den ersten Kritzelversuchen bis zur lautgetreuen phonetischen Verschriftung. Damit weist es eine inhaltlich ähnliche Einteilung auf wie Rowe und Wilson (2015) vorschlagen, die ihr Modell allerdings deduktiv aus einer Zusammenschau von Kategorien aus der Literatur erstellten und überprüften. Die theoretisch hergeleitete Hierarchie oder Rangfolge der entwickelten Kategorien, im Sinne einer immer stärkeren Beachtung der Merkmale des Zielschriftsystems, konnte in der vorliegenden Studie in einem ersten (nicht erschöpfenden) Schritt beleuchtet werden, eine umfassende empirische Überprüfung z.B. mit Hilfe varianzanalytischer Verfahren steht allerdings noch aus. Die signifikante Veränderung des Schriftbildes aller drei Schreibaufgaben über die Messzeitpunkte (insbesondere von t1 zu t3) hin zu ranghöheren Kategorien bestätigt die Richtung der Kategorienabfolge und zeigt die kindliche Annäherung an die Zielschriftsprache. Das bekräftigt die Ergebnisse verschiedener Studien (z.B. Ho, 2011; Rowe & Wilson, 2015; Tolchinsky-Landsmann & Levin, 1985), die in der Beschreibung bestehender Kategorien des Schriftbildes ausgeführt wurden (siehe Kapitel 2.3.4.3). Entsprechend den Ergebnissen von Barkow und Krüger (2013) korreliert die Umsetzung des Schriftbildes *Name* zu allen Messzeitpunkten bedeutsam mit dem Alter, nimmt in der vorliegenden Studie allerdings über die Erhebung an Intensität ab. Zu Beginn der Untersuchung ist die Verschriftung des eigenen Namens stark vom Alter der Kinder abhängig. Zu Messzeitpunkt drei, wo nahezu alle Kinder ihren Namen schriftbildorientiert (entweder noch unsicher oder bereits korrekt) verschriften (siehe Abbildung 34) wird dieser Zusammenhang weniger bedeutsam. Es sind folglich die jüngeren Kinder, die über die Messzeitpunkte besonders aufholen. Der Zusammenhang von Alter und *Schmetterling* sowie *Bär* ist weniger eindeutig: Nur einmal (*Schmetterling* t2) bzw. zwei Mal (*Bär* t2 und t3) korrelieren die Schriftzüge mittelhoch mit dem Alter. Insgesamt ist der Effekt weniger stark und der Zusammenhang zeigt sich eher mit etwas höherem Alter. Hier ist das Muster tendenziell andersherum: Zu Anfang spielt das Alter noch keine Rolle, nahezu alle Kinder setzen die Aufgaben ähnlich *schlecht* um. Hier sind es eher die Älteren, die sich stärker verbessern (siehe Abbildung 35 und Abbildung 36).

Ob die beobachtete Entwicklungstendenz aufeinanderfolgende Phasen impliziert oder parallel existierende Darstellungsweisen existieren und ob Kinder in ihrer Entwicklung alle Darstellungsweisen durchlaufen, einige überspringen oder auch hin und her springen, kann an dieser Stelle nicht beantwortet werden. Einige der Aspekte werden mit den Befunden der Fallbeispiele in den folgenden Kapiteln diskutiert. Die unterschiedlich fortgeschrittene Verteilung der Schriftbildkategorien von *Name* einerseits sowie *Schmetterling* und *Bär* andererseits spricht allerdings schon im Rahmen der hier besprochenen Daten der Gesamtstichprobe sehr stark für parallel existierende Darstellungsweisen.

Es wird hier dafür plädiert, die konkrete Darstellungsweise des Schriftbildes (Verwendung der Zeichen) gesondert von formal-strukturellen Merkmalen wie der Linearität oder Schreibrichtung zu erfassen, anders als dies bislang oftmals praktiziert wurde (Graf, 2016; Levin & Bus, 2003; Levin et al., 2005). Dies ermöglicht eine differenziertere Beschreibung der kindlichen Fähigkeiten. Die Daten verweisen darauf, dass ranghöhere Kategorien zwar tendenziell mit einer weiter fortgeschrittenen Beachtung formal-struktureller Merkmale einhergehen, aber es sind lineare Kritzelzüge zu beobachten ebenso wie solche, die quasi im Kreis angeordnet sind und auch bei einem Schriftbild mit konventionellen Buchstaben kann es vorkommen, dass die einzelnen Zeichen willkürlich über das Blatt verteilt sind, ohne einheitliche Schreibrichtung.

Es wird weiterhin als sinnvoll erachtet, die vorschulische und schulische Entwicklung der Schriftsprache nicht isoliert voneinander zu betrachten, sondern als ein Kontinuum oder einen fließenden Übergang. Die hier im vorschulischen Kontext gefundenen Kategorien 7) *Zielwortorientierung Schriftbild, unsicher* und 8) *Korrektes Schriftbild* sowie 9) *Zielwortorientierung Wortlaut, unsicher* und 10) *Kompletter Wortlaut* sind sicherlich ebenso charakteristisch für die erste Zeit des schulischen Schriftspracherwerbs wie z.B. aus dem Erwerbsmodell von Valtin (1997) hervorgeht. Insbesondere die Kategorien 9) und 10) deuten sich im vorliegenden Material erst an. Eine logische theoretische Weiterentwicklung der empirisch begründeten vorschulischen Entwicklung des Schriftbildes wäre eine weitere Kategorie mit wiederum zwei Subkategorien: *Orthographische Regeln* mit den Unterkategorien 11) *Anwendung orthographischer Regeln, noch unsicher*, und 12) *Korrekte Schreibweise.* Bei der anfänglichen noch *unsicheren Anwendung orthographischer Regeln* werden erste Rechtschreibmuster umgesetzt, mit gelegentlichen Übergeneralisierungen und die *korrekte Schreibweise* ist charakterisiert durch die automatisierte Umsetzung der Rechtschreibung (Valtin, 1997).

Im Sinne der Aneignung der konventionellen Schreibweise, also des Verschriftens, steht die korrekte Schreibung nach orthographischen Regeln am Ende der

Entwicklung hin zum kompetenten, fehlerfreien Schreiben als höchste Leistung und Ziel der Entwicklung von Schriftkompetenz. Der Erwerb der orthographischen Regeln, der für diese Leistung erforderlich ist, geschieht in der Schule, weshalb diese Kategorien nicht im Material zu finden sind. Im Rahmen eines vorschulischen und nicht angeleiteten Schreibenlernens ist es dagegen eine größere Leistung, ein Wort anhand seiner Laute zu konstruieren, aber im konventionellen Sinne *falsch* zu schreiben, als das korrekte Schriftbild zu erinnern und als Ganzes zu rekonstruieren. Deshalb wurde die Umsetzung des Schriftbildes mithilfe des Konstruierens entlang des Wortlautes (Kategorien 9 und 10) auch über dem Rekonstruieren entlang der erinnerten Äußerlichkeit des Schriftzuges (Kategorien 7 und 8) angeordnet. Die Unterscheidung des Vorgangs des Konstruierens einerseits und des Rekonstruierens andererseits wird nur aus der Analyse des Schreibprozesses deutlich, denn das Resultat spiegelt im ersten Fall eine noch nicht korrekte und im zweiten Fall eine korrekte Schreibweise wider. Am Beispiel des vorschulisch bereits eingeübten Schriftbildes des eigenen Namens würde sich ein Resultat aus Kategorie 8 nicht von einem Resultat aus Kategorie 12 unterscheiden, hier sind Kontextinformationen zur Schreibung weiterer Wörter und zum Buchstabenverständnis des Kindes sowie die Prozessdaten der Entstehung des Schriftzuges unabdingbar für eine Einschätzung.

Aus den Befunden zu den Darstellungsweisen des Schriftbildes lässt sich die Differenzierung zweier Umsetzungsstrategien in der vorschulischen Schriftproduktion schlussfolgern: die *Reproduktion von Bekanntem* und die *Konstruktion von Unbekanntem*. Dies manifestiert sich darin, dass die zwei Kategorien der *Schriftbildorientierung* (7 und 8) ausschließlich für den *eigenen Namen* (bekannte Schriftzüge) und die zwei Kategorien der *Wortlautorientierung* (9 und 10) ausschließlich für die Aufgaben *Schmetterling* und *Bär* (unbekannte Schriftzüge) Anwendung finden. Auch der durchweg enge (hohe bis sehr hohe) Zusammenhang der Schriftbilder *Schmetterling* und *Bär* untereinander und der signifikante Unterschied zu t1 und t2 zwischen den Korrelationen von *Name-Bär* sowie *Name-Schmetterling* im Gegensatz zu *Schetterling-Bär*, bestärkt tendenziell diese unterschiedlichen Herangehensweisen an die Umsetzung – ein Befund, den Levin und Kollegen (2005) ebenfalls berichten. Diese Umsetzungsstrategien stehen in Verbindung mit verschiedenen Einsichten in das Schriftsystem. Grundlage für die beiden unterschiedlichen Umsetzungsstrategien ist je eine andere: Die Voraussetzung für das Konstruieren eines Wortlautes ist das Verständnis, dass die Laute einer Äußerung verschriftet werden müssen und dass Buchstaben die Repräsentanten dieser Laute sind. Das ist für die Rekonstruktion eines Schriftbildes nicht notwendig. Hier ist es dagegen eine Voraussetzung, mit den äußeren Merkmalen, mit dem Erscheinungsbild eines Schriftzuges vertraut zu sein. Diese Vertrautheit kann nur dadurch entstehen, mit dem entsprechenden Schriftzug konfrontiert zu werden, ihn also gezielt als Schriftvorlage wahrzunehmen. Insbesondere im Kindergartenalltag ist der eigene Name in schriftlicher Form sehr präsent: Beispielsweise am eigenen Fach an der Garderobe oder im Waschraum, auf der Sammelmappe für angefertigte Zeichnungen oder auf dem Ordner seines Entwicklungsportfolios kommt das Kind regelmäßig damit in Kontakt. Aber auch das gezielte Vor- und Abschreiben spielt im Aneignungsprozess erster Schriftzüge eine wesentliche Rolle, wie aus den Kommentaren der Kinder hervorgeht. Das wurde oben bei der Erläuterung der Kategorie *Schriftbildorientierung* bereits angesprochen (siehe Kapitel 4.3.1). Ein weiteres Beispiel dafür liefert Ibrahim:

> Ibrahim, MZP 1 (5;1 Jahre), Zeilen 82ff.:
>
> Wird aufgefordert zu versuchen, Mama zu schreiben.
>
> *Kind: Du musst mir zeigen, ich muss das malen vor!*
>
> *Int.: Aber ich möchte gerne mal gucken wie du das selber machst! Ohne dass ich was zeige. Das macht überhaupt nix, wenn das noch nicht ganz richtig ist. .. Ja?*

Für das Schriftbild *Name* zeigen sich die Anfänge der *Schriftbildorientierung* in den Daten als Schriftzüge mit buchstabenartigen Zeichen, die sich ganz konkret an den Buchstaben des eigenen Namens orientieren, aber noch nicht konventionell geschrieben sind und meist mit bereits konventionell geschriebenen Buchstaben des eigenen Namens kombiniert werden. Diese Beispiele der Annäherung an das Schriftbild bestätigen ebenfalls die Strategie des Abschreibens und Auswendiglernens für den eigenen Namen, also die Herangehensweise der Rekonstruktion. Ein unbekannter Schriftzug kann dagegen unmöglich rekonstruiert werden. Die fortgeschrittene Strategie, sich bei der Verschriftung eines neuen Wortes am Zielwort zu orientieren, muss zwangsläufig eine andere sein, nämlich das Übersetzen der Laute in graphische Zeichen, also die Konstruktion entlang des Wortlautes. Beide Ansätze finden sich bereits in den Schreibproduktionen von Vorschulkindern.

Anders als in der Literatur beschrieben (Ferreiro & Teberosky, 1982; Zhang & Treiman, 2015), zeigt sich in den Daten der vorliegenden Studie nicht, dass die Kinder, die noch nicht phonologisch schreiben, ihre Verschriftung von Schriftzügen an der Objektgröße des Referenten ausrichten. Mögliche Erklärungen dafür könnten sein, dass das Sample in der Alterszusammensetzung generell zu heterogen war. Oder aber, dass die beobachteten Kinder insgesamt bereits zu alt waren. Für das zu weit fortgeschrittene Alter spricht, dass sich das Phänomen im Ansatz ausschließlich bei den jüngsten Kindern der Stichprobe beobachten lässt. Die jüngere von zwei unterteilten Altersgruppen zu t1, die zu diesem Zeitpunkt 3;5 bis 4;10 Jahre alt war, zeigt die Tendenz, *Bär* sowohl häufiger mit mehr Zeichen als auch in Zentimetern länger als *Schmetterling* zu schreiben. Weitere einschränkende Gründe sind möglicherweise der Einbezug solcher Schriftzüge, die noch nicht mit konventionellen Buchstaben umgesetzt wurden, was in der berichteten vorausgegangenen Studie nicht der Fall war, dem Alterseinwand allerdings eher entgegensprechen würde. Außerdem könnte es hinderlich gewesen sein, dass die zwei Schriftzüge nicht auf demselben Blatt produziert wurden, da so die Schreibprodukte im Schreibprozess nicht zueinander in Relation gesetzt werden konnten – dies geschah allerdings in Einklang mit besagter Untersuchung (Zhang & Treiman, 2015). Dass es dieses Phänomen gibt – und sich generell auch bei deutschsprachigen Kindern beobachten lässt – verdeutlicht das Beispiel eines Mädchens, die dies nicht nur zeigt, sondern auch explizit begründet. Ihr Schriftbild produziert sie dabei noch nicht mit konventionellen Buchstaben, aber mit buchstabenartigen Zeichen, die Ähnlichkeit mit den Buchstaben ihres eigenen Namens aufweisen.

> Sahra, MZP 2 (4;4 Jahre), Zeilen 100-111: (Mama schreiben)
>
> *Kind: Guck doch, das is die gleichen Nam wie mir. [schreibt mit Bleistift dasselbe buchstabenartige Zeichen wie das zweite aus dem Schriftzug ihres Namens (auf der Seite liegendes E), nur in groß]*
>
> *Int.: Okay.*
>
> *Kind: So, so, sie kriegt den Großen imma. [komplettiert dabei das große Zeichen, kommentiert mit ‚so' jeweils einen Strich]*
>
> *Int.: Mhm.*
>
> *Kind: Guck noch ein Nam. [schreibt links daneben dasselbe buchstabenartige Zeichen wie das erste aus dem Schriftzug ihres Namens (aus vier Bögen zusammengesetzt, hin und her gezogen), etwas nach oben versetzt (diagonal)] [5 sec.] Und fertig.*
>
> *Int.: Super. Da steht Mama? [Kind nickt] Und warum kriegt Mama den Großen immer?*
>
> *Kind: Weil sie is so groß.*

Dies ist zwar nur ein einzelner Beleg, erscheint aber dennoch sehr gewichtig, da er vom Kind persönlich eingebracht und verbalisiert wird und damit über die Rekonstruktion oder Interpretation kindlicher Vorstellungen durch erwachsene Forscher hinausgeht. Ob alle Kinder eine Phase durchlaufen, in der sie eine solche Erklärung bemühen würden, bleibt ungeklärt. Dass hier die Objektgröße als Referenz für den Schriftzug herangezogen wurde, kann aber nicht bezweifelt werden.

Der Befund, dass das Schreiben des eigenen Namens mit den kindlichen visuomotorischen Fertigkeiten korreliert (Clark, 2010; Ho, 2011), kann hier nicht bestätigt werden. Möglicherweise liegt das daran, dass die meisten Kinder zu Messzeitpunkt drei bereits über relativ gute Kenntnisse des eigenen Namens verfügen. Ein Zusammenhang der Fertigkeiten im Abzeichentest und der Umsetzung des Schriftbildes zeigt sich nur für die Aufgaben *Bär* (starker Effekt) und *Schmetterling* (mittlerer Effekt). Es sind also gerade die beiden anspruchsvolleren Aufgaben, die, wie oben beschrieben, für die fortgeschrittene Umsetzung eine tiefergehende Einsicht in die Schriftsprache verlangen, die mit den Ergebnissen des FEW-2 in Zusammenhang stehen. Dies wiederum steht im Einklang mit den Ergebnissen von Pufke (2016), die zeigt, dass visuomotorische Fertigkeiten mit verschiedenen Vorläuferfähigkeiten des Schriftspracherwerbs korrelieren, nämlich dem Konzept der Schriftsprache, der Buchstabenkenntnis, der phonologischen Bewusstheit und der Dekodierfähigkeit, die mehrheitlich ebenfalls eher einer inneren Einsicht als der äußeren Form zuzurechnen sind.

5.4 Entwicklung von Schriftproduktion und Schriftsprachverständnis

Aus der Systematisierung der Entwicklungsschritte und Entwicklungsverläufe der beobachteten Kinder ergibt sich ein neuer Einblick in den frühen, nicht angeleiteten Schriftspracherwerb. Dass sich die beiden Lernbereiche der äußeren Form von Schrift und der inneren, symbolisch-repräsentativen Funktion von Schriftzeichen getrennt voneinander beobachten lassen ist, nach bisherigem Kenntnisstand, in keiner Studie berichtet. Es wird beschrieben, dass nach einer anfänglichen Aneignung der äußeren Charakteristika von Schrift nachfolgend auch die Erkenntnis hinzu kommt, dass Buchstaben Repräsentanten für Laute sind, mit denen die Äußerungen der mündlichen Sprache verschriftet werden (Tolchinsky Landsmann & Karmiloff-Smith, 1992). Dafür sprechen auch die Befunde der vorliegenden Studie. Darüber hinaus kann eine differenzierte Entwicklung in beiden Bereichen und das individuelle Zusammenspiel der jeweiligen Fähigkeiten im Entwicklungsprozess unterschiedlicher Kinder gezeigt werden.

Mit den interindividuellen Unterschieden in den beiden Dimensionen des vorschulischen Schriftspracherwerbs zeigen die Kinder unterschiedliche Herangehensweisen an den Erkundungs- und Aneignungsprozess, denn es ist nicht nur das Kompetenzniveau, in dem sich die Kinder unterscheiden, sondern auch die individuelle Kombination der Kompetenzen sowie der individuelle Entwicklungsverlauf in den beiden Lernbereichen. Die Daten zeigen, dass die ersten Schritte beim Erfassen des Zusammenhangs von Laut und Zeichen gemacht werden können, noch bevor die verwendeten Schriftzeichen überhaupt die Form von Buchstaben annehmen. Andersherum gibt es Kinder, die ihre Kenntnis um die äußeren Merkmale der Schrift (wie Linearität, Schreibrichtung oder die konventionellen Buchstabenformen) bereits weit entwickelt haben, während ihnen die Einsicht in die Phonem-Graphem-Korrespondenz noch weitgehend fehlt. Darüber hinaus sind bei einigen Kindern im untersuchten Jahr große Entwicklungsschritte in beiden Dimensionen zu beobachten, bei anderen nur in einer Dimension oder insgesamt deutlich weniger.

Die beiden Dimensionen weisen keinen gleichförmigen kontinuierlichen Anstieg auf, bedingen sich also nicht zwangsläufig. Das verdeutlicht die Verteilung der Kombination der jeweiligen Ausprägung in den beiden Entwicklungsbereichen: Während sowohl eine hohe Einsicht in die äußeren Merkmale von Schrift als auch keine oder eine vage erste Einsicht in die Verbindung von Phonem und Graphem über alle Kompetenzniveaus der jeweils anderen Dimension zu finden sind, kommen die fortgeschrittene und die komplexe Einsicht in die Verbindung von Phonem und Graphem in Kombination mit einer geringen Einsicht in die äußeren Merkmale nicht vor. Eine fortgeschrittene Einsicht in die äußeren Merkmale ist also ohne die Einsicht in die andere Dimension möglich und bringt diese auch nicht zwangsläufig mit sich. Die fortgeschrittene Einsicht in die Verbindung von Laut und Zeichen scheint dagegen eine mindestens mittlere Kenntnis der äußeren Merkmale der Schrift vorauszusetzen.

In den Schriftproduktionen der Kategorie *fortgeschrittene Einsicht in die Verbindung von Phonem und Graphem* (B3) wird deutlich, dass die Kinder das *Buchstabenkonzept* (Lenel, 2005) prinzipiell verstanden haben. Sie zeigen hier zwar noch eine unsichere Umsetzung der konkreten Verschriftung der Laute der gesprochenen Sprache, demonstrieren durch die probeweise oder experimentelle sowie anteilig bereits korrekte Handhabung aber eindeutig ihr Wissen um den potentiellen Repräsentationsgehalt von Schriftzeichen. Erst in der Kategorie *komplexe Einsicht in die Verbindung von Phonem und Graphem* (B4) hat das Kind die notwendigen *symbolic representations* (Bialystok, 1992a) für das Symbolsystem Schriftsprache vollständig entwickelt und kann die Schrift als *referential-comunicative tool* (Tolchinsky Landsmann & Karmiloff-Smith, 1992) nutzen, um eigene Ideen entlang der Wortäußerungen zu verschriften. Hier ist ein, wenn nicht *der*, wesentliche Entwicklungsschritt des Schriftspracherwerbs im Sinne der Schriftkompetenz (Becker-Mrotzek, 2014) gelungen, denn das Kind hat nun die symbolische Bedeutung von Schrift erfasst, die die Voraussetzung für einen manipulativen Umgang mit dem Symbolsystem darstellt. Die Aneignung der Orthographie als weitere Annäherung an die kulturellen Konventionen ist zwar entscheidend für den Schul- wie beruflichen Erfolg, aus entwicklungspsychologischer Sicht auf die kognitive Entwicklung aber eher nachgeordnet.[68]

Interessant ist, dass im vorliegenden Sample alle vier Kinder, die besonders fortgeschrittene Einsichten in beide Dimensionen entwickeln, einen türkischen Migrationshintergrund haben. Unter den Kindern, die durchweg keinerlei Anzeichen einer Einsicht in die Verbindung von Phonem und Graphem zeigen, ist dagegen kein Kind mit Migrationshintergrund. Das steht in Einklang mit den Befunden, dass bilinguale Kinder monolingualen Kindern gegenüber einen Vorteil haben, was die Entwicklung eines Konzepts vom Repräsentationsgehalt der Schrift betrifft (Bialystok, 1997). Sie verstehen früher den globalen Zusammenhang von Schriftzügen und Bedeutung, also dass Schrift Wörter repräsentiert bzw. einer je spezifischen und feststehenden Bedeutung zugeordnet ist (Bialystok, 1997, 1999). Die älteren der von Bialystok (1997) untersuchten Kinder zeigen darüber hinaus mit fünf Jahren einen Vorteil im Verständnis des Zusammenhangs der einzelnen Zeichen mit den konkreten Phonemen von Wortäußerungen. Der Befund der vorliegenden Studie soll hier aber nicht zu hoch gewertet werden, da die

68 Im Rahmen der schulischen Schriftsprachentwicklung gewinnt dann die Entwicklung von Schreibkompetenz (Becker-Mrotzek, 2014) an Bedeutung, mit neuen kognitiven Herausforderungen.

untersuchte Fallzahl recht klein ist. Es wäre nötig, weitere umfassende Studien zur Überprüfung der beschriebenen Tendenz durchzuführen, um fundierte Erkenntnisse über einen solchen möglichen Zusammenhang zu gewinnen.

Die Kategorie *erste vage Einsicht in die Verbindung von Phonem und Graphem* (B2) dokumentiert die ersten Schritte auf dem Weg zum Verständnis der Phonem-Graphem-Korrespondenz. Insbesondere diese frühen, noch recht unkonkreten oder inkonsistenten Äußerungen der Anfänge der Erkundung des Symbolgehalts der Schriftzeichen sind, nach bisherigem Kenntnisstand, noch nicht differenziert erfasst und beschrieben worden.

Die in dieser Kategorie erfassten Kinder zeigen alle keine an der Verschriftung von willkürlichen Buchstaben für Silben ausgerichtete Schreibproduktion, aber teils eine gezielte Veränderung im Nachhinein, bei der sie einen Buchstaben für eine Silbe ergänzen, die im Zuge des Vorlesens des eigenen Schriftzuges ansonsten *leer* ausginge. Dies könnte als Ansatz für die Produktion gesehen werden. Das Schreiben von (Kritzel-) Zeichen, die noch keine Buchstabenform aufweisen, mit der Zuordnung von Silben (oder auch Wörtern) im Produktionsprozess zeigt möglicherweise, dass die Verbindung von Gesprochenem und Geschriebenem schon erfasst wurde, aber die Umsetzung beim *richtigen* Schreiben mit Buchstaben oder buchstabenähnlichen Zeichen im Zuge von Schreibaufforderungen noch nicht beachtet wird, sondern hier vorerst beim spontanen Schreiben oder so etwas wie *Schreiben spielen* Anwendung findet. Das folgende Beispiel illustriert einen solchen anfänglichen Zuordnungsprozess, der durch die Verbindung von arbiträren Zeichen und Wörtern (oder Wortkombinationen) sowie Silben gekennzeichnet ist.

> Emel, MZP 3 (5;10 Jahre), Zeilen 579-598:
>
> Hat zuvor Bär gemalt und geschrieben.
>
> *Kind: Warte mal. [schreibt mit links mit rot rechts neben den Bären etliche weitere Zeilen Zickzacklinien, manche kürzer, manche länger (je nach Platz), aber alle von rechts nach links] [5 sec.]*
>
> *Int.: Hui. .. Was machst du denn da jetzt noch alles?*
>
> *Kind: Schreibel.*
>
> *Int.: Und was?*
>
> *Kind: Guck, da is Bär [klopft mit dem Finger rechts willkürlich auf den verschiedenen roten Zickzacklinien hin und her] .. Da is Bär. [zieht mit links mit rot (von rechts nach links) eine Linie unter die oberste rote Zickzacklinie]*
>
> *Int.: Mhm.*
>
> *Kind: Wartet auf euch. [zieht von links nach rechts eine Linie unter die zweite rote Zickzacklinie] Zu spielen. [zieht von links nach rechts eine Linie unter die dritte rote Zickzacklinie] Aber der is langweilich. [zieht zu jedem Wort von links nach rechts jeweils eine Linie unter die restlichen roten Zickzacklinien] .. Weil er keine [malt jeweils ein neues Zeichen (Kringel/Kritzel) und spricht ‚weil er' und ‚keine' jeweils zum Ziehen der Linie darunter aus] .. Freun-de .. hat. [macht zu den drei Silben jeweils ein neues*

Kritzelzeichen]

Int.: Hoho, klasse.

Kind: Dann war-tet der auf sei-ne neue Freun-de. [macht wieder entsprechend der Silben neue Zeichen und zieht dabei zu jeder Silbe einen Kritzelstrich]

Nahezu alle Anzeichen für die Verbindung von Laut und Zeichen gehen in dieser Kategorie mindestens für Abschnitte des Geschriebenen über die Silbe. Dass diese Verbindung in der Erprobungsphase ist, manifestiert sich an der sehr unterschiedlichen Umsetzung: Sie geschieht in der Produktion sowie im Nachhinein, aber nicht durchgängig für alle Schriftzüge und auch nicht konsequent für alle Schriftzeichen, manchmal zeigt sich eine gezielte Manipulation, damit die Zuordnung aufgeht (Hinzufügen von Zeichen, Langziehen oder Doppeln von Silben, Ergänzen von silbisch ausgesprochenem Inhalt), manchmal scheint es dagegen egal, dass es Extrazeichen gibt.

Dieses Herantasten und Erkunden der Zuordnung und die Bedeutung der Silbe wird nur im Schreibprozess (durch Prozessanalysen) ersichtlich. Am Schreibprodukt – z.B. in der statistischen Überprüfung der Übereinstimmung von Silbenanzahl und Schriftzeichen wie dies verschiedentlich geschehen ist (Pollo et al., 2009; Treiman et al., 2013; Treiman & Boland, 2017) – wäre eine solche anfängliche Zuordnung in dem vorliegenden Sample, ebenso wie in den zuvor genannten Studien, nicht nachweisbar gewesen. Es zeigt sich in der vorliegenden Studie zwar zu keinem Zeitpunkt Evidenz für ein stringentes Verschriften von Silben (die dann auch im Produkt erkennbar wäre), wie es von verschiedenen Wissenschaftlern berichtet wird (z.B. Alves Martins & Silva, 2006; Silva et al., 2010; Tolchinsky & Teberosky, 1998). Dennoch stellt sich in den qualitativen Analysen – insbesondere durch die kindlichen Kommentare – die Bedeutung der Silbe als essentiell für den Anfang des Zuordnungsprozesses heraus.

Weiterhin wird die Wichtigkeit der Buchstabenformen und Buchstabennamen des eigenen Namens ersichtlich: Die ersten konventionellen Buchstaben, die die Kinder für ihre Schreibproduktion nutzen, stammen aus ihrem Namen. Sofern ihre buchstabenartigen Zeichen eine Ähnlichkeit zu konkreten Buchstaben aufweisen, so sind sie in der Regel den Buchstaben des eigenen Namens ähnlich. Und auch die erste Buchstaben-Laut-Verbindung geschieht entlang der Laute oder Buchstabennamen des eigenen Namens. Dieser Befund ergänzt die im vorigen Kapitel beschriebene Sonderstellung des eigenen Namens (Entwicklungsvorsprung und abweichende Umsetzungsstrategie bezogen auf die Schriftbildkategorien und die konventionellen Merkmale) und bestätigt die Ergebnisse internationaler Studien (Ferreiro & Teberosky, 1982; Levin et al., 2005).

Durchgängig (bei nahezu allen Kindern und über alle Messzeitpunkte hinweg) lässt sich beobachten, dass die produzierten Schriftzüge eines Kindes entsprechend ihres Zeicheninventars bzw. der Umsetzungsstrategie unterschiedlichen Schriftbildkategorien angehören. Diese parallele Verwendung verschiedener Darstellungsweisen des Schriftbildes verweist darauf, die vorgeschlagenen Schriftbildkategorien nicht als streng aufeinander folgende oder sich ablösende Arten der Darstellung des Schriftbildes zu verstehen. Denn wenngleich sich eine generelle Entwicklung hin zu ranghöheren, der Zielschriftsprache ähnlicheren Schriftbildkategorien zeigt (siehe Kapitel 4.3 und 5.3), ergibt sich aus der Analyse der verschiedenen Schreibprodukte eines Kindes pro Messzeitpunkt eindeutig, dass eine verwendete Darstellungsweise in der Regel nicht für alle Schriftzüge angewendet wird. Das gilt für die im vorigen Kapitel beschriebenen unterschiedlichen Umsetzungsstrategien für die Verschriftung der Aufgaben *Name*, *Schmetterling* und *Bär* und darüber hinaus auch für die weiteren evozierten oder vom Kind spontan eingebrachten Schriftzüge. Die höchsten erlangten Einsichten begründen nicht zwangsläufig eine Umsetzungsstrategie zur Produktion für alle Schreibprodukte.

5.5 Verbalisierung domänenspezifischer Konzepte

Kinder verstehen Schreiben 1) als ressourcenabhängig, 2) als gebunden an Schriftzeichen oder Schriftart, 3) als Malen oder Schreiben machen, 4) als Verschriften von Namen und Objekten, 5) als Produzieren von Namen oder Schriftzügen, 6) als etwas Eigenständiges (Abgrenzbares), 7) als eng zusammenhängend mit Lernen, 8) als Transportieren von Kommunikationsinhalten und 9) als Artefakt. Prägnante Beispielaussagen in diesen Bereichen sind 1) Große können schreiben, Kleine nicht und zum Schreiben braucht man Schreibutensilien, 2) Schreiben geht mit Buchstaben, 3) Schreiben ist (Buchstaben) malen oder auch schreiben, 4) man kann Namen, Objekte oder Zeichen schreiben, 5) Schreiben heißt Namen schreiben, 6) Schreiben geht mit einem Stift, Malen mit mehreren (bunten), 7) Schreiben ist Arbeit, Schreiben bedeutet Lernen und Schreiben braucht man für die Schule, die Hausaufgaben oder zum Lesen, 8) Schreiben braucht man, um einen Brief oder Einkaufszettel zu schreiben, 9) Geschriebenes kann man verschenken.

Die Gewichtung der von den Kindern genannten Aspekte (Abbildung 40) ist insofern einschränkend zu betrachten, als die besonders umfangreichen Kategorien in Verbindung stehen zu gezielten Nachfragen. Während direkt danach gefragt wurde, wer schreiben kann, was man schreiben kann, was man zum Schreiben benötigt, wozu man das Schreiben braucht und was der Unterschied zum Malen ist, gab es keine Nachfragen zum äußeren Erscheinungsbild oder dem Bereich des Lernens. Dennoch sind die Kategorien ausnahmslos aus sämtlichen Aussagen der Kinder über die Interviews hinweg entstanden, also aus dem gesamten Material heraus entwickelt, und nicht lediglich durch Zuordnung von den Passagen, die sich als direkte Antworten auf die Interviewfragen beziehen. Und es bleibt die Erkenntnis, dass Vorschulkinder besonders viel dazu verbalisieren können, was man schreiben kann, wer schreiben kann, welche Materialien man benötigt und etwas weniger aber dennoch bemerkenswert viel zur Funktion von Schreiben. Vor diesem Hintergrund gewinnt die Kategorie der Lernaspekte an Wichtigkeit – dies scheint für die Vorschulkinder besonders bedeutsam für ihr Konzept von Schreiben und Schrift.

Insgesamt sind sehr wenige Studien zu finden, die systematisch die Verbalisierungen von Kindern mit einbeziehen oder zum Gegenstand haben. Nach bisherigem Stand ist lediglich eine Studie bekannt, die eine kleine Stichprobe von Kindern offen dazu befragt hat, was für sie die Schrift oder das Schreiben ausmacht (Graf, 2016). Die vorliegenden Ergebnisse bekräftigen die dort berichteten Inhalte, die von den Kindern zur Beschreibung genannt wurden (Namen und Buchstaben als Inhalt; Buchstaben machen; Schreibutensilien; Hausaufgaben, Einkaufszettel und Post als Funktion; Mitteilungen und Schule als Nutzen). Weitere Untersuchungen zum kindlichen Verständnis von Geschriebenem basieren auf der Grundlage der Einschätzung von Schreibprodukten. Kinder wurden aufgefordert, vorgelegte gedruckte (Ferreiro, 1978; Valtin, 1991a) oder selbst produzierte (Tolchinsky-Landsmann & Levin, 1985) Schriftzüge dahingehend zu beurteilen, was sie inhaltlich oder strukturell im Einzelnen wiedergeben.

5.6 Exkurs: Aspekte der Zweisprachigkeit

Die frühen metalinguistischen Fähigkeiten von bilingualen Kindern, die aus der Spracherwerbsforschung bekannt sind (Tracy, 2008), scheinen auch für die Schriftsprache zuzutreffen. Die Kinder können schon sehr früh im Spracherwerbsprozess über ihre beiden Sprachen reflektieren, sie auseinanderhalten und die Verwendung der jeweiligen Sprache an ihrem Kommunikationspartner ausrichten. Das zeigt Tracy sehr eindrücklich an Beispielen von zwei- bis dreijährigen zweisprachig aufwachsenden Kindern. Die vorliegenden Befunde zeigen, dass bilinguale Kinder ebenso in der Lage sind, ihre zwei Sprachen auf der schriftlichen Ebene zu differenzieren – unabhängig davon, wie sie ihr Schriftbild darstellen. Eren und Baran, die zu Messzeitpunkt drei eine komplexe bzw. fortgeschrittene Einsicht in die Verbindung von Phonem und Graphem entwickelt haben, richten ihre Schriftproduktion (mindestens ansatzweise) am Wortlaut aus. Hier liegt es auf der Hand, dass die Schriftzüge deutscher Wörter und ihrer türkischen Übersetzung unterschiedlich aussehen müssen, da sich die Wortlaute unterscheiden. Aus diesem Grund entscheiden sich die beiden aber auch gezielt dafür, die Wörter *Papa* und *baba* identisch zu verschriften, denn sie interpretieren die ähnlichen Laute als gleich, wie das folgende Beispiel zeigt.

Eren, MZP 3 (6;8 Jahre), Zeilen 122-139:

Kind: Ich kann auch ‚Papa' schreiben.

Int.: ‚Papa' auch? Zeig ma.

Kind: Is ‚Papa' mit be (B) oder Papa mit pe (P)?

Int.: Hör hörst du n Unterschied? Pa-pa.

Kind: Isch glaube be (B), ja!

Int.: Mhm.

Kind: [schreibt darunter B A B A] [11 sec.]

(...)

Kind: Isch kann auch ‚Baba' schreiben.

Int.: [gleichzeitig] Baba? Zeig ma ‚Baba'...

Kind: Wie das hier. [zeigt auf das geschriebene BABA]

Int.: Mhm.

Kind: [schreibt rechts neben den Schriftzug ‚ANE' B A B A] [12 sec.]

Aber auch für die Kinder, die den Wortlaut zur Verschriftung nicht beachten, trifft der Befund zu. Es scheint ihnen klar zu sein, dass unterschiedliche Wörter unterschiedliche Schriftzüge verlangen, auch wenn sie sich auf denselben Inhalt, also denselben Referenten beziehen.

Eren macht dabei keine Unterscheidung der beiden Alphabete. Im Gegenteil, er nutzt seine Kenntnisse der konkreten Verbindungen von Phonemen und Graphemen beider Sprachen als Ressource zum Verschriften von Lauten. Das wendet er in beide Richtungen an: Er nutzt sowohl türkische Phonem-Graphem-Verbindungen zur Verschriftung deutscher Wörter, als auch andersherum. Destina macht dagegen eine gezielte Unterscheidung der beiden Alphabete und kann diese auch bereits konzeptionell gesehen präzise verbalisieren. Sie verfolgt dabei allerdings auch eine andere Strategie: Destina verschriftet nicht den Wortlaut der türkischen Wörter – sie nennt (und kennt?) ihn nicht einmal –, sondern zielt darauf ab, Schriftzüge herzustellen, die für die Interviewerin unbekannt sind. In der zweiten Erhebung produziert sie diese gezielt entsprechend ihrer Kenntnisse als der Optik nach türkische Schriftzüge. Die Nutzung ihrer Erstsprache könnte man in diesem Fall vielleicht als gezielte Nicht-Anpassung an den Kommunikationspartner bezeichnen.

Die bilingual aufwachsenden Kinder können ihre Sprachen schon früh unterscheiden – auf verschiedenen Ebenen. Die beiden Beispiele von Destina und Eren zeigen darüber hinaus, dass es möglich ist, dass sie im Vorschulalter bereits sehr detaillierte und explizite Einsichten in die Eigenheiten zeigen und Unterschiede der beiden Alphabete auch verbalisieren können. Außerdem wird die Möglichkeit einer erweiterten Ressource deutlich: Das Nutzen der Laute beider Sprachen als übergreifende Quelle für die Verschriftung von Wörtern, über beide Sprachen hinweg.

5.7 Entwicklungsportraits ausgewählter Fallbeispiele

Wie können die interindividuellen Unterschiede erklärt werden?

Am Vergleich der beiden Einzelfälle Lisa und Berkay wird deutlich, dass es nicht das Alter per se ist, das die Entwicklung zu einem höheren Niveau in der Schreibentwicklung automatisch mit sich bringt – insbesondere bezogen auf die Einsicht in die Phonem-Graphem-Korrespondenz.

Die beiden markantesten Differenzen, die aus den Kontextinformationen der beiden Kinder hervorgehen, ist einerseits das von den Bezugspersonen berichtete schreibbezogene Interesse oder Verhalten, das bei Lisa durch Abschreiben und bei Berkay durch Buchstabieren charakterisiert werden kann. Das korrespondiert mit der jeweils dominierenden Umsetzungsstrategie in der kindlichen Schreibproduktion. Andererseits sind es die unterschiedlichen pädagogischen Angebote schrift- oder schreibbezogener Aktivitäten in der Kita, die sich stark unterscheiden: das offene vs. das angeleitete Angebot. Die offene *Schreibwerkstatt* aus Lisas Kita wird ergänzt durch Aktivitäten, die wiederum ebenfalls mit dem Merkmal des Abschreibens umschrieben werden können, während das angeleitete Angebot *Lerneinheit eigener Name* in Berkays Kita gezielt die Auseinandersetzung mit den einzelnen Buchstaben und ihrer Laute begleitet, eine Grundlage für das Buchstabieren. Es scheint ein solches angeleitetes, begleitetes Explorieren besonders förderlich, das Kindern dazu verhilft, neben den äußeren Merkmalen auch die Funktion der Schriftzeichen zu erfassen, was auch Lenel (2005) und Graf (2016) empirisch begründet befürworten.

Berkays enormer und vergleichsweise früher Entwicklungsschritt von Messzeitpunkt eins zu zwei macht die Begründung durch die Schreibanregung und -förderung mit der *Lerneinheit eigener Name* sehr plausibel. Die erste Erhebung war im Sommer seines ersten Kindergartenjahrs, bevor das Angebot begann. Die zweite Erhebung folgte im Dezember (mit einer Nacherhebung im Februar), in der Zeit nahm er an der Lerneinheit teil.

Dennoch ist Berkays erfolgreicher Entwicklungsverlauf sicherlich als ein Zusammenspiel verschiedener Faktoren zu verstehen. Individuelle Dispositionen wurden nur sehr wenige erfasst. Sein Sprachstand und seine feinmotorischen Fertigkeiten sind unbedenklich bzw. positiv ausgeprägt. Und seine Erzieherin berichtete, dass Berkay die Lerneinheit sehr gut mitmachte, sehr interessiert dabei war und sowohl seine eigenen als auch die Buchstaben der anderen beteiligten Kinder schnell lernte.

Da Lisa in beiden Tests zur Kontrolle des Entwicklungsstandes schlechter abschneidet und beide Kinder sich zusätzlich in den Merkmalen Geschlecht und Migrationshintergrund unterscheiden (der Bildungshintergrund kann unter

Einbezug beider Elternteile als ähnlich bezeichnet werden), wären auch andere Begründungen der Unterschiede grundsätzlich denkbar. Einer Klärung von Ursache-Wirkungszusammenhängen müsste in weiteren Untersuchungen nachgegangen werden, in denen die Rahmenbedingungen stärker kontrolliert werden.

6. Fazit

6.1 Gesamtschau: vorschulische Entwicklung von Schriftproduktion und Schriftsprachverständnis

Welche Konzepte und welches Verständnis von Schrift und Schreiben haben drei- bis sechsjährige Vorschulkinder, die im deutschen Bildungssystem mit der deutschen Schriftsprache aufwachsen? Wie entwickelt es sich über einen Zeitraum von einem Jahr?

Um die übergeordnete Fragestellung der vorliegenden Studie zu beantworten und ein Gesamtbild der vorschulischen Schreibentwicklung darzustellen, werden die im Vorfeld einzeln diskutierten Ergebnisse an dieser Stelle zusammengeführt.

Die Ergebnisse aus internationalen Studien lassen sich auch an Kindern beobachten, die mit der deutschen Schriftsprache aufwachsen und weder systematisch an das Schreiben noch an die Auseinandersetzung mit Buchstaben herangeführt werden. Drei- bis sechsjährige Kinder wissen, dass Schreiben – insbesondere auf das Resultat bezogen – etwas anderes ist als Malen. Sie eignen sich ohne gezielte Anleitung an, dass Schriftzüge linear und in einer Zeile angeordnet sind, in einer einheitlichen festgelegten Schreibrichtung angefertigt werden und keine Ziffern enthalten, sondern Buchstaben diejenigen Zeichen sind, die zur Darstellung von Schrift herangezogen werden. Sie nutzen dieses sicherlich oftmals noch implizite Wissen für ihre Schriftproduktion und können darüber hinaus bereits viele Inhalte ihrer domänenspezifischen Konzepte verbal explizieren, z.B. zu Schreiber und Schreibmaterialien, zum Inhalt dessen, was man schreiben kann, zur Abgrenzung des Schreibens vom Malen und zur (Mitteilungs-) Funktion von Geschriebenem. Der Aspekt des Lernens spielt in ihren Ausführungen eine große Rolle und scheint in ihrem Konzept des Schreibens besonders bedeutsam zu sein – Schreiben muss erlernt werden und ermöglicht wiederum das Lernen in weiteren Bereichen.

Vorschulische Darstellungsweisen des Schriftbildes reichen von Kritzelspuren über nicht weiter unterschiedene diskrete Zeichen hin zu buchstabenähnlichen Zeichen und schließlich konventionellen Buchstaben, die entweder willkürlich ausgewählt oder einerseits am Schriftbild und andererseits sogar am Wortlaut des Zielwortes ausgerichtet werden. Das vorgeschlagene Kategoriensystem zur Klassifikation des Schriftbildes erfasst die gesamte Spannbreite vorschulischer Schriftspurerzeugnisse von den ersten Anfängen hin zu Verschriftungsstrategien am Übergang zur Grundschule und zeigt anhand der Veränderung der Verteilung in Richtung ranghöherer Kategorien die vorschulische Annäherung an das Zielschriftsystem über den Verlauf des beobachteten Jahres.

Individuelle Wege der Schriftaneignung entlang zweier Dimensionen
Oder: Ein Plädoyer für das Abstandnehmen von einheitlichen Entwicklungsphasen
Die detaillierten Prozessanalysen machen darüber hinaus deutlich, dass sich die vorschulische Schriftsprachentwicklung (und die Unterscheidung von Entwicklungsverläufen) in zwei Dimensionen vollzieht: der *Einsicht in die äußeren Merkmale der Schrift* und der *Einsicht in die Verbindung von Phonem und Graphem.* Diese beiden wesentlichen Erwerbsschritte im frühen Schriftspracherwerb lassen sich getrennt voneinander beobachten, sie bedingen sich nicht zwangsläufig. Eine fortgeschrittene Einsicht in die äußeren Merkmale der Schrift ist zwar scheinbar eine Voraussetzung für die Entwicklung einer tiefergehenden Einsicht in die Verbindung von Phonem und Graphem, löst diese aber nicht unweigerlich aus.

In zweierlei Hinsicht ergibt sich aus den Daten eine Differenzierung der vorschulischen Schreibentwicklung, die gegen eine Phaseneinteilung spricht: Einerseits zeigen die Kinder unterschiedliche Herangehensweisen an den Schriftspracherwerb entlang der Dimensionen. Andrerseits manifestieren sich unterschiedliche Umsetzungsstrategien in der frühen Schriftproduktion für verschiedene Aufgaben.

Die unterschiedlichen Herangehensweisen an das Erkunden der Schriftsprache zeigen sich in Form der individuellen Kombination der Kompetenzniveaus sowie individueller Entwicklungsverläufe in den beiden Dimensionen. Einige Kinder beginnen bereits auf einem niedrigen Niveau der Dimension *Einsicht in die äußeren Merkmale von Schrift*, den Zusammenhang von Laut und Zeichen zu erkunden. Andere fokussieren dagegen lange Zeit die äußeren Merkmale der Schrift, die sie sich aneignen, während sie keinerlei Anzeichen einer *Einsicht in die Verbindung von Phonem und Graphem* zeigen. Die unterschiedlichen Herangehensweisen zeigen verschiedene, individuelle Schwerpunktsetzungen, die möglicherweise auch an konkrete Hilfestellungen und Anregungen gebunden sind, wie aus den Entwicklungsportraits hervorgeht. Insgesamt ist über den Verlauf eines Jahres ein Voranschreiten der vorschulischen Fähigkeiten zu beobachten, das allerdings bei den Kindern bezogen auf das Ausmaß und die Dimensionen sehr unterschiedlich ausgestaltet ist und zu Beginn auch mit gelegentlichen Rückschritten einhergeht. Die kindlichen Entwicklungsverläufe unterscheiden sich darin, ob insgesamt sehr viele Schritte gegangen werden oder eher wenige und ob diese Lernschritte vorwiegend in einer oder in beiden Dimensionen vollzogen werden bzw. wo zu welchem Zeitpunkt der Schwerpunkt der Aneignung liegt. Das erreichte Entwicklungsniveau lässt sich dabei nicht per se auf das Alter zurückführen. Abbildung 39, die die gewonnenen Erkenntnisse visualisiert, legt die empirische Basis für diese Weiterentwicklung einer Entwicklungstheorie des vorschulischen Schriftspracherwerbs.

In der Entwicklung der Darstellungsweisen des Schriftbildes steht die Umsetzungsstrategie der Orientierung am Zielwort am Ende der vorschulischen Schreibentwicklung. Sie manifestiert sich in der Orientierung am Schriftbild nach äußeren Merkmalen und der Orientierung am Wortlaut nach den Merkmalen der Phonem-Graphem-Verbindungen. Die Orientierung am Schriftbild zeigt sich ausschließlich für den eigenen Namen bzw. bekannte Wörter/Schriftzüge, die Orientierung am Wortlaut dagegen nur für unbekannte Wörter/Schriftzüge. Diese beiden unterschiedlichen Strategien der *Reproduktion von Bekanntem* und der *Konstruktion von Unbekanntem* finden im Vorschulalter zeitgleich Anwendung. Sie sind als systematisch verschiedene Zugänge zur Produktion von Schriftzügen zu verstehen, die sich bereits an der konkreten Aufforderung, am geforderten Resultat orientieren. Aber nicht nur für diese fortgeschrittenen Umsetzungsstrategien wird eine gleichzeitige Verwendung deutlich: Generell gilt für die Darstellung des Schriftbildes, dass die Kinder in diesem frühen Entwicklungsabschnitt mehrheitlich unterschiedliche Darstellungsweisen parallel verwenden, was sich in der Kombination nahezu aller Schriftbildkategorien untereinander niederschlägt. Das höchste erreichte Darstellungsniveau wird nicht zur Produktion jeglicher Schriftzüge herangezogen, es löst vorausgehende nicht zwangsläufig ab. Der aufgaben- und situationsbedingte Rückgriff auf rangniedrigere Darstellungsweisen ist vielfach zu beobachten. Es stört die Kinder nicht, dass somit kein übergreifend einheitliches Schriftbild entsteht.

Dass sich frühe Darstellungsweisen danach unterscheiden, was die Darstellungsintention ist, diskutieren und zeigen Dockrell und Teubal (2007) für die Verwendung von bildlichen, schriftlichen oder numerischen Darstellungsarten. Dabei ist es von Bedeutung, ob die Kinder aufgefordert werden, Inhalt zu transportieren und welchen Inhalt, oder ob sie an einem konkreten Objekt den Unterschied von Malen und Schreiben verdeutlichen sollen. Die vorliegende Studie zeigt, dass auch innerhalb der schriftbezogenen Darstellungsweisen der Einfluss der Aufgabenstellung zum Tragen kommt. Außerdem spielt die konkrete Situation der Schreibproduktion in der vororthographischen Schriftspurerzeugung eine wichtige Rolle. Dafür sprechen die Strategien der Reproduktion und der Konstruktion ebenso wie die höheren Schriftbildkategorien und stärkere Nutzung konventioneller Merkmale für die Verschriftung des eigenen Namens sowie die gleichzeitige Verwendung zielwortorientierter Schreibweisen und eher willkürlicher Verschriftungen. Neben der Unterscheidung von Umsetzungsstrategien entsprechend der Aufforderung nach Bekanntem und Unbekanntem zeigen sich unterschiedliche Verschriftungsformen auch für konkret erfragte Wörter und spontane Schreibproben, in denen das Kind eigenständig eingebrachten Inhalt transportieren möchte, sowie in Situationen, die den Anschein eines *Schreiben-Spielens* machen. Das Befinden des Kindes in der gegebenen Schreibsituation (wie z.B. Konzentration/Erschöpfung oder das Bedürfnis, eigentlich etwas anderes zu tun) wirkt sich ebenfalls auf die Darstellungsweise von Schreibaufforderungen aus.

Die vorliegenden Daten sprechen nicht für eine Phasenabfolge der Entwicklung. Im Gegenteil: Die Differenzierungen des vorschulischen Schriftspracherwerbs in interindividuell unterschiedliche Herangehensweisen an die Schrifterkundung und intraindividuell unterschiedliche Umsetzungsstrategien in der Schriftproduktion verdeutlichen, dass sich eine Phaseneinteilung, in der aufeinanderfolgende Erwerbsschritte sich gegenseitig ablösen, letztlich verbietet. Der Erwerbsprozess ist vielmehr als ein Kontinuum – oder in den Worten von Graf (2016) als Spirale – zu verstehen, innerhalb dessen sich die Kinder trotz einiger Gemeinsamkeiten mit unterschiedlicher Schwerpunktsetzung entsprechend ihrer Gelegenheiten der Wahrnehmung von und Auseinandersetzung mit Schrift und Schreiben stetig, aber nicht gleichförmig hin zu höheren Kompetenzen bewegen.

Schriftspracherwerb als eigene Entwicklungsdomäne
Oder: Ein Plädoyer für die Eigenständigkeit der Mal- und Schreibentwicklung
Eine weitere Schlussfolgerung der Ergebnisse ist, dass auch die Daten der vorliegenden Studie dafür sprechen, dass das Schreiben nicht aus dem Malen heraus entsteht (vgl. Kapitel 2.1 und 2.3.4.2). Die Kinder unterscheiden beide Bereiche bereits sehr früh voneinander – sowohl produktiv als auch verbal. Dennoch bestätigen die Befunde, was für die Zeichenentwicklung bereits vielfach beschrieben wurde (Callaghan, 2007; Richter, 1997; Schuster, 2000) und Barkow (2012, 2013b) auch für die sehr frühen Äußerungen von Schrift vor der Nutzung von Buchstaben dokumentiert: Beide Entwicklungen beginnen mit dem Kritzeln, werden zunehmend ausdifferenziert in einzelne Formen, werden entsprechend der Konventionen immer besser erkennbar und transportieren zunehmend Bedeutung oder dienen als Kommunikationsmittel. Dies geschieht in beiden Domänen auf die jeweils spezifische Art der Darstellungs- und Ausdrucksmöglichkeiten entlang der jeweiligen bereichsbezogenen Konventionen. Die schriftliche Darstellungsart löst die bildliche nicht ab, beide existieren nebeneinander, finden parallele Anwendung als Ausdrucks- und Kommunikationsmittel und entwickeln sich – im Rahmen der Interessen eines jeden Kindes – auch beide weiter, zwar nicht unabhängig voneinander, aber doch entlang der jeweils geltenden domänenspezifischen Darstellungsregeln.

Die Aussagen der Kinder machen jedoch deutlich, dass ein *Malen von Buchstaben* in einer gewissen Etappe dennoch Bestandteil der Schreibentwicklung ist. Dies spricht allerdings nicht gegen eine Unterscheidung der Domänen, sondern betont eher die Gemeinsamkeiten in der Durchführung. Auch die hohe Konzentration und Sorgfalt, die das Produzieren der Buchstabenformen zu Beginn von den Kindern abverlangt oder das logographische Anfertigen eines Schriftzuges in Orientierung am gesamten Schriftbild (im Sinne der Rekonstruktion von Bekanntem) könnten Anlass dazu geben, das anfängliche Schreiben mit dem Malen zu assoziieren. Die vorliegenden Daten zeigen und bestätigen aber sehr deutlich, dass frühe Schriftspurerzeugnisse bereits domänenspezifische Charakteristika aufweisen und Kinder lange vor dem *Malen von Buchstaben* ihre Kenntnisse der äußeren Merkmale von Schrift aktiv zur eigenen Schriftproduktion heranziehen.

6.2 Methodologische Implikationen

Die Ergebnisse der vorliegenden Studie verdeutlichen einmal mehr, wie ertragreich es ist, qualitative und quantitative Forschungsmethoden miteinander zu verbinden, und zwar nicht nur im Sinne einer Triangulation von Erhebungsmethoden, sondern explizit auch auf der Ebene der Datenanalyse. Qualitative und quantitative Analyseaspekte zu verknüpfen, eröffnet die Möglichkeit, einerseits gezielt Raum zu geben und offen dafür zu sein, empirisches Neuland zu erkunden und gleichzeitig Erwartungen, die sich aus dem Forschungsstand ergeben, zu integrieren und in Form von Fragen zielgerichtet an das Material heranzutragen oder auch hypothesengeleitet zu überprüfen. Aufgrund der Komplexität beider Forschungszugänge ist es sicherlich ratsam, einen methodologischen Schwerpunkt zu wählen.[69] Die gezielte Verbindung der unterschiedlichen Herangehensweisen erscheint aber besonders fruchtbar.

In einem qualitativ eingebetteten Mixed-Methods-Design wurden in der vorliegenden Studie sowohl explorative als auch erwartungsgeleitete Zugänge zur datengestützten Erkenntnis verfolgt: von quantitativ-deskriptiven Analysen der Gesamtstichprobe, flankiert von ausgewählten Zusammenhangs- und Unterschiedsanalysen über umfängliche qualitativ-explorative, offene, aber systematisch-vergleichende Analysen von Fallbeispielen hin zu detaillierten Einzelfallanalysen in Form von Entwicklungsportraits – durch den Längsschnitt gekoppelt an eine echte Entwicklungsdimension. Diese Kombination hat dazu verholfen, Entwicklungsprozesse der vorschulischen Schreibentwicklung eingehender zu verstehen, sie im Einzelnen anhand des individuellen Entwicklungskontextes und Entwicklungsverlaufs kontextsensitiv zu interpretieren, sie außerdem interindividuell in Beziehung zueinander zu setzen und damit zu systematisieren und sie darüber hinaus aber auch in Relation zu den bisherigen Forschungsergebnissen zu setzen. Damit konnten neue Einsichten in die vorschulische Schreibentwicklung erlangt und die gewonnenen Erkenntnisse gleichzeitig an den Forschungsstand angebunden werden.

Auch die Kombination unterschiedlicher Datensorten im Forschungsprozess ist als ausgesprochen gewinnbringend zu bewerten – im vorliegenden Fall die (videographierte) Beobachtung mit und ohne gezielter Aufgabenstellung und Interviews als Selbstauskunft und Expertenwissen ebenso wie die Analyse von Schreibprodukten und Schreibprozessen. Ganz besonders hervorgehoben werden sollen dabei an dieser Stelle noch einmal Vorteile und Ertrag der prozessbegleitenden Untersuchung. Viele Detailergebnisse hätten ohne die Prozessanalysen nicht erkannt und formuliert werden können – dies betrifft z.B. die Bedeutung der Silbe, die Bedeutung der Objektgröße und die Schreibrichtung. Aber gerade

69 Sofern nicht auf die zeitlichen und intellektuellen Ressourcen eines Forschungsteams zurückgegriffen werden kann, wie es in Qualifikationsarbeiten für gewöhnlich der Fall ist.

auch für die übergeordneten Erkenntnisse der Studie ist die Analyse der unmittelbaren Reaktionen auf die Schreibaufforderung und allgemein des Verhaltens mitsamt der Kommentare während des gesamten Schreibprozesses sowie die Beobachtung des konkreten Entstehungsprozesses der Schriftspurerzeugung unentbehrlich gewesen. Ohne diese Verknüpfung der Zugänge und Datensorten und ohne den Schwerpunkt auf den Prozessanalysen hätte die Studie ihre wesentlichen Ergebnisse nicht hervorbringen können: weder das Kategoriensystem der vorschulischen Darstellungsweisen des Schriftbildes noch die Unterscheidung der zwei Dimensionen im Entwicklungsverlauf. Für die Entwicklung von Kategorien des Schriftbildes bedarf es im Sinne ihrer Legitimation einer gewissen breiten Datenbasis, für die inhaltliche Abgrenzung – insbesondere bezogen auf die beiden Umsetzungsstrategien der Orientierung am Schriftbild (oder Rekonstruktion von Bekanntem) und der Orientierung am Wortlaut (oder Konstruktion von Unbekanntem) – aber waren die detaillierten fallbezogenen Schreibprozessanalysen essentiell. Dasselbe gilt für das Herausarbeiten der Differenzierung der zwei Dimensionen der vorschulischen Schreibentwicklung, das Einordnen und In-Beziehung-Setzen der kindlichen Kompetenzen und ihrer Entwicklungsverläufe. Dies war ausschließlich auf Grundlage der prozessbegleitenden Beobachtungs- und Interviewdaten der Kinder denkbar. Keine Analyse der Endprodukte hätte diese weiterführenden Einsichten generieren können.

Für eine pragmatische Nutzung von Forschungsstrategien spricht, sich nicht auf *eine Richtung* von Erhebungs-, Analyse- und Erklärungsansätzen zu beschränken und anderen gegenüber zu verschließen, um somit offen zu sein für Innovation und unterschiedliche Perspektiven. Die oberste Maxime für methodologische Entscheidungen auf allen Ebenen – vom Untersuchungsdesign über die Erhebungs- und Auswertungsverfahren zu den Interpretationsansätzen – sollte die Gegenstandsangemessenheit mit Blick auf das Erkenntnisinteresse sein.

Die Ergebnisse dieser Studie können ermutigen, das sicherlich nicht ganz unaufwendige Unterfangen eines Mixed-Methods-Designs auf sich zu nehmen sowie Prozessanalysen in die Untersuchung miteinzubeziehen.

6.3 Implikationen für die Praxis und Ausblick

Implikationen für die Praxis

Fundierte Kenntnisse des Entwicklungsprozesses und möglicher Entwicklungsverläufe des vorschulischen Schriftspracherwerbs sind unabdingbar für angemessene und entwicklungsförderliche pädagogische Angebote – sowohl im vorschulischen Bereich als auch im Anfangsunterricht.

Es wurde ersichtlich, dass der anspruchsvolle Erwerbsschritt, die Verbindung von Phonem und Graphem zu verstehen, sich nicht automatisch durch die Beschäftigung mit Schrift und der Entwicklung der Einsicht in ihre äußeren Merkmale vollzieht. Ein bloßes Einüben der Buchstabenformen und Durchführen von

Schwungübungen auf Arbeitsblättern im Rahmen der Vorschularbeit in Kitas erscheint daher nicht ausreichend als Vorbereitung für die Schule. Solche Arbeitsblätter erfreuen sich – insbesondere auch bei Kindern, die bald eingeschult werden – oftmals großer Beliebtheit. Sie sollten auch nicht verbannt werden. Feinmotorische und speziell visuomotorische Fertigkeiten stehen in engem Zusammenhang mit dem Schreiben (siehe Kapitel 2.3.5). Das Einüben graphomotorischer Bewegungsabläufe und der Hand-Auge-Koordination erscheint förderlich für den frühen Schrifterwerb, ganz besonders für Kinder, die nicht sehr gerne malen. Die Tatsache, dass eine fortgeschrittene oder komplexe Einsicht in die Verbindung von Phonem und Graphem erst ab einer mindestens mittleren Einsicht in die äußeren Merkmale von Schrift zu beobachten ist, betont außerdem die Wichtigkeit, auch den Formaspekt der Schrift in pädagogischen Angeboten zu beachten. Es ist aber nicht ausreichend, sich darauf zu beschränken. Vor dem Hintergrund, dass insbesondere die vorschulischen Kenntnisse, die einer Verbindung von Laut und Zeichen Rechnung tragen, mit der späteren schulischen Schriftsprachkompetenz positiv korrelieren (Lenel, 2005), erscheint es sinnvoll, Fachkräfte dafür zu sensibilisieren, Kindern darüber hinaus bereits im Kindergarten den Raum und Anregungen zu geben, diese Verbindung zu entdecken. Eine solche Gelegenheit zum Erkunden von Schrift und der Entdeckung des Buchstabenkonzepts im Kindergarten bringt bessere schulische Rechtschreibleistungen mit sich, was Lenel in einer Kombination aus offenen, alltagsintegrierten Angeboten und intensiver, angeleiteter Auseinandersetzung mit Schrift in Kleingruppen überprüfte (siehe Kapitel 2.3.5). Graf (2016) betont im Zusammenhang mit einem dem Prinzip nach ähnlich konzipierten Schrifterfahrungsangebot die Wichtigkeit der pädagogischen Begleitung. Für die ersten Schritte im Schrifterwerbsprozess benötigen Kinder den Raum für Begegnungen und Auseinandersetzungen mit Schrift, die allerdings angeleitet und unterstützt und nicht lediglich zur Verfügung gestellt werden sollten.

Einer in diesem Sinne stärker auf die zwar begleitete aber dennoch erforschende, selbsttätige Erkundung ausgerichtete Förderung steht eine Förderung in stärker systematisierten Einheiten gegenüber.

Gezielte (Einzel-)Förderung von Kindern, die ihre Schreibproduktion noch nicht an den phonetischen Eigenschaften der Sprache ausrichten, verhilft ihnen, in der Aneignung und Anwendung von Phonem-Graphem-Verbindungen voranzuschreiten und das alphabetische Prinzip besser für eigene Verschriftungen zu nutzen. Hier geht es um das Thematisieren und Evozieren konkreter Buchstaben (Buchstabennamen oder Laute) im Rahmen von Schreibaufforderungen und das Reflektieren von Regeln für die Verschriftung der Wörter anhand dieser evozierten eigenen Schreibungen sowie Schreibungen weiter fortgeschrittener Schreiber (Silva et al., 2010). Ein solches Training hat auch einen Effekt auf die Fähigkeiten der Phonemanalyse (phonemische Bewusstheit oder phonologische Bewusstheit im engeren Sinne), besonders ausgeprägt für Kinder, die bereits eine gewisse Einsicht in die Verbindung von Phonem und Graphem haben, die bereits silbisch mit oder ohne Phonetisierung schreiben (Alves Martins & Silva, 2006). Die Beurteilung, welcher Weg der Förderung angemessener und wirksamer ist, muss hier offen bleiben. Letztlich spräche allerdings auch nichts gegen eine Kombination.

Es ist wünschenswert, diesen Erkundungsprozessen und ersten Lernschritten im Schriftspracherwerb bereits vor der Schule Aufmerksamkeit und Unterstützung zukommen zu lassen. Aber auch in der ersten Zeit des Anfangsunterrichts sollten sie noch Raum bekommen. Es ist hinreichend bekannt, mit welch großer Heterogenität der Ausgangslagen von Schülerinnen und Schülern die Lehrkräfte zu Schulbeginn konfrontiert sind. Weitaus nicht alle Kinder, das zeigt bereits das kleine Sample der vorliegenden Studie, erlangen die entscheidende Erkenntnis, dass Buchstaben die Laute der gesprochenen Sprache repräsentieren, bereits vor Schuleintritt. Das Wissen um die Wichtigkeit der Einsicht in die Verbindung von Phonem und Graphem für den späteren Schriftspracherfolg und das Wissen darum, dass diese sich nicht automatisch durch die Beschäftigung mit Schrift einstellt, lässt es sinnvoll erscheinen, dem Erlernen dieser Basisfähigkeit im Anfangsunterricht explizit Zeit zu widmen.

Besonders bedeutsam für den Anfangsunterricht scheint darüber hinaus die Erkenntnis der vorliegenden Studie zur Mehrsprachigkeit. Das Kennen und Einbeziehen der Sprachressourcen mehrsprachiger Kinder kann selbstwertstärkend für sie selbst und bereichernd für die gesamte Klasse sein. Es konnte gezeigt werden, dass bilinguale Kinder ihre Kenntnisse über Laute und Buchstaben (bzw. Buchstabe-Laut-Verbindungen) ihrer unterschiedlichen Sprachen sprachübergreifend für die wortlautorientierte Produktion von Schriftzügen heranziehen. Frühe Verschriftungen, in denen mehrsprachige Kinder eine Phonem-Graphem-Verbindung ihrer Erstsprache verwenden, um einen deutschen Laut in einem deutschen Wort wiederzugeben, könnten mit diesem Hintergrundwissen von Lehrkräften nicht als Fehler markiert, sondern als eine dem Laut entsprechende Verschriftung erkannt und wertgeschätzt werden. Außerdem könnten die metasprachlichen Fähigkeiten bilingualer Kinder bezogen auf ihre Schriftsprache(n) als Anregung und Anlass genommen werden, sich in der Klasse mit Eigenheiten von Schriftsprachen und den Charakteristika der eigenen Schriftsprache(n) auseinanderzusetzen.

Ausblick

Die vorliegende Studie liefert tiefgründige und neue Einsichten in den vorschulischen Schriftspracherwerb. Da die Befunde – dem qualitativ-explorativen Selbstverständnis des Studiendesigns entsprechend – auf einer recht kleinen und heterogenen Stichprobe beruhen, ist eine Verallgemeinerung der Ergebnisse vorsichtig zu formulieren. Als *materiale* oder *gegenstandsbezogene Theorie* (Glaser & Strauss, 1998) bezieht sie sich direkt auf das Untersuchungsfeld: die unangeleitete Schreibentwicklung von Kindern, die eine deutsche vorschulische Bildungseinrichtung besuchen.

Basierend auf den Ergebnissen erscheinen insbesondere die folgenden weiterführenden Untersuchungen interessant:

- Eingehende Überprüfung anhand eines größeren Samples (das in Bezug auf Alter, Geschlecht, Migrations- und Bildungshintergrund eine Unterteilung in größere und homogenere Untergruppen zuließe) und unter umfassenderer Kontrolle visuomotorischer Fertigkeiten, phonologischer Fähigkeiten, des Buchstabenwissens (mündlich und schriftlich) und des Sprachstandes:
  - Kategoriensystem Darstellungsweisen des Schriftbildes
  - vorschulische Einsichten in die beiden Dimensionen

- Längsschnitt, der den Übergang zur Grundschule und den Schrifterwerb im ersten Schuljahr umfasst

- Eingehende Analysen in Bezug auf den Migrationshintergrund:
  - Vergleich monolingual- und bilingual aufwachsender Kinder
  - Vergleich unterschiedlicher Sprachkombinationen

- Umfassende Analysen bezogen auf das pädagogische Angebot:
  - Vergleich von angeleiteten und offenen Angeboten zur frühen Schrifterfahrung
  - Vergleich von stärker erkundend und stärker systematisch aufgebauten Schrifterfahrungseinheiten

- Analysen möglicher Auswirkungen auf die schulische Schriftsprachkompetenz
  - Vergleich von Kindern mit früher fortgeschrittener/komplexer Einsicht in die Verbindung von Phonem und Graphem und Kindern mit keiner/erster Einsicht

Literatur

Adi-Japha, E., Berberich-Artzi, J. & Libnawi, A. (2010). Cognitive Flexibility in Drawings of Bilingual Children. *Child Development, 81* (5), 1356–1366. https://doi.org/10.1111/j.1467-8624.2010.01477.x

Ainsworth, M. D. S., Blehar, M. C., Waters, E. & Wall, S. (1979). *Patterns of Attachment. A Psychological Study of the Strange Situation.* Hillsdale, NJ: Erlbaum.

Alves Martins, M. & Silva, C. (2006). The impact of invented spelling on phonemic awareness. *Learning and Instruction, 16,* 41–56.

Balakrishnan, R., Drexler, H. & Billmann-Mahecha, E. (2012). Rekonstruktion der kommunikativen Bedeutung von Kinderzeichnungen: Typen kindlicher Bildproduktion. *Journal für Psychologie, 20* (3), 1–36.

Barkow, I. (2012). Wie schreiben Kinder, bevor sie schreiben? Eine empirische Untersuchung des „Kritzelstadiums" unter schriftlinguistischen Aspekten. In D. Isler & W. Knapp (Hrsg.), *Sprachliche und literale Fähigkeiten im Vorschulalter fördern. Forschungsergebnisse und Praxismodelle* (S. 17–32). Stuttgart: Fillibach.

Barkow, I. (2013a). Das Projekt „Frühe Literalität – die Entstehung graphischer Symbolik bei Kindern vor dem Erwerb konventioneller Schriftzeichen". In I. Barkow (Hrsg.), *Schreiben vor der Schrift. Frühe Literalität* (S. 19–28). Stuttgart: Fillibach.

Barkow, I. (2013b). Kritzeln als Vorform des Schreibens und des Zeichnens. In I. Barkow (Hrsg.), *Schreiben vor der Schrift. Frühe Literalität* (S. 7–17). Stuttgart: Fillibach.

Barkow, I. (Hrsg.). (2013c). *Schreiben vor der Schrift. Frühe Literalität.* Stuttgart: Fillibach.

Barkow, I. & Barta, J. (2013). Auswertung der Notate (Produktanalyse – 1. Erhebungszeitpunkt). In I. Barkow (Hrsg.), *Schreiben vor der Schrift. Frühe Literalität* (S. 29–94). Stuttgart: Fillibach.

Barkow, I. & Krüger, M. (2013). Entwicklungsverläufe im Vergleich von t1 und t2. In I. Barkow (Hrsg.), *Schreiben vor der Schrift. Frühe Literalität* (S. 95–111). Stuttgart: Fillibach.

Becker, D. R., Miao, A., Duncan, R. & McClelland, M. M. (2014). Behavioral self-regulation and executive function both predict visuomotor skills and early academic achievement. *Early Childhood Research Quarterly, 29* (4), 411–424. https://doi.org/10.1016/j.ecresq.2014.04.014

Becker-Mrotzek, M. (2014). Schreibkompetenz. In J. Grabowski (Hrsg.), *Sinn und Unsinn von Kompetenzen. Fähigkeitskonzepte im Bereich von Sprache, Medien und Kultur* (S. 51–71). Opladen: Verlag Barbara Budrich.

Benjamini, Y. & Hochberg, Y. (1995). Controlling the false discovery rate: A practical and powerful approach to multiple testing. *Journal of the Royal Statistical Society, Series B (Methodological), 57,* 289–300. https://doi.org/10.2307/2346101

Bialystok, E. (1992a). Symbolic representation of letters and numbers. *Cognitive Development, 7,* 301–316.

Bialystok, E. (1992b). The emergence of symbolic thought:. Introduction. *Cognitive Development, 7,* 269–272.

Bialystok, E. (1997). Effects of bilingualism and biliteracy on children's emerging concepts of print. *Developmental Psychology, 33* (3), 429–440.

Bialystok, E. (1999). Cognitive Complexity and Attentional Control in the Bilingual Mind. *Child Development, 70* (3), 636–644. https://doi.org/10.1111/1467-8624.00046

Bialystok, E. & Luk, G. (2007). The universality of symbolic representation for reading in Asian and alphabetic languages. *Bilingualism: Language and Cognition, 10* (2), 121–129. https://doi.org/10.1017/S136672890700288X

Bialystok, E. & Martin, M. M. (2004). Attention and inhibition in bilingual children: evidence from the dimensional change card sort task. *Developmental Science, 7* (3), 325–339.

Billmann-Mahecha, E. (2010). Auswertung von Zeichnungen. In G. Mey & K. Mruck (Hrsg.), *Handbuch Qualitative Forschung in der Psychologie* (1. Aufl., S. 707–722). Wiesbaden: VS Verlag für Sozialwissenschaften.

Billmann-Mahecha, E. (2014a). Symbolkompetenz. In J. Grabowski (Hrsg.), *Sinn und Unsinn von Kompetenzen. Fähigkeitskonzepte im Bereich von Sprache, Medien und Kultur* (S. 171–188). Opladen: Verlag Barbara Budrich.

Billmann-Mahecha, E. (2014b). Was Bildungspläne fordern: Zeichnen und Malen als Bausteine ästhetischer Bildung. In A. Gernhardt, R. Balakrishnan & H. Drexler (Hrsg.), *Kinder zeichnen ihre Welt. Entwicklung und Kultur* (S. 46–49). Weimar: verlag das netz.

Blomeyer, D., Laucht, M., Pfeiffer, F. & Reuß, K. (2010). Mutter-Kind-Interaktion im Säuglingsalter, Familienumgebung und Entwicklung früher kognitiver und nicht-kognitiver Fähigkeiten. Eine prospektive Studie. *ZEW Discussion Papers, 10* (041). Zugriff am 01.03.2016.

Blumenstock, L. (2004). *Spielerische Wege zur Schriftsprache im Kindergarten.* Weinheim: Beltz.

Bogner, A. & Menz, W. (2009). Das theoriegenerierende Experteninterview. Erkenntnisinteresse, Wissensformen, Interaktion. In A. Bogner, B. Littig & W. Menz (Hrsg.), *Experteninterviews. Theorien, Methoden, Anwendungsfelder* (3. vollständig überarb. Auflage, S. 61–98). Wiesbaden: VS Verlag für Sozialwissenschaften.

Bowlby, J. (1969). *Attachment and Loss. Volume 1: Attachment.* New York: Basic Books.

Bradley, L. & Bryant, P. E. (1983). Categorizing sounds and learning to read – a causal connection. *Nature, 301,* 419–421. https://doi.org/10.1038/301419a0

Bredel, U., Fuhrhop, N. & Noack, C. (2011). *Wie Kinder lesen und schreiben lernen.* Tübingen: Francke.

Brenneman, K., Massey, C., Machado, S. F. & Gelman, R. (1996). Young children's plans differ for writing and drawing. *Cognitive Development, 11* (3), 397–419.

Breuer, F. & Schreier, M. (2010). Lehren und Lernen qualitativer Forschungsmethoden. In G. Mey & K. Mruck (Hrsg.), *Handbuch Qualitative Forschung in der Psychologie* (1. Aufl., S. 408–420). Wiesbaden: VS Verlag für Sozialwissenschaften.

Brügelmann, H. & Brinkmann, E. (1994). Stufen des Schriftspracherwerbs und Ansätze zu seiner Förderung. In H. Brügelmann & S. Richter (Hrsg.), *Wie wir recht schreiben lernen* (S. 44–52). Lengwil: Libelle.

Bruininks, R. H. & Bruininks, B. D. (2005). *Bruininks-Oseretsky Test of Motor Proficiency* (2th ed.). Minneapolis, MN: NCS Pearson.

Büttner, G., Dacheneder, W., Schneider, W. & Weyer, K. (2008). *FEW-2. Frostigs Entwicklungstest der visuellen Wahrnehming-2.* Göttingen: Hogrefe.

Callaghan, T. C. (2007). The Origins and Development of Pictorial Symbol Functioning. In C. Milbrath & H. M. Trautner (Eds.), *Children's Understanding and Production of Pictures, Drawings & Art. Theoretical and Empirical Approaches* (pp. 21–32). Göttingen: Hogrefe.

Cameron, C. E., Cottone, E. A., Murrah, W. M. & Grissmer, D. W. (2016). How Are Motor Skills Linked to Children's School Performance and Academic Achievement? *Child Development Perspectives, 10* (2), 93–98. https://doi.org/10.1111/cdep.12168

Carlson, A. G., Rowe, E. & Curby, T. W. (2013). Disentangling Fine Motor Skills' Relations to Academic Achievement: The Relative Contributions of Visual-Spatial Integration and Visual-Motor Coordination. *The Journal of Genetic Psychology, 174* (5), 514–533. https://doi.org/10.1080/00221325.2012.717122

Chan, L., Juan, C. Z. & Foon, C. L. (2008). Chinese preschool children's literacy development:. from emergent to conventional writing. *Early Years, 28* (2), 135–148.

Clark, G. J. (2010). *The relationship between handwriting, reading, fine motor and visual-motor skills in kindergarteners.* Dissertation. Iowa State University, Ames. Zugriff am 08.03.2018. Verfügbar unter http://lib.dr.iastate.edu/etd/11399

Cohen, J. (1988). *Statistical power analysis for the behavioral sciences.* Hillsdale, NJ: Erlbaum.

Collins, J. S. & Robinson, E. J. (2005). Can one written word mean many things? Prereaders' assumptions about the stability of written words' meanings. *Journal of Experimental Child Psychology, 90* (1), 1–20. https://doi.org/10.1016/j.jecp.2004.09.004

Daseking, M., Lemcke, J. & Petermann, F. (2006). Vorläuferstörungen schulischer Fertigkeiten: Erfassung von kognitiven Leistungen im Kindergartenalter. In U. Petermann & F. Petermann (Hrsg.), *Diagnostik sonderpädagogischen Förderbedarfs* (S. 211–237). Göttingen: Hogrefe.

DeLoache, J. S. (2004). Becoming symbol-minded. *Trends in Cognitive Sciences, 8* (2), 66–70.

Dockrell, J. & Teubal, E. (2007). Distinguishing numeracy from literacy: Evidence from children's early notations. In E. Teubal, J. Dockrell, L. Tolchinsky & L. Tolchinsky Landsmann (Eds.), *Notational Knowledge. Developmental and Historical Perspectives* (pp. 113–134). Rotterdam: Sense Publishers.

Drexler, H., Balakrishnan, R. & Billmann-Mahecha, E. (2012). Erzählbilder und Bilderzählungen. Nicht-evozierte Erzählungen in Kinderzeichnungen. *sozialer sinn, 13* (1), 101–127.

Dudenredaktion (Hrsg.). (2009). *Duden Band 4. Die Grammatik* (8. überarb. Aufl.). Berlin: Dudenverlag.

Ehri, L. C. (1984). How Orthography Alters Spoken Language Competencies in Children Learning to Read and Spell. In J. Downing & R. Valtin (Hrsg.), *Language Awareness and Learning to Read* (Springer Series in Language and Communication, Bd. 17, S. 119–147). New York: Springer.

Ennemoser, M., Marx, P., Weber, J. & Schneider, W. (2012). Spezifische Vorläuferfertigkeiten der Lesegeschwindigkeit, des Leseverständnisses und des Rechtschreibens. *Zeitschrift für Entwicklungspsychologie und Pädagogische Psychologie, 44* (2), 53–67.

Ferreiro, E. (1978). What is written in a written sentence? A developmental answer. *Journal of Education, 160* (4), 25–39.

Ferreiro, E. & Teberosky, A. (1982). *Literacy before schooling.* Exeter, N.H.: Heinemann Educational Books.

Flick, U. (1999). *Qualitative Forschung. Theorie, Methoden, Anwendung in Psychologie und Sozialwissenschaften* (4. Auflage). Reinbek: Rowohlt.

Flick, U. (2014). *Qualitative Sozialforschung. Eine Einführung.* Reinbek: Rowohlt.

Franzkowiak, T. (2008). *Vom BLISS-Symbol zur alphabetischen Schrift. Entwicklung und Erprobung eines vorschulischen Förderansatzes zur Prävention von Lernschwierigkeiten beim Schriftspracherwerb.* Siegen: ohne Verlag.

Frith, U. (1985). Beneath the Surface of Developmental Dyslexia. In K. E. Patterson, J. C. Marshall & M. Coltheart (Eds.), *Surface Dyslexia. Neuropsychological and Cognitive Studies of Phonological Reading* (pp. 301–330). London: Erlbaum.

Gernhardt, A. (2014a). Die Entwicklung des kindlichen Zeichnens. In A. Gernhardt, R. Balakrishnan & H. Drexler (Hrsg.), *Kinder zeichnen ihre Welt. Entwicklung und Kultur* (S. 17–27). Weimar: verlag das netz.

Gernhardt, A. (2014b). Wie Kinder in unterschiedlichen Kulturen sich selbst und ihre Familie zeichnen. In A. Gernhardt, R. Balakrishnan & H. Drexler (Hrsg.), *Kinder zeichnen ihre Welt. Entwicklung und Kultur* (S. 58–69). Weimar: verlag das netz.

Geyer, S. (2017). Auswirkungen einer frühen Förderung des Schriftspracherwerbs auf die schulischen Lese- und Rechtschreibleistungen. In F. Heinzel & K. Koch (Hrsg.), *Individualisierung im Grundschulunterricht. Anspruch, Realisierung und Risiken* (Jahrbuch Grundschulpädagogik, Bd. 21, S. 61–66). Wiesbaden: Springer VS.

Geyer, S., Hartinger, A. & Kammermeyer, G. (2014). *Frühe Förderung des Schriftspracherwerbs im Kindergarten durch Anregung zum freien Schreiben. Schlussbericht zum Promotionsprojekt innerhalb des BMBF-Rahmenprogramms zur Förderung der empirischen Bildungsforschung: „Empirische Fundierung der Fachdidaktiken“.* Augsburg: Universität Augsburg. https://doi.org/10.2314/GBV:853813906

Geyer, S., Hartinger, A. & Kammermeyer, G. (2015). Alltagsintegrierte Förderung der Schriftsprache im Vorschulalter. In D. Blömer, M. Lichtblau, A.-K. Jüttner, K. Koch, M. Krüger & R. Werning (Hrsg.), *Perspektiven auf inklusive Bildung. Gemeinsam anders lehren und lernen* (Jahrbuch Grundschulpädagogik, Bd. 18, S. 243–248). Wiesbaden: Springer Fachmedien Wiesbaden.

Gibson, E. J. (1971). Perceptual Learning and the Theory of Word Perception. *Cognitive Psychology, 2,* 351–368.

Gibson, E. J. (1988). Exploratory Behavior in the Development of Perceiving, Acting, and the Acquiring of Knowledge. *Annual Review of Psychology, 39,* 1–42.

Gibson, J. J. & Yonas, P. M. (1967). *A new theory of scribbling and drawing in children.* U.S. Department of Health, Education and Welfare – Office of Education. Zugriff am 01.03.2017. Verfügbar unter https://files.eric.ed.gov/fulltext/ED017324.pdf

Glaser, B. G. & Strauss, A. (1998). *Grounded theory: Strategien qualitativer Forschung.* Bern: Huber.

Gläser, J. & Laudel, G. (2010). *Experteninterviews und qualitative Inhaltsanalyse als Instrumente rekonstruierender Untersuchungen.* Wiesbaden: VS Verlag für Sozialwissenschaften.

Goldammer, A. von, Mähler, C. & Hasselhorn, M. (2011). Vorhersage von Lese- und Rechtschreibleistungen durch Kompetenzen der phonologischen Verarbeitung und der Sprache im Vorschulalter. In M. Hasselhorn & W. Schneider (Hrsg.), *Frühprognose schulischer Kompetenzen* (S. 32–50). Göttingen: Hogrefe.

Graf, A. (2012). Falldarstellungen zur Entwicklung des Kritzelns und Schreibens von drei- und vierjährigen Kindern im Kindergarten. In D. Isler & W. Knapp (Hrsg.), *Sprachliche und literale Fähigkeiten im Vorschulalter fördern. Forschungsergebnisse und Praxismodelle* (S. 33–48). Stuttgart: Fillibach.

Graf, A. (2016). *Begegnungen mit Schrift im Kindergarten. Eine Studie zur Initiierung früher Schrifterfahrung*. Pädagogische Hochschule Ludwigsburg, Ludwigsburg. Verfügbar unter https://phbl-opus.phlb.de/documents/456/Dissertationaktuellonlineversion.pdf

Grimm, H. (2003). *SSV. Sprachscreening für das Vorschulalter*. Göttingen: Hogrefe.

Günther, K. B. (1986). Ein Stufenmodell der Entwicklung kindlicher Lese- und Schreibstrategien. In H. Brügelmann (Hrsg.), *ABC und Schriftsprache. Rätsel für Kinder, Lehrer und Forscher* (Libelle Wissenschaft: Lesen und Schreiben, Bd. 1, S. 32–54). Konstanz: Faude.

Gutenberg, N., Stark, R. & Wagner, K. (2011). Evaluation langfristiger Effekte des vorschulischen Förderprogramms Hören, Lauschen, Lernen auf den Schriftspracherwerb. In I. Bose & B. Neuber (Hrsg.), *Interpersonelle Kommunikation. Analyse und Optimierung* (Hallesche Schriften zur Sprechwissenschaft und Phonetik, Bd. 39, S. 165–174). Frankfurt: Peter Lang.

Hasselhorn, M. & Schneider, W. (2011). Trends und Desiderate der Frühprognose schulischer Kompetenzen: Eine Einführung. In M. Hasselhorn & W. Schneider (Hrsg.), *Frühprognose schulischer Kompetenzen* (S. 1–10). Göttingen: Hogrefe.

Heinzel, F. (2000). Methoden und Zugänge der Kindheitsforschung im Überblick. In F. Heinzel (Hrsg.), *Methoden der Kindheitsforschung. Ein Überblick über Forschungszugänge zur kindlichen Perspektive* (S. 21–35). Weinheim: Juventa.

Ho, C. A. (2011). *Major Developmental Characteristics of Children's Name Writing and Relationships with Fine Motor Skills and Emergent Literacy Skills*. Dissertation. University of Michigan, Ann Arbor. Zugriff am 09.03.2018. Verfügbar unter https://deepblue.lib.umich.edu/bitstream/handle/2027.42/84436/chianah_1.pdf?sequence=1&isAllowed=y

Ho, C. S.-H. & Bryant, P. (1997). Phonological skills are important in learning to read Chinese. *Developmental Psychology, 33* (6), 946–951.

Jambor-Fahlen, S. (2018). *Die Entwicklung der frühen Wortschreibung in den ersten beiden Schuljahren. Eine empirische Untersuchung unvollständiger Schreibungen*. Dissertationsschrift. KöBeS (12). Duisburg: Gilles & Francke.

Julius, M. S., Meir, R., Shechter-Nissim, Z. & Adi-Japha, E. (2016). Children's ability to learn a motor skill is related to handwriting and reading proficiency. *Learning and Individual Differences, 51,* 265–272.

Karmiloff-Smith, A. (1992). *Beyond modularity: A developmental perspective on cognitive science*. Cambridge, MA: MIT Press.

Kelle, U. & Kluge, S. (2010). *Vom Einzelfall zum Typus. Fallvergleich und Fallkontrastierung in der qualitativen Sozialforschung* (2. überarbeitete Auflage). Wiesbaden: VS Verlag für Sozialwissenschaften.

Keller, K., Trösch, L. M. & Grob, A. (2013). Entwicklungspsychologische Aspekte frühkindlichen Lernens. In M. Stamm & D. Edelmann (Hrsg.), *Handbuch frühkindliche Bildungsforschung* (S. 85–96). Wiesbaden: Springer VS.

Kellogg, R. (1970). *Analyzing Children's Art* (2. Auflage). Palo Alto: National Press Books.

Kessler, B., Pollo, T. C., Treiman, R. & Cardoso-Martins, C. (2013). Frequency analyses of prephonological spellings as predictors of success in conventional spelling. *Journal of learning disabilities, 46* (3), 252–259. https://doi.org/10.1177/0022219412449440

Kirschhock, E.-M. (2004). *Entwicklung schriftsprachlicher Kompetenzen im Anfangsunterricht*. Kempten: Klinkhardt.

Klicpera, C. & Gasteiger-Klicpera, B. (1993). *Lesen und Schreiben. Entwicklung und Schwierigkeiten*. Bern: Verlag Hans Huber.

Korat, O. & Levin, I. (2001). Maternal beliefs, mother-child interaction, and child's literacy: Comparison of independent and collaborative text writing between two social groups. *Journal of Applied Developmental Psychology, 22* (4), 397–420.

Kowalski, K. & Voss, A. (2013). Die IGLU-Ergänzungsstudie 2006 zur Rechtschreibkompetenz von Viertklässlern. Eine vergleichende Analyse von drei Tests. In R. Valtin & B. Hofmann (Hrsg.), *Kompetenzmodelle der Orthographie. Empirische Befunde und förderdiagnostische Möglichkeiten* (2. Aufl., S. 26–38). Berlin: Deutsche Gesellschaft für Lesen und Schreiben.

Krajewski, K., Schneider, W. & Nieding, G. (2008). Zur Bedeutung von Arbeitsgedächtnis, Intelligenz, phonologischer Bewusstheit und früher Mengen-Zahlen-Kompetenz beim Übergang vom Kindergarten in die Grundschule. *Psychologie in Erziehung und Unterricht, 55,* 100–113.

Kuckartz, U. (2010). Typenbildung. In G. Mey & K. Mruck (Hrsg.), *Handbuch Qualitative Forschung in der Psychologie* (1. Aufl., S. 553–568). Wiesbaden: VS Verlag für Sozialwissenschaften.

Küspert, P. & Schneider, W. (1999). *Hören, lauschen, lernen. Sprachspiele für Kinder im Vorschulalter: Würzburger Trainingsprogramm zur Vorbereitung auf den Erwerb der Schriftsprache.* Göttingen: Vandenhoeck & Ruprecht.

Lamnek, S. (2010). *Qualitative Sozialforschung: Lehrbuch* (5. Auflage). Weinheim: Beltz PVU.

Landerl, K. & NeuroDys-Konsortium (2011). NeuroDys – Dyslexie in sechs europäischen Orthographien: Ähnlichkeiten und Unterschiede in der Prädiktion durch phonologische Bewusstheit, phonologisches Arbeitsgedächtnis und Benennungsgeschwindigkeit. In G. Schulte-Körne (Hrsg.), *Legasthenie und Dyskalkulie: Stärken erkennen – Stärken fördern* (S. 65–75). Bochum: Verlag Dr. Dieter Winkler.

Lavine, L. O. (1977). Differentiation of letterlike forms in prereading children. *Developmental Psychology, 13* (2), 89–94.

Legrün, A. (1932). Wie und was „schreiben" Kindergartenzöglinge? *Zeitschrift für pädagogische Psychologie und Jugendkunde, 33* (7), 322–331.

Lenel, A. (2005). *Schrifterwerb im Vorschulalter. Eine entwicklungspsychologische Längsschnittstudie.* Weinheim: Beltz.

Levin, I., Both-De Vries, A., Aram, D. & Bus, A. (2005). Writing starts with own name writing: From scribbling to conventional spelling in Israeli and Dutch children. *Applied Psycholinguistics, 26,* 463–477.

Levin, I. & Bus, A. G. (2003). How Is Emergent Writing Based on Drawing? Analyses of Children's Products and Their Sorting by Children and Mothers. *Developmental Psychology, 39* (5), 891–905.

Lundberg, I., Frost, J. & Petersen, O.-P. (1988). Effects of an Extensive Program for Stimulating Phonological Awareness in Preschool Children. *Reading Research Quarterly, 23* (3), 263–284. Zugriff am 13.03.2018.

Mäki, H. S., Voeten, M. J. M., Vauras, M. M. S. & Poskiparta, E. H. (2001). Predicting writing skill development with word recognition and preschool readiness skills. *Reading and Writing: An Interdisciplinary Journal, 14,* 643–672.

May, P. & Okwumo, S. (1999). *Effekte vorschulischer Trainings zur Schriftanbahnung auf das Rechtschreiblernen im ersten Schuljahr. Forschungsbericht – Psychologisches Institut II der Universität Hamburg.* Universität Hamburg. Zugriff am 18.03.2018. Verfügbar unter http://www.peter-may.de/Dokumente/May_doc/May_Okwumo_99_Eff_VS_Train.pdf

Mayring, P. (2010). *Qualitative Inhaltsanalyse. Grundlagen und Techniken* (11. aktualisierte und überarbeitete Auflage). Weinheim: Beltz.

Meili-Dworetzki, G. (1981). Kulturelle Bedingungen des Zeichenstils und seines Wandels. Die Menschzeichnungen der kleinen Türken in Istanbul und in der Schweiz. In K. Foppa & R. Groner (Hrsg.), *Kognitive Strukturen und ihre Entwicklung* (S. 80–118). Bern: Huber.

Meili-Dworetzki, G. (1982). *Spielarten des Menschenbildes. Ein Vergleich der Menschenzeichnungen japanischer und schweizerischer Kinder*. Bern: Huber.

Meuser, M. & Nagel, U. (2005). ExpertInneninterviews – vielfach erprobt, wenig bedacht. Ein Beitrag zur qualitativen Methodendiskussion. In A. Bogner, B. Littig & W. Menz (Hrsg.), *Das Experteninterview. Theorie, Methode, Anwendung* (S. 71–93). Wiesbaden: VS Verlag für Sozialwissenschaften.

Meuser, M. & Nagel, U. (2009). Experteninterview und der Wandel der Wissensproduktion. In A. Bogner, B. Littig & W. Menz (Hrsg.), *Experteninterviews. Theorien, Methoden, Anwendungsfelder* (3. vollständig überarb. Auflage, S. 35–60). Wiesbaden: VS Verlag für Sozialwissenschaften.

Mey, G. (2013). „Aus der Perspektive der Kinder". Ansprüche und Herausforderungen einer programmatischen Konzeption in der Kindheitsforschung. *Psychologie & Gesellschaftskritik, 37* (3/4), 53–71.

Mey, G. & Mruck, K. (2010). Grounded-Theory-Methodologie. In G. Mey & K. Mruck (Hrsg.), *Handbuch Qualitative Forschung in der Psychologie* (1. Aufl., S. 614–626). Wiesbaden: VS Verlag für Sozialwissenschaften.

Mey, G. & Mruck, K. (2011). Grounded-Theory-Methodologie:. Entwicklung, Stand, Perspektiven. In G. Mey & K. Mruck (Hrsg.), *Grounded Theory Reader* (2. aktualisierte und erweiterte Aufl., S. 11–48). Wiesbaden: VS Verlag für Sozialwissenschaften.

Moll, K. & Landerl, K. (2011). Lesedefizite und Rechtschreibdefizite – zwei Seiten derselben Medaille? In G. Schulte-Körne (Hrsg.), *Legasthenie und Dyskalkulie: Stärken erkennen – Stärken fördern* (S. 11–24). Bochum: Verlag Dr. Dieter Winkler.

Morse, J. M. & Niehaus, L. (2009). *Mixed method design. Principles and procedures* (Developing qualitative inquiry, vol. 4). Walnut Creek, Calif.: Left Coast Press.

Muckel, P. (2011). Die Entwicklung von Kategorien mit der Methode der Grounded Theory. In G. Mey & K. Mruck (Hrsg.), *Grounded Theory Reader* (2. aktualisierte und erweiterte Aufl., S. 333–352). Wiesbaden: VS Verlag für Sozialwissenschaften.

Müller, B. & Richter, T. (2014). Lesekompetenz. In J. Grabowski (Hrsg.), *Sinn und Unsinn von Kompetenzen. Fähigkeitskonzepte im Bereich von Sprache, Medien und Kultur* (S. 29–49). Opladen: Verlag Barbara Budrich.

NICHD Early Child Care Research Network. (2006). Infant-mother attachment classification. Risk and protection in relation to changing maternal caregiving quality. *Developmental Psychology, 42* (1), 38–58. https://doi.org/10.1037/0012-1649.42.1.38

Nickel, S. (2007). Beobachtung kindlicher Literacy-Erfahrungen im Übergang von Kindergarten und Schule. In U. Graf & E. Moser Opitz (Hrsg.), *Diagnose und Förderung im Elementarbereich und Grundschulunterricht* (S. 87–104). Baltmannsweiler: Schneider.

Nickel, S. (2013). Der Erwerb von Schrift in der frühen Kindheit. In M. Stamm & D. Edelmann (Hrsg.), *Handbuch frühkindliche Bildungsforschung* (S. 501–513). Wiesbaden: VS Verlag für Sozialwissenschaften.

Otake, S., Treiman, R. & Yin, L. (2017). Differentiation of Writing and Drawing by U.S. Two- to Five-Year-Olds. *Cognitive Development, 43,* 119–128. https://doi.org/10.1016/j.cogdev.2017.03.004

Pfost, M. (2015). Children's Phonological Awareness as a Predictor of Reading and Spelling. A Systematic Review of Longitudinal Research in German-Speaking Countries. *Zeitschrift für Entwicklungspsychologie und Pädagogische Psychologie, 47* (3), 123–138.

Pitchford, N. J., Papini, C., Outhwaite, L. A. & Gulliford, A. (2016). Fine Motor Skills Predict Maths Ability Better than They Predict Reading Ability in the Early Primary School Years. *Frontiers in Psychology, 7: 783,* 1–17. https://doi.org/10.3389/fpsyg.2016.00783

Plume, E. & Schneider, W. (2004). *Hören, lauschen, lernen 2. Spiele mit Buchstaben und Lauten für Kinder im Vorschulalter: Würzburger Buchstaben-Laut-Training.* Göttingen: Vandenhoeck & Ruprecht.

Pollo, T. C., Kessler, B. & Treiman, R. (2009). Statistical patterns in children's early writing. *Journal of Experimental Child Psychology, 104* (4), 410–426. https://doi.org/10.1016/j.jecp.2009.07.003

Pufke, E. (2016). *Bedeutung feinmotorischer Fertigkeiten für den Leseerwerb im Vorschul- und frühen Grundschulalter.* Berlin: Logos Verlag.

Read, C. (1975). *Children's Categorization of Speech Sounds in English.* Urbana, IL: National Council of Teachers of English.

Read, C. & Treiman, R. (2013). Children's invented spelling. What we have learned in forty years. In M. Piattelli-Palmarini & R. C. Berwick (Hrsg.), *Rich languages from poor inputs* (S. 197–211). New York: Oxford University Press.

Rehbein, J., Schmidt, T., Meyer, B., Watzke, F. & Herkenrath, A. (2004). *Handbuch für das computergestützte Transkribieren nach HIAT* (Sonderforschungsbereich 538, U. H., Hrsg.) (Arbeiten zur Mehrsprachigkeit – Folge B Nr. 56). Zugriff am 21.02.2018. Verfügbar unter http://www.exmaralda.org/hiat/files/azm_56.pdf

Ricci, C. (1887). *L'arte dei bambini.* Bologna: Zanichelli.

Richter, H.-G. (1997). *Die Kinderzeichnung. Entwicklung, Interpretation, Ästhetik* (1. Aufl., 5. Dr). Berlin: Cornelsen.

Roos, J., Schöler, H., Treutlein, A. & Zöller, I. (2007). *Zur Wirkung des Trainings der phonologischen Bewusstheit im Vorschulalter auf den Schriftspracherwerb. Abschlussbericht des Projektes EVES.* Pädagogische Hochschule Heidelberg.

Roth, E. & Schneider, W. (2002). Langzeiteffekte einer Förderung der phonologischen Bewusstheit und der Buchstabenkenntnis auf den Schriftspracherwerb. *Zeitschrift für Pädagogische Psychologie, 16* (2), 99–107. https://doi.org/10.1024//1010-0652.16.2.99

Rothe, E. (2007). *Effekte eines vorschulischen und schulischen Trainings der phonologischen Bewusstheit auf den Schriftspracherwerb in der Schule: Vergleich der Trainingseffekte bei zwei verschiedenen Altersgruppen von Kindergartenkindern.* Dissertation. Friedrich-Schiller-Universität Jena, Jena.

Rowe, D. W. & Wilson, S. J. (2015). The Development of a Descriptive Measure of Early Childhood Writing. Results From the Write Start! Writing Assessment. *Journal of Literacy Research, 47* (2), 245–292.

Rübeling, H. (2014). Zeichnen und Malen im Kinder-Alltag: Angebote und Einstellungen. In A. Gernhardt, R. Balakrishnan & H. Drexler (Hrsg.), *Kinder zeichnen ihre Welt. Entwicklung und Kultur* (S. 41–45). Weimar: verlag das netz.

Rübeling, H., Keller, H., Yovsi, R. D., Lenk, M., Schwarzer, S. & Kühne, N. (2010). Children's Drawings of the Self as an Expression of Cultural Conceptions of the Self. *Journal of Cross-Cultural Psychology, 42* (3), 406–424.

Sauerborn-Ruhnau, H. (2012). Phonologische Bewusstheit im Kontext vorschulischer Literacy. In D. Isler & W. Knapp (Hrsg.), *Sprachliche und literale Fähigkeiten im Vorschulalter fördern. Forschungsergebnisse und Praxismodelle* (S. 49–70). Stuttgart: Fillibach.

Scheuer, N., La Cruz, M. de, Pozo, J. I. & Huarte, M. F. (2009). Does drawing contribute to learning to write? Children think it does. In C. Andersen, N. Scheuer, Pérez Echeverría, María del Puy & E. Teubal (Eds.), *Representational Systems and Practices as Learning Tools* (pp. 149–165). Rotterdam: Sense Publishers.

Scheuer, N., La Cruz, M. de, Pozo, J. I., Huarte, M. F. & Sola, G. (2006). The mind is not a black box:. Children's ideas about the writing process. *Learning and Instruction, 16* (1), 72–85.

Schmid-Barkow, I. (2003). Das Unbewußte der phonologischen Bewusstheit. *Grundschule, 35* (9), 38–40.

Schneider, W. (2005). Die Bedeutung des Konzepts der phonologischen Bewusstheit für den Schriftspracherwerb. In G. Büttner, F. Sauter & W. Schneider (Hrsg.), *Empirische Schul- und Unterrichtsforschung. Beiträge aus Pädagogischer Psychologie, Erziehungswissenschaft und Fachdidaktik* (S. 221–237). Lengerich: Pabst Science Publishers.

Schneider, W. (2008). Entwicklung der Schriftsprachkompetenz vom frühen Kindes- bis zum frühen Erwachsenenalter. In W. Schneider (Hrsg.), *Entwicklung von der Kindheit bis zum Erwachsenenalter. Befunde der Münchner Längsschnittstudie LOGIK* (S. 167–186). Weinheim: Beltz.

Schneider, W. (2017). *Lesen und Schreiben lernen. Wie erobern Kinder die Schriftsprache?* (Kritisch hinterfragt). Berlin: Springer.

Schneider, W. & Näslund, J. C. (1993). The impact of early metalinguistic competencies and memory capacity on reading and spelling in elementary school: Results of the Munich Longitudinal Study on the Genesis of Individual Competencies (LOGIC). *European Journal of Psychology of Education, 8,* 273–287.

Schreier, M. & Odağ, Ö. (2010). Mixed Methods. In G. Mey & K. Mruck (Hrsg.), *Handbuch Qualitative Forschung in der Psychologie* (1. Aufl., S. 263–277). Wiesbaden: VS Verlag für Sozialwissenschaften.

Schründer-Lenzen, A. (2013). *Schriftspracherwerb* (4. völlig überarbeitete Auflage). Wiesbaden: Springer VS.

Schuster, M. (2000). *Psychologie der Kinderzeichnung* (3., überarb. Aufl.). Göttingen: Hogrefe.

Schuster, M. (2001). *Kinderzeichnungen. Wie sie entstehen, was sie bedeuten* (2., neu bearb.). München: Ernst Reinhardt Verlag.

Schuster, M. & Jezek, U. (1992). Formübernahmen in der Kinderzeichnung. *Kunst + Unterricht* (163), 50–53.

Selting, M., Auer, P., Barth-Weingarten, D., Bergmann, J., Bergmann, P., Birkner, K. et al. (2009). Gesprächsanalytisches Transkriptionssystem 2 (GAT 2). *Gesprächsforschung – Online-Zeitschrift zur verbalen Interaktion, 10,* 353–402. Zugriff am 21.02.2018. Verfügbar unter http://www.gespraechsforschung-online.de/fileadmin/dateien/heft2009/px-gat2.pdf

Silva, C., Almeida, T. & Alves Martins, M. (2010). Letter names and sounds: their implications for the phonetisation process. *Reading and Writing: An Interdisciplinary Journal, 23,* 147–172. https://doi.org/10.1007/s11145-008-9157-3

Spies, O. & Emircan, B. (1997). *Türkisch. Lehrbuch für Anfänger* (3. neu bearb. Aufl.). Heidelberg: Julius Groos Verlag.

Spitta, G. (1991). Kinder entdecken die Schriftsprache. Lehrer bzw. Lehrerinnen beobachten Sprachlernprozesse. In R. Valtin & I. Naegele (Hrsg.), *„Schreiben ist wichtig!". Grundlagen und Beispiele für kommunikatives Schreiben(lernen)* (2. Aufl., S. 67–83). Frankfurt a. M.: Arbeitskreis Grundschule e.V.

Sprenger-Charolles, L. (2004). Linguistic Processes in Reading and Spelling. The Case of Alphabetic Writing Systems: English, French, German and Spanish. In T. Nunes & P. Bryant (Eds.), *Handbook of children's literacy* (43-66). Dordrecht: Kluwer Academic Publishers.

Stadt Göttingen. (o.J.). *Untersuchungen für Grundschulkinder.* Zugriff am 13.03.2018. Verfügbar unter https://www.goettingen.de/rathaus/service/dienstleistungen/untersuchungen-fuer-grundschulkinder.html

Stadt Köln. (o.J.). *Schuleingangsuntersuchung und -beratung.* Zugriff am 13.03.2018. Verfügbar unter http://www.stadt-koeln.de/service/produkt/schuleingangsuntersuchung-und-beratung-1

Statistisches Bundesamt (DESTATIS, Hrsg.). (2017). *Bevölkerung mit Migrationshintergrund um 8,5% gestiegen. Pressemitteilung Nr. 261 vom 1.8.2017.* Zugriff am 24.01.2018. Verfügbar unter https://www.destatis.de/DE/PresseService/Presse/Pressemitteilungen/2017/08/PD17_261_12511.html

Strauss, A. L. (1994). *Grundlagen qualitativer Sozialforschung. Datenanalyse und Theoriebildung in der qualitativen Sozialforschung.* München: Wilhelm Fink Verlag.

Strauss, A. L. & Corbin, J. (1996). *Grounded Theory:. Grundlagen Qualitativer Sozialforschung.* Weinheim: Psychologie Verlags Union.

Surd-Büchele, S. & Karsten, A. (2010). Vygotskijs Konzeption von Schreiben. *Tätigkeitstheorie – Journal für tätigkeitstheoretische Forschung in Deutschland, 1/2010,* 21–50.

Textor, M. R. (Textor, M. R., Hrsg.). (o.J.). *Literacy-Erziehung im Kindergarten.* Das Kita-Handbuch. Zugriff am 16.03.2017. Verfügbar unter www.kindergartenpaedagogik.de/1719.html

Tolchinsky, L. (2003). *The cradle of culture and what children know about writing and numbers before being taught.* Mahwah, NJ: Lawrence Erlbaum.

Tolchinsky, L. (2004). Childhood conceptions of literacy. In T. Nunes & P. Bryant (Eds.), *Handbook of children's literacy* (pp. 11–29). Dordrecht: Kluwer Academic Publishers.

Tolchinsky, L. & Teberosky, A. (1998). The development of word segmentation and writing in two scripts. *Cognitive Development, 13* (1), 1–24. https://doi.org/10.1016/S0885-2014(98)90018-1

Tolchinsky Landsmann, L. & Karmiloff-Smith, A. (1992). Children's Understanding of Notations as Domains of Knowledge Versus Referential-Communicative Tools. *Cognitive Development, 7,* 287–300.

Tolchinsky Landsmann, L. & Levin, I. (1987). Writing in four- to six-year-olds: representation of semantic and phonetic similarities and differences. *Journal of Child Language, 14,* 127–144. Zugriff am 08.03.2018.

Tolchinsky-Landsmann, L. & Levin, I. (1985). Writing in preschoolers: An age-related analysis. *Applied Psycholinguistics, 6,* 319–339. Zugriff am 07.03.2018.

Tracy, R. (2008). *Wie Kinder Sprachen lernen. Und wie wir sie dabei unterstützen können.* Tübingen: Francke.

Treiman, R. (2017). Learning to Spell Words. Findings, Theories, and Issues. *Scientific Studies of Reading, 21,* 265–276.

Treiman, R. & Boland, K. (2017). Young children's knowledge about the links between writing and language. *Applied Psycholinguistics, 38* (4), 943–952. https://doi.org/10.1017/S0142716416000503

Treiman, R., Kessler, B., Decker, K. & Pollo, T. C. (2016). How do prephonological writers link written words to their objects? *Cognitive Development, 38,* 89–98. https://doi.org/10.1016/j.cogdev.2016.02.002

Treiman, R., Pollo, T. C., Cardoso-Martins, C. & Kessler, B. (2013). Do young children spell words syllabically? Evidence from learners of Brazilian Portuguese. *Journal of Experimental Child Psychology, 116* (4), 873–890. https://doi.org/10.1016/j.jecp.2013.08.002

Treiman, R. & Yin, L. (2011). Early differentiation between drawing and writing in Chinese children. *Journal of Experimental Child Psychology, 108,* 786–801.

Ulich, M. (2014). Literacy. In R. Pousset (Hrsg.), *Handwörterbuch Frühpädagogik. Mit Schlüsselbegriffen der Sozialen Arbeit* (4. Aufl., S. 282–285). Berlin: Cornelsen.

Valtin, R. (1991a). Kinder lernen schreiben und über Sprache nachzudenken. Eine empirische Untersuchung zur Entwicklung schriftsprachlicher Fähigkeiten. In R. Valtin & I. Naegele (Hrsg.), *„Schreiben ist wichtig!". Grundlagen und Beispiele für kommunikatives Schreiben(lernen)* (2. Aufl., S. 23–53). Frankfurt a. M.: Arbeitskreis Grundschule e.V.

Valtin, R. (1991b). Vom Kritzelbrief zur verschrifteten Mitteilung. In R. Valtin & I. Naegele (Hrsg.), *„Schreiben ist wichtig!". Grundlagen und Beispiele für kommunikatives Schreiben(lernen)* (2. Aufl., S. 54–66). Frankfurt a. M.: Arbeitskreis Grundschule e.V.

Valtin, R. (1997). Stufen des Lesen- und Schreibenlernens. Schriftspracherwerb als Entwicklungsprozess. In D. Haarmann (Hrsg.), *Handbuch Grundschule. Band 2 – Inhalte und Bereiche grundlegender Bildung* (3. aktualisierte Auflage, S. 76–88). Weinheim: Beltz.

Valtin, R. (2010). *Phonologische Bewusstheit – eine notwendige Voraussetzung beim Lesen- und Schreibenlernen?* www.leseforum.ch: 2/2010. Zugriff am 14.03.2018. Verfügbar unter http://www.leseforum.ch/myUploadData%5Cfiles%5C2010_2_Valtin_PDF.pdf

Vasconcelos Horta, I. & Alves Martins, M. (2011). Invented spelling programmes and the access to the alphabetic principle in kindergarten. *L1 – Educational Studies in Language and Literature* (11), 1–23.

Vogl, S. (2015). *Interviews mit Kindern führen. Eine praxisorientierte Einführung.* Weinheim: Beltz Juventa.

Vygotsky, L. S. (1978). *Mind in Society. The Development of Higher Psychological Processes.* Cambridge, MA: Harvard University Press.

Wagner, R. K. & Torgesen, J. K. (1987). The nature of phonological processing and its causal role in the acquisition of reading skills. *Psychological Bulletin, 101* (2), 192–212. https://doi.org/10.1037/0033-2909.101.2.192

Wildemann, A. (2015). *Heterogenität im Sprachlichen Anfangsunterricht. Von der Diagnose bis zur Unterrichtsgestaltung.* Seelze: Klett/Kallmeyer.

Zhang, L. & Treiman, R. (2015). Writing dinosaur large and mosquito small. Prephonological spellers' use of semantic information. *Scientific studies of reading : the official journal of the Society for the Scientific Study of Reading, 19* (6), 434–445. https://doi.org/10.1080/10888438.2015.1072820

Abbildungsverzeichnis

Tabellenverzeichnis

Anhang

Leitfaden Befragung der Kinder

- Abzeichnen (FEW-2)
- Name auf die Rückseite

- Kannst du noch (irgend-)etwas anderes schreiben?
  - Was? Zeig mal!

- Kannst du Mama (Papa, ggf. anne) schreiben?
- Kann deine Mama schreiben? Kann dein Papa schreiben?
  - Was?

- Hast du schon mal was geschrieben?
  - Was?

- Kann denn jeder schreiben?
  - Wer? Wer nicht?

- Was braucht man zum Schreiben?

- Schmetterling/Bär (und ggf. kelebek)

- Was ist denn Schreiben eigentlich?
- Ist Schreiben genau dasselbe wie Malen? Was ist anders?
  - ggf. Rückfrage zu den eigenen Schreib-/Malprodukten (Schmetterling/Bär)

Interviewleitfaden Schreibvorbild – Eltern

- Haben Sie schon mal beobachtet, wie Ihr Kind versucht, etwas zu schreiben?
- Was war das?
- Spielt es manchmal „Schreiben“?
- Wie? Was sind das für Spiele?

- Hat es Interesse an Buchstaben?
- Kann er/sie schon das Alphabet?

- Hat es Sie schon mal gefragt, wie man seinen Namen oder ein bestimmtes Wort schreibt?
- Welche Wörter waren das?
- Haben Sie ihm/ihr schon mal was vorgeschrieben?
- Deutsche oder türkische Wörter?

- Üben Sie mit Ihrem Kind, etwas zu schreiben?
- Wie?
- Was?
- Deutsche oder türkische Wörter?

- Hat der große Bruder/die große Schwester schon mal mit ... geschrieben?

- Was macht ..., wenn der große Bruder/die große Schwester Hausaufgaben macht?

- Was schreiben Sie Zuhause?
- Was schreiben Sie mit der Hand?
- Und Ihr Partner?

- Schaut Ihr Kind dabei manchmal zu?
- Hat es schon mal gefragt, was Sie schreiben?

- Haben Sie Bücher?
- Kinderbücher?

- Lesen Sie mit Ihrem Kind gemeinsam? – ihm etwas vor?
- Deutsch oder türkisch?

- Fallen Ihnen noch (weitere) Schreibvorbilder oder Anregungen zum Schreiben ein, die Ihr Kind Zuhause nutzt?

Interviewleitfaden Schreibvorbild – Erzieherinnen

- Beobachten Sie die Kinder manchmal bei Spielen, bei denen sie etwas schreiben?
- Was sind das für Spiele?
- Welche der beteiligten Kinder?

- Welche gezielten Schreibaktivitäten gibt es für die Kinder hier in der Kita?
- Üben Sie mit den Kindern gezielt Buchstaben oder bestimmte Wörter?
- Was?
- Wie?
- Deutsche oder türkische Wörter?

- Schreiben Sie den Kindern im Alltag manchmal etwas vor?
- Deutsche oder türkische Wörter?

- Schreibt ... schon etwas?

- Hat es Interesse an Buchstaben?
- Kann er/sie schon das Alphabet?

- Möchte es Wörter/seinen (ihren) Namen schreiben lernen?
- Fragt er/sie manchmal, wie man etwas schreibt?

- Lesen Sie gemeinsam mit den beteiligten Kindern Bücher? – ihnen etwas vor?

- Welche Rolle spielt das Schreiben in Ihrer Kita?

- Welche Schreibvorbilder oder Anregungen zum Schreiben haben die Kinder hier in der Kita?

- Schreiben Sie selbst häufig etwas in der Gruppe?
- Was?